KB089968

식민국가와 대칭국가

식민지와 한국 근대의 국가

식민국가와 대칭국가 – 식민지와 한국 근대의 국가

초판 1쇄 발행 2022년 5월 31일
초판 2쇄 발행 2022년 8월 15일

글쓴이 윤해동 **펴낸이** 박성모 **펴낸곳** 소명출판 **출판등록** 제13-522호
주소 서울시 서초구 사임당로14길 15 서광빌딩 2층
전화 02-585-7840 **팩스** 02-585-7848
전자우편 somyungbooks@daum.net **홈페이지** www.somyong.co.kr

값 35,000원 ⓒ 윤해동, 2022
ISBN 979-11-5905-699-4 93900

이 저서는 2017년 정부(교육부)의 재원으로 한국연구재단의 지원을 받아 수행된 연구임(NRF-2017S1A6A4A01019139)

윤해동 지음

식민국가와 대칭국가

식민지와 한국 근대의 국가

COLONIAL STATE AND SYMMETRY STATE
COLONY AND STATE IN MODERN KOREA

일러두기

1. 각 장의 앞에 그 내용과 관련이 있는 사진 자료를 배치하였다.
2. 이 책에서 이용된 식민지기의 법령은 모두 다음 두 사이트에서 인용한 것이다. 지나치게 번잡해지는 것을 방지하기 위하여 구체적인 인용 사항은 적지 않았다.
   1) 식민지 조선에서 입안된 제령이나 부령 등의 각종 법령 : 국사편찬위원회 한국사데이터베이스(http://db.history.go.kr/) 중 〈조선총독부 관보〉 자료
   2) 일본에서 발령된 칙령이나 법률 등의 각종 법령 : 일본 국립 국회도서관 일본법령색인(http://hourei.ndl.go.jp/)
3. 이 책은 한국연구재단으로부터 '인문저술지원사업'의 지원을 받아 집필한 것이다. 2017년 '조선총독부의 국가론적 성격 – 식민권력의 성격과 관련하여(The Characteristics of the Japanese Government-General of Korea in terms of the theory of the state – with relation to the colonial power)'라는 제목으로 신청한 것인데, 출판에 맞추어 제목을 좀 더 포괄적으로 바꾸었다.

"Understanding the South Korea Coup", *New York Times*, May 22, 2014

2014년 5월 22일 한국의 군부는 신속하게 정국을 정상화하기 위해, 군부와 경찰로 구성된 '국가평화유지위원회'가 전국의 통제권을 장악한다고 발표했다. 이틀 전인 5월 20일 군부는 계엄령을 선포했고, 이를 계기로 친정부와 반정부 시위대가 각각 시위를 하는 가운데 정파 간의 협상이 이어지고 있었다. 이틀 후인 22일 결국 군부는 협상의 결렬과 아울러 쿠데타가 성립했음을 전격적으로 선언하였던 것인데, 이는 1932년 입헌군주제가 도입된 이후 19번째 쿠데타였다.

한국에서 군부의 쿠데타는 평균 채 5년이 지나기 전에 한 번씩 되풀이되고 있다. 이 나라에서는 상하 양원의 의회가 입법권을 갖고 있으며, 총리를 수반으로 하는 의원내각제를 택하고 있다. 입헌군주제가 도입되기 이전까지 오랫동안 전제군주제와 엄격한 신분제를 유지해왔기 때문인지, 서구화된 민주주의 체제를 선택하고 있음에도 최근까지 군부가 정치적으로 막강한 영향력을 행사해 왔다.

한국에서 쿠데타가 빈발했음에도 다른 나라에 비하여 정치가 비교적 안정적으로 유지되어 온 데에는 국왕이 차지하는 역할이 컸다. 국민의 절대적 신뢰를 차지하고 있는 한국의 국왕은, 정치적 실권이 없음에도 군부와 군중의 대립을 조정하고 쿠데타 세력 간의 정치적 역할을 조율하는 기능을 비교적 잘 수행해왔다. 한국의 민주주의를 '쿠데타 민주주의'라고 부르는 것이 단순히 빈말이 아닌 것은 이런 이유 때문이다. 비교적 안정적인 정치를 기반으로 경제적으로도 완만한 성장을 이루어왔다.

2014년 군부 쿠데타가 일어난 한국의 상황을 보도한 위 『뉴욕타임스』의 기사는, 실은 타이의 상황을 한국에 대입한 것이다. 식민지를 경험하지 않은 한국을 가정한, 일종의 한국 현대사의 카운터히스토리counterhistory로 만들어본 것이다.

19세기 서구 제국주의가 전세계를 식민지로 나누어 가질 때, 지정학적 이점을 활용하여 식민지배를 벗어날 수 있었던 몇몇 국가가 있다. 타이와 네팔, 아프가니스탄과 에티오피아 등이 그런 국가이다. 네팔은 지금 정치 정세가 불안한 빈곤국가이며, 아프가니스탄과 에티오피아에서는 전쟁이 오랫동안 진행 중이다. 타이는 지정학적 중립을 유지한 독립국 가운데서 그런 대로 안정적인 정치와 경제를 유지하고 있는 유일한 국가이다.

20세기 초반 한국이 일본과 러시아 그리고 중국과 미국 등이 각축하는 동북아시아의 국제정치적 상황을 잘 활용하여 식민지로 전락하는 최악의 상황을 벗어날 수 있었다면, 한국은 과연 어떻게 되었을까? 위의 기사에 해설을 조금 더 덧붙여보자. "이씨 왕조는 국가 내부의 정치적 요구를 수용하여 1932년 입헌군주제로 전환하였지만, 일본의 군사적 위협과 미소 냉전의 정치적 압력을 쉬이 벗어날 수는 없었다. 제2차 세계대전 중에는 군국주의 일본에 점령당한 적이 있으며, 또 미소냉전의 최전선에 서서 중국의 국공내전으로 인하여 오랫동안 고통을 겪었다. 이런 험난한 지정학적 상황 속에서 군부의 힘은 계속 커지게 되었고, 일상적 군부 쿠데타와 정치적 불안을 고통스럽게 견뎌내어야 했다. 따라서 경제성장을 효율적으로 수행해나가는 것도 결코 용이한 일이 아니었다."

동북아시아의 현대사가 노정해 왔던 제국주의 지배와 전쟁 그리고 끊임없는 대립의 악순환을 상기해본다면 게다가 '지옥'과 같은 경로를 통과하고 있는 '북한의 현재'를 염두에 두고 본다면, 어쩌면 위의 보도 기사가 상정하고 있는 현실이 카운터히스토리 속에서 한국의 현재를 보여주는 최상의 서술일지도 모른다.

2021년 7월 유엔무역개발회의는 한국을 선진국 그룹의 일원으로 지위를 변경한다고 공식 발표했다. 한국은 GDP 규모에서 10위이며, 제조업 수준에서는 5위, 국방력에서는 6위를 차지하고 있다. 지구상에서 7개뿐인 이른바 '30-50클럽' 즉 1인당 국민소득 3만 달러, 5천만 명 이상의 인구를 가진 국가 그룹에 소속된 지도 몇 년이 지났다. 현재 한국은 지표상으로는 완벽하게 선진국이다.

이런 시점에서 이제 '선진국 담론'을 시작해야 할 때라는 자각이 분출하는 것은 매우 자연스럽다. 하지만 선진국 담론이란 게 무엇인지에 대해서는 아는 이가 별로 없다. 대중문화의 '한류'에 이어 터져 나온 각종 'K-담론'이 보여준 후진성과 미숙함 같은 것이 이런 정황을 잘 보여주고 있다. 아직도 '남한'을 통일을 이루어야 할 불구의 혹은 미완의 민족국가로 생각하는 데에 익숙한, 나를 포함한 중노년 세대에게 이런 상황은 더욱 난감하게 다가온다. 한국이 선진국이라는 현실을 있는 그대로 수용하기 위해서는 자신의 주장 혹은 인식체계를 전면적으로 폐기하거나 재조정해야 하기 때문이다.

한국 사회를 뒤덮고 있는 '민족주의의 거품'을 걷어내지 않고서는 선진국 담론을 만들어나갈 수가 없을 것이다. 식민지가 되었다는 역사적 사실이 전지구상의 여러 국가 가운데서 한국이 특별히 운이 나빴다는 것을 말하는 것은 아니다. 일부 구미 제국과 일본을 제외하면 거의 대부분의 국가가 식민지로 전락했던 것이 역사적 사실이다. 또 식민지가 되지 않았다면 특별히 다른 역사적 경로를 거쳤을 것이라는 가정 역시 역사적 합리성을 갖는다고 할 수는 없다. 하물며 그럴 경우 곧바로 선진국이 되었을 것이라는 가정 혹은 암묵적인 전제는 더욱 성립하기 어렵다.

한국이 식민지배와 분단 그리고 전쟁이라는 전례 없이 가혹한 역사적 경험을 해야 했다는 방식의 규범적 인식틀이 지금까지 교과서적인 인식지평을 지배해왔다. 일종의 '한국 예외주의'라고 할 수 있는 것인데, 이는 역사적 사실과 합치하지 않을 뿐만 아니라 역사적 윤리와도 부합하지 않는다. 유례없는 희생과 고난의 민족사라는 인식틀은 기실은 대부분의 민족사를 관통하는 예외주의 체계일 따름이다. 민족주의적 예외주의는 희생과 고난을 강조한다는 점에서 대부분의 민족주의에 공통적이다.

한국에서 선진국 담론이 직면한 난감함은 식민지를 보는 시각과 깊은 관련을 갖고 있다. '선진국' 한국의 바탕에는, 민족주의의 두터운 거품으로 싸여있는 식민지가 깊숙이 그리고 굳건하게 자리하고 있는 것이다. 식민지를 직시하는 가장 올바른 방법은 사실을 있는 그대로 마주하는 것이다. 식민지 경험은 한국인만이 치러야 했던 예외주의적 고난의 사례가 아니었다는 사실을 똑바로 볼 수 있어야 한다.

식민지의 총독부 권력을 국가론적 논의에서 배제해 버리고 단지 권력의 특수한 사례에 지나지 않는 것으로 치부해버리는 것은 조선총독부를 인식하는 가장 손쉬운 방법이다. 하지만 게으르고 무책임한 방식이라는 것도 확실하다. 조선총독부는 국가론적 논의에서 배제해야 할 예외주의적 사례가 아니다. 식민지는 인간의 역사와 기억 속에서 폐기해야 할 대상이거나 부끄럽기만 한 경험이 아니다. 식민지는 인류사의 가장 부끄러운 기억이지만 한편으로 가장 빛나는 부분이기도 하다. 식민지 경험을 통하여 인류는 인간의 인간에 대한 억압과 종속을 그냥 견뎌야 하는 관습이 아니라, 인간의 가치를 새로이 개발하고 발견해나가는 절호의 기회로 삼았다. 식민지민의 지속적인 저항을 통하여 식민지 억압의 경험은 빛나는 인간적 가치를 발견하는 극적인 계기로 전환되었다. 실제 한국에서도 그러했다는 사실을 우리는 잘 알고 있다.

이 책에서는 이중국가, 식민국가, 대칭국가라는 세 개의 국가개념을 사용하여 식민지기의 정치권력 혹은 국가를 분석한다. 이중국가는 대한제국과 통감부가 병존하던 시기 권력의 성격을 나타내기 위해서 사용하였다. 조선총독부 권력은 식민국가라는 개념을 사용하여 분석하였고 이와 대치하고 있던 저항국가 즉 대한민국임시정부를 대칭국가로 규정하였다.

이중국가는 식민국가로 가기 위한 중간 과정으로서 의미를 갖는다. 따라서 식민국가가 이 책의 중심적인 분석 대상임은 말할 나위도 없다. 그러나 식민국가는 그 자체만으로 설 수 있는 존재가 아니었다. 한편으로는 제국, 다른 한편으로는 식민지민의 저항으로 인하여 끊임없이 그 권력의 기반이 잠식되어 가는 존재가 바로 식민국가였다. 식민국가의 다른 한편에 서있는 저항권력 즉 대칭국가의 존재를 함께 살펴야 하는 이유가 바로 여기에 있다. 식민국가는 강한 능력을 가진 국가였지만, 반면 자율성은 약한 그런 근대국가였다. 한편 대칭국가는 반^{半}주권semi-sovereignty을 가진 반^{半}국가semi-state였음에도, 강한 자율성을 가진 국가였다. 이 책은 식민권력과 관련한 오래된 이야기를 이런 새로운 개념을 통해 다시 살펴본 것이다.

이 저작을 완성하는 데에는 크게 두 번의 지원이 결정적인 힘이 되었다. 일본 교토의 국제일본문화연구센터日文研에서는 2009년 4월부터 2010년 3월까지 체류하며 공부할 수 있는 기회를 제공해주었다. 관련 자료를 입수하고 정보를 획득하는 결정적인 기회가 되었다. 마쓰다 도시히코松田利彦, 이소마에 준이치磯前順一 두 분 교수는 연구소로 초빙해주었을 뿐만 아니라 교토에서 즐겁게 생활할 수 있는 여건을 만들어주었다. 또 한국연구재단은 2017년 5월부터 2020년 4월까지 3년 동안 '인문저술지원사업'의 일환으로 연구비를 지원해주었다. 코로나 팬데믹으로 인해 마감을 지킬 수 없는 상황에 처했을 때는, 너그럽게 1년 이상의 기간을 연장해주었다. 이 두 연구 지원 덕택에 오래된 기획을 비로소 마무리할 수 있었다. 연구지원과 관련한 모든 '인연'들에게 머리 숙여 감사드린다. 아울러 일일이 이름을 들어 감사를 표하지 못하는 데에 대해 심심한 송구함과 더불어 너른 혜량을 구하는 바이다.

출판 환경이 점점 나빠져 가는 가운데서도 흔쾌히 출간을 맡아 주신 소명출판의 박성모 대표님께 깊이 감사드린다. 또 깔끔하고 멋지게 책을 만들어주신 편집부 여러분께도 고마움을 전한다.

최근 몇 년 사이에 두 딸이 결혼하여 가족이 늘었다. 윤오연-이정윤, 윤남주-한민구 부부가 이은호, 한이서 두 손녀를 낳았다. 이들이 살아갈 미래가 나날이 밝아지고 건강해지기를 기원하며 이 책을 상재한다.

2022년 5월 1일

윤해동 삼가 씀

차례

머리말_만약 한국이 식민지가 되지 않았다면?   3

제1장 '식민지적 사유중지'와 '식민국가' ——————— 13

제2장 통감부와 '이중국가' ————————————— 33

1. 이중국가론   44

2. 군사점령과 보호국화   50
  1) 보호국이란 무엇인가?   50
  2) 군사점령과 보호국으로의 길   55

3. '폭력기구' 해체의 세 차원   61
  1) 한국정부의 기반 잠식   63
  2) 폭력기구의 해체와 장악   66
  3) 저항폭력의 진압   71

4. 사법권 침탈과 '법권' 철폐   74
  1) 사법권 침탈   76
  2) 영사재판권 철폐   78

5. 이중국가 해체와 병합   82

제3장 총독과 조선총독부 행정 ————————————— 87

1. 총독과 식민지   97
  1) 총독의 종합행정권   99
  2) 조선행정에 대한 지휘감독권   103
  3) 역대 조선총독   108

2. 조선총독부의 행정과 재정 113
 1) 총독부의 행정 113
 2) 총독부의 관공리 115
 3) 관공리의 민족별 구성 119
 4) 총독부의 재정 125

3. 자본주의국가 129
 1) 자본주의국가 129
 2) '수탈'과 '위대한 탈출' 131

제4장 조선총독부의 입법기능과 식민지의 법 137

1. 세 종류 성문법과 관습 143

2. '법에 의한 지배'의 구축 146

3. 총독의 입법권과 제령 151

4. 제국 일본의 법령 158

5. 대한제국과 통감부의 법령 164

6. 관습의 힘 – 중추원과 부작위적 '동의' 167

7. 현법顯法과 은법隱法 179

제5장 조선총독부 재판소와 경찰 183

1. 사법기관 191
 1) 조선총독부 재판소 191
 2) 조선의 검찰제도 199

2. 식민지경찰 202
 1) 헌병경찰(1910~1919) 202
 2) 보통경찰(1920~1945) 212

제6장 지방행정과 도 ——————————————— 223

  1. 근대적 관료행정과 도제道制   229

  2. 도회와 '식민지공공성'   241

제7장 제국과 식민지의 사이 ——————————————— 253

  1. 이왕직   268
    1) 이왕직   269
    2) 왕공족   276
    3) '조선귀족'과 '조선보병대'   280

  2. '조선군'   284
    1) '조선군'의 세 시간   284
    2) 일본의 대외침략과 조선군의 '파병'(1919~1945)   292
    3) 조선인의 군대 참여   306
    4) '본토결전'과 제17방면군(1945)   318

  3. 조선은행   327

제8장 대한민국임시정부와 조선총독부
  – 대칭국가와 식민국가 ——————————————— 339

  1. 국가론의 지평   345

  2. 한국 근대의 두 국가   349

  3. '대칭국가'   355
    1) 주권의 두 얼굴   355
    2) 대한민국임시정부와 '반주권'   360
    3) '대칭국가'라는 상징   364
    4) 분출하는 국가들, 경쟁하는 주권성   368

4. 식민국가   372
  1) 주권 없는 '근대국가'   372
  2) 조선총독부와 '국가의 효과'   376
  3) 식민국가라는 모델   379

5. 국가와 민족의 대위법   380

제9장 식민국가와 동아시아 —————— 385

미주   407
참고문헌   429
용어 찾아보기   442
인명 찾아보기   456

제1장

'식민지적 사유중지'와 '식민국가'

고종 어진(국립중앙박물관 소장). 고종은 1907년 대한제국 황제에서 퇴위당한 뒤, 덕수궁에
유폐되어 생활하였다. 1919년 그의 죽음은 대한민국임시정부가 수립되는 데에 중요한 계기로
작용하였다.

한일합병 기념 엽서(東京 圖按印刷社 出版部 浪華屋 발행, 한국학진흥사업 성과 포털, http//waks.aks.ac.kr). 1910년 한일합병을 기념하여 일본 도쿄에서 발행된 사제 엽서이다. 상단에는 일본 수상 카쓰라 다로(桂太郎)와 한국 총리 이완용의 사진을 싣고, 아래에는 일본과 한반도를 붉은 색으로 칠한 지도를 배치하였다. 한국이 일본의 영토로 편입되었음을 강조하고 있다.

일본의 쇼와 천황(『盡忠錄(續篇)』, 愛國會滿洲上海事變盡忠錄編纂會, 1933). 일본의 쇼와 천황은 만주침략 이후 일본군 대원수로 전쟁의 선봉에 섰다. 제2차 세계대전 패전 이후 천황제를 폐지할 것인가를 두고 연합군이 고민했던 것은 이런 이유 때문이었다. 그는 패전 이후에도 한국의 식민지지배에 대해서는 사과하지 않았다.

항복하는 일본군(위키피디아). 1945년 9월 9일 서울에 진주한 미군에게 항복하는 조선군의 모습이다. 조선군의 항복으로 일본 제국주의의 조선 지배는 공식적으로 종결되었다. 대한민국임시정부가 반국가에서 온전한 주권국가로 도약할 수 있는 기회는 주어지지 않았다.

1.

2008년 5월과 6월 두 달 동안 한국에서는 이른바 '촛불집회'라는 이름의 시위가 진행되었다. 이명박 정부 초기 미국산 쇠고기 수입문제를 둘러싸고 촉발된 촛불집회는 자율적이고 평화적인 그 시위양태의 특이성과 아울러 주권sovereignty에 대한 문제제기로 주목받은 바 있다. "주권은 국민에게 있고 모든 권력은 국민으로부터 나온다"라는 한국 헌법 제1조가 노래로 만들어져 시위현장에서 불리기도 할 정도로, 국민주권 내지 인민주권에 대한 새로운 자각이 쇠고기 수입이라는 생활과 밀착한 문제를 둘러싼 집회 현장에서 지속적으로 환기되었다. 이명박 정권은 대외적으로 '부시의 푸들'이라는 조롱을 받았고, 대내적으로는 주권의 소재가 국민에게 있다는 사실을 무시하고 있다는 비판을 들었다. 국내주권과 대외주권은 부정적 자기동일성을 가지고 있다는 점을 상기한다면, 주권재민의 원리를 바탕으로 한 국민주권에 대한 강조는 국가주권의 대외적 지주성을 환기하는 것이라는 점은 자명하다.

2016년 10월의 마지막 주일, 다시 서울의 중심가 같은 장소에서 촛불에 불이 붙었다. 이번에는 대통령 박근혜의 '국정농단'에 항의하기 위한 것이었다. 박근혜 대통령이 자신에게 위임된 국가의 주권을 자의적으로 농단했다는 것이 가장 중요한 이유였고, 그것은 대통령 탄핵으로 이어졌다. 국정농단 사태가 대통령 탄핵이라는 미증유의 위기사태를 낳았고, 이 모든 것은 국가주권의 이름으로 정당화되었다. 이명박정권의 촛불시위는 대외주권의 위기로 인식된 사태로부터 발현되어 대내주권을 환기시키는 방식으로 진행되었다. 반면 박근혜정권의 시위는 대내주권의 위기사태로부터 국가주권의 위기사태로 진전되었다.

한편 촛불집회를 통해 환기되었던 주권에 대한 자각은 지금까지 국가주권이 일종의 수사修辭 혹은 회화戲畵로서 기능해왔다는 점을 지적하는 것에 다름 아니다. 17세기 서구의 베스트팔렌 체제가 성립한 이후 근대국가의 주권은 한 정치공동체 내에서 최종적이고 절대적인 권위를 갖는 것으로 간주되어 왔다. 그럼에도 근대국가의 주권은 국가간체제inter-state system의 발달에 선행하는 것이 아니라, 거꾸로 국가 간의 관계가 주권국가 성립의 근거가 되어 왔을 따름이다. 곧 주권은 언제나 '구성적인 산물'에 지나지 않았다.[1] 근대국가들은 베스트팔렌조약이 지향했던 것과 같은 평등하고 독립적인 상태에 놓여 있었던 적이 없었다. 그것은 단지 '베스트팔렌 신화'에 지나지 않았다.[2]

한국의 촛불집회는 주권이 가지는 대외적 독자성이 하나의 역사적 구성물에 지나지 않는다는 점을 환기하는 것이었다. 다른 한편 촛불집회의 주권에 대한 상상 속에는 주권의 대내적 최고성을 바탕으로 한 분할불가능성에 대한 강력한 비판도 포함되어 있었다. 주권은 분리가능하고 그런 점에서 다원적일 수 있다는 점을, 촛불집회 참가자들은 한국 정부에 대한 조롱을 통해 표현하였던 것이다. 이처럼 주권은 언제나 구성적 산물에 지나지 않았고 다원적 존재일 수 있다는 점을, 한국사회는 2008년 그리고 2016년 촛불집회의 한가운데서 확인하고 있었다.

2.

식민지는 근대의 제일 어두운 부분이자 동시에 가장 빛나는 부분이었다. 식민지는 비인간적인 인신의 지배와 착취가 그것도 '문명'의 이름으로 자행된 '시간'이었으나, 이에 대한 끊임없는 저항이 '인간'의 이름으로 이어져온 '공간'이기도 하였다. 중단 없이 진행되었던 식민지의 저항은 지배를 대표하는 '근대=문명'의 모습을 '인간적인 것'으로 바꾸어온 힘이었다. 세계체제적 차원에서 볼 때 근대는 이처럼 근대=문명과 식민지의 상호작용을 통해 형성되어온 것으로서, 이를 '식민지근대'라 불러도 좋을 것이다. 세계체제적 차원에서 근대는 '식민지근대'일 수밖에 없으며, 그런 점에서 '모든 근대는 식민지근대'가 된다.[3]

요컨대 근대는 반드시 식민지와의 관련 속에서 이해해야 하며, 그것은 지배와 저항의 상호성을 바탕으로 구성된다는 점을 지적해둘 필요가 있는 것이다. 식민본국과 식민지의 근대성modernity은 표리일체를 이루며, 양자의 상호성을 통해 식민지근대가 구성되어 왔던 것이다.[4] 미국의 라틴아메리카 연구자인 월터 미뇰로Walter D. Mignolo가 미완의 프로젝트인 근대성을 완성시키는 것은 동시에 식민성coloniality을 재생산하는 것이라는 사실을 강조한 것도 동일한 지적일 것이다.[5]

따라서 대부분의 식민지 연구에서 전제되고 있는 '지배와 저항'의 이원론으로는 식민지근대의 인식론적 세계에 도달할 수 없다. 지배와 저항의 이원론을 넘어선 세계 그것이 바로 식민지근대일 것인바, 여기가 바로 '회색지대'의 문제의식이 출발하는 지점이다. 식민지 인식에서 존재하는 회색지대는 저항과 협력이 교차하는 영역이며, 거기에 형성되고 있던 '정치

적인 것'의 존재를 '식민지공공성'이라고 명명해도 좋을 것이다.[6] 식민지
공공성은 식민권력에 의해 지배되고 있었고 식민권력을 전복시킬 만한 힘
은 가지고 있지 않았으나, 식민권력과 대치선을 그리며 일상에서 제기되
는 공동의 문제를 통해서 정치의 영역을 확대하고 있었다. 이처럼 식민지
공공성은 식민지기의 '정치적인 것'을 은유하는 개념으로서, 식민지기의
사회의 형성과 깊은 관련을 가지고 전개되고 있었다.[7]

　　나는 지금까지 식민지 인식에서 존재하는 회색지대를 주로 식민지공공
성과 관련하여 해명하기 위해 노력해왔다. 식민지공공성 개념은 식민지의
사회 형성과 관련된 것으로서, 사회적인 문제가 '정치적인 것'으로 변화할
때 제기되는 것으로 이해하였다. 그러나 식민지 인식의 회색지대에는 이
와 구별되는 또다른 차원의 문제 한 가지가 존재하고 있다. 그것은 '식민
국가'의 차원에서 제기되는 문제이다. 주권의 존재 여부를 토대로 근대국
가의 존부存否를 판명하는 것은 국가를 논의하기 위한 현실적인 방법이 될
수 없다. 오히려 주권이 성립하는 조건을 해명함으로써 조선총독부가 갖
는 근대국가로서의 성격을 판명할 필요가 있다. 식민지 인식에서 드러나
는 회색지대의 두 번째 측면을 식민국가의 차원에서 검토하는 일은, 식민
지에서 저항과 협력이 교차하는 지점을 국가권력과의 상호작용을 통해 해
명하는 과정이 될 것이다.

3.

　　'토착왜구'라는 단어가 얼마 전부터 사회적으로 사용을 '강요'당하고 있

다. 이 단어는 냉전이 극에 달했던 시기에 '빨갱이'라는 단어가 가졌던 것만큼이나 혹은 그보다 훨씬 더 심각한 수준의 '폭력성'을 발휘한다. 이 단어가 가진 여러 가지 역기능 가운데서 가장 '야만적인 것'은 '식민지적 사유중지'라고 하는 인식론적 공백사태를 초래한다는 점이다. 옛날 빨갱이라는 단어가 자동적으로 '뿔달린 도깨비'가 사는 공포의 땅으로 북한을 불러냈던 것처럼, 토착왜구라는 용어는 '파블로프의 개'처럼 무시무시한 일제 통치에 협조하는 '친일파'의 음험한 시공간으로 식민지를 소환한다.

'식민지가 불러내는 사유중지'라는 기계적인 메커니즘은 한국 근대와 세계사적 시공간에 대한 대중의 인식론적 공백을 초래한다. 인식론적 공백이 만들어내는 근대적인 사회적 구성에 대한 사유중지는 거꾸로 인문, 사회과학적 연구 기반의 약화를 불러올 가능성이 높다. 부실한 대중의 인식과 인문사회과학의 기반 약화는 상호작용하며 악화되어 간다. 서구모델의 지배를 받아온 국가론도 그 가운데 하나다. 한국 국가론이 빈약함을 면하지 못하는 것은 이런 식민지적 사유중지 사태와 깊은 관련을 갖고 있다.

식민지기 조선총독부가 가진 권력의 성격 자체는 지금까지 심각한 연구의 대상으로 간주되지 못했다. '이민족' '정복국가'로서 조선총독부가 가진 억압성만이 과도하게 전제되어 왔기 때문이었다. 그러나 식민지 조선의 근대적 경제와 사회를 주조해낸 주체는 조선총독부였다. 그런 점에서 조선총독부는 '식민국가colonial state'로서의 성격을 가지고 있었다.[8] 근대국가를 구성하는 기본요소인 주권이라는 점에서 보면, 식민국가는 모순적 조어일 수 있다. 또한 조선총독부는 그 스스로 국가로서의 성격을 탈각하는 것을 자신의 운명으로 삼고 있던 권력이기도 했다. 1942년 '내외지행정일원회化內外地行政一元化' 조치가 취해지면 조선총독부의 국가로서의 성격은 확연히 약화된다.[9] 이는 영구병합을 목표로 삼고 있던 동화정책이라는 측면에서 보면 지극히 당연한 일이었다. 이러한 조선총독부 권력이 가진 이중성 나아가 그 '국가'로서의 성격을 밝히는 것은 '식민지근대'로서의 조선 사회의 성격을 해명하는 데서 핵심적인 과제라 할 수 있다. 이와 아울러 전근대 왕조국가의 정치사회적 기능과 아울러 해방 이후 한국의 국가─사회 관계를 해명하는 데 있어서도 중요한 의미를 갖는 연구 과제라 할 수 있다.

식민지적 사유중지라는 사태는 국가론과 관련하여 상반되는 두 가지 결과를 낳았다. 하나는 '국가론 부재의 국가'조선총독부를 기술하는 것이고, 다른 하나는 '국가 없는 건국론'대한민국임시정부을 주장하는 것이다. 조선총독부가 지배한 식민지시기의 한국에 대해서는 거의 모든 부면에서 국가상태를 상정하고 있지만, 총독부라는 권력기구의 성격을 규정하려는 시도는 거의 하지 않는다. 이것이 국가론 부재의 국가가 아니고 무엇인가? 한편 대한민국임시정부 수립을 대한민국의 건국절로 기념해야 한다는 논의가 사회의 한쪽에서 무성하지만, 그게 어떤 국가인지 혹은 국가인지 아닌지조차 말하지 않는다. 국가를 말하지 않는 건국론, 어찌 기묘하지 않은가?

4.

지금까지 조선총독부 권력의 성격을 정면에서 해명하고자 한 거의 유일한 연구로 박명규의 논문을 꼽을 수 있다.[10] 박명규는 조선총독부 권력과 같은 식민권력의 유형론을 체계적으로 구성하기 위해서는 독립국가-식민지라는 이분법적 유형론으로부터 벗어날 필요가 있다는 점을 강조한다. 이러한 이분법적 유형론에 의하면 식민지의 권력 유형은 대개 국가부재론으로 귀결되기 십상이며, 국가부재론은 식민지를 설명하는 전제에 지나지 않는다고 비판한다. 박명규는 식민지의 권력유형을 식민국가, 식민정부, 식민독재, 내부식민지의 4가지로 구별한 뒤, "철저하게 식민모국의 지배체제에 종속되어 있으면서도 국가적 형태의 제도권력이 작동"하였다는 점에서 조선총독부를 '식민독재colonial dictatorship'로 규정하였다. 다른 한편 박명규는 식민국가론을 자본주의국가론, 발전국가론, 사회문화적 헤게모니라는 측면에서 그 성격을 세 개로 구분한 뒤, 조선총독부는 자본주의국가론을 제외하면 발전국가론의 측면과 아울러 사회문화적 헤게모니도 갖추고 있었다는 점을 정당하게 지적하고 있다.

박명규가 조선총독부에 대하여 발전국가론적 면모와 아울러 사회문화적 헤게모니도 갖춘 국가적 형태의 제도적 권력으로 작동하고 있었다고 간주하면서도 식민국가가 아니라 굳이 식민독재라고 규정하는 것은, 한국인들이 공유하고 있는 식민지='국가소멸'이라는 집합적 정서 또는 집단기억에 과도하게 얽매여있기 때문인 듯하다. 국가소멸이라는 집합적 정서 또는 집단기억이 전제하고 있는 것은 위에서 언급한 주권의 최고성과 독립성 나아가 그 절대성일 것이다. 독립국가-식민지라는 근대권력의 2분법적 유형론을 벗어나기 위해서는 주권은 언제나 역사적 구성물이라는 사실과 아울러 주권이 다원적일 수 있다는 점을 환기하는 것이 필요할 듯싶다. 요컨대 주권에 대한 열망으로부터 벗어나지 않는다면, 근대권력의 이분법으로부터 벗어날 자유도 주어지지 않을 것이다.

물론 오래전부터 미국의 한국사 연구자들은 강한 힘을 가지고 또 대내적 자율성을 확보하고 있던 식민국가의 존재를 인정해왔다.[11] 황경문은 『한국을 합리화하기—1894~1945년 사이의 근대국가 출현에 관한 연구 Rationalizing State : Studies in the Emergence of the Modern State, 1894-1945』[12]라는 책을 최근 출판하여, 본격적인 식민국가 연구서의 부재라는 공백을 메웠다. 그는 사회의 '탈주술화 과정'을 근대라고 규정하는 막스 베버의 논리를 따라 근대 한국의 국가가 사회의 합리화과정을 주도해가는 모습을 치밀하게 그리고 있다. 그는 갑오개혁으로 만들어진 국가를 모더니티의 동원자로 간주하고, 그 국가가 관리적 정당성을 가지고서 문명화과정을 지속적으로 추진했다고 본다. 그리하여 경제와 종교, 교육, 인구, 공중보건이라는 5가지 사회영역에서 근대국가가 구축되었음을 실증하고 있다. 그리고 그는 갑오개혁기의 대한제국과 식민지기 국가가 강한 연속성을 갖고 있었다고 주장한다. 그가 식민국가라는 개념을 정밀하게 다듬어 사용하고 있는 것은 아니지만, 그가 그려내고 있는 식민지기 권력은 근대적 합리화를 주도하는 세련된 국가의 모습을 하고 있다.

그 밖에도 본격적인 논의는 아니지만 식민지기 권력을 국가론의 차원에서 논의한 사례가 없는 것은 아니다. 대표적으로 조합주의 국가론를 적용한 신기욱·한도현의 연구와 과대성장국가론을 적용한 브루스 커밍스의 연구를 들 수 있다. 신기욱과 한도현은 조합주의 국가론을 원용하여 1930년 농촌진흥운동을 분석한 바 있고,[13] 브루스 커밍스는 과대성장국가론을 원용하여 식민지기 한국의 국가를 설명하고 있다.[14] 단 위 두 가지 사례는 식민지 국가에 대한 전면적인 분석이 아니며, 과대성장국가론은 해방후의 국가를 기원으로 소급하여 언급한 데에 지나지 않는다.[15] 이렇게 간단히 살펴본 것처럼 식민지기의 권력의 성격에 대한 분석적 접근은 대단히 적다. 이것이 식민지적 사유정지의 결과가 아니길 바랄 따름이다.

5.

이 책에서는 식민지기 국가의 성격을 분석하기 위하여 네오 베버리안 Neo-Weberian 접근을 활용할 것이다. 식민지기 합법적 폭력의 독점을 통한 국내외 치안의 확립과 국방체제 수립 그리고 관료제의 확립과 그에 따른 지방권력의 성립 등에 대한 분석을 선행할 것이다. 이를 바탕으로 국가의 자율성과 국가능력의 성격을 살펴보고, 그것이 가진 국가효과의 측면까지 함께 감안하여 식민국가의 성격을 평가해나갈 것이다.

따라서 국가능력, 국가의 자율성, 국가효과라는 세 가지 개념이 주요하게 활용될 것이다. 첫째, 국가능력이란 정책목표를 집행할 수 있는 집행능력이라는 의미를 가진 개념으로 사용한다. 둘째, 국가의 자율성이란 국가가 갖는 '상대적 맥락에서의 자율성'을 의미하는 것이며, 이는 다시 대내적, 대외적 차원과 도구적, 구조적 차원으로 구분하여 이해할 수 있다.[16] 도구적 자율성이란 지배계급의 직접통제로부터의 자율성을 의미하며, 구조적 자율성이란 지배계급의 이익에 반할 수 있는 자유를 의미한다. 따라서 국가 자율성은 양자의 조합에 의해 대외도구적, 대외구조적, 대내도구적, 대내구조적 자율성으로 나누어 살펴볼 수 있을 것이다.[17] 셋째, 국가효과란 국가의 실제구조가 아니라 국가의 구조가 존재하는 것처럼 보이게 만드는 효과를 중심으로 국가의 성격을 이해하려는 방법론적 개념을 말한다.[18]

그런데 식민국가를 규정하기 위해 고려해야 할 조건이 있다. 일반적으로 기대되는 국가 개념을 재규정하는 것이다. 여기에서는 근대국가modern state와 국민국가nation-state를 구별할 것이다. 국민국가는 인민주권을 바탕으로 국민화과정nation-building을 동반하는 근대국가이다. 반면 불완전한 주권을 가지고 있거나 국민화과정을 동반하지 않은 다양한 근대권력 역시 존재하고 있었으므로, 이를 통틀어 근대국가라 할 수 있을 것이다. 주권의 존재양상이나 국민화과정의 수준에 따라 다양하고 다원적인 근대권력 곧 근대국가가 존재하고 있었다고 보아야 한다.

게다가 식민권력의 성격을 해명하기 위해서는 '주권의 역설'이라는 개념을 반드시 기억해두어야 한다. 식민지 조선에서 시행되고 있던 식민주의적 법치에서 나타난 주권의 현실적 제한을, 주권의 역설이라는 개념을 통해 해명할 수 있는 가능성에 주목하고자 하는 것이다. 이것은 특히 근대국가의 자율성을 고려할 때 중요하다. 그렇다면 주권의 역설이란 무엇인가?

근대국가의 주권은 법치의 통일성을 바탕으로 형성되는 것이지만, 주권에는 어디까지나 상당한 자의恣意가 개입할 수밖에 없는 측면이 있다. 다시 말하면 법과 정치권력은 형식과 강제력을 통하여 상호보완하는 관계에 서 있지만, 이를 통해 주권이 곧바로 완성되는 것은 아니다. 주권에는 언제나 주권자의 '자의'가 행사될 수밖에 없는 역설이 존재하는 것이다. 이를 아감벤은 다음과 같이 표현한다. "주권자는 법질서의 외부와 내부에 동시에 존재한다." 다시 말하면 법의 효력을 정지시킬 법적 권한을 가진 주권자는 법적으로는 법의 외부에 위치하는 것이다.[19]

유교국가에서는 도덕과 법의 자연법적 분리分離를 통해, 그리고 그것이

남기는 공백은 사대부세력의 왕권에 대한 제한을 통해 해결하려 하였다. 곧 유교적 법치에서 주권의 현실적 제한을 가져오는 세력관계는 결국 왕과 양반 관료 사이의 세력관계라는 형태로 등장하게 되는데, 이는 정치적 지배체제를 사회의 조직원리 자체로 규제하려는 노력의 일환이었다.[20]

그러나 식민국가의 주권은 밖에서 주어지는 천황제적 도덕원리와 법의 분리를 통해, 그리고 안으로는 식민지에서 새로 형성되고 있던 사회 혹은 국민화과정의 힘에 의해 견제되고 제한될 수밖에 없었다. 외부 즉 식민본국으로부터의 통제를 주권적 '자의'의 제국주의적 기원이라고 한다면, 식민지 내부의 사회적 견제를 주권적 '자의'의 식민지적 토대라고 할 수 있을 것이다. 전자는 대내구조적 자율성, 후자는 대외구조적 자율성과 관련된 것이다. 요컨대 이 양쪽으로부터의 주권적 자의가 식민권력의 불완전함을 구성하고 있다고 해도 좋겠다. 이 글에서는 이를 통해 식민국가로서의 조선총독부 권력이 갖추고 있던 고유한 속성을 해명해보려 하는 것이다.

6.

이 책의 장별 구성은 다음과 같다. 2장에서는 1904년부터 1910년까지 존재했던 권력의 성격을 '이중국가dual state' 개념을 사용하여 살펴볼 것이다. 통감부가 설치된 이후에는 대한제국과 통감부라는 이중의 권력이 존재하는, 그러나 그 권력의 위상은 '병합'을 향하여 계속해서 변해가는 그런 시기였다. 병합 이후 조선총독부 권력의 성격은 이 시기 권력과 관련해서만 명확하게 드러나게 될 것이다.

3, 4, 5장에서는 근대적 삼권분립 개념을 원용하여 조선총독부 권력의 성격을 분석해볼 것이다. 먼저 3장에서는 총독의 권한을 중심으로 본국 권력과의 관련을 살펴보고, 이어서 조선총독부의 중앙행정이 가진 관료행정으로서의 성격을 살펴보겠다. 또한 조선에 자본주의적 인프라를 구축하기 위해 발휘한 조선총독부의 '국가적 능력'을 확인해볼 것이다.

이어 4장에서는 조선총독부에 위임된 입법권 즉 제령제정권을 중심으로, 조선에 구축된 법령의 네트워크를 살펴볼 것이다. 지금까지처럼 조선의 법령체계를 오직 제령을 중심으로 이해하는 곧 '제령중심주의'가 가진 문제점을 확인하고, 조선에 마련된 '법에 의한 지배'의 실상을 따져볼 것이다.

이어 5장에서는 삼권의 마지막 곧 사법권의 상황을 알아볼 것이다. 조선총독부 재판소의 감독권을 총독이 갖고 있긴 했지만, 재판사무나 검찰사무까지도 총독부가 관장하고 있었던 것은 아니다. 이 장에서는 재판소와 함께 경찰도 살펴볼 것인데, 헌병경찰만이 아니라 보통경찰에게도 상당한 분량의 사법사무가 위탁되어 있었기 때문이다. 이런 측면이 식민지적 사법사무의 성격을 잘 보여주고 있다고 보았다.

6장에서는 지방행정의 상황을 도지방비의 행정과 도회의 지방자치를 중심으로 살펴보려 한다. 전통적인 군현제 즉 군 중심의 지방행정 제도를 해체하고 총독부가 새로 도입하려 했던 지방행정 제도가 도와 면을 중심으로 한 도–면 2급제 행정제도였다. 하지만 도와 면은 모두 그런 기대에 걸맞는 성장을 보여주지 못했다. 한편 자치기구로까지는 성장하지 못했던 '도회'에서는 어떤 일이 벌어지고 있었던가를 함께 알아보려 한다.

7장에서는 본국 소속기관에 대해 살펴볼 것이다. 총독이 직접 지휘하지 않는 주요 기관 3개가 있었다. 전 왕조의 왕실이 변한 이왕직, 조선에 주둔하던 군대 즉 조선군, 그리고 발권은행이었던 조선은행이 그것이다. 이 3개의 기관 가운데 이왕직은 그 상징성 때문에 주목할 가치가 있다. 그러나 3·1운동 이후 왕실의 상징성은 왜소화되었고, 이왕가는 일본황실에 준하는 일본제국의 '특별한 인역人域'으로 무난하게 관리되었다. 다음으로 조선 주둔 일본군 즉 '조선군'이 있었다. 조선군이 조선의 국민군대는 아니었지만, 조선에서의 합법적인 폭력독점을 대표하는 기관이라는 점 역시 사실이었다. 마지막으로 조선은행은 본국의 대장성이 감독하던 발권은행이었다. 조선은행은 조선에서 발권은행의 기능을 수행하고 있었지만, 일반 상업은행의 기능도 겸하고 있었다.

8장에서는 대한민국임시정부와 조선총독부를 대칭국가와 식민국가 개념을 사용하여 비교해볼 것이다. 조선총독부는 식민국가로서 외로이 존재했다기보다는 식민지의 저항국가와 함께 할 때 더욱 존재가치가 부각되는 국가였던 것이다.

7.

잘 알다시피 IT회사 구글은 2004년부터 구글 북스 라이브러리 프로젝트Google Books Library Project를 진행하고 있다. 이것은 1억 3천만 권 정도 되는 것으로 추산되는 전 세계의 모든 책을 데이터베이스로 구축하는 프로젝트이다. 구글 앤그램 뷰어Google Ngram Viewer는 이 가운데 8백만 권의 책

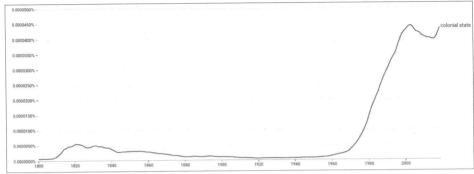

〈그래프 1〉 Google Ngram Viewer로 본 colonial state의 사용례(영어)

을 골라서 한꺼번에 읽을 수 있도록 만든 프로그램이다.[21] 구글 앤그램 뷰어가 보여주는 식민국가의 사용례를 한번 살펴보자. 1970년대부터 가파르게 상승하여, 2000년대 들어서면 식민지기 권력형태를 지시하는 일반화된 용어로 사용되고 있다. 2000년대 이후 식민지의 권력기구는 일반적으로 식민국가로 통칭되고 있는 것 같다.

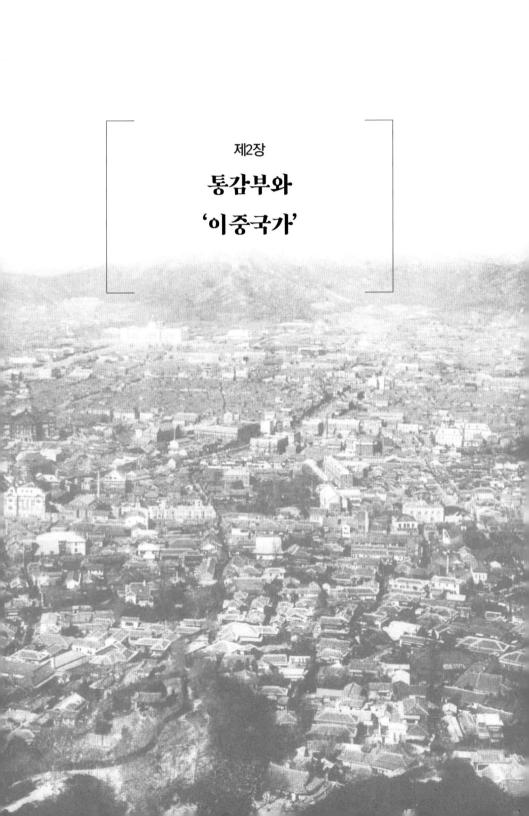

제2장

통감부와
'이중국가'

순종 어진(국립중앙박물관). 1907년 고종이 퇴위하고 순종이 대한제국의 황제로 즉위하였다. 그때는 이중국가의
마지막 시기 곧 대한제국의 운명이 종말을 향해가던 시기였다.

초대 통감 이토 히로부미(伊藤博文), 中村進吾, 『朝鮮施政發展史』, 1936. 조슈번
벌의 핵심인물이자 메이지유신의 원훈인 이토 히로부미는 1905년 을사보호조약을
강제하고 이어서 1906년 초대 조선통감으로 부임하였다. 그는 1909년까지 통감으
로 재임하면서 조선의 병합을 위한 토대를 굳건히 구축하였다.

한국내각(朝鮮タイムス社編輯部編, 『皇太子殿下韓國御渡航 記念寫眞帖』, 1907). 1907년 한국내
각의 주요인물을 배열한 사진이다. 가운데가 내각총리대신 이완용, 가운데 위가 농상공부 대신 송병준,
왼쪽 위가 학부대신 이재곤, 왼쪽 아래가 법부대신 조중응, 오른쪽 위가 내부대신 임선준, 오른쪽 아래가
군부대신 이병무이다.

2대 통감 소네 아라스케(曾禰荒助), 中村進吾, 『朝鮮施政發展史』, 1936, 2대 통감으로 부임한 소네 아라스케 역시 조슈번벌에 속하는 인물이었으나, 통감으로 지명되었을 당시 그는 지병이 있어 일을 하기 어려운 상태였다고 한다. 통감으로서의 그의 역할은 매우 미미한 것이었다.

3대 통감 데라우치 마사타케(寺内正毅), 中村進吾, 『朝鮮施政發展史』, 1936. 육군상으로 재직하고 있던 데라우치 마사타케는 조슈번벌의 적자였다. 1910년 5월 통감으로 임명된 그에게는 조선의 병합을 완수하는 임무가 부여되었다. 병합후 초대 총독으로 임명되었으며, 1912년까지 육군상을 겸임하였다. 1916년 일본의 수상으로 지명될 때까지 총독으로 근무하였고, 이른바 무단통치의 상징으로 악명을 떨쳤다

임진강 철도 가교 공사(『日英博覽會出品寫眞帖』, 통감부, 1910). 1906년 경의선 철도가 개통됨으로써
조선을 종관하는 철도노선이 완성되었다. 경의선 철도 노선 중 임진강의 철도 가교 공사 사진이다.

통감부 소재지 부근(『日英博覽會出品寫眞帖』, 통감부, 1910). 통감부가 소재해 있던 남산 아래 예장동 부근 사진이다. 사진 정면에 멀리 보이는 서양식 건물이 통감부 건물이다.

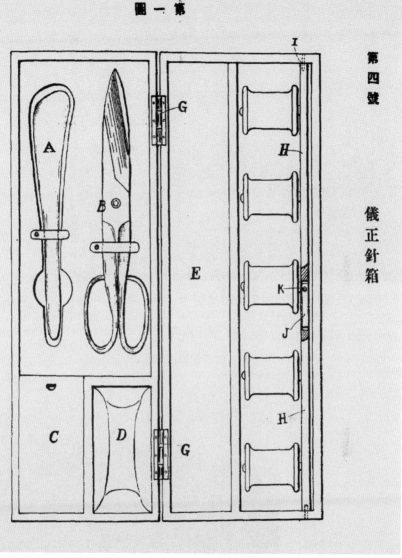

실용신안등록 1호 의정침상(儀正針箱)(통감부 특허국, 『실용신안 공보』 1호, 1910). 실용신안권자(實用新案權者) 니이지마 츄죠(新宮忠三)는 나가사키 출신으로 경성에 거주하는 사람이었다. 실용신안 1호로 등록된 이 의정상침은 가위와 실 등을 보관하는 상자로서 반짇고리를 상품으로 만든 것이다. 미국은 일본에서와 마찬가지로 조선에서도 특허 등의 지적재산권을 인정해줄 것을 요구하였고, 일본은 조선에서 영사재판권을 철폐하는 조건으로 이를 수용하였다. 조선에서 미국의 지적재산권은 영사재판권과 교환되었으며, 이에 따라 이른 시기부터 조선에서는 지적재산권 제도가 인정되었다.

한국황제 부산항 정박 일본 함대 임행 광경(『日英博覽會出品寫眞帖』, 통감부, 1910). 통감 이토 히로부미는 일본 침략에 대한 조선인들의 반감을 억누르기 위해 순종의 순행을 강행하였다. 1909년 연초 남순 때에, 순종은 부산항에 정박중인 일본함대를 방문하였다.

한국황제 개성 만월대 임행 광경(『日英博覽會出品寫眞帖』, 통감부, 1910). 순종 황제는 1909년 1월 초순 남순을 한 뒤, 1월 말 2월 초 사이에는 다시 황해도, 평안도 등의 북쪽 지방을 순행하였다. 서선지방 순행 당시 개성의 만월대를 방문하였다.

경성의 재판소와 재판광경 비교(『日英博覽會出品寫眞帖』, 통감부, 1910). 한국에서 행해지던 구식 재판과 일본인들이 바꾼 신식재판을 비교하는 방식의 전시는 각종 박람회의 단골 전시품이었다. 일본인들은 재판의 '근대화'를 자신들의 업적으로 포장하기를 좋아하였다.

일본 황태자(나중 다이쇼(大正) 천황) 사진(朝鮮タイムス社 編輯部編, 『皇太子殿下韓國御渡航 記念寫眞帖』, 1907). 1907년 10월 일본의 황태자가 조선을 방문하였는데, 한국의 순종 황제는 인천까지 가서 그를 환영하였다.

덕수궁 함녕전 뒤 시비(국립중앙박물관). 1909년 통감 이토 히로부미가 한국을 떠날 때 고종과 이토 히로부미(전임 통감), 소네 아라스케(신임 통감), 이완용(총리대신) 그리고 모리 오쿠루(궁내대신 비서관) 등이 함께 시를 지은 적이 있다. 그들은 한일 양국이 일가를 이루어 천하에 새봄이 왔다고 읊었다. 이왕직은 1935년 이 시를 고종의 침전이 었던 덕수궁 함녕전 뒤에 비석으로 만들어 세웠다 (뒤의 7장 참조).

1. 이중국가론

1909년 1월 7일부터 13일까지 6박 7일 동안, 1907년 새로 황제로 즉위한 순종은 대구, 부산, 마산 등 남부지방을 순행巡幸하였다. 통감 이토 히로부미伊藤博文와 내각총리대신 이완용 등 백여 명의 한국인·일본인 고관이 배종하는 가운데, 특별편성한 궁정열차를 타고 혹한의 날씨를 무릅쓴 채 지방시찰을 강행하였다. 순행 도중에 순종 황제를 일본으로 납치할 것이라는 유언이 퍼져, 부산에서는 한국인들이 결사대를 조직하여 황제 방어에 나서기도 했다. 순종의 남부지방 순행을 남순행南巡幸이라고들 했다. 다시 1월 27일부터 2월 3일 사이 7박 8일 동안, 순종은 평양과 의주를 둘러보는 이른바 서순행西巡幸에 나섰다.[1]

온갖 소문이 흉흉한 가운데, 순종의 남·서순행에 대해 한국인들은 대체로 부정적인 반응을 보이거나 혹은 애국심을 앙양하는 기회로 삼기도 했다. 1월 중순 『대한매일신보』에는 다음과 같은 기사가 실렸다. "이번 남도에 순행하시는데 지방인민들이 천안天顔을 쾌히 뵈오니 누가 감동하여 눈물이 흐르지 아니리오마는 (…중략…) 일병日兵이 좌우에 배립하며 대신들이 전후에 시위하여 앙앙찬란하게 태평기상을 나타내니 이에 대하여 인민의 감정이 어떠할는지…"[2] 한국의 언론도 순행에 대한 착잡한 감정을 감추지 못하고 있었다.

한편 1907년 10월 16일부터 20일까지 4박 5일 동안 일본의 요시히토佳 人 황태자가 한성을 방문한 뒤 돌아갔다. 순종 황제와 황태자는 인천까지 나가서 1912년 다이쇼大正 천황으로 즉위하게 될 일본의 황태자를 영접하였다. 일본 황태자의 방문을 앞두고 기병 1개 연대가 본국에서 파견되어 한성을 방어하였으며, '大日本皇太子殿下奉迎漢城府民會'곧 한성부민회가 결성되어 황태자의 한국시찰을 환영하였다. 순종이 황제로 즉위한 지 3개월이 채 지나지 않은 시점에서, 일본의 황태자가 한국 시찰에 나선 것은 나빠진 한국의 여론을 완화하고 한국 황태자의 일본 유학을 성사시키기 위해서였다.[3] 나중에 영친왕이 되는 한국의 황태자는 '국제적 인질'로서 일본에서 교육받게 되었다. 『대한매일신보』는 일본 황태자의 한국 '유람'을 계기로 한국의 정치에 좋은 효험이 있기를 바란다는 논설을 게재하고 있다.[4]

순종 황제와 일본 황태자의 '시찰정치'(혹은 순행정치)는 모두 한국의 국민을 대상으로 하고 있다. 일본 황태자의 시찰은 일제 침략에 대한 한국민의 적대감을 완화하고 반발을 억누르기 위한 것이었다. 이에 반해 한국 황제의 순행은 문명화된 군주상을 구현하고 보호정치의 정당성을 확보하려는 통감부의 의도에 의해 기획되었지만, 한국인들은 스스로 충군애국 의식을 강화하는 계기로 삼으려 했다. 이처럼 두 가지의 시찰은 매우 복합적이고 상이한 정치적 목적의식을 가진, 그러나 서로 동일한 대상을 향한 정치행위였던 것이다. 또 여기에서 보호국시기 국가가 가진 성격의 적나라한 한 단면을 확인하게 되는바, 그것은 바로 이중국가의 면모이다.

이른바 보호국시기는 대한제국과 통감부가 이중국가Dual State를 형성하고 있던 시기였다. 하지만 이중국가는 고정된 국가체계는 아니었고, 한쪽 국가의 폭력 독점이 해체되어가고 또 일반행정의 종속이 계속하여 진전되어 가는 즉 변화하는 국가체계였다.[5]

통감부 시기 대한제국과 유사한 이중국가의 사례로는 오스트리아·헝가리 제국을 들 수 있다. 오스트리아·헝가리 제국은 헝가리 왕국이 독자적인 헌법과 의회를 가진 점에서 이중제국Dual Monarchy이었다. 단 오스트리아와 헝가리 왕국은 군사, 외교와 재정을 공유하였으며, 국왕은 오스트리아 황제가 겸임하였다. 즉 두 개의 개별왕국이 한 명의 군주를 정점으로 하나의 국가형태를 취하고 있었다. 따라서 한 국가에 두 개의 중심 즉 두 개의 정부와 두 개의 의회가 존재한다는 점에서 이중왕국 혹은 이중국가라고 할 수 있었다.

소독일주의를 통해 독일의 통일을 추구하고 있던 프로이센의 재상 비스마르크는, 1866년 전쟁을 통해 오스트리아를 독일권에서 강제로 축출시켰다. 이로 인해 오스트리아 제국은 1867년 오스트리아·헝가리 제국으로 변형되었다. 이 '이중체제'는 헝가리 민족을 제국의 지배민족으로 격상시킴으로써 제국을 안정적으로 유지하려는 전략에서 나온 것이었다. 이로 말미암아 제국 내 슬라브민족의 지위는 상대적으로 격하되었으며, 이들의 동요도 더욱 심각해졌다.[6]

반면 한국의 보호국 시기에는 대한제국과 함께 일본인에 의한 별개의 통치기구인 통감부가 존재했다는 점에서 이중적이다. 통감부는 일본 천황에 직예直隷하는 통감을 수장으로 하는 통치기구로서, 처음에는 한국의 외교권을 장악하였고 이를 기반으로 차츰 내정에 개입하고 장악해가는 독자적인 통치기구였다. 하지만 부분적이지만 토착권력의 독자성이 유지되고 있었으므로 괴뢰정권 혹은 괴뢰국가로 볼 수도 없다. 그런 점에서 '통감정치' 시기는 대한제국과 통감부라는 이중의 권력이 존재하던 시기 즉 이중국가 시기로 간주해도 좋을 것이다. 하지만 통감정치기의 이중국가는 대한제국의 '폭력기구'가 점차 해체되고, 국가권력이 통감부로 이관되거나 예속되어 가는 국가였다. 즉 대한제국의 국가기구는 통감부에 의해 조금씩 잠식되어 가고 있던, 곧 '잠식형'의 이중국가였다.

'대내적 이중권력기'라는 시기규정이, 이중국가와 유사한 개념으로 사용되기도 했다. 도면회는 1905년부터 1907년 사이를 대내적 이중권력기로 규정하고, 통감 권력과 황제 주권이 병렬적으로 존재하면서 이중권력 구조를 형성하고 있었다고 보았다. 하지만 1907년부터 1910년 사이에는 통감이 최고의 통치기구가 되었다고 해석하여, 이중권력이 해소된 것으로 간주하고 있다.[7] 대내적 이중권력기에는 두 개의 권력이 병렬적으로 존재하였지만, 그 이후 시기에는 병렬적 관계가 수직적 관계로 변함으로써 이중권력 구조는 종식되었다고 해석하고 있다. 권력론으로서는 드물고 참신한 해석이지만 국가론으로까지 나아가지 못했다는 점, 그리고 1907년 이후 수직적 관계를 곧바로 이중권력 구조의 해소라고 해석해버린 점 등에서는 아쉬움이 남는다.

지금까지 학계에서는 보호국시대 혹은 '통감부 설치시기'를 주로 '준식민지'로 지칭해왔다.[8] 병합으로 가는 과정에 놓여 있는 상태였으므로 준식민지라는 규정이 그다지 문제될 것은 없지만, 그렇다고 그런 규정이 그 시대적 상황을 적절하게 드러내준다고 하기도 어렵다.

또 이 시기의 한일 간 조약이나 협약이 가진 국제법적 차원의 불법성이나 결여조건에 대한 실증적 비판이 한때 유행하기도 했다.[9] 하지만 당시의 국제법적 논리를 원용하여 국제조약을 비판하는 방식은 국제법적 순환논리의 함정에 빠져들 위험이 크다. 보호국 시기 일본의 국제법학계는 일본의 국가실행 특히 전쟁에서의 일본군의 행위를 법적으로 정당화하는 법실증주의의 지배를 받고 있었다. 19세기의 국제법이 법실증주의에 기반을 두고 있었기 때문에 이런 논리가 정당화될 수 있었다. 따라서 당시의 국제법을 판단근거로 삼아 규범주의적으로 비판하는 것은 어쩌면 힘의 논리를 그대로 긍정하게 되기 십상이다.[10] 국제법이 가진 '힘의 논리'를 근원적으로 비판할 수 있는 인식론을 개발할 필요가 있을 것이다.

이 글에서는 통감부통치 시기를 국가론적 차원에서 비판하는 방식을 취한다. 이런 차원에서 국가로서의 대한제국과 함께 권력기구로서의 통감부의 성격을 아울러 이중국가 개념을 사용할 것이다. 이 이중국가는 오스트리아·헝가리 이중제국과는 본질적으로 다르다. 그럼에도 이질적인 권력이 이중적으로 중첩해 있다는 측면에서 동질성을 가진다.

여기에서는 근대국가를 '합법적 폭력 독점'이라는 관점에서 정의하는 막스 베버의 국가이론을 원용할 것이다. 베버는 "정당한 물리적 폭력행사의 독점을 실효적으로 요구하는 인간공동체"가 바로 근대국가라고 본다. 곧 국가 이외의 개인과 집단이 폭력수단을 사용하는 계기가 최대한 배제되고, 모든 폭력수단이 국가에 의해서만 합법화되는 상태를 의미하는 것이다.[11]

지금까지 한국 역사학계는 대개 1906년 통감부 설치를 기점으로 1910년 병합까지의 시기를 통감정치기[12]로 명명하고 기술해왔다. 하지만 마쓰오카 슈타로松岡修太郎라는 식민지기의 일본인 법학자는 1904년부터 '보호국시대'로 설정하고, 러일전쟁부터 1907년 한일신협약이른바 정미7조약까지를 제1기 그리고 그 이후부터 병합까지를 제2기로 나누어 기술하고 있다. 그는 전쟁 중에 체결된 제2차 영일동맹에서 일본의 한국에 대한 보호국으로서의 지위가 확보되었다고 이해한다. 그리고 한일신협약 체결로 통감이 한국 내정을 직접 감독하고, 일본인을 관리로 채용할 수 있게 됨으로써 보호권이 획기적으로 확대되었다고 보는 것이다.[13]

러일전쟁 개전과 함께 1904년 2월 체결된 '한일의정서'는 보호국화 과정의 첫발을 떼는 매우 중요한 조치였다. 그리고 러일전쟁 개전 이후 통감부 설치까지의 시기에 진행된 보호국화 과정의 여러 조처를 고려하지 않고서 그 이후의 정치과정을 이해할 수도 없다. 따라서 통감부 설치 이후의 변화를 이해하기 위해서는 반드시 1904년 2월부터 1906년 2월 통감부 설치까지의 시기를 함께 분석해야 한다.

제국주의 국가가 비서구로 진출할 때에 어떤 지역을 곧바로 병합하거나 식민지로 만들지 않고 보호국을 설정한 것은 무슨 이유 때문인가? 하나는 비서구 국가의 '폭력기구' 그중에서도 특히 군대와 경찰을 해체하기 위해서였다. 다른 하나는 비서구국가가 서구열강과 맺고 있는 불평등조약 체제를 붕괴시키기 위해서였다. 다시 말하면 보호권을 설정한 시기는 그 지역의 폭력기구를 접수하고 불평등조약 체제를 해체하기 위하여 식민지로 이행하는 절차를 잠시 유예한 시기였다.

이런 점을 고려하여 여기서는 이 두 가지 과정을 중점적인 대상으로 삼아 분석해나갈 것이다. 즉 어떤 방법과 절차를 이용하여 일본은 한국의 폭력기구를 해체하고 또 접수해가고 있었던 것인가, 또 한국과 서구열강이 맺은 불평등조약 체제를 해체하기 위해 어떤 노력을 하고 있었던가 하는 점에 초점을 맞추게 될 것이다.

또 이 글에서는 보호국시기를 크게 두 개로 나누어 살펴볼 것이다. 첫째, 1904년 2월부터 1906년 2월 통감부가 설치되기까지의 '예비 보호국기'와, 둘째 1906년 2월 통감부 설치 이후 1910년 8월 '병합'까지의 '보호국기'가 그것이다. '예비 보호국기'란 러일전쟁이 발발하면서 '한국주차군'을 비롯한 대규모의 일본군이 한국에 주둔하던 시기이다. 이어 한국의 외교권을 접수한 뒤의 시기가 바로 보호국기 곧 이중국가 시기에 해당하는

데, 이 시기는 다시 두 개로 나누어 살펴볼 것이다. 제1기는 1906년 2월부터 1907년 7~8월 고종 퇴위와 군대해산까지의 시기이고, 제2기는 1906년 8월 이후의 시기이다.

2. 군사점령과 보호국화

1) 보호국이란 무엇인가?

1904년 2월, 대한제국의 보호국화는 러일전쟁과 '한일의정서'라는 두 가지 계기에 의해 '문득' 그 단서가 주어졌다. 러일전쟁은 제국일본이 명운을 걸고 추진한 전쟁이었고, 조선을 식민지로 만들 수 있을 것인가를 두고 일본과 러시아가 벌인 건곤일척乾坤一擲의 승부였다. 일본은 이 전쟁에서 '이긴 자'는 앞으로 승승장구할 것이고, '진 자'는 국운이 내리막길을 걸을 것이라는 어렴풋한 예감을 갖고 있었다.[14] 1894년 청일전쟁 이후 일제의 대륙정책은 한국과 만주로 모이고 있었는데, 러일전쟁을 통해 한국은 완전히 일본의 자유처분에 맡겨지게 되었던 것이다. 이리하여 만한滿韓문제의 한 축인 한국문제는 일본의 손아귀로 들어오게 되었다. 전쟁 전의 예감은 어김없이 들어맞았는데, 한국을 보호국으로 만든 것은 그 가장 중요한 표징 중의 하나였다.

일본 육군은 각기 3개 사단으로 구성된 군단 두 개를 편성하여 러일전쟁에 대비하였다. 먼저 1군은 인천으로 상륙하여 압록강으로 진군하고, 2군은 요동반도에 진출하여 1군과 호응시킬 계획이었다. 따로 1개 사단을 편성하여 우수리방면의 러시아군에 대비하게 하였다. 1군은 2월 5일 선발대를 상륙시켜 조기에 경성을 점령하였고, 9일 2개 대대가 경성에 진입하여 한국정부에 전쟁 협력을 요구하였다. 10일 러시아에 선전포고를 한 뒤, 19일부터 1군은 북진을 시작하였다. 2군은 5월에 요동반도에 상륙하여 만주에서 전면전이 시작되었다.[15]

북진한 일본군 1군의 공백을 메우기 위해, 1904년 3월 한국에 주둔하는 군대를 새로 편성하였던바 그것이 바로 한국주차군이었다. 한국주차군의 주임무는 대륙침략 부대의 후방을 지원하고, 한국의 반일 저항운동을 탄압하는 것이었다. 이어 한국주차군 예하부대로 '한국주차헌병대'를 편성하여, 한국에서 치안경찰의 업무를 담당하게 하였다. 이 시기의 한국주차군사령관은 천황에 직예直隷하도록 하였는데, 러일전쟁의 후방지원이 주요 임무였다는 사실을 확인해준다. 국교상의 문제는 일본 전권공사와 그리고 병참 및 전신·철도 업무는 일본 육군 병참총감과 협의하여 처리하도록 했다. 보호조약을 강제하기 위하여 군사우위의 집행체제를 한국에서 제도적으로 보장하려 했던 것이다.[16] 처음에는 4천 명을 약간 상회하는 병력이 한국주차군에 배치되었으나, 본국의 사단이 증설되면서 1905년 10월부터는 한국주차군 2개 사단 체제가 정립되었다.[17] 그런데 일본이 한국에서 군대를 편성하고 주둔시키게 된 근거는 1904년 2월 23일 체결된 한일의정서에 의해 주어졌다.

일본군이 경성을 제압한 가운데서 한일의정서가 체결되었지만, 그 과정에서 고종의 관심은 한국황실의 안전보장에 놓여있을 뿐이었다. 일본은 한국의 내정에 간섭할 수 있는 권한을 확보하였을 뿐만 아니라, 한일 양국이 사전 승인 없이 제3국과 협약 체결을 금지하는 부인권 즉 '약간의 보호권'을 획득하였다. 후자는 한국의 외교권 행사에 상당한 제약을 가한 것으로서, 보호국으로 가는 길을 연 것으로 평가되었다. 게다가 한국정부의 독립과 영토안전을 보장하며, 이를 위해 군사상 필요한 지역을 수용할 수 있다고 규정하였다.[18]

이어 5월에는 일본 내각에서 두 개의 주요한 결정이 내려졌다. 「제국의 대한방침」과 「대한시설강령」이하 강령이 그것인데, 특히 강령에서는 한국의 보호국화를 위한 구체적인 방책이 제시되었다. 강령에서 제시된 것은 한반도지역에서의 군비확충, 한국의 외교와 재정 감독, 교통과 통신기관 장악 등이었다. 한일의정서와 대한시설강령을 거치면서, 거칠게나마 한국의 보호국 구상이 완성되어가고 있었던 것이다.

일본은 1904년 8월 제1차 한일협약을 체결하고 외교고문 스티븐스D. W. Stevens와 재정고문 메가다 타네타로目賀田種太郎를 선임함으로써 한국 외교와 재정에 대한 감독권이른바 고문정치을 확보하였다. 또 1905년 8월 제2차 영일동맹 및 9월 러일강화조약을 체결함으로써, 일본은 한국에서 자신의 이익을 위하여 필요한 지도와 감리 및 보호조치를 집행할 수 있는 권한을 승인받았다. 그러나 열강이 불평등조약을 통하여 한국에서 확보하고 있던 각종 기득권은 이후에도 계속 유지되었다. 이어 1905년 11월 제2차 한일협약 이른바 한일보호조약을 강요함으로써 한국의 보호권을 완전히 확보하였으며, 통감부와 이사청을 설치할 권한을 얻었다.

일본인들은 이른바 '전시경영'을 이용하여, 다시 말하면 전쟁 시기를 활용하여 보호권을 확보할 필요가 있다는 사실을 잘 알고 있었다.[19] 전쟁을 이용하여 일본은 슬그머니 그러나 강력하게 한국에 대한 보호권을 확보하였던 것이다.

전쟁 중에 일본 외무성의 고문으로 일했던 다치 사쿠타로立作太郎는 보호국을 갑종과 을종 두 가지로 나누고, 먼저 한국의 외교권을 감독하는 '갑종 진정보호국甲種眞正保護國' 상태로 한국에 대한 종속화 공작을 진행할 것을 권유했다. 다치는 피보호국의 외교권을 완전히 박탈하는 '을종 진정보호국'으로 만드는 것은 보호국을 설정한 이후의 과제로 남겨두었다. 그렇다면 이 시기에 일본정부는 보호국을 과연 어떻게 생각하고 있었던 것일까?

19세기 후반에 본격적으로 확산된 '보호국protectorate'은 "유럽 국가들이 비유럽국가에 대해 공식적으로는 우월한 주권을 선포하지 않은 채 집중적인 통제권을 행사하기 위해 고안한 다소 보편화된 기술"로 정의되고 있다. 다시 말하면 보호국 혹은 보호령은 식민지를 확장하기 위해 유럽의 제국주의 국가들이 고안한 독특한 기술이었다.[20]

보호국 설정이 유행처럼 번지고 있었지만, 보호국의 존재 형태는 매우 다양한 면모를 보이고 있었다. 이 가운데 이집트와 베트남의 사례에 대해서는 대한제국과 일본의 지식인과 정책 담당자들 모두 깊은 관심을 갖고 있었다. 1882년 이집트 민족주의자들이 일으킨 반란을 계기로, 영국은 이집트를 무력으로 점령한 뒤 이집트인 총독과 영국인 고문관이 함께 통치하는 이른바 '보호령'으로 만들었다. 1922년 독립하기까지 이집트에는 한편으로는 오스만 터키의 종주권이 다른 한편으로는 영국의 보호통치가 유지되고 있었다.[21] 베트남은 1879년부터 본격적으로 프랑스의 '보호통치'를 받기 시작하였다. 베트남의 황제는 보호국의 왕으로 전락하였으며, 프랑스의 보호권에 기대어 통치할 수밖에 없는 처지에 놓였다.[22]

일본이 조선을 보호국으로 만들려는 시도가 본격화한 것은 청일전쟁이 발발한 이후였으며, 일본의 정책적 시도에서 가장 중요한 모델이 되었던 것은 바로 이집트였다. 그리고 조선의 '이집트화' 정책에서 핵심적인 수단은, 영국이 이집트에게 강요했듯이, 차관 공여를 통한 경제적 예속화였다. 1905년 보호국화 작업의 직접적인 정책적 기원은 1894년으로 소급되는 것이었다.[23]

러일전쟁 당시 일본의 국제법학계에서 가장 크게 유행하고 있던 주제가 바로 보호국론이었다. 일본의 국가실행이 문명국가의 최신 국제법이론과 같은 수준에 도달했는가를 판별하는 형식적 테마가 바로 보호국론이었기 때문이다. 따라서 일본인 국제법학자들 사이에서는 세계의 많은 보호국 사례가 논의되고 있었다. 보호국의 가장 중요한 특징은 실제와 해석에서의 다양성과 그 경로의 유동성이었다. 논리적 차원에서 보호국은 독립 혹은 병합으로의 길에 모두 열려 있는 대상이었다.[24] 그러나 정작 일본 외무성에서 보호조약의 모범적인 사례로 중시된 것은 바로 튀니지였다. 한일 보호조약은 프랑스와 튀니지 간에 체결된 '바르도조약'을 표절한 것이었다고 평가될 정도였다. 보호조약의 논리나 조약을 강행한 수법에서 양자 사이에는 깊은 유사성이 존재하고 있었다.[25]

통감부가 설치된 1906년 이후에도 보호국의 성격을 둘러싼 일본학계의 논쟁은 계속되었다. 일본의 국제법학자였던 아리가 나가오有賀長雄와 다치 사쿠타로 사이에 전개되었던 이른바 '보호국 논쟁'을 보더라도, 보호국이 가진 양면성은 잘 드러난다. 아리가는 한국이 비록 피보호국이지만 한국 정부가 국제적인 법인격을 유지하고 있으므로 한국을 독립국으로 볼 수 있다고 주장했다. 이에 비해 다치는 주권이 불완전한 상태에 있으므로 한국은 '부독립국不獨立國'이라고 규정했던 것이다. 보호국이 가진 이중적인 측면 곧 병합으로 가는 과도기냐 아니면 독립으로의 회복과정이냐, 둘 중 어느 부분에 초점을 맞추느냐에 따라 논의가 달라질 수 있었다. 하지만 이런

연구자들의 입장 차이가 일본정부의 정책 변경으로 이어질 수는 없었다.[26]

2) 군사점령과 보호국으로의 길

우선 대한제국의 '폭력기구'를 해체하기 위해 일제가 취한 조치를 살펴볼 필요가 있겠다. 일본군은 전쟁을 효과적으로 수행하기 위해 우선적으로 한국의 통신과 철도를 장악할 필요가 있다는 점을 잘 이해하고 있었다. 제국주의의 식민지 확장을 가능하게 한 것은 근대적인 통신망과 교통망이었다. 게다가 근대전쟁은 통신의 전쟁이었고 또 철도의 전쟁이었다.

우선 러일전쟁 전후 한국의 통신상황에 대해 살펴보자. 일본은 청일전쟁을 계기로 한반도의 육상통신망 구축을 완료한 상태였다. 또 일본은 개전 직후인 2월 13일 한국의 모든 전신시설을 군용으로 사용한다고 통보하였고, 3월 11일 한국주차군전신대를 편성하여 군사상 필요한 시설을 무상으로 수용하여 사용하였다. 또 주차군전신대는 통신검열을 강화하여 일체의 암호통신과 군사기밀에 저촉하는 한국정부의 전보는 모두 압수하여 폐기하였다.[27] 1904년 4월 1일에는 「한국통신기관위탁에 관한 협약서」가 체결되어 한국의 우편, 전신, 전화사업이 일본 정부에게 위탁되었다. 이로써 한국의 통신기관 335개소는 모두 일본의 통신기관이 운영하게 되었다.[28]

일본정부와 일본군의 한국통신 접수는 이토록 전격적으로 또 강압적으로 수행되었다. 그들은 통신이 전쟁의 승패를 가름하는 결정적인 요인이라는 점을 간파하고 있었다. 또 일본정부는 개전 이후 한국 정부의 반대를 무릅쓰고 대한해협과 서해를 가로지르는 통신망을 구축하기 시작하였는데, 결국 러일전쟁 기간 동안 동해까지 아우르는 국제적 해저통신망 구축을 완료하였다.[29]

근대전은 병력을 얼마나 많이 그리고 빨리 전선에 투입할 수 있느냐에 승패가 달려 있었다. 따라서 철도는 작전의 요체였고, 그만큼 철저히 준비할 필요가 있는 전쟁 인프라였다. 전쟁이 발발하자 일본 정부는 대륙에 접속하는 한반도 종관철도를 급히 완성하기 위해 인적, 물적, 제도적 자원을 총동원했다. 먼저 지지부진하던 경부노선을 조기에 완성하기 위해 비상조치를 단행하였다. 1903년 12월 칙령을 발포하여 경부철도주식회사에게 1년 뒤인 1904년 12월까지 철도를 완공할 것을 명령했다. 이를 위하여 일본정부는 경부철도회사를 반관반민의 국책회사로 재편하였다.

이어 일본군은 마산선과 경의선을 군사철도로 속성으로 건설하기 위해 최대한의 수단을 동원하였다. 1904년 12월 임시군용철도감부를 편성하고 그 산하에 철도대대와 공병대대를 배치하였다. 철도감부가 총괄 감독을 맡고, 공병대대가 노반공사를, 철도대대가 기술적인 부분을 담당하였다. 경의철도는 최단시일에 아주 저렴한 공비로 완성된 것으로 유명하다. 이는 공사에 동원된 한국인 역부들을 가혹하게 사역하고, 연선의 철도용지와 건설자재를 무자비하게 수탈하였다는 사실을 반증하는 것이다.[30]

한국주차군사령부가 전신과 철도를 대상으로 한 범죄를 군율軍律로 처리한 것은, 전신과 철도를 그만큼 중시했기 때문이다. 1904년 7월 전신과 철도 연변에 군율를 공포하고, 이어 11월에는 전국으로 범위를 확장하였다. 군율은 한국정부와 아무런 협의도 없이 그리고 어떤 법적인 근거도 갖지 못한 채 발령된 것이었다. 전신과 철도에 대한 보호를 주변 촌락의 공동책임으로 지우고, 가해자와 은닉자는 사형에 처하며, 밀고자에게는 보상금을 주는, 가혹하고 분열적인 법령이었다. 1904년 7월부터 1905년 10월까지 군율에 의해 처형된 조선인은 모두 275명에 달했다.[31] 이렇게 한국의 전신과 철도는 전쟁을 수행하고 한국을 침략하는 데에 주요한 수단으로 간주되어 보호되었다.

1904년 당시 한국은 '군대와 경찰의 근대적 분리'가 완전히 이행되지 않은 상태에 머물러 있었다. 고종 집권 이래 근대적 군사제도가 도입되고 갑오개혁 이래 서구형 문관경찰 제도를 시행하려는 시도가 이어졌지만, '군경 미분리' 상태가 깨끗이 해소되었다고 할 수는 없었다. 러일전쟁 발발을 계기로 일본은 군사점령을 강행하였고, 한국의 군대와 경찰에 대한 개입 그리고 예속을 위한 조치가 가속화되었다.

먼저 한국 군대의 상황을 간략히 더듬어보자. 1894년 갑오개혁 이후 한국군은 근대화 개혁에 본격적으로 착수하였다. 여러 번의 시행착오를 거쳐 1901년 즈음에는 군대가 일정한 체계와 규모를 갖출 수 있게 되었다. 먼저 1899년 6월 「원수부관제元帥府官制」를 발포하여, 군정권과 군령권을 분리하였다. 군부는 군정권을 갖고 원수부가 군령권을 가짐으로써, 군대를 체계적이고 효율적으로 운영할 수 있는 기반을 갖추게 되었다. 또 중앙군에는 시위대 2개 대대와 친위대 3개 대대를 합쳐 모두 5,600여 명의 병력이 편성되었으며, 지방군에는 진위대 18개 대대 총 18,000여 명의 병력이 배치되었다. 중앙군과 지방군을 합쳐, 23개 대대에 2만 3천여 명을 상회하는 군대를 보유하게 된 것이다. 이것이 1901년 전후의 대한제국군 상황이었다.[32]

1899년 군부의 권한을 축소하고 원수부를 설치한 것은, 군통수권을 황제가 직접 장악하기 위해서였다. 군통수권을 황제에게 직속하게 만들고, 황태자가 원수로서 군 일체를 통솔하게 하였다. 군부의 군무국을 폐지하고, 원수부에 4개 국局을 설치하여 핵심 군사업무를 담당하게 하였다. 하지만 고종은 자신의 측근들로 군부대신과 원수부 각국 총장을 임명함으로써, 군통수권의 위기를 스스로 자초하였다. 군부대신은 9년 동안 34명이 교체되었으며, 6년 동안 24명의 원수부총장이 임명되었다. 군부대신과 원수부총장의 평균 재직기간은 3개월 정도에 지나지 않았다. 외세를 업은 정치세력 간의 권력쟁탈전이 일상화하였으며, 부패와 일탈이 오히려 정상으로 비쳐지는 상황이 되었다. 중앙군과 지방군을 통털어 규율은 붕괴되고 권위는 취약한 상태가 되었다.[33]

1904년 3월, 일본공사관 무관으로 근무하던 노즈 시즈다케野津鎭武가 한국 군부의 군사고문으로 임용되었다.[34] 노즈는 8월 '군제의정소'를 설치하여 '군부개혁'에 나섰다. 개혁의 목표는 군권이 집중되어 있던 원수부를 폐지하고, 군대를 감축하는 것에 놓여 있었다. 결국 9월 「참모부관제」와 「교육부관제」 등의 개혁법령을 발포하였는데, 원수부를 폐지하고 참모부를 설치하였으며 아울러 각종 무관학교를 개교하도록 하였다. 이리하여 참모부에 원수부와 군부의 주요 임무가 이관되었으며, 참모총장에게 모든 권한이 부여됨으로써 황제의 통수권은 박탈되었다. 이어 1905년 4월 각 부대의 편제를 변경하고 이를 바탕으로 대규모 군사력 감축을 단행하였다. 중앙군에서는 친위대를 폐지하고 시위대의 규모를 약 3천여 명 정도로 줄였으며, 진위대는 18개 대대를 8개 대대 약 5천 명 수준으로 축소하였다. 1만 5천여 명의 군인을 감축하여, 모두 8천여 명 정도의 병력만 남겨놓았다.[35] 이제 중앙군과 지방군을 모두 합쳐서 1개 사단에 미달하는 군대만 남게 되었던 것이다. 이 시기에 이미 일본정부 내에서는 한국의 군대가 치안유지를 위해서도 유해하다는 인식 아래 해산시켜야 한다는 의견이 제시되고 있었다.[36]

노즈는 이처럼 외관상 일본과 유사한 군제를 갖추도록 하였으나, 황제의 통수권을 박탈하고 원수부를 폐지하였으며 군대의 규모를 크게 축소하여 기능을 거의 마비시켜버렸다. 이것이 일본인 군사고문이 자행한 개혁의 본질이었다. 대한제국의 군대는 미처 서지도 못한 상태에서, 다리가 잘려버린 것이었다.

그렇다면 경찰권은 어떠했던가? 이 시기에는 한국경찰, 일본 영사관경찰 그리고 한국주차헌병대 등 세 계열의 경찰이 국내에서 경합하고 있었다. 첫째 한국경찰인데, 갑오개혁으로 내무아문 직속의 경무청이 설립됨으로써 근대적 군경 분리의 첫발을 떼었다. 하지만 지방의 경우에는 군수에게 경찰권과 사법권 등이 집중되어 있어, 근대적 문관경찰 제도 수립까지는 아직도 먼 길이 남아있었다. 1905년 2월 일본 경시청에 근무하던 마루야마 시게토시丸山重俊가 경무고문으로 용빙되면서, 이른바 '고문경찰' 시대를 열게 된다. 경성의 경무청에 경무고문부가 만들어지자, 고문경찰은 먼저 수도경찰의 제도와 운용의 개혁에 나선다. 황궁경찰을 장악하고, 한국인 순사를 삭감하고 일본인 순사를 증원하는 등의 조치를 취한다. 하지만 '고문경찰'이 경찰제도의 중심으로 진입하는 것은 통감부 설치 이후의 일이었다. 둘째, 일본 영사관경찰인데, 일본의 영사경찰권을 행사하기 위해 설립된 일본 외무성 계통의 경찰이었다. 통감부 설치 이후 이사청경찰로 개편되었다가 곧 '고문경찰'로 흡수되었다.[37]

세 번째, 일본군의 한국주차헌병대인데, 앞서 본 바와 같이 한국주차군 산하에 설립된 군사경찰이었다. 하지만 러일전쟁 발발 이후에는 헌병대가 일반경찰의 역할을 수행하면서 가장 강력한 위력을 발휘하게 된다. 앞서 본 바와 같이 주차헌병대는 군율을 적용했을 뿐만 아니라, 일부지역을 군사적으로 지배하였다. 군사적 지배를 위해 '군사경찰'과 '군정'의 두 가지 방법이 동원되었다. 먼저 군사경찰인데, 1904년 7월에 경성에서 그리고 1905년 4월에는 전주에서 시행하였다. 일본 헌병은 치안과 관련한 모든 사항을 담당하였으며, 학회, 신문 등의 단속과 총기 검사 등을 시행하였고, 이에 대한 한국 정부의 철회 요구는 완전히 무시하였다.

한편 러시아군과 교전이 벌어진 지역인 함경도에서는 한국주차군의 군정이 시행되었다. 1904년 10월 일본군의 점령지역에서 먼저 군정이 실시되었고, 1905년에는 함경도 전체지역으로 확대되었다. 강제력을 동원하여 현지의 한국인 지방관과 진위대를 군정에 활용하였고, 또 지방민을 징발하여 이용하였으며 군정을 방해하는 행위는 군율에 의하여 처단하였다. 요컨대 일본군은 함경도 지역의 일반행정과 입법, 사법권을 모두 장악하여 군정을 시행하였으며, 전쟁수행에 필요한 부담을 전부 한국인에게 전가하였다.[38] 1905년 10월 10월 군정에 관한 법령이 폐지되었으나, 그 후에도 함경도 지역은 한국주차헌병대가 여전히 치안을 담당하고 있었다.

한국이 전쟁 당사국이 아니었으므로, 일본군이 한국에서 군사경찰을 시행하거나 혹은 일부 지역을 군사적으로 점령하고 군정을 시행할 수 있는 권한이 있을 리 없었다. 한일의정서에는 단지 군사상 필요한 지역을 수용할 수 있다는 규정이 있을 뿐이었다. 그럼에도 러일전쟁 기간 동안 일본군은 한국에서 거침없이 군사경찰을 동원하거나 군정을 시행함으로써, 한국을 군사적으로 지배하고 있었다. 이런 군사적인 지배는 한국의 폭력기구를 약화시키고 또 보호권을 수립하고 확대하는 데에 결정적인 환경을 제공하였던 것이다.[39]

3. '폭력기구' 해체의 세 차원

통감으로 취임한 이토 히로부미는 고종이 헤이그의 만국평화회의에 밀사를 보냈다는 사실을 사전에 알고 있었다. 일본 외무성으로부터 사건 보고를 받자, 이토는 그것이 정말 칙명에 근거한 것이라면 이 사건이 한국의 세권稅權과 병권兵權 그리고 재판권裁判權을 접수할 수 있는 좋은 기회를 제공할 것이라고 일본 외무대신에게 전했다.[40] 이토는 세권과 병권, 재판권을 접수하기 위해서는, 먼저 한국의 내정에 관한 전권을 접수할 필요가 있다고 보았다. 고종을 양위시키는 것은 한국 내정을 장악하기 위해 필수적으로 진행해야 할 사전조치로 간주되었다.

1906년 3월 이토는 통감으로 취임하자마자 '시정개선'을 명분으로 한국의 내정간섭에 적극적으로 나섰으며, 그를 위하여 한국 황제의 권한을 제한하거나 축소하기 위해 다양한 책동을 전개했다. 이토는 통감과 한국정부의 대신 그리고 일본인 고문관으로 구성되는 '시정개선협의회'라는 기구를 만들어 국정의 주요 안건을 처리하였으며, 이에 따라 한국 의정부와 황제는 통과하고 재가하는 존재로 전락하였다. 또 1906년 12월 고종으로 하여금 궁중과 부중을 분리하고, 궁중에 대한 정부의 독립성을 확보할 필요가 있다는 조칙을 선포하게 만들었다. 이토는 1907년 5월 고종의 양위를 주장하던 이완용을 내각의 총리로 만들었다. 이른바 '친일괴뢰정권'이 성립한 것이다. 이어서 6월에는 내각 관제를 채용하여 참정대신후에 내각총리대신의 권한을 강화하였다.[41] 내각 관제를 제도화한 것은 1906년 12월 공포된 궁중과 부중의 분리에 관한 조칙에 입각한 것이었고, 참정대신에게는 궁중의 권한을 견제하는 책임이 주어졌다. 이토는 먼저 경무고문

마루야마 시게토시에게 명하여 궁중의 경비를 고문경찰이 담당하게 하였다. 이어 7월 7일 궁금령을 제정하여 황궁 출입에 필요한 문표 발급을 경무고문부가 장악하였는데, 이는 궁중과 반일 저항세력이 결합하는 것을 방지하려는 것으로서 고종 퇴위를 위한 사전조처였다.[42]

7월 20일 고종이 퇴위하고 8월 2일 순종이 황제로 즉위하는 와중에, 7월 24일 이른바 제3차 한일협약이 '강제로' 체결되었다. 통감이 한국 내정의 정점에 서서, 먼저 한국 황제를 수동적인 재가기관으로 만든 다음에, 이완용 '친일괴뢰정권'을 성립시켰으며, 이어서 일본인 중심의 적극적인 통치체제를 구축하였던 것이다. 제3차 한일협약을 계기로 만들어진 새로운 통치체제란, 바로 통감이 한국 내정의 전권을 장악한 체제였다.

어떤 점에서 그런가? 우선 한국의 시정개선은 통감의 지도를 받고[1조], 법령제정과 행정처분은 통감의 승인을 거치며[2조], 고등관료의 임면은 통감의 동의를 받고[4조], 통감이 추천하는 일본인을 관리로 임용하도록[5조] 했다. 이토 통감이 한국의 입법과 행정 그리고 관리임면 등 내정 전반을 관리하고 지도할 권한을 확보하였을 뿐만 아니라, 일본인 대량용빙의 계기가 마련되었다. 이를 통하여 일본인이 한국정부의 주요 직책을 차지하는 이른바 '차관정치'가 가동할 수 있게 되었다. 이와 아울러 이 협약에는 사법사무와 행정사무를 분리[3조]한다는 조항 하나가 특별히 삽입되었다. 사법사무를 행정사무와 분리하여 특별히 일본이 장악해야 할 사유가 별도로 있었던 셈이다. 그것은 바로 제국주의 열강의 영사재판권 철폐를 위한 한국의 사법권 장악이었다. 사법기구의 개혁에 관한 사항은 '부속각서'에 자세히 명기되었다.

1905년 '제2차 한일협약'으로 한국의 보호권 즉 '외부적 주권'을 장악한 일본은, 2년이 채 지나지 않은 1907년 7월 '제3차 한일협약'으로 한국의 '내부적 주권'을 장악하는 기반을 확고히 마련했던 것이다. 한국의 내부적 주권을 빼앗는 과정은 첫째, 일본인이 한국정부의 주요직책을 장악함으로써 한국정부의 기반을 잠식하는 과정, 둘째, 한국정부의 폭력기구 즉 군대와 경찰을 해체하고 장악하는 과정, 셋째, 한국의 저항폭력 즉 의병운동을 진압하는 과정으로 나누어 살펴볼 수 있을 것이다.

1) 한국정부의 기반 잠식

여기서는 우선 이중국가의 한쪽 즉 통감부의 조직과 위상이 정착하고 변화해가는 과정을, 한국정부의 위상 변화와 연계하여 검토해보기로 하자.

통감은 친임관親任官으로서, 일본 천황에게 직예하며, 외교사무는 외무대신을 거쳐 총리대신을 경유하고 기타 사무는 총리대신을 거쳐 천황에게 상주하고 재가받도록 하였다. 또 필요하다고 인정할 때 한국주차군사령관에게 병력사용을 명할 수 있으며, 한국 시정사무 가운데서 조약의 의무이행에 필요한 것은 한국정부에게 집행을 요구할 수 있고, 한국정부에 용빙된 일본인 관리를 감독하고, 통감부령을 발령할 수 있는 등 광범한 권한을 부여받았다. 요컨대 통감은 천황에게 직예하는 친임관으로서, 군대 사용권 즉 군령권과 일본인 관리 감독권, 법령 발령권에 더하여, 실제로는 한국정부의 내정 전반을 감독할 수 있는 권한을 갖게 되었던 것이다.[43] 통감의 군대사용권은 나중에 총독에게로 계승되었지만, 일본의 군제사상 어떤 식민지에서도 허용된 바가 없는 특별한 권한이었다.[44]

앞서 본 바와 같이, 통감 이토는 이런 권한을 이용하여 고종을 퇴위시키고 제2차 한일협약을 체결하도록 하였다. 이토는 이에 발맞추어 1907년 9

월 개정 「통감부 및 이사청 관제」를 발표하였는데, 종전의 열거주의列擧主義를 중지하고 간결하게 만들어 통감의 직권을 강화하였다. 또 통감부의 집행기능을 축소하는 대신, 한국정부의 행정을 감독하는 기구로서의 성격을 명확히 드러냈다.[45] 총무부와 경무부, 농상공부를 폐지하고 대신 통감 관방과 외무부, 감사부, 지방부를 새로 설치하였다. 외무부는 한국의 외부 업무, 감사부는 통감부와 한국 정부의 법령과 처분 심사업무, 지방부는 지방행정 기타 업무를 모두 관장하였다. 그리고 한국 정부의 일본인 차관이 통감부 참여관을 겸임하도록 만들어, 통감부는 한국정부를 압도하는 권력을 갖게 되었다.[46]

이제 내부적 주권을 장악하는 과정 가운데 첫 번째, 즉 한국정부의 관리로 일본인을 임용함으로써 한국정부를 내부적으로 잠식해가는 과정에 대해 살펴보자. 이를 두고 지금까지는 주로 '차관정치'로 명명하여 분석해왔지만, 한국정부의 중앙행정을 장악하는 과정은 차관을 중심으로 한 고위 관료의 임용보다는 오히려 중하위직 일본인의 '대량용빙'에 주목할 필요가 있다. 종래에 개별 계약에 따라 한국정부에 채용된 일본인 고문과 참여관은 해임되고, 제3차 한일협약 이후에는 통감의 감독 아래 일원적으로 한국 정부의 각 부서에 채용되는 과정을 밟았다. 이제 통감부와 고문부가 감독하고 한국정부가 집행하는 이중구조가 해소되었다. 재정고문부는 탁지부 재무감독국으로 귀속되고, 고문경찰이 폐지되어 한국정부 경찰에 흡수되었다.[47]

한국정부 중앙행정의 중추를 장악해가는 과정은 한국의 폭력기구를 해체해가는 과정과 동궤를 그리고 있었다. 한국정부의 민족별 직원수를 나타낸 다음 표를 통해 일본인 관리들이 한국정부를 잠식해가는 과정을 살펴보기로 하자.

〈표 1〉 한국정부의 민족별 직원수

구분	1908.6月末	1909.6月末			1910.6月末		
	판임 이상	판임 이상	판임대우 이하	계	판임 이상	판임대우 이하	계
한국인	2,866	3,253	3,583	6,386	3,109	4,619	7,728
일본인	1,797	2,467	2,903	5,370	2,421	2,996	5,426*
합계	4,663	5,720	6,486	12,206	5,530	7,615	13,154*

자료 : 『統監府統計年報』 2~4차; 오가와라 히로유키, 최덕수 외역, 『이토 히로부미의 조선병합 구상과 조선사회』, 열린책들, 2012, 204쪽에 의함.

비고 : *는 원문 그대로.

전체적으로 1908년까지는 판임관 이상의 고위직에 일본인이 많이 임용되었지만, 그 이후에는 판임관 이하의 하위직에도 일본인이 대거 기용되고 있다. 한국정부 관리의 40%를 상회하는 비율의 중하위직 일본인이 1909년부터 임용되고 있었다. 정부 부서 가운데 특히 내부에 가장 많은 일본인이 채용되었다. 위의 〈표 1〉에서 보는 바와 같이, 2천 명 이상의 많은 일본인이 한국경찰에 임용되었기 때문일 것이다. 또 탁지부, 법부, 농상공부에 임용된 일본인의 비율이 높았다. 탁지부에는 1909년 1,645명 (55%), 1910년 1,794명(59%), 법부에는 1909년 638명(55%, 1909년 법부 폐지), 그리고 농상공부에는 1909년 343명(71%), 1910년 402명(71%)의 일본인이 임용되었다. 탁지부에는 산하 재무감독국과 세무서 등에, 법부에는 각급 재판소에 그리고 농상공부에는 농사시험기관에 많은 일본인이 채용되었다.[48] 이렇게 하여 한국정부의 중추는 일본인에 의해 차근차근 잠식되어 갔다.

2) 폭력기구의 해체와 장악

　다음으로 내부주권을 장악하는 두 번째 과정 즉 대한제국의 폭력기구를 해체해가는 과정을 살펴보자. 이를 위해서는 먼저 통신과 교통의 예속상황에 대해 점검해두어야 한다. 통감부가 설치되자 곧바로 한국의 통신과 철도는 통감부의 소유가 되었고 완벽하게 통제되었다. 통감부가 설치된 시점에서, 이미 얼마 남아 있지 않던 한국인들의 통신과 철도에서의 숨쉴 공간은 모두 허공으로 날아가버렸다.

　통감부 설치 이전인 1906년 1월 11일 발포된 통감부령 제1호에 의해, 특별한 규정이 있는 경우를 제외하고는 한국의 통신은 일본 본국의 통신성과 체신성의 규정에 따르도록 강제되었다.[49] 통감부 설치와 동시에 「통감부통신관서관제」가 공포됨으로써, 한국의 통신사업은 통감부 통신관리국이 장악하게 되었다. 통신관리국은 일본에 위탁된 한국의 통신 그리고 일본 육군과 해군 관할의 통신선을 모두 승계하여 통합 관리하였다. 러일전쟁 중에 일본에 위탁되었던 한국의 통신은, 이제 통감부 통신관리국이 전부 장악하여 일본의 규정과 제도에 의해 통제하게 되었던 것이다.

　그렇다면 철도의 상황은 어떠했던가? 경부철도는 1905년 5월 개통되었고, 전쟁 중에 급히 착공에 들어갔던 마산선과 경의선은 각기 1905년 10월, 1906년 4월에 완성되었다. 경부선과 경의선이 완성됨으로써 한반도 종관철도가 개통되었으며, 일본의 대륙 진출을 위한 발걸음은 한층 가벼워졌다. 일본정부는 1906년 7월 통감부 철도관리국을 설치하여 경인선과 경부선경부선 철도를 매수하여 관리하도록 하였다. 이어 일본군 소관으로 있던 마산선과 경의선을 모두 철도관리국으로 이관하였다. 이로써 통감부는 한국의 모든 철도를 소유하고 경영하게 되었다.[50]

1909년 3월 철도관리국은 규모를 확대하여 '통감부 철도청'으로 변경되었다가, 그해 12월 다시 일본 내각 소관의 '철도원' 산하 한국철도관리국으로 이관되었다. 병합 이후 다시 조선의 철도는 모두 조선총독부철도국으로 귀속되어 관리되었다.[51] 철도는 이처럼 통감부와 조선총독부가 관리하는 기간 사이에 일본 본국의 철도원으로 이관되기도 했는데, 이는 일본정부가 한국의 철도를 그만큼 전략적인 정책 대상으로 간주하고 있었기 때문일 것이다.

이런 상황에서 한국 군대해산 계획은 예정된 경로를 착실하게 걸어가고 있었다. 1905년 4월 노즈 군사고문에 의해 단행된 제1차 군사력 감축에 의해, 대한제국의 군대는 거의 무력화되었다. 통감부가 설치되고 난 뒤 두 번째 군제개편이 있었지만, 기본 골격은 그대로 유지되었다. 중앙군은 2개 보병 시위연대를 중심으로 한 혼성여단 4천여 명, 지방의 진위대는 함경북도를 제외한 7개도에 7개 대대가 편성되었다. 중앙군 4천여 명과 지방군 4천여 명을 합쳐 모두 8천 7백여 명 정도의 군대가 남아 있었다.

이런 상태에서 1907년 8월 군대해산이 단행되었다. 군대해산을 준비하기 위해, 일본군 보병 12여단이 본국에서 파견되어 남부지역에 배치되었다. 보병 12여단은 경성 이북지역 경비를 담당하고 있던 13사단과 함께 전국의 위수구역을 장악하였다. 7월 30일 순종은 「군대해산」 조칙을 반포하였으며, 8월 중에 3차에 걸쳐 8천여 명의 중앙군과 지방군은 모두 해산되었다. 7백여 명의 근위보병대와 근위기병대만이 남아서, 대한제국의 잔명을 지켜보았다. 최종적으로 구차한 이름을 역사의 한 페이지에 남기고, 1909년 7월 대한제국 '군부'가 폐지되었다.[52]

군대와 달리 일본이 한국의 경찰권을 흡수해간 과정은 좀 더 복잡하다.

경찰은 군대처럼 완전히 폐지해버릴 수 있는 대상이 아니었기 때문이다. 한국인 경찰은 이래저래 쓸모가 많았고, 또 경찰을 일본인으로 모두 채운다고 해서 해결될 문제도 아니었다. 고문경찰은 통감부 설치 이후 급속히 확장되어 곧바로 경찰기구의 중심적 위치를 차지하게 된다. 고문경찰과 이사청경찰은 모두 통감의 감독을 받게 되었다. 통감 이토 히로부미는 경찰권을 확대하는 대신, 한국주차헌병대의 군사경찰권을 축소시켰다.[53]

이토는 한국경찰을 보강하기 위하여 1906년과 1907년 사이에 두 차례의 경무확장계획을 시행하였다. 1906년 6월부터 시작된 제1기 경무확장계획을 통하여, 관찰부 소재지에 경무고문 지부를 설치하고 각 도에 평균 2개소 즉 전국에 26개소의 분견소를 설치하였다. 그리고 용빙한 일본인 경시와 경찰관을 전국에 배치하였다. 한국 경찰기관으로는 13도에 경무서를 두고 그 아래 26개 경무분소를 설치하였으며, 각 도에 경무관과 다수의 경찰관을 배치하였다. 일본인들은 일본측 경무고문 지부와 한국 측 경무서가 이명동체異名同體라고 평가하였다.[54]

1907년 7월부터 제2기 경무확장계획을 시행하였는데, 일본인 경찰관 용빙을 계속하였을 뿐만 아니라 한국인 경찰관도 함께 대거 확장하였다. 두 차례의 확장계획을 통해 일본인 경찰관 약 천 2백여 명, 한국인 경찰관 천여 명이 증원되었다. 일본인 경찰관은 20배 이상, 한국인 경찰관도 2배 반 이상의 규모로 늘어났다. 일본인 경찰과 한국인 경찰이 이명동체를 이룬 고문경찰은, 이토 통감 치안 구상의 중추로 자리잡았다. 여기에는 경찰의 직무를 대대적으로 확장하고 또 한국인 군수가 가진 경찰권을 제거하기 위한 의도가 자리하고 있었다.[55]

이처럼 한국경찰이 근대적 문관경찰의 모습을 처음으로 갖추기 시작한 것이 '고문경찰' 시기부터였고, 이것은 이미 '비극'을 잉태하고 있었다. 제3차 한일협약으로 일본인이 한국경찰이 될 수 있는 길이 열렸고, 1907년 8월 경무고문 마루야마는 한국 경시청의 수장인 경시총감으로 임명되었다. 10월에는 일본인 고문경찰 천 3백여 명이 한국정부에 임용됨으로써 고문경찰은 공식적으로 폐지되었다. 내부 경무국장에는 마쓰이 시게루松井茂가 임명되었고, 이어 11월 이사청경찰이 한국경찰에 흡수되었다. 이리하여 한국경찰은 사실상의 일본경찰이 되었다.

1906년 6월부터 시행된 '제1기 경무확장계획'과 함께 한국주차헌병대의 '군사경찰'의 범위는 더욱 축소되었다. 경성 부근을 관할하던 군사경찰은 '고등군사경찰'로 개칭되었고, 8월 이후 경성과 그 부근지역을 관할하게 되었다. 고등군사경찰은 보통경찰의 범위에는 개입하지 않으며, 조헌을 문란하게 하고 황실에 위해를 가하는 범죄행위를 단속하는 것을 주업무로 하고, 각종 정치적 행위를 단속할 수 있도록 규정하였다.[56] 1906년 10월에는 제14헌병대로, 이어 1907년 10월 한국주차헌병대로 개편되었으며, 아카시 모토지로明石元二郎가 주차헌병대사령관으로 취임하였다. 고등군사경찰은 폐지되었으며, 헌병이 치안경찰을 담당하도록 제도화되었다. 한국주차헌병대는 치안경찰에 대해서는 통감에게 예속하고, 군사경찰에 대해서는 한국주차군사령관의 지휘를 받도록 했다.

통감 이토 히로부미는 군대해산 이후 비약적으로 늘어난 의병투쟁을 진압하기 위해서 주로 헌병대를 확충하여 한국경찰을 강화하는 전략을 채택하였다.[57] 1908년 이후 헌병보조원 제도를 도입함으로써 한국주차헌병대는 본격적인 확장의 과정을 거치게 된다. 헌병보조원 제도는 의병진압을 위해 동원된 핵심적인 방책이었다.[58] 1908년 6월 「헌병보조원 모집에 관한 건」이 공포되었고, 9월 말까지 4천 명 이상의 인원이 채용되었다. 한국 주차헌병대 인원은 일거에 3배 가까이 늘어나게 되었다.

1910년 6월에는 이른바 헌병경찰제도를 도입하기 위한 기초작업이 진행되었다. 1910년 6월 15일 일본은 한국주차헌병대사령부를 확대하였으며, 6월 24일 「경찰사무위탁각서」가 체결되어 한국경찰 사무는 완전히 통감부로 이관되었다.

경찰 수의 기구별, 민족별 추이를 나타낸 다음 표에는 경찰 구성의 변화와 아울러 헌병경찰제도 도입의 추이가 잘 드러나고 있다.

〈표 2〉 경찰기구별, 민족별 인원수 추이(1904~1910)

구분	한국경찰			헌병			영사관(이사관)경찰
	한국인	일본인	합계	일본인	한국인	합계	일본인
1904년	2,250	-	2,250	311	-	311	254
1905년	1,728	109	1,837	318	-	318	268
1906년	2,737	667	3,404	284	-	284	499
1907년	2,242	1,513	3,755	797	-	797	-
1908년	2,731	1,656	4,387	2,398	4,234	6,632	-
1909년	3,299	2,016	5,315	2,431	4,392	6,823	-
1910년	3,428	2,266	5,694	1,007	1,012	2,019*	-

자료 : 마쓰다 도시히코, 이종민 외역, 『일본의 조선 식민지 지배와 경찰』, 경인문화사, 2020, 47쪽.
비고 : 1910년의 헌병경찰 수는 '보통경찰 사무에 종사한 헌병 수'만을 나타낸 것이다.

1907년 하반기에 일본인 고문경찰이 모두 한국경찰로 유입되었는데, 그 이후에도 많은 일본인이 한국경찰에 임용되고 있다. 또 한국인 헌병보조원 제도가 1908년에 도입됨으로써 헌병이 일반 경찰을 수적으로 압도하게 되었다. 군대를 해산하고 경찰을 흡수함으로써, 한국의 내부주권을 장악하는 두 번째 과정 역시 큰 무리 없이 진행되고 있었다. 즉 대한제국의 폭력기구는 완전히 해체되거나 통감부에 흡수되어 버렸고, 이로써 스스로를 방어할 수 있는 수단이 지상에서 사라져버렸던 것이다.

3) 저항폭력의 진압

이제 내부주권을 장악하는 세 번째 과정 즉 한국인들의 저항폭력을 진압하는 과정을 살펴볼 차례가 되었다. 통감이 한국주차군에 대한 병력사용권 즉 군령권을 갖게 됨으로써 그는 한국의 저항폭력 즉 의병의 저항을 진압하는 데에 적극적으로 나설 수 있게 되었다.

그러면 러일전쟁 이후 한국주차군은 어떻게 변화하고 있었던가를 먼저 살펴보자. 러일전쟁의 종결과 더불어 한국주차군은 평시체제로 전환되었다. 앞서 본 바와 같이, 통감과 이사관에게는 병력사용권이 부여되었다. 2개 사단의 한국주차군은, 대체로 3~4개 수비대체제로 편성되어 한국에 분산 배치되었다.

1906년 7월 발포된 「한국주차군사령부조례」에 의해 군사령관의 지위와 역할이 규정되었다. 한국주차군사령관은 천황에게 직예하며, 한국방위의 임무를 맡는 것으로 규정되었다. 또 군정과 인사는 일본의 육군대신, 작전과 동원은 참모총장, 교육은 교육총감의 지휘를 받도록 하였다. 통감의 병력사용권을 제외하면, 일반적인 일본군과 동일한 지휘체계가 갖추어졌다.

1907년 2월에는 본토 내 1개 사단의 2년 교대파견제를 만들어 13사단이 잔류하게 되었다. 3개 수비관구를 4개로 변경하였다가, 1907년 12월 이후에는 2개 수비관구체제로 바꾸었다. 1908년 5월 의병 토벌을 위해 2개 연대를 임시로 증파하였다가, 1909년 5월부터는 2개 연대의 임시파견대를 주둔부대로 변경하였다. 이로써 1.5개 사단의 교대제가 확립되었는데, 1개 주차사단은 북부 경비관구를, 2개 연대는 남부 경비관구를 담당하였다.[59]

한편 한반도에 배치된 한국주차군과 한국주차헌병대는 최신의 무기로 무장하고서 뛰어난 통신선과 효율적인 철도노선을 이용할 수 있었다. 예컨대 1908년 주요지역에 경비전화선을 신설하였는데, 이는 의병 진압에서 다대한 효과를 거둔 것으로 평가되었다. 또 의병전쟁에 참여했다가 포로가 된 사람들은 도로공사에 강제로 동원되었다.[60] 1906년 한국정부 내부內府에는 치도국治道局이 설치되었고, 1907년부터는 통감부의 지휘 아래 이른바 '신작로' 건설작업이 대대적으로 진행되고 있었다.[61] 이 역시 일본의 교통 장악정책과 깊은 관련을 갖고 있었다. 반면 한국인 저항폭력 즉 의병들에게는 통신도 철도도 이용할 수 있는 가능성이 전혀 주어져 있지 않았다. 이런 상황에서 의병들에게 '전쟁'은 일방적인 '소모전'이 될 수밖에 없었다.

잘 알다시피, 1905년 11월 제2차 한일협약 체결 이후 의병전쟁은 대중적인 기반을 가지고 확산되기 시작했다. 주로 지방의 유생이 주도하는 반일 의병운동이 중심을 이루었다. 그러나 1907년 8월 군대해산 이후 의병운동은 전국 규모의 대중적 투쟁으로 발전하였다. 이제 명실상부한 '의병전쟁'으로 전환하게 되었다. 해산당한 군인들이 참여함으로써 병력과 화력 면에서 의병들의 전투력이 크게 향상되었고, 또 평민 내지는 군인 출신의 의병장들이 대거 등장하게 되었다.[62]

이 무렵부터 통감부와 한국주차군은 '초토화작전'을 진압작전의 전형으로 만들어나갔다. 촌읍의 주민을 주륙誅戮하고 전촌을 소실燒失시키는 방식으로, 의병전쟁의 근거를 소멸시켜나갔다. 앞서 본 바와 같이 1907년 12월부터는 한국주차군의 수비구관제를 남북으로 변경하여 분산배치를 시도하였다. 이와 아울러 12월에는 한국주차헌병대를 의병전쟁에 전면적으로 투입하였다. 요컨대 통감부는 한국주차군의 병력을 분산배치하고, 헌병대를 증강하며, 초토화작전 일변도의 전략을 밀고나갔던 것이다.[63] 이 과정에서 미증유의 대규모 학살극이 벌어지고 있었다.[64]

1908년에도 의병전쟁은 계속 확산되어 나갔다. 한국주차군과 한국주차헌병대로 구성된 진압군과 의병의 충돌횟수는 1908년 1년간 월평균 151회에 달할 정도였다. 1908년 5월 통감부는 2개 연대의 추가 파병을 요청하였으며, 한국주차군 산하로 지휘계통을 통일하였다. 1908년 5월부터 1909년 8월까지의 시기에는 한국주차군이 치안병력을 분산 배치하여 대처하였으며, 강온병행전략을 구사한 시기로 평가된다.

대체로 1909년에 들어서면 의병의 기세가 약간 수그러들지만, 호남지역의 의병은 더욱 치열해지고 있었다. 일본 육군성은 1909년 5월 2개 연대를 증파하여 임시한국파견대사령부를 편성하였다. 또 1909년 2월 이후에는 한국주차군 병력을 호남지역에 집중적으로 배치하고, 대규모 진압작전을 준비하였다. 이는 이른바 '호남대토벌작전'으로 발전하였다. 9월 1일부터 40여일 동안 토벌작전은 진행되었으며, 그 결과는 매우 치명적인 것이었다. 1910년 이후 의병전쟁은 진정국면으로 접어들었고, 의병들은 소규모 분산적으로 활동을 이어갈 수밖에 없었다.[65]

일본군과 한국인 의병 사이에 전개된 의병전쟁은 '합병전쟁' 혹은 '식민지전쟁'이라고 불러도 좋을 것이다.[66] 일본인들은 한국의 폭력기구를 완전하고도 효과적으로 해체해나갔지만, 한국인들은 저항을 계속하여 이어나갔다. 4년 이상에 걸친 군사 작전을 수행한 후에야 그들은 저항폭력을 진압할 수 있었다.

한편 제2차 한일협약 이후 한국정부는 대량용빙으로 인하여 일본인 관료들에 의해 차근차근 잠식되어가고 있었다. 통감의 한국정부에 대한 감독 권한이 강화되고, 통감부 조직이 한국정부를 압도하는 권한을 갖게 되었다. 그렇다고 해서 한국정부와 통감부가 병렬적인 상태에 놓여있다가, 이를 계기로 수직적인 관계로 바뀌었다고 보기는 어렵다. 오히려 한국 정부조직이 일본인 관리들에 의해 잠식됨으로써 한국정부와 통감부 간의 네트워크는 강화되고 있었다.

반면 한국정부의 폭력기구 즉 군대와 경찰을 해체하고 장악해가는 과정은 일본의 군대 즉 한국주차군과 한국주차헌병대에 의해 폭력적으로 진행되었다. 한국군대는 일시에 해체되었으며, 군부는 폐지되었다. 또 한국 경찰은 일본정부에 위탁되었다. 폭력기구의 해체와 함께 의병들의 저항도 1910년이 되면 거의 진압되고 있었다.

4. 사법권 침탈과 '법권' 철폐

한국 보호정책을 관철하여 그 효력을 보급하려면 절대로 치외법권을 철거하지 않으면 안 된다. 그렇다면 금일의 급무는 한국의 사법사무를 개량하여 먼저 한국신민 및 재한 외국인의 생명재산의 보호를 확실히 하는 방법을 강구함으로써 조약개정을 준비하는 것이다.[67]

이것은 1909년 6월 14일 한국 통감을 그만두고 일본의 추밀원장으로 취임한 이토 히로부미가, 7월 3일 한국의 사법·감옥사무를 일본정부에 위탁하는 협약안을 일본 내각에 송부할 때 작성한 것이다. 한국에서 외국인의 치외법권을 철폐하는 방향으로 조약을 개정해야 할 필요가 있으며, 이를 바탕으로 병합을 준비해야 한다는 내용을 담았다. 이 서류를 송부하기 전인 6월 4일 일본 내각은 사법·감옥사무 위탁안과 군부폐지안을 승인하고, 「한국병합의 실행에 관한 건」을 공식적으로 승인한 상황이었다.[68] 사법·감옥사무 위탁안과 군부폐지안이 한국의 병합과 긴밀한 관련을 가진 사안이었음을 확인할 수 있겠다.

그렇다면 양자는 한국 병합과 어떤 관련을 갖고 있었던 것인가? 이토의 협약안은 그 관련을 잘 보여주고 있는바, 이토는 사법·감옥사무 위탁이 외국인의 영사재판권을 철폐하기 위한 것이었음을 강조하고 있다. 영사재판권 철폐가 병합을 위한 중요한 전제조건으로 이해되고 있었던 것이다. 일본인들에게 치외법권의 철폐는 군대 폐지와 함께 병합을 조선을 병합하기 위한 전제조건으로 간주되고 있었다.

'사법제도 개량'이라는 명분을 내걸고 추진된 한국 사법권 침탈과정은 다음과 같은 세 가지 목적을 가지고 진행되었다. 첫째, '문명적 재판'을 시행함으로써 보호정치의 정당성을 대내외에 선전하는 것, 둘째, 사법기관을 장악함으로써 한국인의 저항을 진압하고 통감부 시정을 효과적으로 관철하는 것, 셋째, 서구열강의 영사재판권곧 치외법권을 폐지하는 것이 바로 그것이었다.[69] 아래에서는 먼저 한국의 사법권 침탈과정을 살펴보고, 이어서 그것이 영사재판권 철폐와 관련되는 양상 및 한국에서의 영사재판권 철폐를 위한 통감부의 정책적 시도에 대해 차례로 살펴보기로 하겠다.

1) 사법권 침탈

한국에서 근대적 사법제도가 도입된 것은 1895년 「재판소구성법」을 통해서였다. 조선정부는 행정권으로부터 사법권을 분리하는 것을 가장 우선적인 목표로 내걸고, 이를 위하여 처음으로 5종3심제의 재판소를 설립하였다. 그 후 1899년 재판소구성법이 개정될 때에는 오히려 사법 '근대화'에 역행하는 조치가 취해지기도 했다. 관찰사와 군수가 재판사무를 겸하고, 각부 참사관이 검사 직무를 담당하도록 하였다. 그때까지도 사법권은 다양한 주체에 의해 다원적으로 행사되고 있었다. 요컨대 행정사무와 사법사무의 분리라는 목표는 요원한 상태에 놓여 있었다. 사법제도의 근대화는 일차적으로 지방관의 재판사무를 제한하는 데서 출발할 필요가 있었다.[70]

통감부기 사법제도 개편은 크게 세시기로 나누어 살펴볼 수 있다. 첫째, 1907년 1월부터 12월 사이의 법무보좌관 시대, 둘째, 1908년 1월부터 1909년 7월까지의 한국재판소 시기, 셋째, 1909년 7월부터 1910년 8월 사이의 통감부재판소 시기이다. 우선 법무보좌관이 설치되기 이전에 만들어진 통감부법무원에 대해 간단히 살펴보자. 1906년 6월 「통감부법무원 관제」가 발포되었는데, 이 기구는 한국에서 일본인들의 사법사무를 관장하기 위해 만든 것이었다. 법무원에는 법무장관과 평정관, 검찰관을 두고, 이사청이 담당하는 1심재판의 상소사건을 3인의 평정관으로 구성된 재판부가 종심으로 관할하도록 했다.

이제 첫 번째 법무보좌관 시기에 대해 살펴보자. 1907년 1월 각급재판소에 일본인 법무보좌관 15인, 법무보좌관보 11인이 배치됨으로써 법무보좌관 시대가 시작되었다. 이후 전통적 사법제도를 바꾸는 각종 입법이 잇따라 제정되었다. 「민사형사의 소송에 관한 건」에서는 군수재판권의 한계를 설정하고, 민사구류를 금지했으며, 상소절차를 개정하였다. 이어 「신문형訊問刑에 관한 건」에서는 민형사상의 모든 고문이 금지되었다. 그리고 민형사상의 일체의 사무에 대해 법무보좌관에게 자문할 것을 지시하였다. 그러나 얼마 지나지 않아 통감부는 일본인 법무보좌관만으로 사법사무의 개선을 수행하기 어렵다고 판단하게 되었다.[71]

이에 통감부는 앞서 본 바와 같이 제3차 한일협약의 부속각서에 사법기구 개혁에 관한 구체적인 사항을 포함시켰다. 부속각서는 한일 양국인으로 구성되는 대심원, 공소원, 지방재판소, 구재판소와 그 설치지역 및 수 그리고 판사, 검사, 서기 등으로 채용될 일본인의 수까지도 규정하고 있다. 이에 근거하여 1907년 12월 「재판소구성법」이 선포되었는데, 여기에는 3심4급제의 재판제도에 근거하여 재판소 설치지역이 구체적으로 지정되어 있다. 이로써 사법제도 개편의 두번째 시기가 출발하였다.

1908년 8월에 설치된 한국재판소에는 일본의 재판소구성법을 원용하여, 대심원大審院·공소원控訴院·지방재판소·구재판소區裁判所의 3심4급제가 채용되었고, 각 재판소에 검사국을 병치하도록 하였다. 이름은 한국재판소였지만, 일본인이 재판소를 완전히 장악하고 있었다. 대심원장과 대심원 검사총장 그리고 감독관 34명, 판사 74명, 검사 32명에는 모두 일본인이 임명되었으나, 한국인은 판사 38명과 검사 9명에 불과했다. 한국인은 판사, 검사 인원 전체의 25% 정도만을 차지하고 있었다.[72]

사법제도개편의 세 번째 시기는 한일 양국정부 사이에 1909년 7월 「한국사법 및 감옥사무 위탁의 건」이 체결되는 데서 출발한다. 이 각서로써 한국의 사법 및 감옥사무는 전부 일본정부에게 '위탁'되었고, 이에 따라 한국정부는 재판소와 감옥 그리고 법부를 모두 폐지하였다. 1909년 10월 설립된 통감부재판소에서는 이사청과 통감부법무원이 담당하던 일본인의 재판과 아울러 모든 한국인들의 재판도 담당하게 되었다. 통감부재판소 역시 한국재판소와 동일하게 3심4급제를 채용하였으며, 한국의 민형사재판과 비송사건非訟事件 재판을 담당하고, 통감의 감리에 직속하도록 하였다. 통감부재판소에서는 일본인 위주의 구성이 더욱 강화되었다. 조선인 판사와 검사의 비율은 이제 20% 아래로 떨어졌다.[73]

이처럼 1907년 이후 4년여 기간 동안 법무보좌관 시기, 한국재판소 시기, 통감부재판소 시기를 거치면서, 한국의 사법기구는 완전히 '개혁'되었다. 개혁의 실체는 일본의 재판소구성법을 모방하되 약간 변화시킨 것이었고, 재판소와 검사국을 일본인이 거의 전부 장악하도록 만든 것이었다. 일본은 이를 사법제도의 '문명적 변화'라고 분식하였지만, 한국에서 불평등조약 그중에서도 특히 영사재판권을 철폐하기 위해 도입한 전략이었다. 일본인들은 이를 '법권' 철폐라고 불렀다.

2) 영사재판권 철폐

1905년 4월 일본 각의 결정에서 처음으로 한국에서 영사재판권을 철폐하고 보호권을 확대할 필요가 있다는 점이 확인되었다. 또 통감부는 영사재판권의 존재가 보호국시기 한국 통치에 장애가 될 수 있음을 경계하고 있었다. 한국에 거주하는 열강의 국민이 한국인 저항세력과 결합할 가능성이 있으며, 또 이들에 대한 일본의 대응이 열강의 대일감정을 자극할 수 있을 것이라고 보았던 것이다. 실제로 영국인 베델E. T. Bethell이 『코리아 데일리 뉴스Korea Daily News』와 『대한매일신보』를 통해 반일적 언론을 행사하는 데 대해 골치를 앓고 있었다. 그 후 영사재판권 철폐 방침이 명확해

진 것은 1907년 제3차 한일협약을 통해서였다.[74]

당시 국제적으로 보호국의 영사재판권을 철폐하는 방식으로는 두 가지가 알려져 있었다. 하나는 '프랑스주의'로서, 자국의 재판소를 피보호국에 설치하고 문명적 재판제도를 실시하여 열강으로 하여금 치외법권을 철폐하도록 하는 것이다. 다른 하나는 '영국주의'인데, 피보호국의 토착 사법제도를 개량하여 문명적 재판을 실시할 때를 기다려 열강으로 하여금 영사재판권을 철폐하도록 하는 것이었다. 프랑스주의는 프랑스가 튀니지에서 취한 정책으로 보호국과 피보호국의 국민을 법적으로 이원화하는 방식이었다. 영국주의는 영국이 이집트에서 취한 것으로서 피보호국의 법을 궁극적으로 일원화하는 방식이었다. 요컨대 통감부는 한국에서 열강의 국민들에게 한국법을 따르게 할 것인가, 혹은 일본법을 적용할 것인가를 결정해야 할 필요가 있었다. 통감부는 사법제도 개혁의 목표를 영사재판권 철폐에 두고, 이를 위해 첫째 법전을 정비하고, 둘째 재판제도를 개량할 것이라고 선언하였다. 1908년 7월 법전조사국을 설치하여 구라토미 유사부로倉富勇三郎를 위원장, 우메 겐지로를 고문으로 위촉했다.[75] 여기서는 민법, 형법, 민사소송법, 형사소송법과 부속법령의 기초를 마련하게 되었다. 통감부는 영사재판권 철폐에 있어서 이른바 프랑스주의를 채택하려 했던 셈이다. 한국법을 정비하고 이를 바탕으로 영사재판권의 철폐를 유도할 수 있을 것이라고 보았던 것이다. 게다가 통감부의 한국 사법제도 정비는 일본인 중심의 재판제도를 만드는 것으로 비쳐졌다.[76] 하지만 프랑스주의와 영국주의의 구별 자체가 원래부터 선명한 것이라 하기 어렵고, 또 통감부 역시 영사재판권 철폐와 관련하여 복잡하고 예민한 국제적 문제와 부딪치고 있었다.

영사재판권 철폐문제는 지적재산권의 보호문제와 예민하게 얽혀 갈등하고 있었던 것이다. 이제 지적재산권의 보호에 관한 국제 교섭에 대해 살펴보자. 1900년을 전후하여 열강의 중국침탈이 극심해지면서, 영미 양국은 중국에서 지적재산권의 보호를 요구하고 있었다. 이와 아울러 1905년 전후해서는 일본에게도 상표보호조약의 범위를 한국으로 확장할 것을 요구하였다. 미국은 한국에서 상표에 관한 영사재판권을 포기하는 것을 조건으로, 미국 국민의 상표를 보호해줄 것을 일본에게 요구하고 있었다. 이처럼 상표라는 지적재산권과 영사재판권은 갈등하는 구조를 갖고 있었고, 미국은 한국에서 지적재산권을 보호하기 위하여 영사재판권을 포기할 의사를 내비치고 있었다. 한편 일본은 한국에서 영사재판권의 일부를 철폐하게 되면, 그것이 장래에 영사재판권을 회수하는 첫걸음이 될 수 있을 것이라고 기대하게 되었다.[77]

1908년 5월 미국에서 「한국에서 발명, 의장, 상표와 저작권의 보호에 관한 미일조약」이 체결되었다. 이 조약은 미국이 한국에서 발명, 의장, 상표와 저작권에 대해 갖는 치외법권을 포기하고, 이에 관해 일본에서 시행되고 있는 동일한 법령이 한국에서도 실시되도록 할 것을 규정하고 있다. 8월 한국에서도 한국특허령, 한국의장령, 한국상표령, 한국상호령韓國商號令, 한국저작권령 등의 법령을 공포하고, 그 사무를 위해 통감부 외국外局으로 '특허국'을 설치하였다.[78]

이처럼 저작권조약이 체결됨으로써 한국에서 미국의 영사재판권은 일부 철폐되었고, 이와 관련한 한국에서의 재판은 모두 통감부재판소로 귀속되었다. 이로써 한국의 사법정책은 '일본법주의' 다시 말하면 '프랑스주의'로 완전히 전환되었다. 그리고 사법사무가 일본에 위탁되고, 통감부재판소가 설치됨으로써 한국에서 열강의 영사재판권 철폐가 가능하게 되었다. 또 병합이 되기 전에 한국의 사법권은 완전히 일본에 위탁됨으로써, 병합 이후 치외법권 철폐에 들어가는 비용을 줄일 수 있게 되었다. 또 영사재판권 폐지 교섭이 '순탄하게' 진행된 데에도 사법개혁의 외양이 큰 영향을 미치고 있었다.

한편 일본 헌법의 식민지 적용문제도 '법권'의 철폐와 관련하여 첨예한 문제로 부상하였다. 먼저 대만에서는 야마가타 아리토모山縣有朋 내각이 1899년 대만에 헌법이 시행된 것으로 본다는 공식견해를 의회에서 표명한 적이 있었다. 대만에 헌법이 시행된다고 간주해야 했던 가장 큰 이유는 영사재판권 문제를 처리하기 위해서였다. 그러나 일본 헌법의 기본권 조항 즉 일본 신민의 권리·의무 조항을 식민지에서도 동일하게 적용할 수는 없었고, 또 번벌 중심의 식민지 통치를 유지하는 데에도 어려움이 있었기 때문에 식민지에서 헌법 적용은 유보할 수밖에 없었다. 일본 내각은 1910년 7월 2일 조선에서 일본 헌법은 당연히 시행되는 것으로 간주하되, 일부 조항은 부분적으로 시행하지 않는다는 방식으로 최종 결정을 내렸다.[79]

일본 정부는 한국에서 법권을 완전히 폐지하기 위하여 관세자주권 즉 '세권'을 협상의 무기로 꺼내들었다. 당시 일본은 관세자주권 회복을 목표로 통상조약 개정교섭을 서양 각국과 진행하고 있는 상태였고, 영국은 일본의 새로운 세율을 조선에도 적용할 것을 우려하고 있었다. 이런 상황에서 결국 일본은 1910년 7월 17일 조선에는 일본의 관세법을 적용하지 않고 향후 10년간 한국과 서양 열강이 맺은 기존의 수출입관세를 유지한다고 영국 정부에 통고했다. 이로써 기존의 체약국가는 모두 한국에서 같은 권리를 향유하게 되었다. 병합조약이 발표된 8월 29일 일본은 「한국병합에 관한 선언」을 각국 정부에 통보하고, 일본은 한국과 외국 사이에 체결한 기존 조약을 무효로 하지 않고 일본과 외국 사이의 조약을 적용할 것이라고 선언했다. 외국인들이 일본의 법권 아래서 일본 국내와 동일한 권리와 특전을 향유할 수 있다는 것을 확약한 것이다.[80]

일본은 1910년 9월부터 10월 사이에 법권 철폐 문제를 두고 미국과 협의를 진행하였다. 일본은 조선에서 일본 국내와 동일한 수준의 법률을 적용하며, 재판과 감옥사무를 개량하고, 경찰관계 이외의 미국인 거류지 문제는 현상을 유지하며, 신앙과 선교의 자유를 미국인들에게 보장할 것을 확인하였다. 결국 영국은 1911년 1월 관세 등 경제적 이권을 10년간 보장받는 것을 조건으로, 조선에서 영사재판권을 포기할 것을 공식적으로 선언하였다. 기타 서양 국가들은 공식 선언 없이 묵인하는 방식으로 영국의 방식을 계승하였다.

이리하여 한국의 법권 철폐 문제는 1911년 초에 최종적으로 타결되었다. 관세 문제 즉 세권을 10년 동안 유예하기로 한 결정과 맞바꾼 것이었다. 법권 철폐와 관련하여 마지막으로 타결되지 못하고 남은 것이 거류지 문제였다. 이는 1914년에 부제府制가 선포됨으로써 해결되었다. 모든 외국인 거류지는 모두 부에 흡수되었던 것이다.[81]

5. 이중국가 해체와 병합

이 장에서는 보호국시기를 크게 두 개로 나누어 살펴보았다. 첫째, 1904년 2월부터 1906년 2월 통감부가 설치되기까지의 '예비 보호국기'와, 둘째 1906년 2월 통감부 설치 이후 1910년 8월 '병합'까지의 '보호국기'가 그것이다.

'예비 보호국기'에 일본군은 한국의 전신을 점령한 뒤에 모두 일본정부에 위탁경영하도록 강제하였다. 그리고 경부선경부선과 경의선 철도 부설에 전력을 투구하였는데, 이 과정에서 군사점령의 상황을 이용한 강제적인 수탈이 감행되었다. 일본군은 전신과 철도를 방어하기 위해 군율을 발동하였으며, 경성 주변에서는 군사경찰권을 행사하고 함경도에서는 군정을 시행하였다. 러일전쟁이 진행되는 동안 일본군은 한국을 거의 점령한 상태에서, 보호권을 확대해가고 있었다.

여기에 또 간과해선 안 될 사항이 한국의 군대와 경찰에 대한 간섭이었다. 군대는 거의 해체 수준으로 감축되었으며 황제의 통수권은 박탈되었다. 일본인들은 미성숙하고 약한 군대를 거의 기능할 수 없는 수준으로 망가뜨려 놓았다. 이제 한국 군대는 국가를 방어한다는 본연의 임무를 수행할 수 있는 가능성을 거의 상실해버렸다. 이처럼 일본인들의 한국 '공략'은 무자비하고 철저한 것이었다. 이렇게 본다면 대한제국의 폭력기구에 대한 공격은 통감부가 설치되기 전에 거의 완수되었다고 해도 좋을 것이다. 남은 것은 경찰을 장악하는 일이었다.

이어 한국의 외교권을 접수한 뒤의 시기가 바로 보호국기 곧 이중국가 시기에 해당하는데, 이 시기는 다시 두 개의 뚜렷이 대비되는 시기로 나뉜다. 제1기는 1906년 2월부터 1907년 7~8월 고종 퇴위와 군대해산까지의 시기이고, 제2기는 1907년 8월 이후의 시기이다. 보호국기의 제1기에 이토 히로부미와 통감부는 이른바 '시정개선'이라는 이름 아래 본격적으로 한국의 내정에 간섭하기 시작한다. 내정간섭의 목표는 황제권을 약화시키고, 군대와 경찰을 해산하는 데에 놓여 있었다. 이 시기에 한국의 폭력기구는 거의 대부분 해체되거나 접수되었고, 국가의 '폭력기구'로서의 능력은 거의 사라졌다.

제2기는 한국의 대항폭력 즉 의병세력을 제압하며, 폭력기구와 사법기구를 완전히 접수하는 시기였다. 한국의 내부적 주권을 박탈하는 과정은 두 가지 방향으로 진행되었다. 하나는 한국정부의 일부를 잠식하는 방식이었고, 다른 하나는 폭력기구와 사법기구처럼 해체하거나 흡수하는 방식이었다. 이리하여 한국의 이중국가는 그 생명을 다해가고 있었다. 이중국가의 변화를 마무리할 수 있게 해준 것은 한국의 저항폭력을 진압하는 과정이었다. 의병전쟁이 종식됨으로써 최종적으로 한국을 병합할 수 있는 기반이 마련되었다.

이 시기는 보호국체제가 시스템적으로 구축되는 시기이기도 한데, 이는 한국에 강요된 불평등조약체제를 해체하는 과정이었다. 1909년 한국의 사법부를 접수해버린 것은, 열강의 치외법권을 철폐하기 위한 적극적인 조치였다. 이렇게 한국의 병합 과정은 1904년부터 1910년 사이 두 단계의 보호국시기에 걸쳐 있으며, 그것은 국가 폭력기구의 접수와 불평등조약의 철폐라는 두 가지 큰 목표와 맞물려 있었다.

폭력기구의 접수에 자신감이 생기고, 불평등조약 그 중에서도 이른바 법권의 철폐가 가능해진 시점에서, 일본정부는 황제를 폐제廢帝하고, 정부를 폐쇄하는 정책 즉 병합을 선택하기로 최종적인 결정을 내렸다. 제국주의 일본은 "한국을 완전히 폐멸로 이끌어 제국영토의 일부로" 삼으려 했다. 이런 결정에는 프랑스 정부가 마다가스칼을 그리고 미국 정부가 하와이왕국을 합병한 사례가 모델이 되어 주었다.[82] 제국의 입장에서 보호국은

식민지보다 훨씬 많은 통치비용이 요구되는 즉 효율성이 낮은 통치제도였
으므로 계속 유지하기는 어려운 제도였다.

　아직 일본의 침략에 저항하는 의병이 미약하나마 잔존하고 있었고, 열
강으로부터 관세자주권 즉 세권을 폐지할 수 있는 상황이 아니었다고 하
더라도, 병합이 가능하다고 판단한 근거는 바로 위의 두 가지 조건이 충족
되었기 때문이다. 물론 새로 만들어진 식민지에 남겨진 과제가 만만한 것
은 아니었다. 아직 조선은 여러가지로 '미숙한 식민지'였기 때문이다.

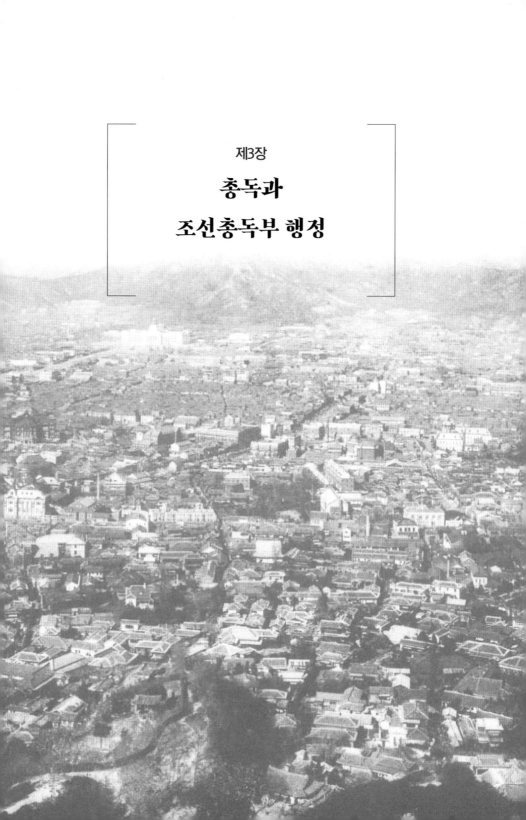

제3장

총독과
조선총독부 행정

조선총독부 청사―왜성대(조선사진통신사, 『조선사진화보 특별호―조선사단창설기념호』, 1916). 남산의 북쪽에 위치해 있던 왜성대 주변에는 일본인들의 주요 관청이 밀집해있었다. 1926년 경복궁으로 청사를 이전하기 이전까지, 왜성대의 통감부 청사 건물을 조선총독부 청사로 사용하였다.

동양척식주식회사(조선사진통신사, 『조선사진화보 특별호―朝鮮師團創設記念號』, 1916). 1909년 조선에서 토지개발과 일본인들의 이주사업 즉 척식사업을 진행하기 위하여, 자본금 1천만 원을 투자하여 설립한 회사가 바로 동양척식주식회사이다. 이 회사는 병합 이후 조선인들의 커다란 원한을 사게 되었다.

조선총독부 청사와 정원(조선총독부, 『조선총독부 청사 신영지(新營誌)』, 1929). 1926년 완공한 새로운 조선총독부 청사 건물이다. 앞쪽으로 넓은 정원이 조성되어 있다. 1915년 조선물산공진회를 개최하기 위하여 경복궁 앞쪽 공간은 이미 넓게 헐어낸 바 있다. 일(日)자형 평면에 지상 4층으로 만들어졌다. 신청사가 완공되면서 광화문은 동쪽으로 이전되었다. 백악산을 배경으로 서울시가를 위압하는 거대한 건축물이었다. 해방 이후 정부청사와 국립중앙박물관 등으로 사용되다가, 1996년 철거되었다.

2대 총독 하세가와 요시미치(長谷川好道, 1916
~1919), 中村進吾,『朝鮮施政發展史』, 1936.
2대 총독 하세가와 요시미치는 조슈번벌 출신으로
육군대장을 지낸 사람이었다. 1904년부터 1908
년 사이에 한국주차군사령관을 지낸, 한국통 가운
데 한 사람이었다. 그러나 데라우치 마사타케 초대
총독만큼 통솔력을 발휘하지 못한 것으로 평가되었
으며, 3·1운동의 여파로 물러났다.

3대 총독 사이토 마코토(齋藤實, 1919~1927,
1929~1931), 中村進吾,『朝鮮施政發展史』,
1936. 3·1운동 이후 3대 총독으로 부임한 사이토
마코토는 조선의 '문화정치'를 상징하는 사람이었
다. 조선총독 가운데 유일하게 해군 대장 출신이었
으며, 1927년 잠시 물러났다가 1929년 다시 부임
하여 1931년까지 재임한 바 있다. 1932년부터
1934년 사이에 본국의 총리를 지냈다.

아마나시 한조(山梨半造, 1927~1929), 中村進吾, 『朝鮮施政發展史』, 1936. 1927년부터 1929년 사이 즉 사이토 마코토의 부재시기에 총독으로 재임한 아마나시 한조 역시 육군대신을 지낸 육군의 원로였다. 그는 명예롭지 못한 독직혐의로 물러난 최초의 총독이었다.

우가키 카즈시게(宇垣一成, 1931~1936), 中村進吾, 『朝鮮施政發展史』, 1936. 1931년부터 1936년 사이에 총독을 역임한 우가키 카즈시게 역시 육군대신을 역임한 육군의 원로였다. 1930년대 초반 본국의 정당내각이 몰락한 상황에서 상대적으로 정치적 자율성을 누렸던 총독으로 알려져 있다.

총독 미나미 지로과 정무총감 오노 로쿠이치로(中村進吾, 『朝鮮施政發展史』, 1936). 1936년 중일전쟁을 앞두고 조선총독으로 부임한 미나미 지로와 정무총감 오노 로쿠이치로(왼쪽) 사진이다. 이들은 조선에 전시 총동원체제를 구축하는 데 크게 기여하였다.

조선총독부의원(조선사진통신사, 『조선사진화보 특별호—朝鮮紳士團創設記念號』, 1916). 1908년 대한병원으로 개원하였다가, 병합 이후 총독부의원으로 이름을 바꾸었다. 혜화동에 위치해 있었다.

경기도청(조선사진통신사, 『조선사진화보 특별호—朝鮮紳士團創設記念號』, 1916). 광화문 앞 거리에 있었다. 당시에는 경성도 경기도 소속이었으므로, 경기도청의 위상이 높았다.

조선총독부 체신국(조선사진통신사, 『조선사진화보 특별호—朝鮮紳士團創設記念號』, 1916) 조선총독부 체신국 건물은 광화문 거리에 있었다. 초기 체신국은 일반 통신과 우편, 전신 사무만이 아니라, 수표, 저축, 도로표지, 발전, 수력 등의 사무를 통합하여 관리하고 있었다.

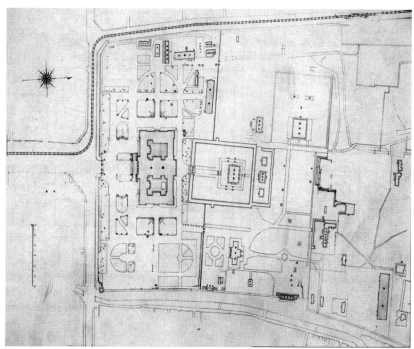

조선총독부와 경복궁 구내배치도(조선총독부, 〈조선총독부 청사 신영지〉, 1929). 조선총독부는 처음에는 남산 왜성대의 통감부 건물을 사용하다가, 1926년 경복궁 경내에 건물을 신축하여 이전하였다. 경복궁 경내의 새로운 건물 분포를 보여주는 개략적인 배치도이다. 조선총독부청사 건물이 있는 앞쪽만이 아니라, 근정전 뒷쪽의 건물도 대거 철거된 정황이 드러나고 있다.

『조선민력(朝鮮民曆)』표지/첫장(1911). 일본은 조선을 병합하자마자 『조선민력』을 발행하여 배포하였다. 표지의 안쪽에 일본의 경축일과 윤일 등을 기재하고, 이를 표준으로 조선인들에게도 준수할 것을 강요하였다. 요컨대 제국주의의 정치경제적인 지배는 식민지의 시간을 지배하는 것에서 출발했다는 사실을 잘 보여주고 있다.

'잠식형' 이중국가를 해체하는 과정에는 어떤 진지한 장애물도 존재하지 않았다. 굳이 보호국이라는 형태로 이중국가를 만든 목적이 바로 그런 것이었다. 제도적 차원의 국가 폭력기구인 군대와 경찰은 이미 해체되거나 위탁·관리되고 있었다. 그리고 저항폭력으로서의 의병 역시 거의 '진압' 당한 상태에 놓여 있었다. 대한제국에 대한 제국주의 열강과의 이해관계도 이미 재조정해 놓았다. 한국에 대한 '법권'은 거의 철폐할 수 있는 상태까지 진전되었고, '세권'은 유예하기로 정해져 있었다.

1910년 5월 통감에 임명된 일본 육군상 테라우지 마사타케寺內正毅는 7월까지 일본 국내에서 병합에 필요한 조치를 취한 뒤에, 8월에 한국으로 입국했다. 한국 총리 이완용과 병합에 관해 논의하는 과정에서 문제가 되었던 것은 단 두 가지뿐이었다. 한국이라는 국호의 사용과 황제에 대한 칭호가 그것이었다. 하지만 일본의 의도에 따라, 국호는 조선으로, 황제에 대한 칭호는 이왕으로 결정되었다.[1] 병합조약은 8월 22일에 체결되었고, 29일에 발표되었다. 경성 시내에서는 어떤 조그만 동요도 없었다.

1. 총독과 식민지

미즈노水野 정무총감은 총독부 추가예산에 관한 중앙정부와의 상의할 요무要務 및 임시의회에 출석키 위하여 래來 21일경 출발의 동상東上의 도途에 나설 것이라고 하는데 사이토齋藤 총독의 도동渡東은 아직 미정이며 정부위원 오츠카大塚 내무국장 및 재무국장 대리 미즈구치水口 세무과장 등도 정무총감과 서

로 전후하여 도동하리라더라[2]

여기에 인용한 글은 1920년 6월 미즈노 렌타로水野鍊太郎 정무총감이 일본 정부와 총독부 예산에 관해 협의하고 제국의회에 출석하기 위해 도쿄로 갈 것이라는 사실을 보도한 『동아일보』의 기사이다. 동상東上 혹은 도동渡東 이라는 말은 도쿄로 간다는 것인데, 총독부의 제2인자인 정무총감이 동상 한다는 사실은 신문에 보도될 정도로 중요한 일로 취급되었다.

3·1운동 이후 조선총독부는 독립재정 정책으로부터 적극재정 정책으로 전환하였다. 본국정부의 예산이 편성되는 시기가 되면, 조선총독부는 많은 예산을 확보하기 위해서 로비를 마다하지 않았다. 주로 정무총감과 재무국장을 도쿄로 보내어 장기 체재시키면서, 정부의 예산 관련자나 의회 의원들에게 적극적으로 로비를 하고 있었던 것이다.[3] 조선총독부는 본국 재정으로부터 독립된 '특별회계'를 편성할 권한을 갖고 있었지만, 예산을 편성할 때에는 본국정부와 의회로부터 보다 많은 보충금과 공채 발행액을 확보할 필요가 있었다. 이는 예산 편성과 관련하여 총독의 권한에 상당한 제약이 가해지고 있었음을 보여주는 사례가 될 것이다.

1910년 8월 병합조약으로 대한제국의 통치권은 완전히 그리고 영구히 일본에게 양여되었다. 당시의 국제법에는 일국이 영토 전부를 양여하여 국가의 존립을 상실하는 것으로 병합annexation의 개념이 규정되어 있었다.[4] 병합조약은 2개조가 통치권 양여에 대해 양국 황제가 합의한 조항이었고, 6개조가 일본이 병합에 대해 보상하는 조항이었다. 6개조의 보상조항은 황족과 병합에 기여한 한국인들에 대한 예우와 금원金員의 제공을 내용으로 구성되었다.[5]

이어서 조선총독부 관제가 급속하게 만들어지게 되었는데, 그 핵심에는 총독의 권한 규정이 놓여있었다. 아래에서는 총독의 행정, 입법, 사법에 걸친 광범한 권한 즉 종합행정권을 중심으로,[6] 먼저 총독의 권한에 대해 살펴보려 한다. 하지만 총독의 권한은 겉으로 보이는 것보다는 매우 제약 요소가 많은 것이었다. 조선총독에게 주어진 권한을 정확하게 이해하기 위해서는 그것을 제약하는 요소도 함께 살펴볼 필요가 있다. 아래에서는 먼저 총독이 가진 권한을 살펴보고, 이어서 그것을 제약하는 요소도 함께 검토해보려 한다.

1) 총독의 종합행정권

우선 종합행정권의 성격부터 알아보자. 총독의 '종합행정권'은 행정권, 입법권, 사법권으로 구성된다. 첫째, 여기서는 먼저 행정권에 대한 것부터 살펴보자. 조선총독에게는 일본내각으로부터 독립적이면서 또 강력하고 광범위한 권한이 부여되어 있었다. 1910년 9월 30일 발포된 「조선총독부 관제」에는 총독의 자격과 권한을 다음과 같이 규정하고 있다. 총독은 조선을 관할하며1조, 친임親任으로 하되 육해군대장으로 충원한다2조. 또 천황에 직예하고 위임의 범위 안에서 육해군을 통솔하고 조선방비를 담당하며, 제반 정무를 통할하고 내각총리대신을 거쳐서 상주하고 재가를 받는다고 했다3조. 3조는 3·1운동 이후 "안녕질서의 보지保持를 위하여 필요하다고 인정될 때에는 조선에서 육해군의 사령관에게 병력의 사용을 청구할 수 있다"는 조항으로 변경되어 병력통솔권은 약화되었지만, 병력 사용을 청구할 수 있는 권한은 유지되었다. 곧 조선총독은 행정권과 아울러 육해군 통솔권 즉 병력 사용권나중에는 청구권을 가지고 있었다.[7]

요컨대 일본 육해군대장으로 충원되는 조선총독은 내각총리대신을 경유하지만 천황에게 직예하며, '조선을 관할'하는 권한을 갖는다. 내각의 직접적인 통제를 받지 않은 채, 조선을 전체적으로 관할하는 권한을 부여받고 있었다. 게다가 조선에 주둔하는 일본군 즉 '조선군'을 통솔하는 권한까지 갖고 있었다. 이리하여 총독에게 소천황이라는 별호가 붙여지기도 할 정도였다. 그렇다면 과연 조선의 통치를 군정이라고 해도 좋을 것인가?

이와 관련하여 한 연구자는 다음과 기술하고 있다. "본질적인 의미에서 통감부 5년과 총독부 35년의 통치 자체는 군정이다. 통감과 총독이 군령권에 의해 군대를 지휘하면서 통치에 임했기 때문에, 본질상 그것은 민정이 아니라 군정이었다."[8] 식민통치 전기간이 군정이었다는 주장인데, 한국사회에서 관용화되고 있는 '일제강점'이라는 표현은 어쩌면 이런 주장에서 연유한 것인지도 모르겠다. 하지만 이런 주장에는 너무나 큰 허점이 존재하고 있다. 총독이 비상시에 그것도 1919년까지 조선군에 대한 군령권을 갖고 있었다고 하지만, 그것은 일시적으로 그리고 비상시에 한정된 것이었다. 그리고 조선군이 일상적인 치안업무나 일반행정에 관여하고 있었던 것은 아니었으므로, 이를 두고 군정이라고 할 수는 없을 것이다.

총독은 일반 행정장관이 갖고 있던 것과 동일한 명령 제정권총독부령을 갖고 있었으며, 거기에 칙령에 붙을 수 있는 벌칙과 동일한 정도의 벌칙을 부과할 수 있었다. 그 밖에 총독은 조선에서 군부대신의 특수권한을 제외한 각성 대신의 직권과 대략 동일한 직권을 가지고 있었다. 그 사무의 범위는 중앙정부에서는 각성대신에게 분장되어 있는 것을, 조선에서는 모두 총독의 권한에 귀속시켰다. 조선총독의 권한은 대만총독과 비교할 때에도 훨씬 넓고 강력한 것이었다. 예를 들어 우편·전신에 관한 사무에 대하여,

대만총독에 대한 감독권은 체신대신에게 유보되어 있으나, 조선총독은 그 감독을 받지 않고 모두 총독의 권한에 귀속되어 있다.

조선의 행정사항 가운데 중앙정부가 장악하고 있는 사항은, 예를 들어 외교, 군정, 조폐 등으로서, 조선총독에게는 다른 식민장관에 비하여 훨씬 넓은 권한이 부여되어 있었다.[9] (본국 정부가 장악하고 있던 이왕직, 조선군, 조선은행 등에 대해서는 아래 7장 참조) 물론 총독관방에 외사과를 두어, 영사관 및 외국인에 관한 사항과 해외이민 및 재외시설에 관한 사항 및 기타 해외사항을 관장하도록 하였다. 하지만 그것이 '외교'를 의미하는 것은 아니었다.

둘째, 총독이 가진 입법권의 성격이다. 게다가 조선총독은 조선에서 법률을 요하는 사항을 명령즉 制令으로 규정할 수 있는 권한을 가지고 있었다. 1911년 법률 제30호 「조선에 시행해야 할 법령에 관한 건」 1조와 6조에서는 조선에서 법률을 요하는 사항은 조선총독의 제령으로 이를 규정할 수 있다고 정해두었다.[10] (총독의 입법권에 대해서는 아래 4장 참조) 하지만 조선총독이 정하는 제령은 법률과 칙령의 범위를 벗어날 수 없는 매우 제약적인 것이었다. 게다가 제령의 심의 과정에서 총독부의 초안이 수정될 가능성도 매우 높았다. 조선총독부가 만든 초안은 본국 법제국의 심의를 거쳐야 했고, 척무성과 내각총리대신을 경유하여 천황의 재가를 받아야 했다. 특히 법제국의 심의과정에서 수정이 가해지는 경우가 많았다.[11]

하지만 조선총독에게 위임된 입법권이 상대적으로 강력한 것이었기 때문에, 대만에서의 6·3논쟁처럼 조선총독부의 제령권 위임에 대해서도 동일한 논쟁이 반복되었다.[12] 제령은 법률의 위임에 기초하여 발할 수 있는 명령이므로 형식상 위임명령이라고 볼 수밖에 없는 것인데, 이처럼 일반적이고 포괄적으로 행정기관인 조선총독부에 입법권을 위임하는 것이 과

연 헌법상 적법한가 아닌가 하는 것이 문제의 중심이었다. 조선총독에게 부여한 제령권은 식민지배의 효율성을 극대화하기 위한 수단이었지만, 식민지민에게 동일한 권한을 부여하지 않은 채 법적 동일성을 지향함으로서 언제나 일본헌법과 충돌할 수 있는 가능성을 내포하고 있었다.[13]

셋째, 총독에게는 조선총독부재판소를 관할하는 권한이 주어져 있었다. 총독은 재판소의 판사와 검사의 인사권과 징벌권을 장악하고 있었다. 그러나 이를 사법권의 장악이라고 할 수 있는지에 대해서는 이견이 있을 수 있다(총독의 사법권에 대해서는 아래 5장 참조).

그러나 총독의 종합행정권에는 본국 정부와 의회가 부과하는 일정한 제약이 존재하고 있었다. 먼저, 의회의 통제부터 알아보자. 제국의회는 법률, 예산과 결산 심의, 기타 상주와 질의 등의 과정을 통해 조선총독에 대해 통제권을 행사할 수 있었다. 차례대로 조금 더 부연해보자. 첫째 법률에 의한 통제를 들 수 있는데, 일본의회는 조선총독에 대해서 법률에 따라 행정상의 행위에 대한 제한을 가할 수 있었다. 둘째 예산심의에 의한 통제인데, 조선총독부 및 관련 자금의 예산은 특별회계 예산으로 하고, 정부는 매년 총예산과 함께 총독부 예산을 의회에 제출하여 그 협찬을 거쳐야 했다.[14] 조선에 관한 예산은 조선총독부가 직접 의회에 제출하는 것이 아니지만, 의회가 협찬하는 바에 따라야만 했던 것이다. 셋째 의회는 결산의 심의 및 예산 이외의 지출에 대한 사후 승낙을 통해 간접적으로 통제할 수 있었다. 또 넷째 정부에 대한 건의 및 천황에 대한 상주, 다섯째 국무대신에 대한 질의 등의 방법을 통해 총독을 통제할 수 있었다. 제국의회가 직접적으로 조선총독을 통제할 수는 없었지만, 다양한 방법을 통해 간접적으로 권한행사를 제약할 수는 있었다.

2) 조선행정에 대한 지휘감독권

다음으로 본국 정부의 조선총독에 대한 통제에 대해 검토해보자. 소소한 제약부터 살펴보자. 조선총독부의 고등관은 임면과 징계에 있어서 중앙정부의 통제 하에 있었으며, 조선총독부의 회계는 헌법 72조 및 회계검사원법에 의한 회계검사를 받아야 했다. 총독부에 근무하는 고등관 이상고급관료의 인사는 총독이 아니라 중앙정부가 담당하고 있었고, 또 총독부 회계 역시 회계검사원의 검사로부터 자유롭지 못했다. 하지만 이 두 가지 문제는 일반적으로 크게 논란이 되지는 않았다.

한편 일본 중앙정부와 의회는 조선행정에 대한 지휘감독권을 둘러싸고 오랫동안 논란을 거듭한 바 있다. 여기서는 조선통치 초기부터 말기까지 계속해서 논란이 되었던 문제, 즉 조선행정에 대한 중앙정부의 지휘감독권에 대해서 좀더 심층적으로 살펴보려 한다. 1929년 척무성 설치 이전 시기, 척무성 설치부터 1942년 대동아성 설치까지, 그리고 대동아성 설치 이후 시기 등 세시기로 나누어 검토해보겠다. 첫째, 척무성 설치 이전 시기의 조선행정에 대한 지휘감독 문제이다. 한국 병합을 앞두고 일본정부는 1910년 6월 22일 척식국을 설치하였다. 척식국은 대만과 사할린 그리고 한국에 관한 사무를 총괄하고, 외교사무 이외의 관동주의 사무도 관장하는 기구로 만들어졌다. 요컨대 내각의 외국外局으로 개설된, 중앙집권적인 식민지 감독기관이었다. 척식국은 한국 병합을 당면의 목적으로 두고 설치된 기관으로서, 초대 총재는 가쓰라 다로桂太郎 총리가 겸임하였다. 이어 6월 하순 한국의 병합을 위해 내각과 법제국 그리고 갓 만들어진 척식국 등의 관계관청 실무관료들이 병합준비위원회를 결성하였고, 이 기구에서는 구체적인 한국 병합의 실행계획을 협의하였다. 이때 병합준비위원회

에서 심의한 문서는 거의 대부분 척식국에서 작성한 것이었다.[15]

1913년 6월 행정정리의 일환으로 척식국은 폐지되었고, 사무는 내무성으로 이관되었다. 조선에 관한 사무도 내무대신이 통리하게 되었고, 총독은 '내무대신을 경유하여' 내각총리대신을 거쳐 상주하도록 변경되었다. 이후 1917년 7월 또 한 번의 변화가 있었는데, 내각 외국으로 척식국이 다시 설치되었다. 다시 조선과 관련한 사무는 내각총리대신이 관장하게 되었고, '내무대신을 경유'하는 조항이 삭제되었다. 1922년 10월에는 척식국이 다시 폐지되고, 척식사무국이 설치되었다. 척식사무국 역시 내각의 외국이었으나, 척식국보다 더 간소해진 점이 달랐다. 이런 여러 번의 변화를 겪다가, 결국 1924년 12월 척식사무국도 폐지되고 내각 소속 척식국으로 변경되었다.

이처럼 척무성이 설치되기까지 식민지사무 담당관청은 척식국내국 외국→내무성 → 척식국 → 척식사무국 → 척식국으로 변화되었고, 소속도 내각 외국에서 내무성으로 다시 내각 외국으로 변경되었다. 식민지사무를 지휘 감독하는 관청이 이처럼 무쌍한 변화를 겪었던 것은, 담당관청 설립을 둘러싸고 정파적 이해가 일치하지 않았기 때문이었다.[16]

다음으로 척무성 설치 이후 시기의 상황에 대해 알아볼 차례이다. 일본 의회는 1929년 6월 척무성을 설치하여 조선과 대만, 관동청, 화태청, 남양청 사무를 통리하게 하였다. 식민지 통치를 관장하는 중앙기관으로 척무성을 설치하였던 것이다. 척무성 관제에는 척무대신이 조선총독부 등에 관한 사무를 통리한다는 규정을 두었고, 또 별도로 조선부를 설치하는 규정을 두어 조선총독부에 관한 사무를 담당하게 하였다. 이 규정에 따라 조선을 제외한 다른 식민지의 관제는 개정하여 모두 척무대신의 감독을 받는 것으로 변경하였다. 그러나 조선총독부 관제는 개정하지 않는 것으로 최종적으로 타협되었다. 척무대신이 조선총독부의 사무를 통리한다는 규정에도 불구하고, 엄격한 의미에서는 조선총독을 감독하는 것이 아니라 내부적으로 협조하는 관계로 모호하게 정리되었던 것이다.[17] 이후 척무성에서는 조선총독을 감독하는 권한이 있다고 해석하였으나, 조선총독부는 총독이 척무대신의 감독을 받지 않는다는 주장을 계속 견지하였다.[18] 척무성이 설치된 이후에도 조선의 행정적 독립성은 크게 침해되지 않은 채 유지되었던 것이다. 1929년 척무성 설치 이후 식민지라는 용어를 대신하여 외지라는 용어가 정착되었는데, 외지는 대개 제국헌법 제정1889년 이후에 편입된 신영토를 지칭하는 것으로서 이법지역異法地域또는 특수통치지역으로서의 특성을 가지는 것으로 간주되었다.[19]

마지막으로 대동아성을 설치하고 이른바 내외지행정일원화 조치가 취해진 이후의 상황에 대해 살펴보자. 1942년 11월 일본 정부는 척무성과 만주지역을 관리하는 대만사무국對滿事務局을 폐지하고 대동아성을 새로 설치하였다. '대동아' 전역의 제반 행정을 일원적이고 종합적으로 관리하고 그 책임을 단일화하기 위하여 '대동아성'을 신설했던 것이다. 이제 대동아대신은 관동청 및 남양청에 대한 사무를 통리統理하게 되었고, 조선총독부와 대만총독부 그리고 화태청에 관한 사무는 내무대신이 통리하게 되었던 것이다. 요컨대 관동청과 남양청은 대동아지역의 '식민지'로 관리되고, 조선과 대만, 화태는 이른바 '외지'로서 식민지와는 격이 다른 지역으로 대접받게 되었다.

이에 따라 이른바 '내외지 행정일원화' 정책이 필요하게 되었고, 조선 행정의 위상은 또다시 논란의 대상이 되었다.[20] 본국의 중앙 행정당국은 오랫동안 외지를 더욱더 내지화하는 것 즉 내외지 행정에 일관성을 갖게 할 필요가 있음을 역설해왔다. 조선에 대해서는 내지연장주의內地延長主義 즉 내선일체內鮮一體와 같은 조선인 동화정책의 일환으로 행정일원화 정책이 정당화되었다. 이에 대해 조선총독부는 외지의 특수사정이 있음을 내세워 이를 완화하려는 입장을 계속 견지해왔던 것이다. 하지만 중일전쟁이 이른바 '대동아전쟁'으로 확전되고 총력전체제를 수립할 필요가 고조되자, 내지와 외지 행정의 일관성을 확보하는 것이 불가결한 요구로 인식되었다.

1942년 12월 1일 칙령 890호로 조선총독부관제 3조는 다음과 같이 개정되었다. "총독은 별도로 정한 바에 의하여 내각총리대신 및 각성 대신의 감독을 받는다."[21] 이번에는 척무성 설치 때와는 달리, 내무대신의 조선총독에 대한 통리권이 효력을 갖도록 하기 위해 명확한 규정을 두게 되었다. 또 내각총리대신과 각성대신의 감독권에 대해 구체적 규정을 두었다. 1942년 11월 1일 칙령 제729호로 총리대신과 각성대신은 칙령이 지정하는 범위 안에서 조선총독과 대만총독을 감독하고 또 감독상 필요한 지시를 할 수 있게 만들었던 것이다.

칙령이 규정하는 범위는 통계사무총리대신, 화폐, 은행 및 관세사무, 대학, 고등학교, 전문학교, 실업전문학교 및 이에 준하는 각종학교문부대신, 식량 농산물 및 해양어업농림대신, 중요광공업, 무력, 도량형상공대신, 우편, 전기통신, 해운, 항공체신대신, 철도철도대신, 외국위체관리대장대신, 상공대신 등 관련사무를 구체적으로 적시하였다. 이에 따라 중앙의 각성 대신은 조선과 대만의 구체적인 행정사항에 대해 감독하고 지시하는 권한을 '처음으로' 확보하게 되었던 것이다. 또 각성 간의 연락을 원활하게 하기 위하여 '내무성연락위원회'를 설치하였다. 이 위원회는 조선과 대만 및 화태에 관한 주요사

항에 대해 각성간의 연락사무를 처리하게 되었다.[22]

한편 척무성과 내무성이 만든 내외지 행정일원화에 관한 법령의 원안에 들어있던 조선총독에 대한 내무대신의 '일반적 감독권'은 철회되었다. 법안의 입안 과정에서 조선총독부는 조선총독에 대한 일반적 감독권을 철회하기 위하여 노력하였는데, 이때 내세운 논리가 바로 '조선특수사정론'이었다. 조선총독부는 총독의 종합행정은 총독이 통치의 전책임을 지기 위해서는 불가피한 조치이자 전시 국책 수행을 위해서도 최적의 제도라는 점을 강조하였다. 따라서 총독의 부분적인 권한 이양은 총독 정치를 존치하는 이상은 고려하기 어려운 일일 뿐만 아니라, 입법·병역·참정권·조세·교육제도 등에서 일본과 조선 사이의 구별을 모두 없애고 총독제도를 철폐하는 것은 가까운 장래에는 기대하기 어렵다고 강변하였다. 이처럼 조선총독부가 추밀원과 함께 내세운 '조선특수사정론'에 밀려 조선행정의 단일화 나아가 '내지화'가 강력하게 추진되지는 못했던 것이다.[23]

그럼에도 조선의 행정은 필요한 범위에서 내지에 준하여 취급할 수 있게 되었던바, 이를 '준내지화'라고 할 수 있을 것이다. 이제 조선총독부는 통치방침이 결정되면 외부에 발표하기 이전에 반드시 내무성에 먼저 보고해야만 하게 되었다. 또 법률 제정을 필요로 하는 사항이나 추밀원의 자순諮詢을 필요로 하는 사항, 일본에 중대한 영향을 미치는 사항 등에 대해서도 반드시 보고하도록 조치되었다. 나아가 조선만의 특수입법은 크게 제약되었다. 예를 들어, 조선에 징병제도를 시행하기 위한 필수 입법으로 간주되고 있던 조선기류령을 제정하는 과정에서 조선총독부는 내각 법제국의 요구사항을 대폭 수용할 수밖에 없었다. 특히 1942년 취임한 고이소 구니아키 총독은 조선을 내지와 동일한 법역으로 취급하고자 했으며, 조선과 일본의 평등을 특히 강조하였다. 고이소 총독은 조선인 관리의 활발한 등용, 조선인 기업의 지도, 현존하는 차별 규정 철폐, 조선인 정치 참여의 실현 등을 자신의 과제로 내세웠다.[24] 내외지행정일원화 조치 이후 조선에서의 통치정책은 이른바 '국민주의적 통치'로 이행하는 과정으로 볼 수 있을 것이다.

척무성 설치 이후 외지라는 용어가 등장하였고, 조선에 제국헌법이 적용되는가 아닌가 하는 문제는 지속적으로 논란의 대상이 되었다. 점차 제국헌법이 조선과 같은 외지에도 적용되어야 한다는 적극적 법해석으로 기울어지고 있었지만, 외지가 법적인 측면에서 내지로 적극적으로 편입되지 않는 한 궁극적으로 해소되기는 어려운 문제였다고 하겠다.[25] 이를 두고 본국의 법학자 사이에서는 다음과 같은 주장이 제기되기도 하였다. "헌법이 식민지민에게 미치지 않는다는 주장에는 많은 경우 식민지 주민에게 본국의 국민과 동일한 정치권과 자유를 주는 것에 찬성하지 않는다는 정치적 주장이 포함되어 있다."[26] 그럼에도 결국 조선에 제국헌법은 적용되지 않은 채 식민통치는 종식되었다.

3) 역대 조선총독

그렇다면 실제로 조선에 부임한 총독은 과연 어떤 사람들이었던가? 조선총독 임명과 관련한 두 가지 예외적 논의로부터 실마리를 풀어보려 한다. 우선 첫 번째, 문관을 조선총독으로 임명하려 했던 사례이다. 1929년 하마구치 오사치濱口雄幸가 민정당 내각을 새로 수립하였는데, 그는 조선총독에 이자와 다키오伊澤多喜男[27]를 임명하려 하였다. 하마구치 수상의 제안을 이자와도 승낙하였으나, 결국 군부의 반대로 실현되지는 못했다.[28] 이자와는 이미 대만총독을 지낸 사람으로서, 그가 조선총독으로 임명되면 최초의 문관 출신 총독이 되는 셈이었다.

두 번째, 조선 주둔 일본군사령관을 총독으로 겸임시키려 했던 사례이다. 1945년 초 조선총독 아베 노부유키阿部信行는 '이신일체二身一體' 차원에서 당시 조선군관구사령관[29]으로 하여금 조선총독을 겸임하게 할 것을 고려하고 있다고 공언했다.[30] 1945년 패전의 그림자가 짙어지면서, 일본의 대본영은 조선에서도 이른바 '본토결전'을 준비하게 되었다(아래 7장 2절 '조선군' 항 참조). 조선총독과 일본의 군지도부는 조선의 인원과 물자를 최대한으로 동원하기 위해서 조선 주둔 일본군사령관이 총독을 겸임할 필요가 있다고 판단하고 있었다.[31] 그러나 그것을 실현하기에는 주어진 시간이 너무 짧았다.

이 두 가지 사례는 조선총독의 성격과 관련한 논의의 스펙트럼에서 양쪽 끝에 위치하고 있다. 전자는 문관총독 임명과 관련한 것이고, 후자는 군사령관이 총독을 겸임하는 문제였다. 이른바 다이쇼 데모크라시大正デモクラシ의 분위기 속에서 1918년 하라 다카시原敬가 이끄는 '정당내각'이 탄생하였고, 3·1운동의 발발과 함께 '문관총독' 임명이 강력한 대안으로 논의되었다. 하지만 대만에서는 문관총독이 실현되었지만, 조선에서는 그러지 못했다. 대만에서는 1919년 문관총독이 임명된 이후 1936년까지 모두 9명의 문관이 총독으로 임명되었다. 위에서 거론한 이자와 다키오도 그 가운데 한 사람이었다. 조선에서는 1919년 해군대장 사이토 마코토齋藤實를 총독에 임명함으로써 군복의 색깔만 바꾸었을 뿐이다.

그러나 1930년대 후반 일본 해군의 남진정책이 점차 현실화하면서, 대만에서도 1936년부터 무관총독이 다시 임명되기 시작하였다. 대만은 남진정책을 실현하는 데서 중요한 거점이 되어야 했고, 해군대장이 대만총독이 되는 것은 자연스러운 일이 되었다. 이는 조선에서도 마찬가지였는데, 1930년대 이후 주요 포스트의 군인들이 당연하다는 듯이 총독에 임명되었다. 이런 상황에서 군사령관이 총독을 겸임해야 한다는 논의가 등장하는 것은 단지 시간문제에 지나지 않았다.

이처럼 식민지의 총독은 현지의 시간과 상황의 함수에 따르는 일종의 '변수'에 지나지 않는 것이었다. 조선의 총독 8명은, 해군대장 출신인 사이토 마코토 한 명만 제외하고는 모두 육군대장 출신이었다. 그럼에도 그들의 성향도 역할도 모두 달랐다. 아래 일람표를 중심으로 실제 부임한 8명의 총독에 대해 개관해보자.

먼저 총독의 출신과 관련한 문제인데, 1910년대에 부임한 2명의 총독즉 데라우치 마사타케와 하세가와 요시미치는 모두 죠슈번 출신으로서, 번벌정치의 핵심을 차지하고 있던 사람들이었다. 하지만 1918년 처음으로 정우회의 하라 다카시原敬가 정당내각을 수립한 이후에는, 번벌정치의 멤버가 총독으로 부임하지는 않았다. 1920년대 이후의 총독은 출신지도 다양하고, 번벌과 관련을 가진 사람도 없었다.

학력과 경력을 살펴보면, 번벌 출신의 총독 2명이 메이지유신에 참여하면서 군인으로 복무한 것을 제외하면 나머지는 모두 해군병학교와 육군사관학교 출신이다. 모두 군인으로서 엘리트교육을 받은 사람들이었고, 또 육군과 해군의 핵심적인 직책을 맡았던 이력이 있다. 육군대신과 해군대신을 맡은 사람이 모두 6명, 여기에 참모총장을 더하면 7명이 된다. 척무상을 지낸 고이소 구니아키를 제외하면 나머지 총독은 모두 참모총장과 육해군대신을 지낸 사람들이다.

〈표 3〉 역대 조선총독 이력 일람

구분	재직 기간	생몰연도	출신지	군사교육	주요직책	조선 관련 직책	총리 재직여부
데라우치 마사타케 (寺内正毅)	1910~ 1916	1852~ 1919	山口 (長州)	메이지 유신참여	육군대신 (1902~ 1912)	통감 (1910)	총리 (1916~ 1918)
하세가와 요시미치 (長谷川好道)	1916~ 1919	1850~ 1924	岩國 (長州)	메이지 유신참여	참모총장 (1912~ 1915)	한국주차 군사령관 (1904~ 1908)	-
사이토 마코토 (齋藤實)	1919~ 1927/ 1929~ 1931	1858~ 1924	岩手	해군 병학교	해군대신 (1906~ 1914)	-	총리 (1932~ 1934)
야마나시 한조 (山梨半造)	1927~ 1929	1864~ 1944	神奈川	육군 사관학교	육군대신 (1918~ 1923)	-	-
우가키 카즈시게 (宇垣一成)	1931~ 1936	1868~ 1956	岡山	육군 사관학교	육군대신 (1924~ 1931)	조선총독 임시대리 (1927)	조각명령 불발 (1937)
미나미 지로 (南次郎)	1936~ 1942	1874~ 1954	大分	육군 사관학교	육군대신 (1931~ 1934)	조선군 사령관 (1929~ 1931)/ 관동군 사령관 (1934~ 1936)	-
고이소 구니아키 (小磯國昭)	1942~ 1944	1880~ 1950	山形	육군 사관학교	척무상 (1938)	조선군 사령관 (1935~ 1938)	총리 (1944~ 1945)
아베 노부유키 (阿部信行)	1944~ 1945	1875~ 1953	石川	육군 사관학교	육군대신 대리	-	총리 (1939~ 1940)

자료 : 1) 日本近代史料硏究會 編, 『日本陸海軍の制度·組織·人事』, 東京大出版會, 1971.
2) 김삼웅 외, 『조선총독 10인』, 가람기획, 1996.

또 조선 관련 이력을 살펴보면, 한국주차군사령관과 조선군사령관 즉
한국 주둔 일본군의 사령관을 지낸 사람이 3명이다. 또 총독이 되기 전에
통감이나 총독대리를 지낸 사람이 2명이다. 따라서 5명이 총독으로 부임
하기 전에 조선과 관련한 주요 포스트를 거친 사람들이었다.

일본 총리를 지낸 사람도 모두 4명인데, 그 가운데 한 명 즉 아베 노부유키는 총리를 지낸 뒤에 총독으로 부임하였다. 또 조각명령을 받았으나 불발이 되어 취임하지 못한 우가키 카즈시게를 포함하면 모두 5명이 총리를 지내거나 될 뻔한 이력을 가지고 있었다.

이렇게 본다면, 조선에 온 8명의 총독은 모두 육군 혹은 해군의 엘리트 출신이었다. 또 한 명을 제외하면 모두 육해군의 참모총장 혹은 대신을 지낸 즉 육해군의 핵심요직을 거친 엘리트 군인들이었다. 그 가운데 5명은 한국 주둔군사령관 혹은 통감, 총독대리 등을 거친 '한국통'이었다. 그리고 8명 가운데 5명은 총리를 지냈거나 혹은 조각명령을 받은 사람으로서, 중앙정치에서도 핵심적 위상을 가지고 있었다. 이들은 조선에서 '소천황'의 권위를 가지고 있었을 뿐만 아니라, 일본 정치에서도 매우 중요한 위상을 차지하고 있던 사람들이었다.

따라서 조선총독의 위상은 본국의 정치적 역학관계의 변동과 깊은 관련을 갖고 변화하고 있었다. 1910년대는 죠슈벌의 번벌정치의 그림자가 강하게 남아있던 시기로서, 조선총독은 상대적으로 강력한 권한을 유지하고 있었다. 하지만 1920년대가 되면 본국의 정당내각으로부터 상당한 간섭을 받을 수밖에 없었다. 앞서 본바 문관총독을 임명하려는 시도 역시 정당내각이 총독부 인사에 개입한 한 사례로 볼 수 있다. 1930년대 초반 정당내각이 몰락한 상황에서 상대적으로 강한 정치적 기반을 갖고 있던 우가키 총독은 일정한 자율성을 누릴 수 있었다. 그러나 중일전쟁 이후 총동원체제가 구축되고 외지와 내지의 행정일원화가 강조되는 시기가 되면, 총독의 권한 역시 위축되지 않을 수 없었다.[32] 앞서 본바, 군사령관으로 하여금 총독을 겸임하게 하자는 아베 총독의 제안 역시 이런 시대적 요구의 산물이었다.

2. 조선총독부의 행정과 재정

대한제국 정부의 행정을 접수하고 조선총독부의 새로운 행정체계를 만드는 과정은 일사천리로 진행되었다. 이미 일본인 관리가 한국 정부의 다수를 차지하고 있었고, 식민지 행정에 대한 준비가 1910년 5월 이후 차근차근 진행되었으므로 큰 어려움이 있을 리 없었다. 새로운 통치기구의 구조와 제도는 조선총독부가 출범한 10월 1일까지 곧 한달 정도의 기간 안에 마무리되었다. 식민지를 접수하는 데에 걸린 시간이었다. 통감부 통치를 마감하고 총독부가 새로운 통치를 담당하게 되었다. 그리하여 10월 1일은 조선총독부의 '시정기념일'로 지정되었다.

1) 총독부의 행정

조선총독부의 중앙조직으로는 총독 아래에 정무총감을 두고, 그 아래에는 내국內局을 두었다. 내국은 다시 막료조직인 관방官房과 계선조직인 일반내국으로 구성되었으며, 내국 아래에는 소속기관을 설치하였다. 1910년 10월에 설치된 내국은 다음과 같다. 총독관방, 총무부, 내무부, 탁지부, 농상공부, 사법부의 6개부서였다. 외교와 국방을 담당하는 부서는 복구되지 않았지만, 사법부는 다시 복구되었다. 경무총감부는 외국으로 따로 설치되었고, 농상공부가 산업 관련 업무를 총괄하도록 했다. 총독부 소속기관에는 특별행정기관과 일반행정기관의 두 가지 유형이 있었다. 일반행정기관은 도와 그 아래 계선조직으로 구성되었고, 특별행정기관은 내국과 독립하여 특수분야의 직능을 수행하였다.[33]

조선총독부 관방과 내국의 구성과 성격이 변해가는 과정을 간단히 살펴보자. 관방The Secretariat은 옛 프로이센에서 군주의 측근이 집무하는 방을 가리키는 말이었는데, 메이지 시기 일본에 도입되어 내각제 하 각성 대신에 직속해서 행정을 관리하는 부문으로 정착하였다. 이후 1920년대에 정당내각 시절에는 인사, 문서, 회계의 관방3과가 내각 조직편제의 표준으로 자리잡았다. 한국에는 1907년 통감부 관제가 개정될 때에 통감관방으로 인사, 문서, 회계의 3과가 도입되었다. 이후 총독부에도 총독관방으로 계승되었다. 총독관방에서는 비서기능, 인사기능, 회계기능, 행정조정기능 등을 담당함으로써, 종합행정권을 장악하고 있는 총독의 권한을 뒷받침하는 역할을 수행하고 있었다.[34]

이어 내국의 구성과 기능을 개관해보자. 외교와 국방을 담당하는 부서가 없다는 것이 즉각적으로 드러나는 전형적인 식민지적 특징이라고 할 것이다. 대신 총독은 조선에 주둔하는 군대 즉 조선군을 사용할 수 있는 권한을 갖고 있었고, 통치 초기에는 경무총감부라는 특별행정기구를 설치하여 헌병경찰을 활용하는 특별한 권한을 갖고 있었다.

3·1운동 이후 경무총감부가 경무국으로 전환하고 헌병경찰제가 보통경찰제로 바뀌었지만, 여타 국가에서처럼 치안기구가 내무부서에 통합되지는 않았다. 식민지 통치 기간 내내 경찰은 치안뿐만 아니라 위생부문까지도 관할하고 있었지만, 결국 내무국과는 별도의 기구로 남았다. 치안기구의 중요성이 컸기 때문이겠는데, 그 때문에 내무부서는 지방과와 사회과 그리고 토목과 등이 중심이 되었다. 내무부서는 인구와 국토를 장악하고 관리한다는 점에서, 근대국가 행정의 핵심을 차지하는 부서였다. 조선에서는 주로 지방통치를 관장하였고, 1920년대 이후에는 사회문제에 대응하는 부서로서 부상했다. 1941년에 총동원체제의 일환으로 후생국과

사정국이 설치되고 대신 내무국은 해체되었다.[35]

산업관련 부서로는 먼저 1910년대에 농상공부가 설치되었는데, 아직 한국 산업이 주로 농업과 임업 중심으로 편제되어 있었기 때문일 것이다. 1920년대에 식산국이 설치되었지만, 우선은 산미증식계획 등 농업생산 중심으로 정책이 시행되었다. 1930년대 농촌진흥운동과 농공병진정책이 시행되면서, 농림국−식산국 병립체제가 위력을 발휘하게 된다. 1942년에는 식산국이 해체되고 광공국이 신설되었는데, 이는 내외지행정일원화 정책에 따른 행정 축소의 영향이 컸다.[36]

특별행정기관은 내국과 독립한 방계 행정기관으로 운영되었는데, 설치 목적으로 보아 몇 가지 계열로 나누어 살펴볼 수 있다. 첫째, 독립성이 요구되는 기관인데, 중추원과 재판소 그리고 형무소 등이 이에 해당한다. 둘째, 고도의 중앙집중이 필요한 기관으로서, 1910년대에 헌병경찰을 지휘하는 경무총감부를 별도로 설치한 적이 있다. 셋째, 사업성을 띤 기관으로서 관업기관官業機關이 이에 해당하는데, 철도국, 전매국, 체신국 등이 있었다. 넷째, 전문성이 요구되는 기관인데, 농사시험장 그리고 1934년에 설치된 세무감독국이 이에 해당할 것이다. 마지막으로 대학과 전문학교 등 교육기관이 별도의 범주를 구성하고 있었다.[37]

2) 총독부의 관공리

갑오개혁 이후 대한제국 정부에는 근대적 관료행정 제도가 정착해있었다. 여기에 메이지 이후 일본의 관료행정 제도가 덧붙여져 만들어진 것이 조선총독부의 관료행정 제도였다. 여기서는 조선총독부 관료행정 제도의 성격을, 주로 중앙행정에 종사하던 관리의 구성을 통해 알아보려 한다. 먼

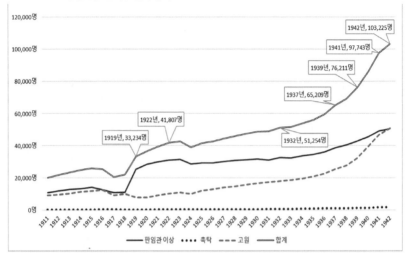

〈그래프 2〉 조선총독부 관리수 변화 추이(1911~1942)

자료 : 조선총독부, 『朝鮮總督府統計年報』, 각년판.
비고 : ① 이 그래프의 숫자는 조선인과 일본인 관리의 수를 합친 것이다.
　　② 합계 인원이 만 명 단위를 넘어갈 때를 기준으로 그래프에 인원수를 표시하였다. 예를 들어 1919년
　　이 3만 명을 돌파한 해가 되고, 1922년이 4만 명을 돌파한 해가 된다.

저 총독부의 관리수의 변화 추이를 나타낸 〈그래프 2〉를 통해 그 성격의
변화를 살펴보자.

먼저 전체 관리수의 변화 추이인데, 1910년대에는 대체로 2만 명을 약
간 상회하는 수준을 유지하다가, 1919년 3·1운동을 계기로 급속하게 증
가하고 있다. 1919년에 관리수가 3만 명을 돌파하는 것은 주로 경찰의 증
원에 말미암은 것이었다(〈그래프 4〉 참조). 1922년에 4만 명을 넘어서는데,
3년 만에 1만 명이 증원된 것으로 '문화정치'의 성격을 이해하는 데 도움
이 된다. 1920년대와 1930년대에 걸쳐 꾸준히 증가하다가, 1937년 이후
에는 더욱 가파르게 늘어나는데, 1942년이 되면 10만 명을 돌파하고 있
다. 총동원체제의 구축에 필요한 관리를 급속하게 증원했기 때문일 것이

〈그래프 3〉 조선총독부 관리 1인당 인구수 추이(1911~1942)

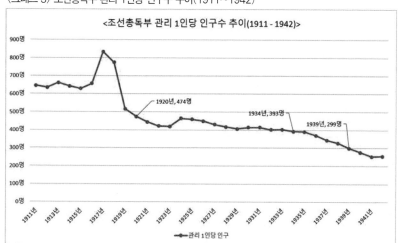

<조선총독부 관리 1인당 인구수 추이(1911 - 1942)>

1920년, 474명
1934년, 393명
1939년, 299명

━●━관리 1인당 인구

자료 : 조선총독부, 『朝鮮總督府統計年報』, 각년판.

비고 : ① 관리 1인당 인구수는 매년 조선 전체의 거주인구 수를 관리수로 나누어 산출하였다.

　　　② 관리 1인당 인구수가 5백 명 혹은 4백 명 아래로 내려가는 연도에는 그래프에 숫자를 표시하였다.
　　　1920년에 처음으로 5백 명 아래로 내려갔으며, 1939년에는 3백 명 아래로 내려갔다.

다. 전시체제기의 조선총독부는 대규모 동원체제 구축에 걸맞는 효율적인 국가체제를 갖추게 되었다고 할 것이다.

시대별 관공리 구성의 변화를 살펴보면, 1910년대에는 판임관 이상의 정규 관료와 고원의 수가 엇비슷한 상태를 유지하고 있다. 그러나 1920년대에 들면 판임관 이상 관료 중심으로 증원이 이루어지다가, 1930년대에는 고원 중심의 증원체제로 전환하고 있다. 1937년 이후 고원의 증원은 더욱 급속하게 이루어져, 관공리 증원의 대부분을 차지하고 있다. 결국 1942년에는 판임관 이상 관리와 고원의 수가 동수에 도달하게 된다. 전시체제기에 들어 직급이 낮고 급료가 적은 고원을 대거 채용하였고, 이들이 총동원체제를 지지하게 되었다고 할 것이다. 다음, 〈그래프 3〉을 통해 관

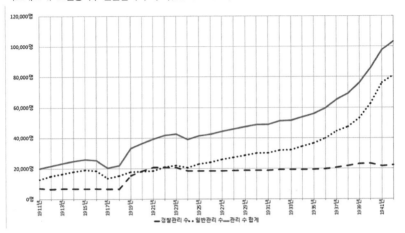

〈그래프 4〉 조선총독부 일반관리 수 추이(1911~1942)

자료 : ① 조선총독부, 『조선총독부통계연보』 각년판.
② 마쓰다 도시히코, 이종민 외역, 『일본의 조선 식민지 지배와 경찰』, 경인문화사, 2020, 24~25쪽 표.

리 1인당 인구수의 추이를 살펴보자.

1910년대에는 관리 1인당 담당 인구수가 8백 명을 상회하고 있다. 아마도 이런 상태에서 효율적인 관료제를 구축하기는 어려웠을 것이다. 헌병경찰 중심의 이른바 '무단통치'가 필요했던 상황을 말해준다고 하겠다. 1920년대가 되면 1인당 인구수가 5백 명 밑으로 떨어지는데, 이는 주로 경찰의 증원 때문이었다. 보통경찰로의 전환이 주로 경찰 인원의 증원에 토대를 두고 있다는 점을 확인해준다(아래 5장 2절 식민지경찰 부분 참조). 1934년에 4백 명을 하회하게 되고, 1939년에는 3백 명 밑으로 떨어진다. 이는 앞서 말한 고원의 증원을 중심으로 한 총동원체제의 구축을 보여주는 것이다. 다음으로는 조선총독부의 관리를 경찰과 일반관리즉 비경찰로 나누어 그 구성을 확인해보자.

〈그래프 4〉는 경무국 소속의 경찰관과 경찰관이 아닌 즉 일반관리의 수를 그래프로 나타낸 것이다. 1920년과 1921년의 2년 동안은 경찰관리 수가 일반관리 수보다 많았다. 3·1운동을 거치면서 헌병경찰이 보통경찰로 전환하는 사이에 큰 폭의 경찰관 증원이 있었던 탓이다. 경찰관의 수는 1920년 이후 1만 8천 명에서 2만 2천 명 사이에서 거의 고정되어 있었다. 반면 일반관리는 1920년대 이후 계속하여 꾸준히 늘어나고 있는데, 1924년 이후의 관리 증원은 대부분 일반관리가 차지하고 있다. 특히 1932년 이후에는 일반관리 증원을 가리키는 선의 기울기가 점차 가팔라지고 있다.

1937년에는 일반관리의 수가 처음으로 4만 명을 넘어서고 있는데44,567명, 이때부터 총동원정책을 본격적으로 실시했기 때문일 것이다. 이 시기에는 매년 만 명 이상의 관리가 증원되어 1942년에는 일반관리의 수가 8만 명을 상회하게 된다81,017명. 앞의 표에서 본 바와 같이 이 시기에 증원된 관리는 거의 대부분 고원이었다.

경찰관리와 일반관리 수의 추이를 이런 방식으로 비교해보면, 식민국가의 성격이 시기별로 변해가는 모습이 잘 드러난다. 1910년대의 식민국가가 치안유지를 목표로 삼았던 '치안국가' 혹은 '경비국가'로서의 면모가 강했음에 비해, 1930년대 특히 1937년 이후의 조선총독부는 '동원국가'의 모습을 여실이 보여주고 있는 것이다. 시간이 갈수록, 치안국가의 성격은 기본적으로 유지되었지만, 차츰 동원국가로 중점이 이동해가고 있었다.

3) 관공리의 민족별 구성

〈그래프 5〉는 조선총독부 관공리 가운데 조선인 관공리의 비율을, 대체로 5년 주기로 보여주고 있다. 전체 관공리 중 조선인이 차지하는 비율은 1930년대 초반까지는 40% 전후를 오르내리고 있다가, 1930년대 중반부터 점차 상승하여 1942년에는 50%에 육박하고 있다. 4가지 종류의 관리 즉 칙임관, 주임관, 판임관, 촉탁고원 가운데, 가장 높은 직급인 칙임관과 그 다음 직급인 주임관의 조선인 비율은 시간이 지날수록 차츰 낮아지고 있다. 특히 칙임관의 비중이 높았다가 1925년 이후 급속하게 낮아진 것은, 통치 초기에 대한제국 관리 가운데 높은 직급의 관리가 총독부 관리로 전임하였다가 시간을 두고 퇴직하였기 때문이다. 그런데 상대적으로 낮은 직급인 판임관은 대체로 40% 전후를 오르내리고 있고, 촉탁고원은 1930년부터 급속하게 상승하다가 1942년에는 60%를 상회하고 있다. 앞서 본바, 총동원정책 시행 이후 고원이 관리수 증가분의 대부분을 차지하고 있는데, 그 가운데 조선인 고원이 일본인보다 더 많았음을 확인할 수 있다. 1925년 이후 통계만을 보여주고 있는 공리지방행정 관리 즉 이원은 대체로 50%를 상회하다가 1942년에는 60%를 훨씬 상회하고 있다. 지방행정의 경우 중앙행정 직원보다 조선인의 비율이 더 높았다.

요컨대, 식민지 전시기에 걸쳐 일본인 관리가 조선인보다 더 많았으나, 그 차이가 점차 좁혀져서 1942년이 되면 일본인과 조선인 관리의 수가 거의 비슷하게 된다. 단 상급 관료의 경우 일본인이 점점 더 많은 비율을 차지하게 된 반면, 하급 관리의 경우 조선인이 차츰 더 많아지게 된다. 조선인에 대한 민족적 차별은 관리의 직급 구성에서도 드러나고 있다.

조선인 관리는 일본인에 비해 임용 및 급료와 대우 면에서 다양한 차별을 받고 있었다. 이 가운데서 가봉加俸은 조선인들이 가장 심각하게 불만을 가진 대상으로서, 식민지관료 문제에서 특별한 위상을 가진다. 예를 들어, 식민지 조선과 대만에서는 1929년과 1931년 두 번에 걸쳐 일본인 관리들이 주도한 감봉·가봉삭감減俸·加俸削減 반대운동이 일어나고 있다. 1929년

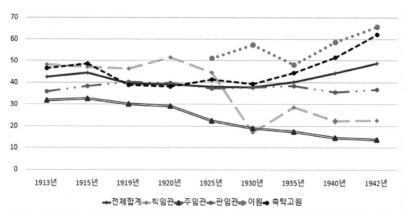

〈그래프 5〉 조선인 관공리 비율(1913~1942)

자료 : 김낙년 편, 『한국의 경제성장 1910-1945』, 서울대 출판부, 2006, 484~485쪽.
비고 : 이원은 公吏 즉 지방단체의 직원을 말한다.

하마구치 내각은 긴축재정정책의 일환으로 관료 감봉안을 발표하였는데,
여기에는 식민지 관료의 가봉삭감 방침도 포함되어 있었다. 조선총독부에
서는 가봉삭감방침을 완화해줄 것을 중앙정부에 요청하였고, 조선총독부
의 일본인 관리들은 집단행동의 움직임을 보이기도 하였다. 일본인 관리
들은 감봉보다 가봉삭감에 더욱 민감한 반응을 보이고 있었다. 그러나 조
선인 관리들은 가봉을 조선통치의 근본방침인 일시동인과 모순되는 것으
로서 민족차별의 상징으로 받아들이고 있었으므로, 가봉삭감방침에 대한
일본인 관리들의 집단 반대운동에 대해 냉담한 반응을 보이거나 비판적인
입장을 취하고 있었다.

　1931년 중앙정부에서 다시 식민지관리들에 대한 감봉·가봉삭감에 착
수하자, 반대운동은 더욱 거세게 일어났다. 그러나 가봉삭감 반대운동은
조선총독부의 입장에서는 일종의 '뜨거운 감자' 같은 역할을 수행하고 있

었다. 조선총독부는 만약 가봉유지운동이 표면화할 경우 거꾸로 조선인 관리들의 차별철폐운동이 야기되어 민족 간의 대립이 발발할 가능성을 두려워하고 있었다.[38]

그러나 가봉 문제는 식민지관료 내부에 존재하던 민족차별의 일부였을 따름이다. 총독부 관리의 임용, 처우, 승진 등에서도 공공연하게 민족적 차별이 이루어지고 있었다.[39] 일본인 관리는 임용과 처우, 승진 등에서 식민지 출신의 관료에 비해 일방적으로 우대되고 있었음은 물론이다. 대만의 경우 조선보다 민족차별이 더욱 심하고 일상적이어서, '관료왕국官僚王國'이라는 별칭이 붙을 정도였다.[40] 조선의 경우 대만보다는 차별이 덜했지만, 낙인처럼 찍힌 일상의 차별을 피해갈 수는 없었다. 식민지 조선 출신의 고급관료가 가지는 정체성은 자부와 모멸을 오가는 매우 '복합적인' 것이었다.[41]

한편 본국 출신 식민지 관료 내부에서는 두 가지 유형의 관리가 경합하고 있었다. '현지형 관료'와 '본국형 관료'가 그것이다.[42] 1920년대 초반의 현지형 관료의 전형으로 오츠카 츠네사부로大塚常三郎를 들 수 있다면, 본국형 관료로는 모리야 에이오守屋榮夫[43]를 들 수 있다. 두 사람은 정치적 입장에서도 큰 차이를 보이지만, 현실적으로도 경합하는 관계를 맺고 있었다. 오츠카가 통감부시기에 조선에 부임하여 조선에서 근무한 경력이 오래된 데 비해, 모리야는 1919년 정무총감 미즈노 렌타로水野錬太郎와 함께 조선에 부임한 내무성의 엘리트관료였다. 모리야는 미즈노 정무총감의 총애로서 또한 사이토 마코토齋藤實 총독의 동향 후배로서 관료적 위광을 가지고 있었다. 그가 재임하던 시대의 총독 정치를 '모리야정치守屋政治'라고 일컬을 정도였다고 한다.[44]

식민지배 초기에 현지형 관료의 증가에 기여한 제도가 바로 조선총독부 '시보試補'라는 것이었다. 영국이나 프랑스 등 서구 제국과 달리 일본에는 식민지 관료를 양성하는 시스템이 별도로 존재하지 않았다. 초대 총독 데라우치는 조선과 본국 사이의 인사교류를 최소화함으로써, 조선에서 임용된 고등관이 관료생활을 조선에서 마칠 수 있도록 하는 인사 관행을 정착시켜나갔다. 그 가운데 하나가 바로 조선총독부 시보제도였다. 일본의 고등문관시험에 합격한 사람을 조선총독부 시보로 채용하여, 일정한 기간 동안 견습을 하도록 하는 제도였다. 시보를 마친 사람들은 점차적으로 고등관에 임용되었고, 1920년대 이후 고급관료로 성장하게 되었다.[45] 이들은 현지형 관료의 전형이 되었다.

현지형 관료와 본국형 관료는 다음 몇 가지 측면에서 뚜렷한 차이를 보인다. 첫째, 식민지민의 정치적 권리와 관련해서, 현지형 관료가 식민지민에게 자치를 부여할 수 있다고 본 반면, 본국형 관료는 참정권을 부여할 것을 주장한다. 본국형 관료가 동화정책을 전면에 내세우면서 참정권을 부여하자는 주장을 하는 반면, 현지형 관료가 자치권을 부여하고자 하면서 전면적인 동화를 유예하려 한 것은 논리적 일관성을 가지는 것이었다. 현지형 관료의 사고방식 이면에는 식민지민을 차별할 수밖에 없다는 발상이 가로놓여 있었다. 곧 현지형 관료는 '내지연장주의'를 인정하지 않고 '조선특수사정'을 내세우면서 식민지의 관습을 존중할 것을 주장하는 반면, 본국형 관료는 내지연장주의와 동화정책의 전면적 실시를 주장하면서 조선의 관습을 인정하지 않았던 것이다.

이에 따라 현지형 관료들이 식민지의 '근대화'에 대해서는 큰 관심이 없었던 데 반해, 본국형 관료들은 식민지의 동화를 촉진할 수 있는 식민지의 근대화에 커다란 관심을 보이고 있었다. 재조선일본인에 대한 태도에서도 차이를 보였는데, 본국형 관료는 재조일본인과 조선인 사이에 차이를 두거나 조선인을 차별하는 것을 인정하지 않는다. 반면 현지형 관료는 '민도'의 차이를 내세워 재조일본인을 우대하고자 하였다. 곧 현지형 관료는 식민지민에 대한 차별을 공공연히 내세우지만, 식민지민과의 동화 곧 동일화를 추구하는 본국형 관료는 차별의 철폐를 내세웠던 것이다.

물론 1920년대 이후 식민지관료를 현지형 관료와 본국형 관료로 나누어 일반화하는 데에는 여러 가지 무리가 따를 수 있다. 그럼에도 식민지관료 가운데 식민지 현지에 토착화하는 부류와 본국 지향이 강한 부류가 있었다는 데는 이론이 있을 수 없고, 식민지배 기간이 늘어날수록 토착화하는 부류가 증가했다는 점 역시 역사적 사실과 부합한다.

이른바 '낙하산 인사_{아마쿠다리, 天降組}'의 사례는 현지형 관료의 존재를 뒷받침해주는 사례이다. 조선 재계에 존재하던 '아마쿠다리'는 조선총독부 경제시스템 운영에 깊이 개입하여 관치주의를 재생산하는 데 중추적인 역할을 수행하였다. '아마쿠다리'는 은퇴한 관료가 관변 금융기관이나 특수회사의 사장 또는 중역으로 취임하는 것을 말하는데, 주로 국장 또는 도지사를 역임한 고급관료가 그 대상이 되었다. 이들은 대개 조선에서 오래 근무한 장기근속자로서 총독부의 상층 권력을 형성하였지만, 승진하여 일본으로 귀환할 기회가 거의 없던 사람들이었다. 조선총독부 역시 이들을 통해 경제정책을 원활히 운용하고 재계에 영향력을 행사하고자 하였던 것이다. 1930년대 후반이 되면 '아마쿠다리'는 특수금융기관을 비롯하여 전기·철도·제련·화학 등의 중요 중공업회사로까지 확대되었다. 조선총독부는 이들을 매개로 금융과 자원, 개발 등에 대한 통제정책을 추진하려 하였다.[46]

조선의 경우 1910년대까지는 현지형 관료가 대부분을 차지하고 있었으나, 3·1운동 이후 현지형 관료와 본국형 관료는 경합하는 모습을 보인다. 1920년대 후반부터 1930년대 후반까지는 '조선특수사정'을 강조하는 현지형 관료의 입지가 강했다고 할 수 있을 것이다.[47]

4) 총독부의 재정

이제 조선총독부의 재정을 살펴볼 차례이다. 1910년 5월 말 죠슈長州벌의 데라우치 마사타케寺內正毅 육군대신이 겸임의 조건으로 한국 통감에 취임하였는데, 이때 데라우치가 내세운 조건은 조선총독부 회계를 특별회계로 이전할 것과 조선철도를 총독부 소관으로 이전할 것 등의 두 가지였다고 한다. 데라우치와 죠슈벌은, 특별회계에 의해 총독부 재정의 독립을 확보하는 것을 정치적 자립성 확립의 제1요건으로 간주하고 있었다.[48] 재정에 관해서라면 그 이전에 이미 이토 히로부미도 한국정부의 재정이 일본에 부담을 주어서는 안 된다는 원칙을 세우고 이를 지키려 노력하고 있었다. 일본정부 일반회계의 세출총액에서 조선관계 지출의 비율은 1910년을 정점으로 점차 감소하는 추이를 보이고 있었다.

1910년 9월 30일 일제는 「조선총독부특별회계에 관한 건」을 공포하여, 조선총독부 회계는 특별회계로 하되 세입 및 일본정부 일반회계의 보충금으로 세출을 충당하도록 정하였다. 또 일본정부는 조선총독부 특별회계의 총예산을 의회에 제출하도록 했다. 이런 결정에는 가능하면 빨리 조선의 재정을 독립시키고 보충금을 폐지하려는 의도가 반영되어 있었다. 요컨대 "식민지 경영비는 식민지에서 염출한다"는 것이 초기 식민주의자들의 목표였다.

이제 조선총독부 특별회계의 세입 구조를 항목별로 나누어 살펴보기로 하겠다. 먼저 조세와 보충금 그리고 공채의 시기별 구성비의 변화를, 아래 〈그래프 6〉을 중심으로 살펴보기로 하자.

먼저 세입 가운데 조세의 변화에 대해 살펴볼 필요가 있다. 통치 초기 총독 데라우치는 조선의 특별회계를 일본의 예산으로부터 완전히 독립시킬 계획을 밀고나갔다. 1914년 일본 내각과 의회의 긴축에 대한 요구도 있어, 조선총독부는 '재정독립 5개년계획'을 수립함과 아울러 조세의 증징에 나섰다. 토지조사사업이 진행 중이었지만, 1914년부터 지세를 증징하고 시가지세를 신설하였으며, 연초세 등의 소비세도 도입하였다.[49] 1910년대에 일단 지세 중심의 조세구조가 확립되었다.

1920년대 이후 지세가 정체하면서 연초세와 주세를 핵심으로 한 소비세 중심의 조세구조로 변화하였다. 자본주의적 조세구조가 형성되는 시기였다고 하겠다1920~1934년. 하지만 1934년에 개인소득세 제도가 도입되면서, 법인세와 이자세를 포함한 소득세 중심의 조세구조로 변해갔다. 이에 따라 소비세와 소득세가 중심이 된, 자본주의적인 조세구조가 조선에도 완전히 정착하게 되었다1934년 이후.[50] 하지만 이런 자본주의적 조세구조는 소비세가 갖는 역진적 성격으로 말미암아 대중 수탈적인 성격을 벗어날 수 없었다.

전체 세입에서 조세가 차지하는 비율은 1914년부터 1920년까지의 시기 동안에는 25%를 상회하기도 하지만, 그 이후에는 대체로 20~25% 사이를 오가고 있다. 이를 통해 조세 이외의 다른 세입항목 곧 공채나 관업 수입 등이 가진 중요성을 짐작할 수 있겠다.

다음 보충금에 대해 살펴보자. 초기의 재정독립 정책으로 인하여 본국으로부터의 보충금은 차츰 감소하다가 1919년에는 일단 폐지되었다. 그

<그래프 6> 조선총독부 세입구조(결산)

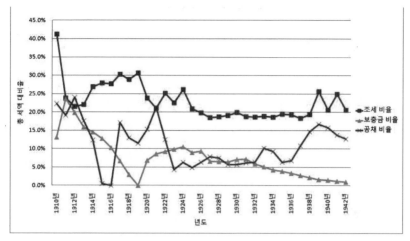

자료 : 이형식, 「조선총독의 권한과 지위에 관한 시론」, 『사총』72, 2011.
비고 : 조선총독부 세입의 전체 항목을 나타낸 것은 아니다. 조세와 보충금, 공채의 비율만을 보여주고 있다.

러나 3·1운동 이후 총독부가 적극재정 정책으로 전환함으로써, 보충금
역시 다시 늘어나다가 1924년 이후 계속해서 감소하고 있다. 전체에서 차
지하는 비율이 감소하고 있지만, 보충금이 완전히 중단되지는 않았다는
사실에 주목할 필요가 있다. 식민지 통치 내내 유지되었던 본국 정부의 보
충금은 대개 일본인 관리의 원격지 근무수당인 '가봉'으로 지출되었다. 식
민지를 유지하는 일이 기본적으로 민족차별에 토대를 두고 있다는 사실을
잘 확인할 수 있다.[51]

　다음으로 공채인데, 본국의 긴축정책으로 1916년에 발행을 중단하기도
했지만, 1918년부터 1922년까지 늘어났다. 다시 1920년대 중반 이후
10% 이하로 떨어졌다가, 1936년 이후 늘어나 15%를 상회하게 된다. 공
채는 일본 대장성의 의도에 따라 일방적으로 결정되었는데, 중일전쟁 이
후 늘어난 공채는 대륙침략과 관련된 재원을 염출하기 위한 것이었다.

1937년 이후에 식민지기에 발행된 공채 총액의 83%가 발행된 것이 이런 사실을 웅변하고 있다. 전시기 공채발행의 증가는 조선은행권 발권과 연계되어, 전시 인플레를 조장하는 데에 크게 기여하기도 했다.

마지막으로 이 표에는 나타나지 않지만, 관업수입이 있다. 철도와 우편, 전신, 전매, 삼림사업 등으로 구성되는 관업수입은 세입의 절대적 부분을 차지하고 있었다. 그럼에도 관업수입은 엄청난 적자상태를 벗어나지 못하여, 조선의 재정구성에 큰 부담이 되었다. 막대한 전매수입이 포함되어 있음에도 적자를 면치 못한 것은 군사비 지출을 위한 공채비용을 우선적으로 감당해야 했기 때문이다.[52] 관업수입의 계속적인 적자를 기반으로 한 조선의 재정운영은, 전매수입을 기초로 일찍부터 재정자립을 달성한 대만의 경우와 선명하게 대조되는 부분이다.[53]

조선의 경우, 1인당 재정규모도 대만과 비교하여 훨씬 적었다. 조선의 1인당 재정 지출 규모가 매우 커진 1930년의 경우에도, 조선은 10.3엔인데 비해 대만은 23.5엔으로 조선의 두 배를 훨씬 넘었다.[54] 1930년대가 되면 그 차이가 줄어들지만, 1938년의 경우 대만은 9$(US), 조선은 7$이었다. 그럼에도 전체 정부 지출 가운데서 공공사업과 농업에 대한 지출의 비율은 대만28%, 1935년에 비해 조선31%, 1936년이 더 높았다. 조선총독부가 인프라와 농업에 대한 투자에 중점을 두고 있었다는 반증이 될 것이다.[55] 조선총독부는 기본적으로 대규모 조선군 운영비용을 포함한 공채비 때문에 적자기조를 벗어나기 어려운 상황에 처해 있었다. 그럼에도 재정규모는 지속적으로 늘어나고 있었고, 그 가운데 공공사업과 농업 부문의 지출역시 증가하고 있었다. 조선총독부가 가진 자본주의국가로서의 면모가 잘 드러나는 측면이라 할 수 있겠다.

3. 자본주의국가

1) 자본주의국가

1910년대 시행된 토지조사사업을 계기로 배타적 토지소유권이 확립되었다. 이로 인해 전근대적 재산권의 존재양식은 변화하고 공동체의 연대는 동요하게 되었다. 토지소유권의 공동체로부터의 이탈은 가속화되었으며, 농업 인구의 사회적 분화는 촉진되었다. 토지를 중심으로 한 부와 권력 사이의 연계가 깨지고, 동산이 자체로 자율적인 것이 되어 전체의 부가운데 우세한 측면으로 드러났다. 토지도 이제 상품으로 기능할 수 있게됨으로써 이런 토지와 권력의 연계는 더욱 확연하게 분리되어 갔다. 이것역시 정치와 경제의 분리 과정을 상징적으로 드러내는 것이기도 하다.

여기에 삼림조사사업이 진행되면서 종래의 '입회지入會地' 대부분에 대해 '지반소유권地盤所有權'의 존재를 부정하고 그 소유권을 박탈함으로써 소농경영의 공동체로부터의 이탈은 더욱 가속화되었다. 식민 권력에 의한 입회권 부정의 과정은 '국가에 의한 식민지판 인클로저운동'이라고도 할 수 있다. 이로 인해 전통적 의미에서의 소농의 공유지가 다양하게 분화될 수 있는 가능성은 원천적으로 봉쇄되었으며, 식민 권력에 의한 자본주의적 사유화와 국유화만이 현실적인 가능성으로 남아 있을 수 있었다. 이후 식민 권력은 입회지의 상당 부분을 농민에게 양여하지만 이는 이미 공동체의 태내에서는 이탈한 것이었고, 소농의 영세성을 극복하는 데도 도움이 되지 않았다.

이리하여 소유분해가 급속하게 진행됨으로써 경작 단위의 세분화는 가속화되었으며, 이 때문에 소작 문제를 바탕으로 한 농업 문제는 사회 문제화되고 사회적 불안 요소로 작용하게 되었다. 주지하다시피 1920년대 초 중반 소작쟁의에서 '소작권 이동 반대'와 '소작료 인상 반대'라는 암울한 쟁점이 대부분을 차지하고 있었던 사실이 이를 반증하고 있다. 농촌에서의 사회적 분화는 급속하게 진전되고 있었다. 또한 토지조사사업과 이를 계기로 도입된 등기제도는 토지의 상품화를 급속하게 추동했다. 물론 이것 때문만은 아니지만 1910년대 후반부터 이른바 '기업열'이 발흥하고, 이후에도 생산의 구성 전체에서 차지하고 있던 양적인 비중이 가볍다고 하더라도 조선인 공업의 성장은 지속되었다. 또한 식민 영농의 추진에 힘입어 상업적 영농이 진전되고 '농촌 진흥'이 농업정책의 슬로건으로 자리 잡게 되면서 '농촌의 지식화', '농촌의 경제화'가 가장 중요한 과제로 부각되었다. 사회적 효율성의 증대가 무엇보다 중요한 목표로 설정되었다. 식민지 경제가 내건 구호는 그야말로 '사회를 시장으로 바꿔라'라는 것이었다.

이로 인해 다른 모든 사회적 제도와 기능으로부터 '경제'는 이탈했다. 전근대 경제가 국가와 사회 속에 묻혀 있던 동안 생산과 분배 행위는 직접적으로 그 행위 자체를 목적으로 하는 것이 아니라, 다른 중요한 제도들의 존속과 재생산을 지향하는 여러 사회적 규범들의 압력에 종속된 것이었다. 이른바 '도덕 경제'가 바로 그것이다. 그러나 자본주의 경제는 도덕 경제를 위해 작동하던 다른 모든 외적 규범들을 부적절한 것으로 만들고, 경제를 생산과 계산이라는 행위를 위한 규칙의 영역으로 해방시켰다.

식민지 관료 행정에 의해 추진, 관리되는 식민지 자본주의는 어떤 근대와 마찬가지로 새로이 형성되는 식민지 국가와 사회의 모든 부면을 자본주의 경제의 하위기구로 묻어버렸다. 이제 자본주의 경제가 전 사회를 지배하는 제도로 그 모습을 드러내면서 식민지근대는 자본주의적 근대로 자리 잡게 된다. 여타의 모든 근대적 부면은 이제 그에 예속된다. 예를 들어 조선에서는 1925년부터 적용되던 치안유지법에서 일본의 국체와 아울러 사유재산을 가장 중요한 보호 법익으로 내세우고 있었다. 또한 사상 문제의 기초를 권력과 사유재산의 문제로 보는 것이 일반화되어 있었는데, 이 문제를 개인주의·자유주의로부터 파생된 것으로 간주하고 있었다.

이처럼 식민 권력은 일반적 국민국가와 마찬가지로 군사력의 독점에 의해 폭력을 독점하고, 근대적 관료 행정을 확립함으로써 국내를 평정한다. 이를 통해 상품 유통을 원활화하고 자본주의의 발전을 가속화하며 이에 따라 노동의 상품화도 진전된다. 근대적 자본주의 상품 사회의 재생산은 국가권력에 의한 것이었고, 이는 사회적 부를 자본으로 그리고 사회 구성원을 노동으로 재상품화하는 데 기여하는 것이었다. 국가의 폭력의 독점과 자율성의 증대로 말미암아 경제적 영역의 자율성이 강화됨으로써 사적 경제의 이윤을 보장할 수 있게 되었다. 조선총독부는 '자본주의국가'의 역할을 온전히 수행하고 있었다.[56]

2) '수탈'과 '위대한 탈출'

'맬더스적 함정'으로부터 근대적 경제성장으로의 이행은 1894년 갑오개혁 시기부터 시작되었다. 이 시기부터 사망률이 떨어지면서 인구가 증가하기 시작하였다. 또 오랜 기간 지속되어 왔던 지대와 임금의 하락이 멈추고 상황이 역전되기 시작하였다. 인구는 이제 다산다사多産多死의 세계로부터 다산소사多産少死의 세계로 이행하기 시작하였다. 사망률이 줄어들면서 인구가 증가하기 시작한 것이다.[57] 식민지기를 통틀어 평균수명도 10여 년 이상 늘어나게 되었다. 대한제국 말기에는 평균수명이 30여 세였으

나 식민지배 말기에는 40세를 상회하게 된 것으로 추산되고 있다.[58]

식민지배가 시작되면서 변화의 속도는 더욱 빨라졌다. 자본주의 국가로서 조선총독부는 인구가 증가하고 경제가 성장할 수 있는 인프라를 구축하였다. 1910년 이후 1945년까지 한반도 내 인구의 자연성장률은 급속하게 증가하였다. 1910년부터 1915년 사이에는 10.57%, 1935년부터 1940년 사이에는 20.4%, 1940년에서 1944년 사이에는 24.4%의 자연성장률을 보이고 있다. 하지만 이 가운데 약 31% 정도의 인구가 해외로 이출하였으므로, 국내의 인구증가 속도는 그에 미치지 못했다.[59] 1911년부터 1940년 사이의 인구증가율은 1.33%로 추계되고 있다.

한편 이 시기 국내총생산 증가율은 3.70%로 추산되고 있다. 따라서 국내총생산 증가율에서 인구증가율을 빼면, 3.70%-1.33%=2.37%의 속도로 1인당 생산이 증가한 것이 된다. 이는 근대적 경제성장이 일어나고 있었다는 충분한 증명이 된다. 1913년 이후 1950년까지 전세계의 1인당 생산 증가율은 0.91%였고, 일본을 제외한 아세아지역의 1인당 생산 증가율은 0.02%로 하락하고 있었다. 식민지기 조선의 1인당 생산증가율 2.37%는 전세계의 증가율 0.91%를 훨씬 상회하는 것이었다.[60] 아세아의 다른 지역이 오히려 하락하고 있었던 데 비하면, 조선의 경우는 매우 특별한 것이었다고 하겠다.

그렇다면 경제성장의 과실은 어떻게 되었을까? 전체적으로 일본인의 소득이 조선인의 소득보다 훨씬 빠르게 그리고 많이 향상되었고, 총소득에서 차지하는 일본인의 비중이 증가하였다. 일본인과 조선인의 1인당 소득 사이에는 큰 차이가 있었다. 그렇다면 일본인의 생활수준이 빠르게 향상된 반면 조선인의 생활수준은 악화되고 있었던 것일까?[61] 경제성장의 과실은 모두 일본인한테만 돌아가고, 따라서 조선인의 생활수준은 오히려 하락했던 것일까? 이렇게 볼 근거는 그다지 많지 않다. 첫째, 조선인들의 평균수명이 매우 빨리 증가했다. 수명의 증가는 소득이 증가할 수 있는 가능성을 높인다. 둘째, 조선인 인구가 빠른 속도로 증가하였다. 이에 따라 조선인 1인당 실질임금이 상승할 가능성이 낮아지게 된다. 셋째, 농산물 가격의 상대적 하락현상이 일어났다. 이에 따라 소작지가 증가하고, 농업소득을 감소시켰다. 넷째, 공업화현상이 급속하게 진행되었다. 일본인 자본 중심의 공업화현상이 진행되었고, 조선인 노동자들은 그 주변에 퇴적되었으므로 임금이 정체할 가능성이 높았다. 따라서 민족간 소득이 불평등하게 분배될 가능성이 매우 높았지만, 그것이 조선인 생활수준의 하락을 지시하는 것은 아니다. 조선인의 소득도 전체적으로 느리지만 꾸준하게 상승하고 있었다.[62] 위의 조건들이 말하는 바는 모두 양면적이다. 조선인의 소득은 느리게나마 상승하고 있었으나, 일본인 소득과의 차이도 점차 확대되고 있었던 것이다. 이것이 바로 식민지의 현실이었다.

그렇다면 식민지에서의 '수탈'이란 과연 무엇을 말하는 것일까? 수탈은 경제적 분석 개념이 될 수 없다. 민족적, 계급적으로 혼성화되어 있었으며, 제국주의 본국과 분리된 독자적 국민경제로 간주할 수도 없는 식민지에서, 수탈이 이루어진다는 것은 무엇을 의미하는 것일까? 계급착취적인 수탈은 단순히 식민지하에만 일어나는 현상은 아니다. 수탈을 계급착취적 차원에서나 혹은 민족적 차원에서만 해석할 수는 없다. 그렇다고 식민지하에서 수탈이 없었다고 볼 수도 없을 터이다.[63] 식민지에서의 수탈은 시장적, 비시장적 통제를 통해 일상적으로 수행되고 있었다. 그런 점에서 식민지 수탈이란 "근대성과 차별이 동시적으로 발현하는 상황"을 가리키는

것으로 보아야 할 것이다.[64]

따라서 식민지에서의 수탈은 인류의 '위대한 탈출'과 공존할 수 있는 개념이다. 인류에게 역사상 가장 위대한 탈출은 무엇일까? 앵거스 디턴Angus Deaton은 인류가 빈곤과 죽음으로부터 벗어난 것을 가장 위대한 탈출이라고 말한다. 현재 경제성장의 과실로 인류는 역사상 가장 풍요롭고 윤택한 삶을 살고 있다. 그러나 지구상에는 위대한 대탈출에 성공하지 못한 사람들도 아직 많이 남아있다.[65] 지금 인류는 불평등의 문제를 남겨두고 있지만, 경제성장이 가능하게 해준 빈곤과 죽음으로부터의 대탈출은 기억해둘 필요가 있는 특별한 일이 아닐 수 없다.

식민지 시기 조선인들 역시 서서히 위대한 대탈출을 준비하고 있었다. 일본인들로부터의 공공연하고 심각한 차별을 이겨내고서, 극도의 빈곤과 죽음을 되풀이하는 이른바 '맬더스의 덫'으로부터 조금씩 벗어나고 있었던 것이다. 자본주의 국가 조선총독부는 맬더스의 덫으로부터 벗어날 수 있는 길을, 그러나 매우 험난한 길을, 조선인들에게 제공하고 있었던 것이리라.

식민지에 수립된 자본주의국가는 조선인들이 맬더스의 덫으로부터 벗어나서 위대한 탈출을 준비할 수 있는 토대를 마련해주었다. 식민국가는 합법적인 폭력 독점을 바탕으로 자본주의 경제를 마련하기 위한 인프라를 폭력적으로 구축해나갔다. 그 토대가 비록 수탈을 더욱 효율적으로 시행하기 위해 만들어진 것이었다고 할지라도, 식민지민들 역시 그 토대를 이용할 수 있는 능력을 갖추어 나갔다. 1930년대 중반 식민지에 소득세제도가 도입되었다는 것은, 식민지 자본주의국가가 가진 국가능력과 그 효율성을 웅변해주고 있다.

식민지의 자본주의국가는 입법, 행정, 사법을 아우르는 종합행정권을 가진 총독이 지휘하는 국가였다. 일본 정계의 중진으로 자리잡은 육해군 대장이 총독으로 부임하였지만, 본국 정부는 총독의 행정권에 대한 지휘 감독을 강화하려는 노력을 지속하였다. 척무성과 대동아성이 만들어지면서, 식민지행정에 대한 본국의 감독권은 더욱 강화되었다. 게다가 식민지 행정에 참가하는 조선인의 숫자도 계속해서 늘어나게 되는데, 이는 식민지민의 정치참여에 대한 요구가 늘어나게 될 것임을 예고하는 것이었다. 본국과 식민지 내부로부터 받는 양면적 압력은 식민국가의 기반을 안팎으로 동요시키는 요인이 되고 있었다.

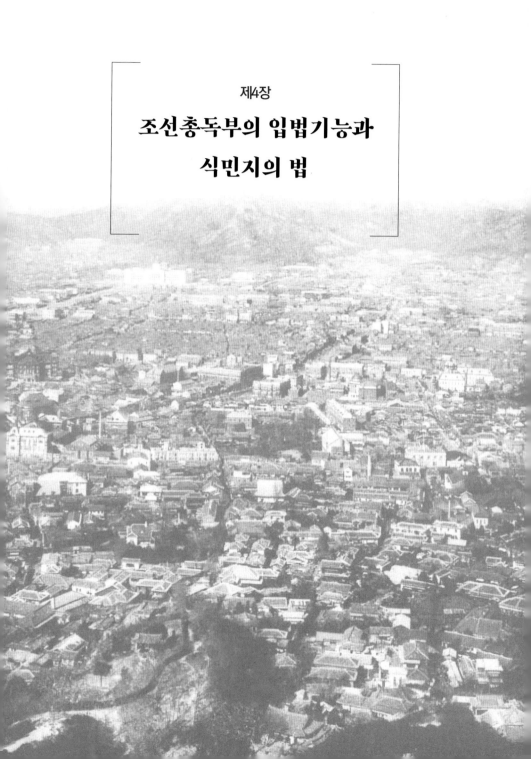

제4장

조선총독부의 입법기능과
식민지의 법

중추원 청사(조선총독부, 『寫眞帖』, 1925). 조선총독부 중추원은 조선총독의 자문기관으로 설치되었는데, 조선인 가운데 주요 친일 협력 인사를 모아놓은 곳이었다.

중추원 회의 풍경(조선총독부, 『寫眞帖』, 1925). 중추원의 참의들은 조선총독부가 주문하는 주요 자문사항에 대해 의견이나 답신을 제출하였고, 이는 총독부의 각종 정책과 판결, 제령 입법 등에 사용되었다. 중추원 참의들은 중추원을 명실상부한 '조선 의회'로 만들기 위해 노력하였으나 성공하지 못했다.

조선신궁 전경(『朝鮮神宮御鎮坐祭 記念寫眞帖』, 朝鮮警察家庭新聞社, 1925). 1925년 남산에 완공된 조선신궁을 조감한 사진이다. 조선신궁은 관폐대사(官幣大社)로 지정되었고, 조선 전체의 신사를 대표하는 관격을 갖게 되었다.

조선신궁 입구 도리이(『朝鮮神宮御鎭坐祭 記念寫眞帖』, 朝鮮警察家庭新聞社, 1925). 1925년 남산에 조선신궁을 완성한 기념으로 진좌제가 진행되었다. 조선경찰가정신문사에서는 이를 기념하는 사진첩을 발간하였다.

조선신궁진좌제 봉축회(岩本善文 編, 『(조선신궁어진좌제)기념사진첩』, 조선경찰가정신보사, 1925) 1920년 남산에서 착공한 조선신궁은 1925년 완공되었다. 이를 기념하여 서울에 거주하던 일본인들은 봉축행사를 크게 열었다. 사진은 혼마치(本町) 니초메(2町目)의 봉축행사 광경이다.

경성제국대학(『(國定敎科書に現はれたる)조선사진자료』, 조선교육회, 1929). 1926년 경성에 세워진 경성제국대학은 일본의 식민지에서 처음으로 설립된 제국대학이었다. 1924년에 개설된 예과는 2년 과정이었고, 본과 과정은 3년이었다. 경성제국대학 법문학부는 1929년부터 졸업생을 배출하기 시작하였다.

1. 세 종류 성문법과 관습

3·1운동이 발발한 지 1년이 지난 뒤인 1920년 3월 22일 경성의 '고등법원'식민지의 최고법원에서는 3·1운동의 중심인물 47인에 대한 '예심' 종결 결정이 발표되었다.[1] 그 주요 내용은 47인에게 일본 형법상의 내란죄를 적용해서는 안 된다는 것이었다. 요컨대 47인이 "조선 민족은 최후의 일각까지 독립의 의사를 발표하고, 서로 분기하여 제국의 기반을 벗어나서, 조선의 독립을 도모해야 한다고 격려·고무"한 것은 사실이지만, 이들이 내란죄를 교사敎唆했다고 볼 수는 없다는 것이었다. 내란죄 대신에 47인에게 적용된 법령은 주로 보안법과 출판법, 일본 형법상의 소요죄 그리고 1919년 제령 제7호 등 4가지였다.[2]

결국 손병희와 한용운 등 주요인물들에게는 보안법과 출판법이 적용되어 징역 3년이 선고되었다. 그런데 전체 3·1운동 참여자 유죄 판결의 7할 정도는 보안법 위반이었고, 그다음으로는 일본 형법상의 소요죄가 약 2할 정도를 차지하였다. 출판법과 제령 제7호가 그 뒤를 이었는데, 이 4가지 법령을 합치면 전체 판결의 99%를 상회하였다. 평화적 시위에 참여한 사람들에게는 대개 보안법 위반이 적용되었으나, 폭행이나 협박이 동반된 경우에는 일본 형법상의 소요죄로 처벌받았다. 그리고 독립선언서를 인쇄하거나 반포한 사람들에게 출판법이 적용되었다. 3·1운동의 중심을 이루던 평화시위는 보안법의 대상이었는데, 이는 최고 형량이 징역 2년이었다. 조선총독부는 3·1운동이 걷잡을 수 없이 확산되어 나가자, 법령의 차원에서 두 가지 대비책을 마련하였다. 3·1운동이 진행 중이던 1919년 3월 부랴부랴 총독부에서 입안하고 본국 법제국의 심의를 거쳐 발포한 제령

제7호가 첫 번째 방책이었고, 두 번째는 시위의 주요 인물들에게 형법상의 내란죄를 적용하는 것이었다. 1919년 4월 15일 공포된 제령 제7호는 보안법의 최고 형량 2년을 10년으로 끌어올린 것으로서, 무리한 입법이라는 비판을 많이 받았다. 그리고 내란죄를 적용하려는 시도는, 앞서 본 바와 같이, 고등법원 결정으로 무산되었다.[3]

　3·1운동 참여자들에게 적용된 법령을 길게 살펴본 것은, 식민지 조선에서 운용되던 법령의 근원을 입체적으로 제시하기 위해서였다. 위에서 거론된 4가지 법령 가운데 보안법과 출판법은 대한제국의 법이었다. 그리고 형법은 당시 시행되고 있던 일본 본국의 법이었고, 제령 제7호는 조선 총독이 제정한 명령이었다. 이렇게 본다면 식민지 조선에서 사용되고 있던 법령의 근원이 뚜렷이 드러나게 된다. 대한제국의 법이 식민지시기에도 그대로 유지되었고, 여기에 일본의 법이 덧씌워져 사용되고 있었다. 게다가 총독의 명령 제정권이 의회의 입법권을 대신하고 있었다. 이 세 가지의 법령은 식민지 사회를 규율한 가장 중요한 법원法源을 이루고 있었다.

　총독부를 중심으로 일본인들이 강제한 '근대적인 법'은 식민지 조선에서 어떤 역할을 수행했던 것일까? 법을 갖추어 식민지 통치에 이용하려는 구상은 근대 서구사회의 '법의 지배' 이념을 도입하려는 의도와 무관하지 않았을 것이다. '법의 지배rule of law'에 대한 가장 형식적인 설명은 "국가는 그 직무를 오직 법에 의해서만 수행"해야 한다는 것이다. 하지만 이런 형식적 합법성에 더 적합한 명칭은 '법에 의한 지배'가 될 것이다. 정부가 법을 통해서 업무를 수행해야 한다는 것은 법의 지배의 중요한 한 요소이며, 이는 이른바 '법치governing according to the law'의 부분적 의미이기도 하다.[4]

　하지만 '법의 지배' 원칙의 핵심은 모든 개인과 단체는 공개적으로 제정되고, 장래를 향하여 효력이 있으며, 법원에 의해 공개적으로 집행되는 법률에 구속되며, 그러한 법률이 부여하는 혜택을 누릴 자격이 있다는 것을 의미한다.[5] 법의 지배라는 이념은 서구에서 자유주의가 등장한 이래 정치권력에 제한을 가하는 방식으로 점차적으로 발전해왔다.[6]

한편 지금까지 학계에서 '법의 지배'와 '법에 의한 지배' 개념이 명확하게 구분되어 사용되고 왔다고 하기는 어렵다. 여기서는 '국가의 직무가 오직 법에 의해서만 수행되는 지배' 곧 '법의 지배' 가운데서도 특히 '형식적 합법성'만이 통용되는 지배를 '법에 의한 지배'라고 규정하고, 그 개념을 사용할 것이다. 여기서 '형식적 합법성'이란 법적 형식 자체가 강압적인 경우도 많을 뿐만 아니라, 식민지와 본국 사이에 엄청난 차별이 존재한다는 사실을 법의 형식을 통해 드러내기 위한 개념이다. 따라서 조선에서의 식민지 통치가 마치 법령 자체는 존재하지도 않은 채 자의적인 강압 통치만이 횡행한 것처럼 묘사해서는 안 된다. 그렇다고 식민지 본국과 거의 차이가 없는 '법의 지배'가 조선에서 시행되었다고 할 수도 없다. 식민지에서 법의 지배란 대개 법에 의한 지배 즉 법을 동원한 강압적 지배를 의미하는 경우가 더 많았다. 그렇다면 과연 조선에서는 어떤 방식으로 법에 의한 지배가 이루어지고 있었던 것인가?

지금까지 식민지기의 입법체계에 대한 연구는 주로 제령에 초점이 맞춰져 있었다. 선행연구에 의해 제령의 입안 과정과 성격 그리고 영향에 대한 대체적인 모습이 그려지게 되었다.[7] 그러나 식민지 조선의 입법체계를 구성하는 3가지의 성문법 체계 전체를 조망하는 방식의 연구는 등한시되었다. 제령의 위상이 압도적이었다고 하더라도, 제령만을 대상으로 식민지 입법체계를 구성할 수는 없다. 게다가 입법체계 전체를 아우르기 위해서

는 관습 특히 민사관습의 확정 혹은 성문화과정에 대한 고려도 빠뜨릴 수
없다.[8] 그동안 주로 조선 전통의 관습이 어떤 방식으로 변용되고 또 왜곡
되었는지에 초점을 두고 많은 연구가 축적되어왔다.[9] 이 글에서는 세 가지
법원만이 아니라 관습까지 아우르는 방식으로 식민지기를 관통했던 전체
적인 입법체계를 조망해보려 한다. 이를 통해 식민지기 법에 의한 지배가
확립되는 과정과 함께 그 구조적 특성을 살펴볼 수 있기를 기대한다.

2절에서는 조선에서 '법에 의한 지배'가 구축되는 과정을 개괄해볼 것이
다. 이어 3절에서는 조선총독에게 주어진 입법권 곧 제령 제정권과 제
령의 실태를 살펴보고, 그것이 어떤 위상을 갖고 있었던가를 이해해보려
한다. 4절에서는 당시 일본에서 사용하던 법령이 어떤 방식으로 식민지
조선에서 사용되고 있었던가를 분석하여, 식민지 입법의 포괄성을 이해해
보고자 한다. 또 5절에서는 대한제국과 통감부의 법령을 어떻게 이용했던
가를 살펴보고, 그를 통해 법령의 연속성을 확인해보려 한다. 마지막으로
제6절에서는 식민지에서 관습법이 활용된 실태를 살펴볼 것이다. 또 관습
의 확정과정에서 중추원이 수행한 역할을 살펴보고, 그것이 식민지민의
동의를 구하는 의도와 관련되어 있었다는 점을 드러내보려 한다.

2. '법에 의한 지배'의 구축

1910년 8월 29일 '한일합병조약'이 발표된 날, 서울 종로에 있는 한 광
고판에는 '조선총독부'의 '제1관보'가 게시되었다. 거기에는 한일합병조
약에 관한 문서와 각종 법령 등이 게재되었는데, 그것을 보려고 내왕하는

많은 사람들이 북적거렸다.[10] 조선총독부 관보 제1호에는 병합조약 1건과 함께 병합과 관련한 일본 천황의 조서 4건이 실렸다. 또 일본 천황이 발령하는 칙령勅令 22건, 제령制令 4건, 통감부령 3건, 통감부 훈령 3건, 통감 유고諭告 1건, 통감부 고시告示 1건 등이 올라있었다. 관보가 게재된 그 날 두 건의 호외도 별도로 발행되었는데, 거기에는 황실령 3건이 실려 있었다. 첫머리를 장식한 칙령은 한국의 국호를 조선으로 바꾼다는 것과 조선총독부를 설치한다는 것이었다. 국호를 바꾸고 통치기관을 설치하는 것은 식민지 통치를 위한 기초작업에 해당하였다.

이와 아울러 '법에 의한 지배'를 위한 토대를 만드는 법령이 이날 공포되었다. 시간이 흐르고 식민지배가 진전되자 일본인들은 이런 칙령에 '조선법령법朝鮮法令法' 혹은 '외지법령법外地法令法'이라는 이름을 붙였다.[11] 조선법령법 즉 식민지배를 위한 입법 형식과 관련하여 칙령과 제령 각기 한 건씩을 주목할 필요가 있다. 먼저 「조선에 시행해야 할 법령에 관한 건」이라는 이름을 단 긴급칙령을 살펴보자. 번거롭지만 그 전체 내용을 살펴볼 필요가 있겠다.

> 제1조 조선에서는 법률을 요하는 사항은 조선총독의 명령으로 이를 규정할 수 있다.
>
> 제2조 전조의 명령은 내각총리대신을 거쳐 칙재를 청해야 한다.
>
> 제3조 임시 긴급을 요하는 경우에 조선총독은 바로 제1조의 명령을 발령할 수 있다. 전항의 명령은 발포 직후에 칙재를 청하고 만약 칙재를 얻지 못할 때는 조선총독은 바로 그 명령이 장래에 효력이 없음을 공포해야 한다.

제4조 법률의 전문 또는 일부를 조선에 시행할 필요가 있을 때는 칙령으로
　　써 그를 정한다.

제5조 제1조의 명령은 제4조에 의해 조선에 시행하는 법률 또는 특히 조
　　선에 시행할 목적으로 제정한 법률 및 칙령을 위배할 수 없다.

제6조 제1조의 명령은 제령이라고 칭한다.

이는 '긴급칙령'의 형식으로 발령되었는데, 크게 두 가지 내용을 담고
있다. 첫 번째로 조선에서 법률을 요하는 사항은 조선총독의 명령으로 이
를 규정하고, 이를 '제령'이라고 명명한다는 것이었다. 다음으로 일본 법
률의 전부 혹은 일부를 조선에 시행할 필요가 있을 때는 칙령으로 이를 정
한다는 것이었다. 이 칙령을 통해 조선에서는 의회를 설치하지 않을 것이
고, 또한 인민의 동의에 바탕을 둔 법률도 제정하지 않을 것이라는 점이
명확해졌다. 조선에는 법률 대신 총독이 제정하는 명령 곧 제령이 법률을
대신하게 되었다. 다음으로 일정한 조건 아래서 일본의 법률이 조선에서
시행되고, 동시에 시행 절차는 칙령을 통하게 될 것이라는 게 드러났다.
이로써 조선에서 시행될 법률의 두 가지 형식이 명확해졌다. 첫번째는 일
정한 조건 아래서 시행될 일본의 법률과 칙령이고, 두 번째는 총독이 정하
는 명령 곧 제령이 그것이다.

이 칙령을 바탕으로 같은 날 법령의 근원을 밝히는 제령 한 건이 공포되
었다. 제령 제1호 「조선에서의 법령의 효력에 관한 건」인데, 제일 먼저 나
온 제령이 입법의 근원에 관한 것이라는 점이 상징적이다. "조선총독부를
설치할 때 마땅히 조선에서 그 효력을 잃어야 할 제국 법령 및 한국 법령은
당분간 조선총독이 발령하는 명령으로 그 효력을 유지한다"는 것이 그 내

용이었다. 요컨대 대한제국 시대에 효력을 가지고 있던 한국 법령만이 아니라, 개항 이후 조선과 관련하여 공포된 일본의 법령 및 통감부령 등을 당분간 사용하려 했던 것이다. 이 제령을 통하여 식민지 조선에서 사용될 세번째 법령의 형식이 확정되었다. 곧 한국에서 효력을 갖고 있던 대한제국 혹은 통감부의 법령이 그것이다.

합병조약이 발표되던 날, 이처럼 한국에서 시행될 법령의 형식 세 가지가 명확히 드러났다. 법의 형식과 근원을 명확히 하는 것은 효과적인 식민지 통치를 위해서 가장 우선해야 할 작업이었다. 그러나 1910년 9월 30일 「조선총독부관제」가 발포되고 그 다음날 곧 10월 1일 공식적으로 조선총독부가 설치되기까지 약 한 달 남짓한 기간은, 통감부가 통치하는 과도기에 해당하는 기간이었다. 총독부가 출범하는 날 통감 데라우치 마사타케寺內正毅는 총독으로 전임하였다. 1910년 10월 1일은 조선총독부가 공식적으로 출범한 날 곧 '시정기념일'로 정해졌다.

이후 또 하나의 법형식이 준비되고 있었다. 그것은 1912년 3월 18일 「조선민사령」을 통하여 공식적으로 선언되었다. 이 제령은 우선 조선인의 민사에 관한 사항은 민법 등 일본에서 시행되고 있던 관련 법령에 '의依한다'고 명시하였다. 다만 11조와 12조를 통해 새로운 법원法源을 밝히고 있는데, 그것은 바로 조선의 관습에 관한 것이었다. 11조에서는 민법 중 능력과 친족 및 상속에 관한 규정은 조선인에게 적용하지 않고, '관습에 의한다'는 것을 명시하였다. 이어 12조에서는 부동산 물권의 종류와 효력에 관해서도 조선의 관습에 의한다는 점을 밝히고 있다. 다시 말하면 조선에서 민사법은 주로 일본 민법을 의용依用하되, 민법 중 능력 및 친족과 상속 그리고 부동산물권에 관한 것은 관습에 위임한다는 것이다. 조선의 민사법으로는 관습이 주요한 법원으로 인정되었다. 이로써 네 번째의 법원이 명확해졌다. 그것은 조선의 민사법의 일부와 관련한 관습이었다. 이리하여 조선에서 효력을 갖는 법형식과 그 근원은 '거의' 확정되었다.

다시 한번 정리하자면, 조선에 시행될 법의 형식과 근원은 다음 4가지로 정해졌다. 첫째 일본에서 시행되고 있는 법률과 칙령이다. 물론 일본의 법률은 조선 사정에 맞도록 일정한 조건 아래서 사용할 수 있게 될 것이다. 둘째 조선총독이 발령하는 명령 곧 제령인데, 제령은 조선에서 법률에 버금가는 효력을 갖게 되었다. 셋째 대한제국에서 효력을 갖고 있던 각종 법령인데, 여기에는 대한제국이 발령한 법령만이 아니라, 일본제국이 발령한 법령도 포함된다. 넷째 조선의 관습이라고 인정되는 것인데, 법령에 준하는 효력이 인정되는 것은 민사관습이 중심을 이루게 될 것이었다.

이렇게 본다면 식민지에서 시행될 법령은 다음과 같은 측면에서 창졸간에 그 성격이 크게 변하게 되었다. 첫째, 법령의 근원이 유래하는 공간과 시간이 크게 확장되었다는 점이다. 일본의 법령이 효력을 갖게 될 것이므로, 이제 법원法源이 유래하는 공간은 적어도 일본으로까지 확장된 것이다. 게다가 한국에서 효력을 갖고 있던 법령 역시 유효하게 되었으므로, 적어도 개항 시점까지는 법령의 시간이 확장될 수 있게 되었다. 여기에 조선의 관습을 더하게 되면 법원의 시간적 상한은 훨씬 더 소급될 수 있었다. 둘째, 법률의 형식이 복잡해졌다는 점이다. 이제 총독이 발령하는 명령이 법률의 권위를 갖게 된 것인데, '이원화된 법률' 형식이 의미하는 바가 단순하지는 않을 것이다.

셋째, 법령의 형식과 원천이 갖고 있는 안정성이 약화되고 유동성이 심각해질 가능성이 높아졌다는 점이다. 예컨대 대한제국에서 효력을 갖고 있던 한국과 일본의 법령은 어디까지나 '당분간' 사용할 것이라는 점이 명기되어 있었다. 이런 법형식은 차츰 줄어들게 될 것이었다. 게다가 일본에 사용되던 법령이 조선에 '의용'되는 범위는 시간이 갈수록 확장될 여지가 많아졌다. 여기에 무엇이 조선의 관습인지를 조사하고 '확정'하는 작업 역시 간단한 과정이라 할 수는 없었다. 법형식과 법원의 시공간 확장, 법률 형식의 이원화, 법령의 안정성 약화 곧 유동성 강화 등의 특징을 갖고서, 식민지 조선에서 사용될 법령은 그 첫 모습을 드러내었던 것이다.

3. 총독의 입법권과 제령

1919년 4월 15일 「정치에 관한 범죄 처벌의 건」이라는 이름의 제령 제7호가 공포되었다. 이때는 일제의 유혈 탄압으로 이미 3·1운동의 기세가 한 풀 꺾여가던 시점이었는데, 마침 그날 조선총독부 기관지 『매일신보』에는 이와 관련하여 눈길을 끄는 기사 한 건이 실렸다. 조선인 폭동 진압의 근본책을 강구하기 위하여 긴급제령을 성안하였는데, 보안법의 결함을 보완하기 위하여 대만臺灣의 토비토벌령土匪討伐令을 참조하였다는 내용이었다.[12] 이 기사에서 인용한 '토비토벌령'은 정확하게는 「비도형벌령匪徒刑罰令」이었는데, '다중多衆이 결합하여 폭행 혹은 협박으로써 목적을 달성하려는 것을 비도匪徒의 범죄'라고 규정하고 수괴 혹은 교사자에게는 사형에 처할 수 있도록 한 것이었다.[13] 일본인들이 조선 통치의 규범을 마련하기 위해 대만 통치의 경험을 반면교사로 삼았다는 것은 잘 알려져 있거니와, 제령이라는 형식과 개별 제령의 내용을 마련하는 데서도 대만의 사례는 크게 도움이 되었던 것이리라.

앞서 본 것처럼 총독부는 1910년 8월 29일 조선법령법의 하나로, 긴급칙령 제324호 「조선에 시행해야 할 법령에 관한 건」을 발포했다. 이것은 조선의 병합을 선언하는 날 공포된, 식민지 입법권의 방향을 지시하는 가장 기본적인 문건이 되었다. 또 이 긴급칙령은 법령의 시행방식을 정했다는 점에서 조선에서의 '헌법적 규정'을 담고 있다고 평가되기도 했다.[14]

요컨대 이 칙령을 통하여, 조선총독에게는 '법률을 요하는 사항'을 규정할 수 있는 명령 곧 제령을 입법할 권한이 부여되었다. 그리고 일본의 법률은 곧바로 조선에 시행될 수 없고 반드시 칙령을 경유해야만 하였다. 이는 일본 법률의 시행을 조선에서 가능하면 '자제自制'한다는 것 곧 '법률자제法律自制'의 원칙에서 나온 것이었다.[15] 또 총독의 명령은 비록 조선에서 시행되는 일본의 법률이나 칙령에 위배될 수는 없지만, 다른 모든 법령에 우선하는 것이었다. 이를 두고 '총독 명령 제일주의'라는 이름이 붙여지기도 했다.[16]

이 긴급칙령은 조선에서 '헌법적 규정'을 담고 있다고 간주되었음에도, 일본 제국의 헌법적 규범과 관련하여 크게 두 가지 문제를 제기하고 있었다. 하나는 긴급칙령이라는 형식으로 조선총독에게 제령제정권을 제공한 것이 정당한가 하는 점, 다른 하나는 제령제정권을 둘러싸고 조선에도 일본 헌법이 적용되는가 하는 점이었다. 먼저 첫 번째 문제 즉 제령제정권 수권의 절차와 관련해서는 차기 '제국의회'에서 논란이 제기되었다. 위의 긴급칙령은 의회의 승인을 얻기 위해 1911년 1월 중의원에 제출되었으나, 제령제정권의 위임을 긴급칙령으로 한 것은 부당하다는 논의가 대세를 이루었다. 결국 긴급칙령과 동일한 내용으로 이루어진 1911년 법률 제

30호 「조선에 시행해야 할 법령에 관한 법률」이 3월 15일 공포됨으로써 이 문제는 해결되었다.[17]

다음으로 조선에도 일본 헌법이 적용되는가 하는 점인데, 병합 직전 일본 내각은 조선에 헌법을 시행하지 않는 것을 원칙으로 정하고 있었다.[18] 또 병합 초기에는 조선에 헌법이 전면적으로 시행된다면 총독에게 제령제정권을 수권한 것은 헌법 위반이라는 해석이 우세했던 것으로 보인다.[19] 즉 총독에게 일반적인 위임명령이 주어진 것이 헌법에 위배된다는 점에 대해서는 모두 인정할 수밖에 없었다. 제령권이 위헌이 아니라는 논리를 만들기 위해서는, 조선에 헌법이 적용되지 않는다고 보아야 했던 것이다. 그러나 조선은 천황의 대권으로 통치하는 지역이므로, 의회도 천황의 입법권에 협찬할 의무가 있다는 논리로 이 '난관'을 돌파하려 하였다.[20]

헌법의 적용과 관련해서는 첫째 시행설 혹은 적극설, 둘째 비시행설 혹은 소극설, 셋째 일부시행설 혹은 절충설 등이 대립하고 있었지만, 결국 식민지 통치가 종결될 때까지도 이에 대한 합의에는 이르지 못했다. 그러나 통치 말기로 가면서 내선일체가 강조되고 이른바 '내외지행정일원화' 조치가 시행되면서, 외지外地가 이법지역異法地域으로 통치되는 현실을 인정하면서도 조선에 헌법이 시행되어야 한다는 당위는 더욱 강조되어 갔다.[21]

대만 총독에게도 제령과 유사한 율령이라는 형식의 명령을 발령할 권한이 주어져 있었는데, 율령이 일본 헌법의 입법권 원칙에 어긋난다는 점에서 많은 논란이 있었다. 이는 조선의 경우와 다른 점인데, 아마도 대만의 사례가 조선에서 '역사적 거울' 역할을 했을 것이다. 율령제정권은 일본의 1896년 법률 제63호에 의해 대만총독에게 위임되었는데, 이 법률은 3년을 기한으로 효력이 유지되었다. 그러나 법률의 효력이 갱신될 때마다 제국의회와 학계에서는 이를 둘러싸고 끊임없이 논란이 제기되었다. 이를 둘러싼 지속적인 갈등을 두고 '63문제', '31문제', 그리고 '법3호'1919년 등으로 지칭해왔다. 이 과정에서 대만의 율령권은 계속 약해져서 결국은 1919년의 법률 제3호에 의해 일본의 법률을 칙령으로 직접 대만에 시행하는 '내지법률연장정책'으로 낙착되었다.[22]

대만이 일본의 법률을 주로 이용하는 정책으로 전환해간 반면, 조선에서는 제령중심주의가 일관되게 적용되고 있었다. 제령은 대만의 율령과 달리 무기한으로 시행되었다는 점에서 크게 달랐다. 게다가 제령은 겉으로 칙지勅旨로 표시되지는 않지만, 칙재勅裁를 거쳐야 한다는 점에서 칙령과 동일한 것으로 해석되었다.[23]

그런 점에서 제령은 "법률의 수권授權에 기초하여 총독이 칙재勅裁를 거쳐서 발령하는 수권명령授權命令"으로 해석되었다. 제령제정권의 수권은 무제한으로 주어지는 것이 아니라, 제령의 효력에는 제한이 있었고 조선에서만 효력을 가졌으며 또 조선에서 시행하는 법률과 칙령에 의해서 제한을 받았다. 따라서 형식적 효력은 법률과 칙령의 아래에 놓여 있었다. 게다가 제국 일본이 입법권을 스스로 방기한 것이 아니라는 점은, 통치 후반기로 가면서 더욱 강조되었다. "제국입법권은 조선에 관해서 스스로 입법할 수 있으며, 또 제령제정수권법制令制定授權法을 스스로 개폐할 수 능력이 있다"는 점에서 제령은 지극히 제한적인 것으로 간주되었다.[24]

일본 법률은 제령에 의용되어 조선에 시행되는 경우가 많았다. 이런 경우 법률은 법률로서가 아니라, 제령의 내용으로서 간접적으로 조선에 시행되는 것으로 해석되었다. 제령과 의용되는 법률을 완전히 별개로 취급하는 경우 약간의 문제가 발생할 수 있다.[25] 이에 대비하기 위하여 제령에 의용되는 법률이 개정될 때는, 1911년 제령 제11호에 의하여 별도의 규정없이 개정법률이 시행되는 날부터 적용되는 것으로 정해졌다. 그러면 조선에서 제령은 얼마나 많이 시행되었을까? 제령 발포 건수를 시기별로 정리한 다음 〈표 4〉를 통해 살펴보자.

〈표 4〉 시기별 제령 발포 건수

시기	재임 총독	제령 발포 건수					
		제정	평균(연)	개폐	평균(연)	합계	평균(연)
1910~1919 (9년)	寺内正毅, 長谷川好道	97	10.7	40	4.5	137	15.2
1919~1936 (17년)	齋藤實, 山梨半造, 宇垣一成	76	4.5	173	10.1	249	14.6
1936~1945 (9년)	南次郎, 小磯國昭, 阿部信行	100	11.1	194	21.5	294	32.6
합계		273	7.8	407	11.6	680	19.4

자료 : 外務省 編, 『外地法制誌 제7권 制令 全篇』, 文生書院, 1991, pp.22~41.

식민지배 전기간 동안 전체 제령 발포 건수는 680건으로 연평균 19.4건에 해당한다. 그 가운데 제정한 것이 273건, 개폐한 것이 407건으로, 제정한 제령은 연평균 7.8건으로 그다지 많은 건수라고 보기는 어렵다. 통치 초기에는 제정 제령이 상당히 많았지만, 지배의 안정기로 접어들어 줄었다가 다시 전시체제로 들어서는 통치 말기가 되면 제정 제령의 건수도 많아지게 된다.

제령을 일본 법률을 의용한 것과 총독부가 독자적으로 내용을 구성한 것으로 나누어 살펴본 한 연구에 따르면, 전자가 113건, 후자가 568건으로 드러난다.[26] 곧 일본 법률을 의용한 제령의 건수가 총독부 독자적으로 법률 내용을 구성한 것보다 훨씬 적은 것으로 나타난다. 이런 상황은 제령권을 총독에게 수권한 일본 제국의 본래적 의도를 잘 보여주는 것일 듯싶다. 식민지 조선의 상황에 걸맞는 입법 체계를 구성할 것을 총독에게 위임한 것이 바로 제령제정권의 수권이 아니겠는가? 다음으로 아래 〈표 5〉를 통하여 제정된 제령을 중심으로 그 주제별 구성을 살펴보기로 하자.

〈표 5〉 주제별 제령 발포 건수

주제	건수	주제	건수
法例	1	법무	41
문서	1	산업	60
外事	1	토지	16
지방제도	15	조세	84
사회	14	전매	6
社寺	1	도량형	1
위생	13	교통	22
경찰	12	전기	3
군사	3	합계	294

자료 : 外務省 編, 『外地法制誌 제7권』, 文生書院, 1991; 外務省 編, 『外地法制誌』 제8권, 文生書院, 1991; 한승연, 「제령을 통해 본 총독정치의 목표와 조선총독의 행정적 권한 연구」, 『정부학연구』 제15권 제2호, 2009, 165~215쪽.
비고 : ① 주제별로 분류된 전체 제령 건수를 합친 것이다.
　　　 ② 주로 제정된 제령을 중심으로 집계한 것이다.

우선 정상적인 국민국가라면 많이 있어야 할 부문의 법령 곧 법례와 문서, 외사와 군사 부문의 제령 건수가 현저하게 적다는 점을 확인할 수 있다. 주권이 부재하는 식민지의 상황을 그대로 보여주고 있다고 하겠다. 다음, 주제별로는 조세 84건, 산업 60건 그리고 법무 41건으로 건수가 많다. 곧 많은 세금을 확보하고 현지의 산업 구성을 변화시키는 데에 총독부의 입법적 관심이 놓여 있었음을 보여준다. 다음으로 법무 부문의 제령 건수가 많은 것은 인민주권이 부재한 식민지 사회의 통제 상황을 상징적으로 드러내는 것이 아닐까 싶다.

〈표 5〉의 주제를 포괄적으로 재구성해서 발포 건수를 살펴보면 이런 정황은 더욱 구체적으로 드러난다. 첫째, 산업구조 개편과 인프라 확보와 관련하여 산업, 토지, 도량형, 교통, 전기를 합쳐보면 모두 102건이 된다. 둘째, 충분한 세입 확충과 관련하여 조세와 전매 부문을 더하면 90건이다. 셋째, 사회통제와 관련해서는 위생과 경찰, 법무를 합쳐 살펴볼 수 있는데, 모두 66건이다. 요컨대 산업구조 확충과 인프라 확보와 관련한 것이 102건 전체의 34.7%에 해당하고, 세입 확충과 관련한 것이 90건31% 그리고 사회통제와 관련한 것이 66건22%이다.

제령만이 아니라, 조선총독은 직권 또는 법령의 특별한 위임에 의해 조선총독부령을 제정할 수 있었다. 이는 일본 헌법 제9조에 기초한 명령으로서 원칙적으로 조선에서만 시행되는 것이었다. 또 도지사道知事와 도사島司에게도 각기 도령道令과 도령島令을 발령할 수 있는 권한이 주어졌다. 조선총독부령은 일본 본국의 각령내각총리대신 또는 성령각성 대신에 해당하는 것이지만, 칙령에 해당하는 벌칙의 한도까지 벌칙을 붙일 수 있었다. 총독부령은 법률에 버금가는 제령의 집행명령 혹은 위임명령에 해당하는 것이기 때문이다. 이는 도령道令 또는 도령島令에 일본의 각령 혹은 성령에 해당하는 벌칙을 붙일 수 있는 것과 동일한 논리에 의한 것이었다.[27] 제령은 "명령으로서 위신은 낮았지만 권위 곧 벌칙은 높았다"고 할 수 있다. 식민지에서 익숙했던 풍경이 아니겠는가?

4. 제국 일본의 법령

1910년 8월 29일 병합조서가 발표된 날 공포된 칙령 22건 가운데는, 특허법特許法, 의장법意匠法, 실용신안법實用新案法, 상표법商標法, 저작권법著作權法 등 5가지의 무형재산 관련 일본 법률을 조선에 시행하기 위한 4건의 칙령이 포함되어 있었다. 일본의 법률은 원칙적으로 칙령을 매개로 해서만 조선에서 시행될 수 있었다. 이런 원칙은 같은 날 공포된 긴급칙령 제324호 「조선에 시행해야 할 법령에 관한 건」에 담겨있었다. 요컨대 일본의 법률은 천황의 명령을 통해서 조선에서 시행할 수 있었다. 일본의 법률과 명령은 과연 조선에서 어떻게 적용되고 있었던 것일까?

우선 법률에 대해 살펴보자. 일본 본국의 법률은 칙령을 거쳐야만 조선에서 시행될 수 있었지만, 이런 경우 법률은 칙령의 내용으로 시행되는 것이 아니라 칙령이 정한 바에 의해 법률로 시행되는 것이었다. 따라서 칙령으로 정한 법률이 본국에서 개폐될 경우에는, 별도의 칙령으로 개폐를 정할 필요 없이 그 법률의 효력은 조선에도 적용되었다.[28] 반면 조선에서 일단 시행된 법률은 칙령으로도 정지시킬 수는 없었으며, 오직 또다른 법률을 통해서만 철거할 수 있었다.[29] 그리고 법률의 특례규정을 칙령에서 규정하는 것은 허용되지 않았다. 특례규정이 있을 경우에는 제령을 별도로 만들어야 했으며, 앞서 본 바와 같이 제령에서는 그런 방식을 '의용'한다고 칭했다.[30]

조선에서는 이미 일본 법령을 의용하는 방식을 사용한 경험이 축적되어 있었다. 1906년 1월 11일 통감부가 공식적으로 설치되기도 전에 통감부령 제1호 「우편법郵便法, 우편위체법郵便爲替法, 우편저금법郵便貯金法, 철도선박

우편법鐵道船舶郵便法, 전신법電信法의 시행은 통신령 및 고시에 의하는 건」이 발포되었는데, 거기에는 다음과 같이 의용 방식이 기술되어 있다. "우편법, 우편위체법, 우편저금법, 철도선박우편법급전신법의 시행에 관해서는 특별한 규정이 있는 경우가 아니면 모두 체신성령遞信省令 및 고시告示에 따른다." 1905년 4월 러일전쟁 중에 한국통신기관의 운영을 일본에 수탁한 바 있다. 이에 따라 위에 열거된 법률이 당연히 한국에 시행된다는 전제 아래, 새로 설치되는 통감부의 체신관서는 일본 체신성령 및 고시를 일반적으로 의용依用하는 것으로 규정했던 것이다.[31] 이후 통감부령을 통해 일본 법령을 의용하는 방식은 일반화되었다.

대만과 결정적으로 다른 점은 바로 여기에 있었다. 대만에서는 칙령으로 법률을 시행하는 경우에, 곧바로 칙령으로 특례를 정할 수 있었다. 따라서 대만에서는 일본 본국의 법률을 용이하게 시행할 수 있었다. 이에 반해 반해 조선에서는 제령을 별도로 정해서 법률을 시행해야 하는 경우가 많았다.[32] 이런 번거로움을 피하기 위하여 나중에는 일본에서 법률을 제정할 때 조선에서 시행할 것을 예정하고 있는 경우, 그에 맞추어 입법상의 특례를 고려하는 경우가 많아지게 되었다. 행정관청의 직권을 명시해야 하는 경우에는, 구체적인 규정을 피하고 넓은 의미의 '행정관청' 또는 '정부' 등의 용어로 규정하였다. 또 처음부터 조선 관계 특례규정을 넣거나, 그에 대한 규정을 칙령에 위임하는 방식으로 근거 규정을 설정하기도 하였다.[33]

그러면 칙령을 통해 조선에 적용된 일본 법률의 건수는 어느 정도였던가? 다음 〈표 6〉을 통해 시기별 건수의 추이를 살펴보자.

〈표 6〉 칙령으로 조선에 시행된 일본 법률의 건수 추이

구분	법률 건수	연 평균 건수	비고
1910~1919년	53건	5.3건	
1920~1936년	32건	1.9건	
1937~1945년	44건	4.9건	
합계	132건	3.8건	

자료 : 外務省 編, 『外地法制誌』 제9권, 文生書院, 1991, pp.64~71.

35년 동안 조선에 적용된 법률은 전체 132건, 연평균 3.8건 정도이다. 그리고 일제 통치의 초반기인 1910년대에 5.3건이었다가 1920년부터 1936년까지는 1.9건으로 줄었으나, 1937년 중일전쟁 발발 이후 총력전 체제로 돌입하면서 다시 4.9건으로 증가하게 된다. 이번에는 다음 〈표 7〉 를 통해서 일본 법률과 제령 및 율령의 시행 건수를 대만과 비교해보자. 이런 비교는 일본 법률 적용의 시행상황을 입체적으로 드러내준다.

〈표 7〉 일본 법률과 제령·율령 건수─조선과 대만 비교

구분	법률	제령(조선)·율령(대만)			비고
		제정	개폐	합계	
조선	132(3.8)	275(7.9)	406(11.6)	681(19.5)	40건(기타 법률)
대만	284(5.7)	273(5.5)	407(8.1)	680(13.6)	

자료 : ① 外務省 編, 『外地法制誌』 제9권, 文生書院, 1991, pp.64~71.
　　　② 한승연, 「제령을 통해 본 총독정치의 목표와 조선총독의 행정적 권한 연구」, 『정부학연구』 제15권 제2호, 2009, 165~215쪽.
비고 : ① 대만 자료는 외무성의 『외지법제지(제9권)』, 조선 자료는 한승연 논문에서 인용하였다.
　　　② ( )은 조선 식민지 통치 기간 35년, 대만 식민지 통치 기간 50년을 기준으로 평균한 수치이다.
　　　③ 비고란의 건수는 칙령을 통하지 않고 조선에 적용되는 법률의 건수이다. 아래 상론한다.

대만에 적용된 일본의 법률은 전체 284건으로 조선보다 훨씬 많고, 연평균 건수로 보더라도 5.7건으로 조선의 3.8건에 비해 매년 2건 정도 더 많다. 이는 제령과 율령 건수를 비교해보면 그 이유가 명확히 드러난다.

제정된 제령과 율령의 연평균 건수는 조선 7.9건, 대만 5.5건으로 약 2건 정도 조선이 더 많다. 또 일본 법률의 수와 제정된 제령·율령의 연평균 건수를 비교해보더라도, 조선의 경우 3.8건과 7.9건으로 제령이 훨씬 더 많다. 반면 대만의 경우에는 5.7건과 5.5건으로 거의 비슷한 건수를 보여주고 있다. 요컨대 조선은 제령이 중심이었고, 대만은 율령보다는 일본 법률의 시행이 축을 이루었다고 할 수 있다.

칙령을 통해 조선에 적용된 것은 일본과 조선 사이에 차이를 둘 필요가 없는 부문의 법률이었다. 특례사항을 정하지 않고도 그대로 칙령으로 법률을 시행할 수 있기 때문이다. 주로 특허법, 의장법, 상표법 등의 무형 재산에 관한 법률, 화폐법貨幣法, 임시통화법臨時通貨法 등 화폐관계 법률, 관세법, 관세정률법, 보세창고법, 보세공장법 등 관세관계 법규, 우편법, 우편위체법, 전신법 등 통신에 관한 법률, 육군형법, 해군형법 등 군인에 관한 형벌법규 등 5개 부문의 법률이 중심을 이루었다.[34]

그러나 이렇게 칙령을 통해 조선에 시행된 법률 이외에도 조선에 시행된 일본의 법률은 더 존재하고 있었다. 그런 성격의 일본 법률은 대체로 4가지 정도로 분류된다. 첫 번째는 일본 본국과 조선에 동시에 적용되는 법률인데, 법률 조항에 조선에 시행된다는 점을 명시하고 있다. 「항공법」 등이 여기에 해당한다. 두 번째로는 처음부터 조선에 시행하기 위해 만든 일본의 법률이다. 이는 '속지적 성격'을 갖는 법률인데, 여기에는 「조선에 시행해야 할 법령에 관한 법률」, 「조선은행법」 등이 있다. 세 번째로는 이른바 '내외지관섭법內外地關涉法'인데, 일본 본국과 식민지 혹은 식민지와 식민지 사이의 상호 교섭을 규율하는 법이다. 대표적으로 1918년 공포된 「공통법」이 있고, 그 밖에 「사법사무공조법司法事務共助法」 등이 있다. 마지막으로 속인적 성질을 가진 법률이 있다. 이런 종류의 법은 사람 혹은 사물이나 사업을 따라 적용되므로, 시행지역과 무관하게 효력을 가지게 된다. 예를 들어 은급恩給 관련 법률이나 회계 관련 법률 등에 이런 성격의 법률이 있다.

요컨대 특별히 칙령을 통해 지정하지 않더라도 조선에 적용되는 법률은 조선 시행을 명시하고 있는 법률, 조선에 적용하기 위해 만든 속지적 성격의 법률, 이른바 '내외지관섭법', 속인적 성격의 법률 등 4가지가 있다. 이런 4가지 종류의 법률을 모두 합치면 약 40건 내외가 된다.[35] 그리고 칙령을 통해 조선에 적용된 법률 132건과 기타 조선에 적용된 법률 40건을 합치면 모두 172건의 일본 법률이 조선에 시행되었다고 할 수 있다.

다음으로 조선에 시행된 명령으로는 어떤 것이 있을까? 우선 긴급칙령과 칙령이 있다. 긴급칙령에 대해서는 특별한 규정이 없지만, 1910년 8월 29일 긴급칙령 제324호 「조선에 시행해야 할 법령에 관한 건」에 준하여 긴급칙령을 발령할 수 있었다.[36] 다음으로 칙령은 천황의 대권에 의해 친재親裁한 사항에 대해 발령한 명령이라고 규정되고 있었다. 그중 조선에 적용되는 칙령은 다시 4종류로 나눌 수 있다. 첫째 앞서 본바, 일본 법률을 조선에 적용하기 위해 발령하는 칙령이 있다. 다음으로는 법률에 부속되는 칙령인데, 이것들은 '시행령' '시행규칙' 등의 이름을 달고 있다. 세 번째로는 이른바 '대권명령大權命令'에 속하는 것인데, 다수의 칙령은 여기에 속한다. 관제官制, 관리령官吏令, 군제령軍制令, 영전榮典, 은사령恩赦令, 공식령公式令, 제사령祭祀令 등 7가지의 명령이 있다. 대권명령에는 「조선총독부관제」, 「조선총독부지방관관제」 등 조선의 관료제도를 구축하는 데서 토대를 이루는 칙령이 포함되어 있다. 관료제도와 군사제도를 운영하는 데 필요한 실제적 명령이 중심을 이루고 있었다. 네 번째로는 이른바 '독립명령'으로서 '학제령學制令'이 여기에 속한다. 조선에서 교육제도를 구축하는 데서 중추적인 역할을 수행한 「조선교육령朝鮮敎育令」 등이 있다. 요약컨대 법률을 조선에 시행하기 위한 칙령, 법률에 부속하는 칙령, 대권명령, 독립명령 등 4가지 칙령이 조선에서 시행되었다.[37] 특히 '대권명령'과 '독립명령'은 관료제도와 학교제도 등 총독부를 중심으로 한 통치제도의 골간을 구성하는 명령이었다는 점에서 중요하다.

여기에서 제국 일본의 법령이 조선에서 시행되는 방식을 정리해보자. 첫째, 일본의 법률은 칙령을 통해 곧바로 조선에 적용되었다. 약 132건이 여기에 해당한다. 둘째, 다수의 일본 법률이 제령을 통하여 조선에서 의용되었다. 다시 말하면 많은 법률이 제령을 매개로 약간의 변용을 거쳐서 조선에서 시행되고 있었다. 앞장에서 본 것처럼, 약 113건 정도가 여기에 해당한다. 셋째, 일본과 조선에서 공통으로 적용되는 법, '내외지관섭법'과 속지법, 속인법적 성격을 갖는 법을 합쳐 40여 건이 있다. 이를 모두 더하면, 285건이 된다. 앞 절에서 본 것처럼 이 숫자는 총독부가 독자적으로 내용을 구성한 제령 568건의 약 반에 해당하는 것이다. 이는 결코 적은 수가 아니다. 여기에 대권명령과 독립명령 등의 칙령을 더하면, 일본의 법령은 조선 입법체계의 핵심을 형성하고 있었다고 할 수 있다. 이는 제령이 오히려 일본의 법령에 매우 의존적이었을 뿐만 아니라, 이를 보조하는 성격을 강하게 띠고 있었음을 말해주고 있다.

마지막으로 일본 행정관청의 명령인 각령閣令과 성령省令 역시 조선에 시행된 것이 있었다. 각령은 내각의 총리가, 성령은 각 성의 장관이 발령하는 명령인데, 원칙적으로는 조선에 시행되지 않았다. 그러나 조선에 적용하도록 규정된 각령이나 성령 혹은 속인적 성격을 가진 명령이나 장관의 권한이 조선에 미치는 경우의 명령 등은 조선에도 적용되었다. 예를 들어 군정軍政에 관한 사항은 육해군성령陸海軍省令이 독립적으로 조선에도 시행되었으며, 조선총독부 특별회계에도 역시 대장성령大藏省令이 적용되었다.[38] 앞서 2장에서 본 바와 같이, 내외지행정일원화 조치가 취해진 뒤에는 조선과 관련된 각령이나 성령은 자동적으로 조선에 적용되는 것으로 바뀌게 된다.

이렇게 본다면, 일본 본국의 법률은 기본적으로 칙령을 통해 그대로 조선에 시행될 수 있었다. 그리고 조선에 시행될 수 있는 특별한 요건 즉 법률에 조선에 시행할 것으로 명시하거나, 특히 조선에 시행하기 위해 만든 법률 등을 포함하여, 속지적 혹은 속인적 성격을 가진 법률 등 중에 일부가 조선에 시행되었다. 또 칙령으로는 법률을 조선에 시행하기 위해 발령하는 칙령과 법률 부속 칙령, 그리고 대권명령과 독립명령 등을 포함한 칙령이 조선에서 시행되었다. 마지막으로 일부 각령과 성령이 조선에 시행되는 경우가 있었다.

5. 대한제국과 통감부의 법령

1910년 10월 1일 조선총독부가 공식 출범하면서, 이른바 '조선법령법' 한 건이 추가로 공포되었다. 「메이지 43년 제령 제1호에 의한 명령의 구분에 관한 건」인데, 제령 제1호로 효력을 유지하게 된 법령의 내용을 평가하고 분류하는 데에 관한 것이었다. 곧 1910년 8월 병합 당시까지 효력을 유지하고 있던 한국과 일본의 법령 가운데, 그 내용에서 규정된 사항을 평가하여 그 법령의 성격을 5가지의 명령으로 재분류한다는 것이다. 그 5가지의 명령이란 제령制令, 조선총독부령朝鮮總督府令, 경무총감부령警務總監部令, 도령道令, 경무부령警務部令이었다. 다시 말하면 한국과 일본의 옛 법령을 식민지에서 발령하는 5가지 명령 가운데 하나로 분류하여 활용한다는 것이 이 제령의 취지였다. 실제로는 대부분의 법령이 제령으로 분류되었다고 한다.[39] 일본이 식민지로 새로 영유한 지역에서 옛 법령의 효력을 인정한 사례는 관동주와 조선뿐이었다.[40] 전통적인 법률과 법적 안정성이 존재하는 곳에서만 구법령을 인정하고 있었던 것이다.

한국의 법령이란 조선 정부 혹은 대한제국 정부에서 발령한 것을 의미하므로 지시하는 대상이 명료하다. 그렇다면 일본의 법령이란 무엇을 말하는 것인가? 병합 시점에서 조선에 시행되고 있던 일본의 법령 가운데 중심적인 것은, (일본)영사관령, 통감부령, 이사청령, 경무총감부령, 경무부령 등 5가지였다. 영사관령은 1876년 개항 이후 재한일본인들을 대상으로 일본영사관에 발령한 명령인데, 1906년 통감부가 설치된 이후에는 이것이 통감부령과 이사청령으로 나뉘었다. 1909년 이후 일제가 사법권과 경찰권을 장악하면서, 서울에는 경무총감부 그리고 각 도에는 경무부가 설치되었다. 이에 따라 경무총감부령과 경무부령도 발령되었던 것인데, 이 두 가지 명령은 이미 일본인뿐만 아니라 한국인도 대상으로 삼고 있었다. 이 5가지 법령 외에도, 재한일본인을 대상으로 한 법률, 칙령, 외무성령 등 일본 본국에서 제정된 것도 존재하고 있었다.[41] 그런데 병합 이후에도 원칙적으로 한국법령은 한국인에게, 일본법령은 일본인에게 적용되었다. 그리고 법령 공포 당시부터 한국인과 일본인 모두를 대상으로 한 법령은 그대로 효력이 유지되었다. 병합 이후 조선인과 일본인 모두에게 적용된 대한제국의 법률로는 대표적으로 「국유미간지이용법」을 들 수 있다.[42]

앞서본 1910년 8월 제령 제1호에는, 한국과 일본의 법령이 '당분간'만 효력을 유지한다고 명기되어 있었다. 단 이 법령들을 개폐하기 위해서는 그에 상당하는 법률적 형식을 통해야만 하였다. 1912년 제령 제8호로 공포된 「조선민사령」에서는 민법과 상법 등 23종의 일본 법률을 '의용'하되, 「수형조례手形條例」, 「민형소송규칙民刑訴訟規則」, 「비송사건수속규칙非訟事件手續規則」 등 대한제국의 관련 법령 6종은 모두 폐지한다고 규정하고 있다. 같은 날 공포된 제령 제8호 「조선형사령」에서는 그 전까지 한국의 형법 역할을 하고 있던 「형법대전刑法大典」을 비롯한 3건의 법률을 폐지하고, 대신 일본의 「형법」을 의용할 것이 명기되어 있다. 이처럼 한국과 일본의 옛 법령은 조금씩 폐지되어 갈 '운명'에 처해있었다.

앞서 모두에서 살펴본 바와 같이, 3·1운동의 평화적 시위에 참여한 조선인들에게는 거의 대부분 대한제국 정부가 제정한 보안법1907년과 출판법1909년이 적용되었다. 보안법은 한국인들만을 대상으로 한 법률이었으므로 일본인들에게는 적용할 수 없었다. 만약 3·1운동 과정에서 어떤 일본인이 평화적 시위에 참여하였다고 가정한다면, 그에게는 통감부가 제정한 보안규칙1910년과 출판규칙1910년이 적용되었을 것이다. 이처럼 한국과 일본의 옛 법령 상당수는 식민지기에도 살아남아 위력을 발휘하고 있었지만, 그 운명은 명확한 것이었다. 사회변화의 속도가 빨라지면 이 범주의 법령이 폐지되는 속도도 빨리지게 될 것이었다. 한 자료에는 식민통치가 종결될 때까지 효력을 유지하고 있던 대한제국과 통감부의 법령 각기 16건이 열거되어 있다. 물론 그 중에는 위의 「보안법」과 「출판법」에다가 「신

문지법」1908년과 「학회령」1908년 등의 통제법령이 포함되어 있다.[43]

1925년 일본에서 치안유지법이 제정되고 조선에서도 그 시행이 확정되었다. 조선에서는 이를 두고 사상통제를 위한 '3대 악법'이라는 비판이 제기되었다. "구한국시대의 보안법이 아직도 효력이 남아있고, 기미운동시기에 특별히 시행한 제령 7호가 인민을 억압하는 중에, 3중으로 치안유지법이 실시되면 조선인의 자유를 심각하게 억압하게 될 것"이라고 보았던 것이다.[44] 이를 두고 당시 변호사로 활동하던 권승렬權承烈은 "치안유지법을 아비라 하면, 제령은 형이고, 보안법은 동생이라 할 만치 불가분"의 관계를 갖고 있다고 비유했다. 상황에 따라서 세 가지 법령의 '경중장단輕重長短을 자유자재'로 사용할 수 있도록 만들어놓았다는 것이다.[45] 실제로 치안유지법은 '국체'의 변혁을 위한 운동, 제령 제7호는 정치의 변혁 즉 독립운동, 보안법은 치안에 방해가 되는 활동을 방지하는 데에 목적을 둔 법령이었다. 아비와 형 그리고 아우라는 비유는, 일본의 법률과 제령 그리고 대한제국의 법률이 지고 있던 역할 분담을 실로 절묘하게 드러내고 있다.

6. 관습의 힘—중추원과 부작위적 '동의'

경성제국대학교 법학과 교수로 재직하던 마쓰오카 슈타로松岡修太郞는 일본 본국에 비해 조선에 관한 입법사항을 정하는 방식이 훨씬 복잡하다고 주장하면서 여러 법령을 제시하고 있다.[46] 하지만 여기에서 빠진 것이 있는데, 그것은 바로 조선의 관습이었다. 불문법으로서 관습이 조선에서 갖고 있던 영향력은 지금까지 일반적으로 취급되어 온 것보다 훨씬 더 큰 것이었다.

일본에서는 1898년 법률 제10호 「법례法例」의 제2조에 관습에 관한 다음과 같은 일반적인 규정을 두고 있었다. "공공의 질서 또는 선량한 양속에 반하지 않는 관습은 법령의 규정에 의해 인정된 것 및 법령에 규정이 없는 사항에 관한 것에 한하여 법률과 동일한 효력을 가진다."[47] 그리고 「법례」는 1912년 칙령 제21호로 조선에도 시행되었다. 관습법은 일반적으로 성문법에 비해 보충적인 효력을 갖고 있었지만, 앞서 본 바 조선민사령에 규정된 사항은 법률과 동일한 효력을 가지게 되었다.

1923년 4월 16일 일본 보험원保險院의 간이보험국簡易保險局은 '조선의 관습에 따른 상속순위'를 묻는 문의를 조선총독부 중추원에 조회했다. 이는 보험금의 수취인 순위를 정하는 데 필요한 사항이었다. 같은 해 7월 21일 중추원은 그에 관한 회답을 간이보험국으로 발송했다. 조선의 상속에는 가독(제사)상속, 호주상속, 재산상속의 3가지 종류가 있다는 점과 각각의 상속에 대한 가족 내의 순서를 자세히 기술하는 내용이 그 회답에 담겼다.[48] 이런 과정을 거쳐 조선의 관습은 명문 규정으로 확정되었다. 중추원은 조선의 관습을 확정하는 과정에서 '중추적'인 역할을 맡고 있었다. 조선의 관습을 이해하기 위해서는 반드시 중추원을 살펴보아야 할 이유가 여기에 있다.

조선총독부 중추원은 지금까지 대개 '친일세력의 집합체' 혹은 '친일세력으로의 변신을 추구한 친일배들의 최종적인 귀속기관'으로 그 성격이 규정되어 왔다.[49] 중추원 참의들은 수작자受爵者와 유사한 수준의 '친일파' 집단으로 비판받아왔던 것이다. 중추원은 '친일귀족'의 '양로원'이라는 평가를 받았으며, 오랫동안 '중추원폐지론'이 제기되기도 하였다.[50] 물론 중추원이라는 통치기구와 거기에 참여한 조선인 관료 특히 참의參議에 대한 위와 같은 거친 규정 혹은 포괄적인 비판에 근거가 없다고 할 수는 없다.

중추원 혹은 중추원 참의가 '협력'의 상징으로 자리잡게 된 데에는, 조선인 관료기구 속에서 차지하는 중추원의 독특한 위상이 작용한 바가 적지 않다. 조선총독부의 관리는 1913년 2만 3천 명 정도였으나, 1937년 중일전쟁을 계기로 폭증하여 1942년에는 10만 명을 상회하게 된다. 이 가운데 조선인은 대개 지방청의 판임관과 고원을 중심으로 증가하고 있었던 데 비해, 주임관 이상의 고등관은 대부분 일본인이 차지하고 있었다. 고등관 중에서도 친임관과 칙임관의 경우 식민지 전시기를 통해 조선인의 수는 40명 전후에 고정되어 있었는데, 그들은 대개 중추원 참의와 도지사 등의 고정적인 포스트에 임용되었다.[51] 이처럼 매우 제한된 수에 묶여 있던 조선인 고위관료의 다수를 중추원의 참의가 차지하고 있었던 사정이, 이들을 친일협력의 상징으로 만드는 데 크게 작용하였던 것이다.

그러나 조선총독의 자문기관으로 출발한 중추원과 거기에 참여한 조선인 참의에 대하여, 이런 인상비평에 기초한 상징적 평가만으로 만족할 수는 없다. 중추원은 관습의 확정과 관련하여 다음 두 가지 측면에서 중요한 기능을 담당하고 있었다. 첫째, 중추원은 처음에는 총독의 자문기관으로 출발하였지만 1915년부터는 관습조사 기능을 위임받게 되었고, 관습의 조사와 확정과정을 통하여 일정한 '입법 보조행정'[52]을 수행하게 되었다. 둘째, 1921년 중추원 제도개정을 통하여 참의의 자문 기능을 확충함으로써, 조선인 사이에서 일정한 '대표성'을 확보하려 하였다. 중추원 참의에게 지역 대표성을 부여하려 했던 것은, 참의가 가진 자문 기능을 강화하기 위한 것이었다. 중추원은 이처럼 한편으로 관습조사와 확정 과정을 통해 입법 보조행정 기능을 수행하면서, 다른 한편으로는 참의의 자문기능을 강화함으로써 일정한 지역대표성을 확보하려는 노력을 거듭하고 있었다. 이런 중추원의 두 가지 기능을 이해하지 못하면, 조선총독부 입법행정의 전체상을 드러낼 수는 없을 것이다. 이제부터는 두 가지 측면을 차례대로 검토함으로써, 관습과 관련한 중추원의 입법 보조기구로서의 기능을 확인해보고자 한다.

첫째, 조선의 관습을 조사하고 확정하는 기관으로서의 중추원에 대해 검토해보자. 원래 대한제국 시기 통감부 법전조사국에서 담당하던 '구관조사사업舊慣調査事業'은 1911년 취조국取調局으로 이관되었으며, 1912년 다시 참사관실參事官室로 이전되었다.[53] 1912년 참사관실이 구관조사를 관장할 때 설정한 목적은 "행정상의 여러 정책에 자료를 제공하고, 사법재판의 준칙準則이 될 구관舊慣을 제시함과 아울러, 나중에 조선인에게 적합한 법령을 제정하는 기초를 마련"하는 데 있었다. 말하자면 구관조사와 확정작업을 통하여 민사재판의 근거를 마련하고 이를 바탕으로 새로운 민사법民事法을 제정하려 했던 것이다. 이처럼 조선민사령 제정과 함께 필요하게 된 관습의 조사와 확정기능은 참사관실에 부여되었다. 따라서 참사관실의 구관조사작업은 민사령 규정에 의하여 관습의 적용을 인정하는 사항에 제한되었다.[54]

그러나 1915년 참사관실이 폐지되고, 중추원의 기능에 '구관 및 제도'에 관한 조사작업이 추가되었다. 이를 계기로 관습조사사업의 범위가 조선민사령 규정을 넘어 훨씬 더 확장되었다. 중추원의 구관조사사업은 크게 세 가지 범주로 규정되었다. 첫째 참사관실의 주요 작업이었던 사법에 관한 관습조사를 완결하고 이를 편찬하는 것, 둘째 널리 구래의 제도를 조사하는 것, 셋째 행정에 참고할 수 있는 풍속·습관을 조사하는 것이었다. 요컨대 기존의 관습조사에 제도와 풍속 조사가 추가되었던 것이다.

중추원으로 조사작업이 이관되면서, 참사관실의 인원에 더하여 관습조사와 관련한 전문인력이 대거 충원되었다. 1916년부터 1918년 사이에 많은 조선인들이 촉탁으로 임용되어 구관, 제도조사에 참여하였다. 이들 중 다수는 법전조사국 혹은 취조국 시절부터 구관, 제도 조사에 참여하였던 '전문가'들이었다. 대표적으로 김한목金漢睦, 김돈희金敦熙, 박이양朴彝陽, 현은玄檃, 박종렬朴宗烈, 송영대宋榮大 등을 들 수 있는데, 이들은 취조국의 위원으로 그리고 참사관분실의 관원으로 근무하다가 중추원의 촉탁이 되었다.[55] 1918년에는 조사과와 편찬과가 설치되었는데, 편찬과에서는 사료 수집 및 편찬에 관한 사항을 담당하였고, 조사과에서는 구관·제도 조사작업을 담당하였다.

이리하여 중추원에서는 구관조사 관련사업으로『조선반도사』편찬사업1922년 '朝鮮史編纂委員會'로 이관에 착수하였고, 그 부대사업으로『조선인명휘고朝鮮人名彙考』나중에『朝鮮人名辭典』편찬도 시작하였다. 1918년에는 구관심사위원회가 설치되었으며1921~1924 '舊慣及制度調査委員會' 설치로 폐지, 1919년에는 조선사회사정 조사를 시작하였다. 또 1920년에는『조선지지』편찬, 1921년에는 부락조사와 '일한동원사日韓同源史' 편찬에 착수하였다. 1921년 중추원 관제 개혁과 아울러, 관습조사 작업도 훨씬 더 정교하게 다듬어 나갔다. 조사사항을 민사관습, 상사관습, 제도, 풍속의 4가지로 나누어 조사항목을 편성하고 조사를 진행하였으며, 전적조사와 실지조사를 병행해나갔다.[56]

중추원의 민사관습 확정작업은, 재판소나 기타 행정관청에서 오는 조회照會에 대하여 회답하는 방식으로 구성되었다. 조선총독부 취조국, 참사관실, 중추원을 거치면서, 취조국장관과 정무총감중추원 의장이 각종 조회에 대하여 회답함으로써 민사관습이 확정되는 절차를 밟았던 것이다. 1910년부터 1933년까지 회답한 건수는 모두 324건에 달하는데, 이는 또 다른 민사관습의 확정절차인 사법협회 결의와 고등법원 판례의 법원이 되는 것이었다.[57] 많은 연구자들이 민사관습의 회답 과정을 통해 관습 규범이 변화하는 데에 주목한 것은 이런 이유 때문이었다.

이제 다음 〈표 8〉를 통해 중추원을 비롯한 관습조사기관의 회답 건수와 그 시기별 분포에 대해 구체적으로 살펴보기로 하자.

〈표 8〉 관습조사기관의 시기별 회답 건수

기관 구분		기간	회답 건수	비고
대한제국 법전조사국		1909~1910.10	14	
조선총독부 취조국		1910.11~1912.3	41	
조선총독부 참사관실		1912.4~1915.5	101	33건(연평균)
조선총독부 중추원	전기	1915.6~1921	128	21건(연평균)
	후기	1922~1933	42	
	계	1915.6~1933	168	
합계		1909~1933	324	14

자료 : 조선총독부 중추원, 『民事慣習回答彙集』, 1933.
비고 : 중추원의 전·후기 시기구분은 1921년 중추원 제도 개정을 기준으로 삼았다.

민사관습에 대한 회답 건수가 가장 많은 기관은 역시 중추원이고 그 다음이 참사관실이었다. 그러나 연평균 회답 건수로 보면 1912년부터 1915년 사이의 참사관실이 33건으로 가장 많았다. 그다음이 1915년부터 1921년 사이의 전기 중추원으로 연평균 21건이었다. 1921년 이후가 되면 민사관습 회답은 현저하게 줄어든다. 전체적으로 1910년부터 1921년까지 12년 정도 사이에, 사법에 관한 민사관습의 회답이 거의 마무리된 것으로 볼 수 있을 것이다. 다음으로는 다음 〈표 9〉를 통해 분야별로 민사관습 회답의 구성 상황을 살펴보자.

〈표 9〉 분야별 민사관습 회답 항목 수 구성

구분		항목수	비율	비고
민법	1편 총칙	187	21.8	
	2편 물권	135	15.7	
	3편 채권	63	7.3	
	4편 친족	233	27.1	
	5편 상속	240	27.9	
계		858	79.8	
상법		19	1.7	
잡건		197	18.3	
합계		1,074		

자료 : 조선총독부 중추원, 『民事慣習回答彙集』, 1933.
비고 : ① 민법, 상법, 잡건의 비율은 전체 항목에서 차지하는 비율이고, 민법 내부의 비율은 민법 전체에서 차지하는 편별 비율을 나타낸 것이다.
② 잡건의 구성은 다음과 같다. 國籍(1), 官公有地(16), 里 · 洞有財産(8), 契(9), 賜牌地(23), 洑 · 垌(18), 寺院 · 僧侶 · 祠宇(49), 喪祭(20), 宗中 · 門中 · 宗約所(11), 墳墓 · 位土(40), 破産(2), ( )안은 항목 수.

전체 회답 항목의 8할 정도에 해당하는 858건이 민사관습 회답이고, 그 중에서도 특히 친족과 상속이 55% 정도를 차지하고 있다. 영소작권을 중심으로 물권 부분에서도 관습이 존중되었지만, 역시 친족과 상속 관습이 중심을 이루고 있다. 그 밖에 잡건으로는, 계와 동리유재산 그리고 문중과 위토 등의 전통적 공동체의 관습과 관련한 회답이 많았다. 이제 아래 〈표 10〉을 통해서 민법 내 편별 회답 건수를 구체적으로 살펴보자.

<표 10> 일본 민법의 편별 회답 항목 수 구성〉

1편 총칙		2편 물권		3편 채권		4편 친족		5편 상속	
인	4	총칙	14	총칙	16	총칙	2	총론	2
법인	39	점유권	1	계약	47	호주 및 가족	18	제사상속	145
물	32	소유권	92	계	63	혼인	37	재산상속	69
법률행위	11	지상권	4			친자	119	상속승인 및 포기	3
시효	1	영소작권	12			친권	25	상속인 광결	16
계	87	지역권	2			후견	13	유언	5
		질권	4			친족회	13	계	240
		저당권	6			부양의무	6		
		계	135			계	233		

자료 : 조선총독부 중추원, 『民事慣習回答彙集』, 1933.

역시 상속 중에서는 일본에는 없는 조선 고유의 제사상속과 관련한 회답이 가장 많았고, 친족 가운데서는 친자 즉 조선 전통의 문중제도와 관련한 회답이 중심을 이루고 있었다. 물권 중에서는 소유권과 영소작권 관련이 많았다. 총칙에서는 법인 혹은 物과 관련된 회답이 많았는데, 이 역시 조선에서 이를 인정할 것인가 여부가 달려있는 문제였다.

이처럼 중추원은 조선의 민사관습을 확정하는 작업을 통하여 조선 민사법의 기초를 다지는 작업을 수행하고 있었다. 따라서 이런 입법 보조행정은 총독의 제령 제정권을 보완하는 작업이었다고 할 수도 있을 것이다.

관습조사의 대강이 일단락된 1924년 이후 중추원의 조사작업은 주로 제도조사를 위주로 진행되었다. 『이조실록』을 위주로 한 제도조사 작업이 1933년 대강 마무리됨으로써, 1933년부터 각계의 전문가를 동원하여 제도조사서를 편찬하는 작업이 5개년편찬사업으로 진행되었다. 1933년 이후 중추원에서 출간된 조사서들이 주로 제도조사가 중심을 이루고 있다.[58]

이제 둘째, 조선 내 지역대표성을 지닌 조선총독부 자문기관으로서의 중추원에 대해 검토해볼 차례이다. 자문기관으로서의 중추원이 가진 성격은 '상징성'과 '대표성'이라는 두 가지 지표를 통하여, 중추원 찬의-부찬의나중에참의로 참여한 조선인 관료들의 식민통치에 대한 '협력' 혹은 '동의'의 구조와 성격을 이해할 수 있을 것이다. 먼저 상징성에 대해 살펴보자. 조선총독부 중추원이 설치될 당시 그 역할은 조선총독의 자문에 응하는 것이었다. 중추원 의장은 정무총감이 당연직으로 담당하되, 부의장 1인, 칙임대우 15인, 칙임대우 20인, 주임대우 35인은 모두 조선인으로 임명하도록 하였다. 친임관과 칙임관에 해당하는 직위를 가진 조선인이 모두 36명이나 임명되도록 규정되어 있었다는 점에서, 중추원이 조선인 거물관료를 대표하는 상징성을 가지고 있었다는 점은 부정할 수 없다. 이에 더하여 사무를 담당하는 서기관장과 서기관2인은 모두 일본인으로 임명하였다.

1910년대에 선임된 중추원 부의장, 고문은 대개 전통 문벌 출신으로서 대한제국기에 고위관료를 지냈으며 또 다수가 병합에 협력하고 수작한 사람들이었다. 여기에 대지주, 대자본가들이 일부 포함되어 있었다. 1910년대에 찬의, 부찬의를 지낸 사람들은 부의장이나 고문을 지낸 사람들보다 젊었고, 신분과 관직이 낮은 사람들이 많았지만, 근대교육을 받은 사람이 많았으며 모두 병합에 협력한 이력을 가진 사람들이라는 공통성이 있었다.[59] 이로 본다면, 1910년대에 중추원의 고위관료로 임명된다는 것은 '협력' 행위에 대한 보상으로서의 성격을 가지고 있었으며, 그런 점에서 협력의 상징성을 가지고 있었다고 할 수 있을 것이다.

다음으로 중추원이 가진 '대표성'의 측면에 대해 살펴보자. 1921년 중추원 관제개혁으로 중추원의 구성이 크게 변화되었다. 사이토 총독은 관제개정을 단행한 이유로 '시대의 추세에 비추어 지방의 정세에 순응하고, 민의에 기초한 정치'를 행하고자 하는 점을 들었다. 고문을 5인으로 줄이고, 찬의·부찬의55인를 참의65인로 통일하였으며, 의결권이 참의에게까지 확장되었다. 그리고 임기를 3년으로 제한하였으며, 부의장－고문－참의의 수당을 인상하였다. 그리고 참의 중 약간 명에 한하여, 새로 지방의 명망 있고 학식과 경험이 있는 자 중에서 도지사가 상신한 후보 중에서 참의를 임명하도록 하였다.

이처럼 1921년의 중추원 관제개정에는, 수당을 인상하고 임기제를 도입함으로써 순환구조를 강화하고, 도지사가 추천하는 이른바 '지방참의'를 임명함으로써 '민의에 기초하여' 조선인의 대표성을 보강하려는 의도가 담겨있었다. 1922년에는 각도를 대표하는 13명의 '지방참의'가 처음으로 임명되었다.[60] 이를 중추원이 가지는 '조선인 대표성'이라고 할 수 있을 것이다. 일정한 수준의 지역 혹은 직역별 대표성을 중추원 참의 선정에 반영하려는 총독부의 의도는, 이후에도 상당한 수준에서 지속되었다.[61]

1920년대 후반 이후 중추원 개혁 논의 과정에서 적극적으로 개진되었던 '조선의회'론은 중추원이 가진 대표성을 극대화하려는 의도에서 나온 것이었다. 물론 이런 주장은 1920년대 민족주의운동 진영을 중심으로 전개되었던 자치운동이 좌절된 이후에 제기된 것이었다. 1933년 중추원 내부에 '시정연구회'라는 기구를 상설화하는 선에서 타협하고 말았지만, 중추원의 변화를 위한 움직임이 완전히 중단된 것은 아니었다. 1942년 일본 내무성에서 작성한 중추원 개혁안은 그런 요구를 일정하게 반영한 것이었는데, '시정심의회'로 이름을 바꾸고 의원 수를 늘려 중요시책에 대한 심의를 확대하려는 의도를 담고 있었다.[62] 이런 개혁안이 결국 실시되지는 못했지만, 중추원을 통하여 조선인들의 민의 혹은 '동의'를 일정하게 수렴할 필요는 상시적으로 존재하고 있었던 셈이다.

이런 필요와 관련하여 중추원회의의 성격이 변화하고 적극적인 자문이 행해졌던 사실에 주목할 필요가 있다. 1919년 처음으로 중추원회의가 개최되었는데, 이는 이후 연례회의로 정례화되었다. 그리고 정례 중추원회의에서는 구관과 관련한 자문사항을 중심으로 논의가 진행되었다. 이를 중추원에서는 다음과 같은 논리로 정당화하고 있었다. 중추원회의 자체로서는 구관·제도 조사와 직접적인 인과관계가 없지만, 중추원 참의가 각 방면의 다양한 인사를 망라하고 있으며 조선의 관습에 정통한 사람이 많았기 때문에, 정례 중추원회의에서 그와 관련한 자문사항을 다루는 것은 정당하다는 것이었다. 1919년 9월 개최된 첫 번째 정례회의에서는 「묘지·화장장 및 화장취체규칙 개정의 건」이 자문안으로 상정되었다.[63]

이후 연 1회 내지 2회 개최된 중추원회의에서도 민사관습의 개정과 관련한 자문사항이 상정되었으며, 참의들은 이에 대해 자신의 의견을 답신하였다. 이후 자문사항의 성격은 시기별로 크게 3가지로 나누어 살펴볼 수 있다. 첫번째 1919년부터 1924년 사이 시기에는, 주로 민사관습과 관련한 자문사항이 중심을 이루었다. 1924년 중추원회의의 자문사항은 서양자胥養子제도와 이에家 제도 도입에 관한 것이어서 주목을 끈다. '창씨개명' 제도의 도입에 관한 참의들의 의향을 타진해보려 했을 것이다. 두 번째 시기인 1927년부터 1939년 사이에는 주로 지방의 동향과 농촌진흥운동에 관한 자문활동이 중심을 이루었다. 마지막 세 번째 시기인 1940년 이후에는, 전시체제기 총동원정책과 관련한 사항이 대부분을 차지하고 있었다.[64]

하지만 전 시기에 걸쳐 민사관습에 관한 자문은 꾸준히 이어지고 있었다. 예를 들어 1937년 제18회 중추원회의에서 두 번째 자문사항으로 제시된 것은 '동성동본同姓同本 상혼금지제相婚禁止制를 계속 인정해야 하는가?'라는 것이었다.[65] 1938년 제19회 중추원회의에는 세 번째 자문사항으로 '은퇴제를 마련할 필요가 있는가?'라는 것이 제시되었다. 요컨대 전자는 조선 구래의 관습을 변경하는 것과 관련한 사항이고, 후자는 일본의 민사관습을 도입하는 것과 관련한 사항이었다.[66] 이런 자문사항에 대해 조선인 참의들의 답신은 대체로 매우 보수적인 것이었다. 다수의 참의가 조선 구래의 관습을 변경하거나, 일본의 민사관습을 도입하는 데에는 매우 소극적이었다. 민사관습의 변경이라는 점에서 가장 강력하고 파격적인 법령의 개정작업이라고 할 수 있는 1939년의 조선민사령 개정 이른바 '창씨개명령'을 입안할 때에 중추원회의의 자문을 거치지 않았다는 사실 역시 조선인 참의들의 보수적인 태도에 기인하는 것일 터이다.

이처럼 중추원에는 관습을 조사하고 회답하는 입법 보조행정기구와 총독부의 자문에 응하는 자문기구로서의 성격이 중첩되어 있었다. 자문기구로서의 성격 아래에 입법 보조행정이 감추어져 있었다는 사실을 잘 드러내주는 사례로 김한목의 행로를 들 수 있을 듯하다. 김한목은 대한제국 시기에 도사무관으로 근무하다가, 1910년 취조국이 설치되면서 취조국의 위원으로 근무하였다. 이후 학무국 편집과로 옮겼다가, 1914년에는 토목국 진남포출장소로 잠시 전임하였다. 그러나 1915년 중추원 관제가 개정되면서 중추원의 구관조사 담당 촉탁으로 이동하여 1921년까지 근무한다. 그는 이런 이력을 발판으로 1921년 중추원 부찬의로 발탁되었으며, 1922년부터 1926년까지 중추원 참의주임대우로 근무하였다. 1927년 도 참

여관으로 전임하였다가, 1939년에 다시 중추원 참의로 발탁되었다.[67]

김한목은 오랫동안 구관조사 작업에 종사하고 있었으며, 상당한 전문성을 발휘하고 있었다. 취조국의 조사 자료로 남아있는 『경상남도·경상북도 관내 계·친족관계·재산상속 개황보고』[68] 등의 자료가 그의 전문성을 잘 보여주고 있다. 김한목이 중추원 참의로 승진할 수 있었던 것은 그의 전문성을 참의의 자문기능에 활용하려는 총독부의 의도가 있었기 때문이다.

이처럼 중추원은 관습을 확정하는 입법 보조행정기구로서의 성격과 아울러 민사관습 등 입법관련 현안에 대한 자문기구로서의 성격도 함께 겸비하고 있었다. 특히 1921년 제도개정 이후에는 지역에서 발탁한 참의들을 통해 일정한 수준에서 조선인들의 '대표성'을 확보함으로써, 입법 보조행정기구로서의 역할을 보완하고 있었다. 이는 조선에서 관습이 가진 힘을 보여주는 것일뿐더러, 중추원이 의도하지 않게 수행하고 있던 '입법 보조기능'이었다고 해도 좋을 것이다. 중추원이 가진 '부작위적 동의 구조'였던 것이다.

7. 현법顯法과 은법隱法

식민지 조선의 입법체계는 다음과 같은 특징을 갖고 있었다. 첫째, 식민지의 여러 법령은 다원적인 법원을 가지고 있었고, 둘째, 식민지 입법체계가 대한제국과 통감부 지배의 연속성 위에서 구축되었으며, 셋째, 본국의 법체계를 포괄적으로 도입함으로써 촘촘한 입법적 지배체계를 구축할 수 있었다. 넷째, 총독에게 위임된 법률적 성격의 명령제정권은 총독 통치의 자의성을 강화하는 것처럼 보였다. 조선에서 시행되던 법령의 체계는 이처럼 매우 다원적이고 복잡한 체계를 갖고 있었다.

입법체계의 이런 특징으로 말미암아 궁극적으로 '법에 의한 지배'가 강화되었는데, 그것은 다음과 같은 구조 위에 구축되어 있었다. '법에 의한 지배'를 구축해간 법체계의 특징은 다음과 같이 정리할 수 있겠다.

첫째, 식민지 조선에서 시행되던 법은 두 가지로 분류할 수 있다. 하나는 전면에 드러나 있던 법이고, 다른 하나는 전면에 잘 드러나지 않은 채 존재하고 있던 법이었다. 전자는 제령과 기타 조선총독부 및 하위기관이 발령하던 명령이었는데, 이를 '드러난 법' 혹은 '현법顯法'이라고 부를 수 있을 것이다. 후자는 대한제국과 통감부가 공포한 법령, 일본에서 사용하던 법령 그리고 중추원이 중심이 되어 '확정'하고 있던 관습 등이었다. 이를 '은밀한 법' 혹은 '은법隱法'이라고 불러도 좋을 것이다.

둘째, 드러난 법 즉 현법은 상대적으로 약한 체계를 구성하고 있었다. 제령은 조선총독이 중심이 되어 입안하고 본국의 검토를 거쳐서 공포하였지만, 총독이 제령 발포에 적극적이었는지는 의심스럽다. 제령은 '위임명령'의 성격을 갖고 있었기 때문에, 입법의 범위 자체가 애당초 강하게 제한되어 있었다. 상당히 많은 제령이 본국의 법률을 의용하되, 거기에 특례를 규정하는 방식으로 제정된 것은 이런 이유 때문이다. 총독은 자신이 제정하는 법령이 식민지민들과의 일종의 약속이기도 하다는 사실을 알고 있었을 것이다. 총독은 식민지민들과 직접적으로 많은 약속을 남발하고 싶지 않았던 것은 아닐까?

셋째, 은밀한 법 즉 은법은 현법보다 훨씬 강하고 촘촘한 체계를 구성하고 있었다. 특히 초기에는 대한제국과 통감부의 법령이 큰 역할을 수행하였고, 후기로 갈수록 본국의 법률이 위력을 발휘하였다. 특히 제2차 세계대전이 발발하고 '총력전체제'가 구축되면서 이른바 '내외지행정일원화' 조치가 강행되면서 이런 특징은 더욱 강화되었다. 은법이 더 위력을 발휘하는 이런 상황은, 역으로 총독의 권위와 권력을 강화하는 데에는 도움이 되었다. 식민지민들의 동의 없이 구축된 통치체계가 가진 취약성을 잘 알고 있던 총독은, 은법을 중심으로 '독재적 통치체계'를 구축하려 했던 것이다.

넷째, 제령은 일본 본국의 법령에 매우 의존적이었을 뿐만 아니라, 이를 보조하는 성격을 강하게 띠고 있었다. 독자적인 내용을 가진 제령의 약 반에 해당하는 수의 일본 법률이 조선에 시행되었다. 게다가 총독부 관료제의 골간을 구성하는 '대권명령'과 '독립명령' 등의 칙령은 조선의 통치에 더욱 중요한 역할을 하였다. 일본 본국의 법령은 총독부 입법체계의 핵심을 구성하고 있었다.

다섯째, 식민지의 총독은 이런 복잡한 체계를 통해 촘촘한 '법에 의한 지배'를 달성할 수 있었다. 총독에게 주어진 제령 제정권은 식민 통치의 자의성을 드러내는 것처럼 보였지만, 이는 은법 그 중에서도 특히 관습의 확정과정을 통해 약간의 동의구조를 형성함으로써 약화시킬 수 있을 것으로 보았다. 관습은 최종적으로 성문화의 과정을 거쳐야 할 것이었지만, 이런저런 실험적 시도의 대상이 될 수는 있었다.

이런 의미에서 식민지의 입법체계가 '제령중심주의'였다는 지적은 지극히 양면적인 성격을 갖는다. 제령은 식민지가 가진 '유일한 입법기구'인 총독이 제정하는 명령이었다는 점에서 중심적 역할을 수행하고 있었다. 하지만 시간적으로 과거로부터 그리고 공간적으로 본국으로부터 크게 제약되고 있었다는 점에서 그 중심성은 크게 희석되고 있었다. 제령이 가진 자율성의 제약을 고려할 때 '제령중심주의'라는 지적은, 제령이 가진 '현실성' 정도로 독해되어야 할 것이다.

식민지에는 이처럼 복잡하고 다원적인 기원을 가진 '법의 그물'이 촘촘하게 얽혀서 덧씌워져 있었다. 이런 촘촘한 그물은 그 자체로 식민지민들을 질식시킬 듯 옭아매고 있었지만, 그 법의 적용과정에서도 그들은 본국 신민들보다 더 불리한 상황에 놓이는 경우가 많았다. 예를 들어 1925년 제정된 치안유지법은 본국인들보다 훨씬 더 폭넓은 조선인들을 대상으로 더 가혹하게 활용되고 있었다.[69] 이에 대한 구체적인 정황은 사법제도의 구체적인 운용과정을 통해 검토해야 할 과제가 될 것이다.[70]

1883년 일본에서 칙령으로 발포된 「계엄령」이 1948년 해방된 한국에서도 유효한 것이었을까? 이를 둘러싼 논쟁이 해방된 지 50년이 더 지난 1997년 한국에서 벌어진 바 있다. 이는 제주 4·3사건 때에 선포된 한국 정부의 계엄령이 '계엄법'이 제정되기 전에 나온 것이므로 불법적인 것이었다는 한 언론사의 주장에 의해 촉발되었다. 이에 대해 법제처는 일본의 계엄령이 1913년에 공포된 「조선에 시행할 법령에 관한 건」에 의해 조선에서 시행되었고, 이는 미군정과 한국의 헌법에 의해 그 효력이 유지되었다고 반박했다. 아다시피 1948년 제헌헌법 제100조에는 "현행법령은 이 헌법에 저촉되지 아니하는 한 효력을 가진다"는 규정이 있었다.[71] 케케묵은 역사의 창고 속에서 꺼내 온 듯한 이 논란을 통해, 시간과 공간과 체제를 넘어서 유지되었던 식민지 '입법체계'의 생명력을 다시 한번 확인할 수 있을 것이다.

제5장

조선총독부 재판소와
경찰

조선총독부 법원(조선총독부, 『寫眞帖』, 1925). 조선에는 지방법원, 복심법원, 고등법원의 3심제가 적용되었다. 덕수궁 옆에 건축된 법원 사진이다. 이 건물은 해방 후에도 법원 건물로 사용되다가, 지금은 서울시립미술관으로 이용되고 있다.

조선주차헌병대사령부 및 경무총감부(조선사진통신사, 『조선사진화보 특별호−조선사단창설기념호』, 1916). 1910년부터 1919년 사이에는 이른바 헌병경찰제도가 유지되었다. 헌병경찰제도는 헌병이 일반경찰의 임무를 수행하는 제도로서, 주차헌병대사령부가 경무총감부를 겸임하였다.

조선박람회 사법경무위생관 내 사법관(朝鮮總督府, 『朝鮮博覽會記念寫真帖』, 1930). 1929년 경성에서 개최된 조선
박람회의 사법경무위생관 내 사법관의 풍경이다. 예전의 재판과 당시의 재판을 비교하는 모형을 전시해 놓았다.

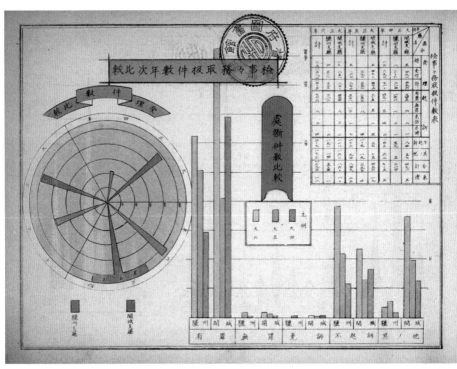

검사사무취급건수연차비교(경성헌병대본부, 조선총독부경기도경찰부, 『경기도 경무통계』, 1918). 헌병경찰 시대 헌병경찰이 담당하고 있던 사법경찰 사무 건수를 비교하여 보여주고 있는 표이다. 헌병대본부와 경기도경찰부가 공동으로 만든 통계자료인데, 도표자료를 이용하고 있어 이채롭다.

신구 경찰관 제복 비교(『日英博覽會出品寫眞帖』, 통감부, 1910). 신구 경찰 제복을 비교하는 사진을
통해 경찰의 '근대화'를 보여주려 했던 것으로 보인다.

조선총독은 조선의 행정권만이 아니라 입법권과 사법권을 모두 장악하고 있었고, 따라서 권력의 분립은 존재하지 않았다. 조선총독부재판소는 총독의 제령에 의해 설립되어 총독에게 직속하는 행정기관이었으므로, 사법권 독립은 거론할 만한 가치가 없는 것으로 간주되었다. 하지만 권력분립이 존재하지 않고 사법권이 독립되어 있지 않았다고 해서, 조선총독부재판소가 단순히 행정기관의 일부에 지나지 않았다고 할 수도 없다. 식민지라고 할지라도 사법권의 독립에 대한 감각이 완전히 존재하지 않았던 것은 아니었다. 식민지 조선에 제국헌법이 시행되느냐 아니냐를 두고 일본 헌법학계가 오랫동안 논쟁을 되풀이했듯이, 조선총독부재판소의 제국헌법에서의 위치를 둘러싸고 논쟁이 이어졌다.[1]

또 그 연장선 위에서 조선에서의 사법권의 독립 문제도 계속하여 논란의 대상이 되었다. 요컨대 조선에서 사법기관의 위상과 그 독립 문제가 전혀 거론되지 않은 것은 아니었다는 점을 강조해둔다. 그리고 그 문제의 위상이 주로 본국과의 관련에서 제기되었다고 해서, 조선 혹은 조선인과 전혀 무관한 것도 아니었던 것이다.

아래에서는 조선총독부의 사법기구 즉 재판기관과 검찰기관의 구성과 성격을 검토해보고, 이어서 조선총독부 경찰의 변화에 대해서도 함께 살펴보려 한다. 사법경찰이 예외적으로 큰 부분을 차지하였던 것이 식민지기 조선의 경찰이었다. 이는 일반 조선인들의 일상생활에도 커다란 영향을 미치고 있었던 바, 사법경찰을 포함한 조선의 경찰기구를 아래에서 함께 살펴보기로 하겠다.

1. 사법기관

「통감부재판소령」이라는 기사가 『황성신문』 1909년 10월 20일 자 2면에 실렸다. 이 기사에는 통감부재판소 설치 사실과 함께, 다음과 같은 내용이 추가되어 있다. "한인 판검사는 민사중 원피고原被告가 일한인日韓人 될 때나 형사 중 피고가 한인韓人 될 때 그 직무를 행함." 이미 3개여 월 전인 7월 12일 「한국사법 및 감옥사무 위탁의 건」이 체결되어 한국의 사법 및 감옥사무는 전부 일본정부에게 '위탁'되었고, 이에 따라 한국정부는 재판소와 감옥 그리고 법부를 폐지한 뒤였다. 한국의 재판소가 없어진 상황이었으므로, 11월 1일부터 한국인들의 모든 재판은 통감부재판소가 담당하게 되었던 것이다. 단 한국인 판사들은 한국인들이 피고가 되는 예외적인 경우를 제외하고는 일본인들의 재판은 담당할 수 없게 되었다.

1909년 11월 1일은 사법기관 즉 재판소와 검찰부가 일본에 의해 병합된 날이다. 병합이 되기 8개월 이전에 이미 한국인들은 일본인이 운영하는 재판소와 검찰부를 통해 기소되고 재판을 받게 된 것인데, 이런 상황이 무엇을 의미하는지조차 대부분의 한국인들은 이해하지 못하고 있었을 것이다. 영향력이 기울어가는 신문이 전하는 단신 기사 하나로 어찌 그 의미를 알 수 있었겠는가? 이처럼 통감부재판소는 먼저 온 병합이었다! 통감부재판소는 병합 이후 총독부재판소로 이름을 바꾸어 거의 그대로 유지되었다.

1) 조선총독부 재판소

앞서 본 바와 같이 1909년 11월 통감부재판소가 설치되었는데, 이는 역시 일본인들에 의해 1907년 12월 한국의 재판소구성법이 공포된 지 2년

이 채 지나지 않은 시기의 일이었다. 통감부재판소 역시 한국의 재판소와 동일하게 3심4급제를 채용하였으며, 한국의 민형사재판과 비송사건非訟事件 재판을 담당하고, 통감의 감리에 직속하도록 하였다. 이리하여 이사청이 담당하고 있던 구래의 영사재판권 즉 주조선 일본인에 대한 재판과 아울러 한국인의 재판은 모두 통감부가 일원적으로 관리하게 되었다.

병합 이후 조선의 사법제도는 「조선총독부재판소령」으로 간판을 바꾸어 달았지만, 「통감부재판소법」의 실질은 그대로 계승되고 있었다. 조선총독부재판소는 조선총독에게 직속하고, 조선의 민형사재판 및 비송사건을 담당하도록 했다. 단 1912년 3월 개정 재판소령을 발포하여, 지방법원·복심법원·고등법원의 3심3급제로 개정하고 지방법원에는 지청을 설립할 수 있도록 하였다. 이리하여 지방법원은 민형사사건의 제1심재판과 비송사건 사무 전부를 담당하고, 복심법원은 2심 재판사무를 담당하게 되었다. 또 고등법원은 복심법원 재판에 대한 상고와 항고사건 및 재판소구성법에 정한 대심원의 특별권한에 속한 사건의 재판을 하도록 하였다.

지방법원은 단독재판을 원칙으로 하고, 특정사건에만 합의재판을 할 수 있었다. 고등법원의 원장은 총독의 지휘감독을 받아 고등법원의 행정사무를 관장하고 또 하급법원의 행정사무를 지휘감독하도록 하였다. 복심법원장은 복심법원의 행정사무와 함께 관할 지방법원의 행정사무를 지휘하고, 지방법원장은 지방법원의 행정사무를 관장하도록 했다.[2] 1912년에 확립된 3심제의 조선총독부재판소 체제는 1944년 「조선총독부재판소령전시특례」에 의해 항소심 없는 2심제로 바뀔 때까지 변함없이 유지되었다.

한편 병합과 아울러 조선에 거주하던 외국인들의 치외법권도 모두 철폐되었다. 병합과 동시에 선포한 「일한병합에 관한 선언(제1호)」으로 한국과 제외국 사이에 체결된 조약은 모두 무효로 선언되었으며, 조선에 거주하는 외국인은 모두 일본제국의 사법권 아래로 귀속되었다. 하지만 치외법권 철폐와 관련하여 사법권의 귀속문제가 깨끗하게 처음부터 해결된 것은 아니었다. 조선총독부재판소령은 1910년 11월에 한 차례 개정되었는데, 조선총독은 필요한 경우에 구재판소 혹은 지방재판소 소속의 형사사건을 다른 재판소로 이송할 수 있게 하는 조항이 삽입되었다. 이는 형사사건은 경성에서 재판할 수 있도록 해달라는 미국의 요구를 수용한 것이었다.

조선총독은 조선총독부재판소와 검사국을 감독하는 권한을 가지고 있었다. 이 권한은 대체로 본국의 사법대신과 유사한 수준의 것이었다고 평가된다.[3] 총독이 재판소의 사법행정과 검찰사무를 감독하는 책임을 지고 있었으나, 재판사무에는 직접 관여하지 않았다. 단, 검찰사무에 대해서는 지휘·감독의 책임을 지고 있었는데, 칙임·주임관과 유작자, 의회 의원, 외국인 등을 기소할 때에 총독의 지령을 받게 한 사례가 이에 해당한다.

또 총독부 법무국장은 총독을 보좌하여 사법행정을 총괄하고, 주요 사법행정을 입안하는 역할을 맡고 있었다. 하지만 법무국장은 내부서열상 조선총독부 고등법원장의 아래에 그리고 고등검사장과 동렬에 놓여 있었다. 세 자리는 모두 칙임1등관으로 동일한 관등을 갖고 있었지만, 연봉은 고등검사장이 많이 받았다. 또 대개 조선총독부 법무국장은 임기를 마치면 고등법원장이나 고등검사장으로 자리를 옮겼다.[4]

그렇다면 조선에서 '사법권의 독립'은 전혀 주어져 있지 않았던 것인가? 조선에서는 법원의 구성 및 법관의 자격과 징계 등에 대한 규정이 제령으로 정해져 있었고, 또 민사와 형사소송의 절차도 제령으로 규정되어 있었다. 조선에서는 입법권이 행정권에 통합되어 있었으므로, 사법권에 관한 규정 역시 행정권이 정하게 되어 있었던 것이다. 이런 의미에서 조선에서 사법권의 독립은 주어질 수 없었다.[5] 하지만 총독이나 행정관청의 직접적인 간섭이나 감독을 받지 않는다고 하는 한정된 의미에서의 사법권 독립이 전혀 주어져 있지 않았다고 할 수는 없다.

사법권 독립 여부를 가르는 가장 중요한 지표로는 대개 판사의 신분보장과 징계절차라는 두 가지 사항을 든다. 먼저 조선에서의 재판관의 신분보장에 대해 살펴보자. 판사는 금고 이상의 형에 처해지거나 징계처분에 의하는 경우를 제외하고는 그 의사에 반하여 직위를 상실할 수 없다고, 개정 「조선총독부재판소령」 제26조 4항에 규정되었다. 하지만 본국의 판사가 면관免官만이 아니라 전관轉官, 전소轉所, 정직, 면직, 감봉 등의 모든 조항에 대해 보장받게 되어 있었던 점에 비하면, 조선총독부판사의 신분보장은 범위가 훨씬 좁았다. 또 판사가 신체 혹은 정신상 쇠약으로 인하여 직무를 집행할 수 없을 경우에, 고등법원 총회의 의결을 거쳐 총독이 퇴직을 명령할 수 있도록 했다.[6]

또 판사의 징계에 대해서는, 「조선총독부판사징계령」에 정한 바에 의해 조선총독부판사징계위원회의 의결을 거치도록 하였다. 위원회는 위원장 1인과 위원 4인으로 구성되며, 위원장은 고등법원장이 맡고 위원은 총독이 조선총독부판사 중에서 정하도록 하였다. 이는 본국의 판사징계가 「판사징계법」에 의해 징계재판소의 완전한 자치적 재판에 의하도록 한 데에 비하면 총독에게 매우 종속적인 것이었다. 또 본국의 징계재판소에서는 공소控訴를 제기할 수도 있었지만, 조선에서는 이런 길이 모두 막혀 있었다.[7] 이런 점에서 본국에 비해 조선의 판사는 매우 불완전한 신분보장 상태에 놓여 있었다.

이렇게 본다면 조선의 판사와 검사는 총독의 감독 아래 놓여 있었지만, 직접적인 간섭은 받지 않는 '제한적인 독립'을 누리고 있었다고 할 수 있다. 게다가 일본인 판사와 검사의 경우 매우 불완전한 신분보장 아래 놓여 있었고, 본국에서 진급하는 데에도 여러 난관이 가로놓여 있었다. 제한적인 사법권 독립의 상태와 불완전한 신분보장이라는 조건은, 계속적으로 본국의 재판소구성법을 조선에 적용하려는 시도 즉 본국과의 '사법통일문제'가 제기되는 원인이 되었다. 이제 사법기관의 판사와 검사 수 및 그 민족별 구성을 다음 표를 통해 살펴보자.

〈표 11〉 조선총독부 사법관 인원수

구분	판사			검사		
	일본인	조선인	합계	일본인	조선인	합계
1911년	186	75	261	56	7	63
1919년	162	37	199	62	10	72
1924년	150	33	183	66	9	75
1930년	165	33	198	78	9	87
1935년	154	38	192	81	7	88
1940년	189	43	232	117	10	127
1943년	214	54	268	124	21	145

자료 : 전병무, 『조선총독부 조선인 사법관』, 역사공간, 234~235쪽.

먼저 판사수를 보면 1910년대 초에는 2백 명을 약간 상회하고 있었지만, 1920년대 초반 '행정개혁'으로 판사수를 줄이면서 2백 명 아래로 떨어진다. 검사수는 60명에서 80명 전후를 오가는 수준에 머물러 있다. 1940년의 경우 판사수 232명, 검사수 127명으로 각기 2백 명과 백 명을 상회하고 있고, 그 이후 인원은 계속 늘어나고 있다. 전시 재판 수요를 충족시켜야 했기 때문일 것이다.

민족별 구성을 보면, 조선인은 판사수에서는 1911년을 제외하면 거의 2할 미만에 머물러있다. 또 검사수에서도 전시기에 걸쳐 1할 전후를 오가는 수준에 멈추어 있었다. 조선인 판사가 차지하는 비율보다는 검사의 비율이 훨씬 낮았고, 또 수도 절대적으로 적었다. 조선인은 판사 20%, 검사 10% 비율로 임용할 수 있다는 정원에 관한 내훈을 정확히 지키고 있었던 것이다.[8] 아마 형사사건의 조사와 기소를 담당하는 검사는 일본인 중심의 체제를 시종일관 유지할 수밖에 없었을 것이다. 식민지체제를 유지하는 관건을 검사국이 쥐고 있었기 때문이다. 조선인 판사와 검사는 합쳐서 1919년 이래 50명을 넘은 적이 없었다. 1940년 현재 판사와 검사에 변호사까지 합친 조선인의 수는 채 3백 명이 되지 않았다.[9]

1910년대부터 1930년대 초반까지 판사와 검사수를 합쳐도 3백 명 전후를 오가는 수준에 머물러 있다. 1940년대에 들면 조선 전체 판사·검사 숫자가 4백 명을 약간 상회하게 되지만, 인구 비율로 따져 그 수는 매우 적은 수준에 지나지 않는다. 그것은 일본과 조선의 법조인 수와 인구 백만 명당 인원수를 나타낸 다음 표를 통해서도 확인할 수 있다.

〈표 12〉 일본과 조선의 법조인 수와 백만 명당 인원수

구분	일본			조선		
	판사	검사	변호사	판사	검사	변호사
1910년	1,125(22.9)	390(7.9)	2,008(40.8)	254(19.1)	60(4.5)	80(6.1)
1920년	1,134(21)	570(10.3)	3,082(55.6)	191(11.0)	71(4.1)	202(11.7)
1930년	1,249(20)	657(10.3)	6,599(103.5)	196(9.7)	86(4.2)	363(17.9)
1940년	1,541(22)	734(10.3)	5,498(77.0)	246(9.3)	127(5.4)	354(14.9)

자료 : 문준영, 『법원과 검찰의 탄생』, 역사비평사, 2010, 453쪽.
비고 : ( ) 안은 백만 명당 인원수

판사와 검사의 절대수는 말할 나위도 없고, 인구 백만 명당 인원수도 판사·검사·변호사 모두에서 일본보다 훨씬 적었다. 특히 변호사는 일본의 2할 수준에 머물러 있었다. 조선의 경우 인구증가를 고려하면, 판사와 검사 혹은 법조인 전체의 수가 오히려 줄어들고 있었다고 해도 좋을 정도였다. 판사와 검사 수의 부족은 개별 판검사의 부담을 가중시키고, 사건이 적체되는 결정적인 어려움을 낳았다. 1910년 판사·검사의 1인당 담당사건수는 판사 219건, 검사 185건이었으나, 1925년에는 각각 872건과 1,249건으로 증가하고 있다. 조선 판사와 검사의 1인당 담당사건수는 일본의 2배 내지 3배에 달했다고 한다.[10] 조선의 사법기관은 인원 부족으로 어려움을 겪고 있었지만, 그 공백은 쉽게 메워지지 않았다. 특히 조선인은 법조인으로 진출하기 위해서 좁디좁은 관문을 통과해야만 했다.

그렇다면 조선총독부 판사와 검사는 어떤 방식으로 임용하였을까? 첫째 통감부재판소의 인원을 계승하되, 둘째 재판소구성법에 의한 판사와 검사 그리고 사법관시보의 자격을 가진 자를 기본으로 하고, 조선총독부의 판사와 검사는 서로 보직을 바꿔 임용할 수 있다는 원칙을 정했다. 여기에 셋째, 조선인을 위해서 예외를 설정하였는데, 제국대학, 관립전문학교 또는 총독이 지정한 학교에서, 3년 이상 법률학과를 수료하고 졸업한 조선인은 고등시험위원의 전형을 거쳐 조선총독부 판사 혹은 검사로 임용할 수 있도록 하였다. 요컨대 조선인이 조선총독부 판사와 검사가 되기 위해서는 세 가지 중 하나의 자격을 갖고 있어야 했다. 하지만 한국인 판검사의 다수는 재판소 승계과정에서 다수가 사퇴하였고, 재판소구성법상 판사나 검사 혹은 사법관 시보 자격을 가진 조선인은 거의 없었다. 따라서 세 번째 예외 규정에 의해 조선인이 임용될 수 있는 길이 열렸으나, 조선에서 유일한 시험의 자격을 부여하는 학교는 경성전수학교뿐이었다.[11] 1910년대 조선인에게는 아주 '좁은 문'만 주어져 있었다.

1920년 조선인 재판소 서기 출신에게 특별임용의 길이 열렸다. 지방법원 지청 판사에 한해서, 판임관 이상의 사법사무에 종사하면서 5급 이상의 봉급을 받은 자 가운데 총독이 정한 시험을 거친 자를 특별임용할 수 있도록 했다. 이리하여 1920년대 이후 조선인 판사와 검사 임용은 재판소 서기 출신이 다수를 차지하게 되었다. 그러나 1930년대 이후에는 대학을 졸업하고 '고등문관시험' 사법과에 합격한 후, 사법관 시보를 거쳐 판사나 검사로 임용되는 경우가 대부분을 차지하게 되었다.[12]

앞서 본 바와 같이, 조선인 판사는 조선인 사건만을 담당할 수 있었지만 1920년 3월 개정재판소령으로 이 규정은 삭제되었다. 그럼에도 그런 관행은 사라지지 않았을 뿐만 아니라, 조선인 판사가 합의부를 맡거나 치안 사건을 담당하는 예심판사가 되는 일은 거의 없었다. 승진이나 급여에서 공공연한 차별이 동반되고 있었던 것은 말할 나위도 없다.[13]

조선에서 근무하던 일본인 사법관들은 이른바 '사법통일운동'을 벌이고 있었다. 앞서 본 바와 같이 그들에게 제한적인 사법권 독립과 불완전한 신분보장은 커다란 불만요소가 되고 있었다. 그들은 사법제도를 본국과 동일하게 만드는 것 곧 조선의 사법기관을 본국의 사법성 산하로 이관하거나 나아가 재판소구성법을 조선에도 시행할 것을 요구하고 있었다. 그들은 사법권 독립 그리고 신분보장, 대우향상, 차별철폐, 본국으로의 전임기회 확장 등을 요구하고 있었던 것이다.

여기에 적극적으로 동조한 세력이 조선의 '재야법조계'였다. 그들은 일본인 사법관과 동일하게 사법권 독립과 사법통일을 요구하였으나, 이유와 목표는 조금 달랐다. 이들은 이 운동을 통하여 피고인에 대한 고문, 비공개 예심제도, 철저한 언론통제 등을 자행하는 총독부권력의 남용과 조선인 인권유린을 비판하고 이를 교정하려 했던 것이다. 예컨대 1920년대 일본에서 '재판의 민중화'를 슬로건으로 내세워 도입했던 배심제도1928년부터 1943년까지 시행를 조선에도 적용할 것을 요구하기도 했다. 하지만 조선총독부는 조선의 특수사정을 내세워 사법통일운동의 요구를 시종일관 반대하였다. 또 본국 정부 역시 언제나 정파와 정권의 이해가 우선되었으므로, 이런 요구를 수용할 수 없었다.[14]

2) 조선의 검찰제도

이제 재판소에 병치되어 있던 조선의 검찰제도에 대해 살펴볼 차례이다. 각급 조선총독부재판소에는 검사국이 병치되었고, 지방법원 지청에는 검사분국이 설치되었다. 검사국은 조선총독이 감독하고, 조선의 검찰사무를 관장하도록 하였다. 그리고 고등법원 검사국의 검사장은 조선총독의 지휘감독을 받아, 검사국 사무를 관장함과 아울러 하급 검사국을 지휘감독하도록 했다. 또 검사의 경우 조선총독부판사와 마찬가지로, 신분보장에 관한 사항이 전혀 없어 매우 불안정한 상태에 놓여 있었다. 그러나 일본 본국의 경우, 재판소구성법에 검사의 면관 규정이 정해져 있어서 최소한으로 신분은 보장받을 수 있는 상태였다.

여기에서 우선 일본에서의 '검찰사법'의 역사적 전개에 대해 간단하게 살펴볼 필요가 있겠다. 메이지시기에 검사가 수사의 주역이라는 형사소송체계가 마련되었는데, 이를 토대로 1922년에 새로운 형사소송법이 제정되어 검찰사법 체계에 큰 변화가 주어졌다. 새 형소법에서는 기소편의주의가 명문화되었고, 예심의 기능이 대폭 축소되었으며, 수사와 검찰기관의 강제처분권이 확대되었다. 특히 예심과 관련해서는, '예심판사는 검사의 서기'라는 조롱이 있을 정도로 예심은 검사의 수사를 확인하거나 보조하는 수단으로 전락하였다. 이로써 예심은 장기간의 미결 구금과 인권유린을 합법화하는 기능을 하게 되었다. 1924년에 시행된 다이쇼 형사소송법을 계기로, 검찰의 능력이 강화되고 정치적으로 부상하는 계기가 되었다.

1928년 치안유지법이 개정되어 처벌범위가 확장되자, 검찰은 사상범죄를 전담하는 기구로 재탄생하게 되었다. 1930년대 검찰은 수사와 예심, 공판, 행형 그리고 보호관찰에 걸친 사상범죄의 전과정에서 주도권을 행사하였다. 이는 예심제도 폐지론이나, 재판소와 검사국의 분리 등 자유주의적 재판제도를 옹호하는 주장이 제기되는 배경이 되었다. 그럼에도 사상중심의 검찰체제는 무한질주를 반복했다. 1936년 사상범보호관찰법이 제정되었고 또 1941년에는 국방보안법이 제정되고 치안유지법이 재개정되면서, 검찰에게 강제수사권이 집중되었다. 이어 예방구금제도가 신설되면서 사상범죄 단속은 검찰의 전권에 속하게 되었다.[15]

검찰관료들이 본국처럼 정치적 자율성을 누리지는 못했지만, 조선에서도 본국과 유사한 검찰사법 체계는 그대로 적용되고 있었다. 식민지적 특례에 의해 수사·검찰기관의 권력은 극단적으로 강화되었다. 하지만 조선에서는 '범죄즉결' 제도의 도입으로 형사사법의 밑바닥을 지지하는 광범위한 '경찰사법'이 존재하고 있었으며, 식민지 이민족에 대한 특별한 형벌체계인 태형이 유지되고 있었다. 태형 제도는 영국의 식민지에서도 실시되고 있었는데, 일본은 영국의 식민지를 모델로 삼아 자신의 식민지에도 태형제를 시행하였다.[16]

다음으로 조선의 수사법제에서는 수사기관과 검찰기관에게 거의 무한한 자유를 부여하고 있었다. 수사기관과 검찰기관에게 광범위한 '급속처분권'과 함께, 자의적인 예심제도를 허용하고 있었다.[17] 예심제도는 일본이 메이지기에 프랑스의 제도를 도입한 것으로서, 1912년 조선형사령으로 조선에도 의용되어 본격적으로 적용되었다. 예심제도는 수사기관과 재판기관의 역할을 겸한 것으로서, 검사가 예심을 청구하면 예심판사는 심문조서를 작성하여 면소, 공소기각, 재판회부의 결정을 할 수 있었다. 1924년 개정된 조선형사령에서는, 경찰과 검사에게는 구류기간이 매우 짧게 주어졌으나 예심에는 3개월의 구류기간이 주어졌다. 게다가 예심판사에게는 광범위한 강제처분권이 부여되어 있었다. 조선의 예심제도에서는 긴 구류기간과 광범위한 강제처분권 등 두 가지가 대표적인 독소조항이었는데, 이는 특히 조선인 사상범에게 큰 고통을 주고 있었다.[18] 장기간의 미결 구금과 광범위한 인권유린이라는 예심의 병폐는 이후에도 전혀 흔들림 없이 유지되었고, 조선의 검찰제도 운영에서 핵심적 위치를 차지하고 있었다.

조선의 검찰사법제도는 철저하게 검사를 중심으로 운영되었던 본국의 검찰사법제도를 모방하되, 식민지적 특성을 가미한 것이었다. 본국에는 없던 제도 즉 경찰사법, 태형, 가혹한 예심 등에 의해 식민지의 제도가 지지되었는데, 검찰사법이 식민지체제를 유지하는 관건적 기능을 수행하고 있었다는 사실을 잘 보여주고 있다.

2. 식민지경찰

총동원체제기 조선에는 약 2만 3천여 명의 경찰관이 존재하고 있었다. 조선 경찰은 경비행기와 기관총 등으로 무장함으로써 약 전시 1개 사단 이상에 버금가는 경비능력을 소유하고 있다고 평가되었다.[19] 조선군 2개 사단에 1개 사단 능력의 식민지경찰 '병력'을 더하면, 조선에는 3개 사단에 해당하는 병력이 주둔하고 있었다고 해도 별 무리가 없겠다. 가히 조선총독부의 통치를 '준군정'이라고 할 수 있을 것이다.

다른 한편, 조선의 취약한 사법체계를 보완하고 있던 것은 사법경찰의 역할이 큰 부분을 차지하고 있던 조선의 경찰이었다. 통치 초기 1910년대의 이른바 무단통치를 전적으로 지지하고 있던 것 역시 헌병경찰이었고, 3·1운동 이후 보통경찰로 조직과 면모가 변화되지만 기본구성은 그대로 유지되고 있었다. 보통경찰을 지지한 것은 바로 사상경찰과 '일상 속의 경찰'이라는 두 가지 지향이었다. 강력한 무장력과 아울러 사상경찰 및 일상 속의 경찰로서의 면모는 서로를 지켜주는 방어벽처럼 기능하고 있었다.

1) 헌병경찰(1910~1919)

1907년 10월 「한국에 주차하는 헌병에 관한 건」이 발포되면서 헌병경찰의 제도적 바탕이 마련되었다. 통감 이토 히로부미는 치열해지고 있던 의병전쟁을 진압하기 위해 헌병의 역할을 강화하기 시작하였다. 통감은 한국주차군에 대한 통솔권을 보유하고 있었지만, 일본육군의 문관에 대한 거부감은 심했다. 게다가 1907년 이후 고양되고 있던 의병전쟁에 대한 한국주차군의 무자비한 학살과 이에 대한 내외의 비난도 이토에게는 큰 부담이 되었다. 이에 이토는 한국의 경찰기구를 강화함으로써 대응하려 하였다.

경찰기구를 강화하기 위해 이토 히로부미가 취한 첫 번째 조치는 한국에 근무하고 있던 일본경찰을 중심으로 한국의 경찰기구를 통일하는 것이었다. 이어 두 번째 대처방안이 한국주차헌병대를 강화하고 그에 대한 지휘권을 확보하는 것이었다. 1907년 10월에 발령된 위의 칙령은 그런 점에서 핵심적인 조치였다. 이로써 군사경찰을 제외한 한국주차헌병대의 일반 경찰업무는 모두 통감이 장악하게 되었던 것이다. 심지어 헌병대의 배치와 파견, 복무규정까지도 통감의 지휘를 받아야 했다. 이처럼 이토는 문관경찰을 통해서가 아니라 헌병대를 확충함으로써 한국경찰을 강화하고 의병진압에 대처하려 하였다는 점에서 특이했다.[20]

1908년 이후 한국주차헌병대는 본격적으로 확장의 과정을 거쳤는데, 그 중심에는 헌병보조원이 자리하고 있었다. 통감부는 경찰기구를 확장하는 대신에 헌병보조원 제도를 신설하여 의병진압에 대처하려 했던 것이다.[21] 의병들의 귀순을 장려하는 정책을 적극적으로 도입하고, 해산군인이나 면직경찰관을 헌병보조원으로 채용하면 일석이조의 효과를 노릴 수 있을 것이라 판단했다. 1908년 6월 「헌병보조원 모집에 관한 건」이 공포되었고, 9월 말까지 4,065명이 채용되었다. 한국주차헌병대 인원은 일거에 3배 가까운 증원의 효과를 누릴 수 있었다.

헌병보조원에는 통감부의 '기대대로' 해산군인과 의병귀순자가 가장 많이 지원했다. 또 헌병 1명에게 보조원 2~3명이 배치되었으며, 그들은 정보수집과 수색, 전투, 민정정찰 등에 종사하였다. 처음에 헌병보조원은 군속의 지위를 갖고 있었으며, 한국정부가 그들의 예산을 부담하고 있었다. 그러나 1909년 6월 29일 칙령 302호가 발령되어 헌병보조원 규정이 개

정됨으로써, 헌병보조원은 일본 육군 병졸로 포섭되었다.[22]

일본군 헌병이 한국에서 치안유지 기능을 겸하게 된 것은, 일본군 헌병 자체의 역사와 깊은 관련을 갖고 있었다. 잘 알다시피 메이지유신 이후 일본은 프랑스의 군사제도를 모델로 삼아 군대의 근대화를 추진하였다. '군대의 경찰'이라 불린 헌병제도를 군대 내에 도입할 때에도 프랑스의 헌병제도가 전범이 되었다. 일본군은 프랑스의 헌병조례를 따라 1881년 3월 '육군의 일부'로 「헌병조례」를 제정하였다. 또 군사경찰만이 아니라 행정·사법경찰까지 포함하는 광범위한 경찰권을 헌병에게 부여하였다.[23] 프랑스의 헌병제도가 원래 군사경찰과 민정경찰의 경계를 오갔던 까닭이다. 따라서 제도 시행 초기부터 경찰권 행사를 둘러싼 문관과 무관의 갈등은 불가피한 측면이 있었다.

일본의 헌병제도는 이후 계속 변용되어갔는데, 그 방향이 본국과 식민지에서 각기 달랐다. 국내에서는 치안유지 기능보다 군사경찰 기능이 우선하는 방향으로 나아갔지만, 식민지와 점령지 등에서는 치안유지 기능이 더 강조되는 방향으로 발전해나갔던 것이다. 즉 일본 국내에서는 군사경찰 기능이 중시되었으므로 헌병의 민간에 대한 경찰권 행사는 비상시로 제한되었다. 반면 식민지에서는 헌병을 치안기능의 중심에 놓고 군사적 성격이 강한 '준계엄령' 상태의 통치를 유지해나갔다.[24]

일본 국내에서와 마찬가지로, 헌병을 한국의 치안유지 기능에 동원하는 과정에서 문무관 사이의 갈등이 발생하는 것을 피할 수는 없었다. 이번에는 한국에 파견되어 활동하고 있던 일본인 내에서 강력한 반대의견이 제출되었다. 반대론자에게 대만의 '경찰정치' 경험은 반면교사가 되었다. 통감부 경무국장을 맡고 있던 마쓰이 시게루松井茂는 경찰행정의 기초는 내무행정이라는 점을 들어 반대하고 나섰다. 또 대만에서도 초기에는 군대가 중심이 되어 무장세력의 활동을 진압하였지만, 1898년 고토 신페이後藤新平가 민정국장에 취임한 이후에 군정을 종식시키고 민정을 펼쳤다는 점을 헌병경찰 반대의 논거로 내세웠다. 경무국장 마쓰이 시게루와 한국주차군 참모장으로 근무하던 아카시 모토지로明石元二郎는 헌병경찰제를 두고 대립하였지만, 1910년 4월까지도 결론을 내리지 못했다.[25]

1910년 5월 30일 육군대신으로 근무하던 데라우치 마사타케寺內正毅가 통감으로 임명되었고, 그는 한국 합병을 위한 절차에 들어갔다. 1910년 6월 15일 일본은 한국주차헌병대사령부를 확대하였는데, 이는 헌병경찰제도를 구축하기 위한 직접적인 조처였다. 주차헌병대를 본부 체제로 승격하고, 13개도에 본부를 설치하였으며, 아카시 모토지로가 초대 사령관으로 취임하였다. 한국주차헌병대사령부 산하에 본부－분대－분견소－파견소－출장소의 계열체제가 마련되었고, 전국에 221개소의 헌병 분대와 분견소가 설치되었다. 이어 6월 24일 통감부와 대한제국 사이에 「경찰사무위탁각서」가 체결되어 경찰사무가 통감부로 이관되었다. 이 각서를 시행하기 위한 조처로 6월 29일 「통감부경찰관서관제」가 공포되었다. 한국주차헌병대사령관이 경무총장을 맡고, 각도 헌병대장이 도경무부장을 담당하며, 헌병장교는 경시, 준사관은 경부에 임명되었다. 경무총감부 산하에 경무부－경찰서－경찰분서－순사주재소－순사파출소의 계열체계가 만들어졌다. 이로써 경찰과 헌병대는 제도적으로 하나로 합쳐지게 되었으며, 헌병경찰제도의 외형이 완성되었다.[26]

헌병경찰제도의 확립은 한국병합을 위해 취해야 할 핵심적인 조치 중 하나였다. 일본 본국의 헌병제도는 헌병에게 민간의 경찰기능을 부여했을 뿐이지만, 한국의 헌병경찰제도는 경찰기관과 헌병제도 곧 문무관제도를 합친 것이었다. 또 헌병이 경찰을 지휘·감독하도록 하고 또 헌병과 경찰의 관할구역을 확실히 구분했다는 점에서, 일본 국내의 헌병보다는 프랑스의 헌병제도에 더 가까운 것이었다는 평가를 받는다.[27]

한편 한국의 헌병경찰제도 확립과정에서 드러나는 가장 중요한 특성은 헌병이 고등경찰 업무를 전담하고, 일반경찰이 기타 업무를 맡는다는 방식의 업무분담이었다. 무리하게 헌병경찰제도를 밀어붙인 데에는 헌병이 보안경찰 혹은 고등경찰 사무를 전담하려는 의욕이 반영되어 있었다. 1910년 7월 13일 발포된 「경무총감부 분과규정」에는 총감관방과, 기밀경무과, 보안과를 설치하도록 하였는데, 그 가운데 기밀경무과는 일반 고등경찰 사무를 전담하는 부서였다. 일제의 입장에서는, 의병의 무장투쟁이 1909년 '남한대토벌' 이후 기세가 꺾인 상황에서, 집회, 결사, 신문지, 잡지, 출판물, 저작물 등을 단속하는 일반 고등경찰 사무가 더욱 중요성을 띠게 되었다. 그리고 이 부서는 당연히 헌병이 담당하게 되었다.[28]

병합 이후인 9월 10일 「조선주차군 헌병 조례」가 공포되어, 헌병이 군사경찰과 아울러 치안유지 기능도 담당하게 되었다. 또 조선주차헌병은 육군대신의 관할에 속하며, 직무집행에 관해서는 조선총독의 감독을 받고 군사경찰에 관해서는 육군대신과 해군대신의 지휘를 받도록 하였다. 이로써 헌병은 행정경찰과 아울러 사법경찰의 역할도 맡을 수 있게 되었다. 이를 계기로 헌병경찰은 제도적으로도 한국사회에 깊이 착근해갈 수 있게 되었다.[29]

1910년 10월 1일 발포된 「조선총독부 경무총감부 사무분장 규정」에서는 서무과, 고등경찰과, 경무과, 보안과, 위생과를 설치하도록 규정되었다. 고등경찰과는 7월에 설치된 비밀경무과를 개칭한 것으로, 산하에 기밀계와 도서계를 두고 고등경찰 사무를 전담하도록 하였다. 기밀계는 첫째, 수사에 관한 사항, 둘째, 집회, 대중운동 및 결사에 관한 사항, 셋째, 외국인에 관한 사항, 넷째, 암호에 관한 사항, 다섯째, 종교단속에 관한 사항을 관장하였고, 도서계는 신문, 잡지, 출판물 및 저작물에 관한 사항을 담당하였다. 이렇게 고등경찰과는 헌병이 담당하는 핵심적인 부서로 자리잡았다.[30] 헌병경찰은 고등경찰을 통해 조선인들에게 가혹한 사상탄압을 자행하였는데, 1910년대 초반의 대표적인 사상 탄압사건인 '105인 사건' 역시 고등경찰의 작품이었다.

군대가 해산당한 데 이어, 1910년 6월 경찰사무마저 통감부로 이관됨으로써, 대한제국의 국가 폭력기구는 완전히 사라져버렸다. 국가로서의 물리적 생명은 이로써 마감되었다고 해도 좋을 것이다. '병합조약' 체결 2개월 전의 일이었다. 대한제국의 마지막 생명을 부지해준 것은 역설적이게도 바로 '헌병경찰'이었다. 헌병경찰이란, 단순하게 말하면 한국 경찰을 일본군 헌병이 지휘하게 된 것을 의미한다. 조선헌병대사령관이 된 아카시 모토지로는 데라우치 총독의 심복으로서 '사실상의 부총독' 혹은 '반도의 부왕副王'이라고까지 불리게 되었다.[31]

병합이 되었음에도 한국인들의 의병전쟁은 종식되지 않았고, 헌병경찰의 가장 중요한 임무는 의병전쟁을 폭력적으로 진압하는 것이었다. 병합 초기 헌병경찰은 '세력집중주의'에 입각하여 조선주차군과 공동작전을 전개하였다. 1910년 하반기 경상북도와 황해도의 산간지방 일대에서 활동하던 소규모 의병 부대는 주차군과 헌병의 집중적인 탄압으로 거의 '소탕'되었다. 그들은 1911년 말경에 항일 의병투쟁은 종식한 것으로 판단하였다.[32]

의병활동이 거의 잦아들자, 조선주차군은 1911년부터 지방의 치안을 헌병경찰에게 완전히 위임하고, 분산배치 방식을 집중주의 방식으로 변경하였다. 이에 따라 1911년 8월부터 헌병대는 분산배치를 결정하였다. 이후 파출소와 파견소를 증치하고 본격적으로 보통경찰의 업무를 담당하기 시작하였다. 「사무분장내규」[1911.11.18], 「헌병복무세칙」[1911.12.27] 등을 제정하고, 징세활동 지원업무, 묘지·장례·화장장·화약단속 업무, 민사조정 사무 그리고 검찰의 집달리 업무와 위생사무 등도 담당하게 되었다. 이른바 '조장행정助長行政'이 주된 업무 가운데 하나가 되었다.[33]

헌병경찰제도 도입과 아울러 더우 주목해야 할 하나의 정책은 '경찰의 사법화'였다. 이것은 식민지 사법체계의 가장 중요한 특징 중의 하나였다. 조선의 헌병경찰은 범죄즉결제도와 민사쟁송조정제도를 통해, 경미한 분쟁과 범죄 그리고 행정법규 위반사항을 통제했다. 조선총독부는 이를 '사법과 행정의 협화協和'라는 슬로건 아래 추진하였는데, 옛 군현제 하에서의 이른바 '수령재판'혹은 군수재판의 계승 혹은 변용이라고 할 만한 것이었다.

「범죄즉결례」는 1910년 12월 그리고 「민사쟁송조정에 관한 건」은 10월에 각기 제령으로 제정되었다.[34] 아래에서는 하나씩 차례대로 살펴보기로 하자. 먼저 범죄즉결례인데, 이는 1909년 10월에 제정된 「한국에서의 범죄즉결령」을 바탕으로 행정법규 위반사항을 추가한 것이었다.[35] 이어 1912년 3월에 개정되었는데, 이때 확정된 즉결사건은 다음과 같은 것이었다. 첫째, 구류 또는 과료의 형에 해당하는 죄, 둘째, 3월 이하의 징역 혹은 1백원 이하의 벌금이나 과료의 형에 처할 도박죄 및 구류 또는 과료의 형에 처할 형법 제208조단순폭행의 죄, 셋째, 3월 이하의 징역, 금고나 구류 또는 1백원 이하의 벌금이나 과료에 처할 행정법규 위반의 죄이다. 요컨대 즉결사건은 재판을 하지 않고 즉결관청이 피고인의 진술을 듣고 증빙

을 조사한 뒤 곧바로 형을 선고하며, 피고인이 불복할 경우 관할 지방법원
에 정식 재판을 청구할 수 있도록 했다.[36]

아래 〈표 13〉를 보면 1913년부터 즉결사건이 가파르게 증가하고 있는
데, 1918년에는 9만 명을 상회하고 있다. 형사사건 재판의 적체를 해소하
고 감옥건축과 관리에 소요되는 비용을 절감하기 위해 즉결제도를 적극적
으로 활용하였기 때문이다. 범죄즉결 인원은 재판을 통해 판결을 받은 인
원보다 훨씬 많은 수를 차지하고 있다. 전체 범법자의 2/3가량이 범죄즉결
제도로 처리되었다. 또 범죄즉결 처리 인원의 과형별 유형의 변화 추이를
보면, 1913년부터 1920년까지는 압도적으로 태형이 가장 높은 비율을 차
지하고 있었다. 1920년 태형령 폐지 이후에는 구류형이 많이 늘었지만, 이
전의 태형은 주로 과료로 흡수되었다. 요컨대 1920년까지는 태형이 그 이
후에는 과료가 범죄즉결 처리의 가장 높은 비율을 차지하고 있었던 것이
다.[37] 태형이 과료와 동일하게 처벌될 수 있었던 곳이 바로 식민지였다.[38]

〈표 13〉 범죄즉결사건과 민사쟁송조정사건 처리 추이(1910년대)

구분	범죄즉결사건(인원)	민사쟁송조정사건(수리건수)
1911년	21,388	5,130
1912년	13,806	9,671
1913년	46,175	13,622
1914년	50,099	13,357
1915년	60,371	13,236
1916년	82,121	9,429
1917년	92,842	7,332
1918년	94,640	6,289
1919년	71,939	4,265

자료 : 조선총독부, 『조선총독부통계연보』 1920년판.

「민사쟁송조정」은 1910년 10월 「민사쟁송조정에 관한 건」이 발포된 후 도입되었는데, 구재판소가 설치되지 않은 지역의 경찰서장이 당사자 신청으로 구재판소 관할에 속하는 민사쟁송을 처리할 수 있도록 한 것이다. 1912년 3월 「민사쟁송조정에 관한 건」을 개정하여, 지방법원과 지청이 소재하지 않는 지역에서 경찰서장이 조정가능한 사건을 명시하였다. 경찰이 민간의 사소한 분쟁이나 가족 내 쟁송을 해결할 수 있도록 만들었던 것이다. 이는 사법권 독립이라는 권력분립의 원칙에 어긋날 뿐만 아니라, 민간의 사생활과 민사문제에 경찰이 개입하지 않는다는 경찰행정법상의 원칙에 어긋나는 것이기도 했다.[39]

아래 표의 민사쟁송조정사건 수리건수를 보면 1913년 이후 크게 늘었다가 1916년을 계기로 조금씩 줄어들고 있다. 이후 민사쟁송조정사건은 계속 줄어들어 1930년대 후반에는 폐지 건의가 이어지기도 했다. 아마 지방법원 지청이 계속 늘어나고, 민사소송에 관한 인식이 높아지면서 조정사건은 줄어들 수밖에 없었을 것이다.

1914년 지방행정구역 조정에 맞추어 헌병관구를 조정함에 따라 1부군에 1경찰서를 설치할 수 있게 되었다. 경찰서 설치가 늘어남에 따라 헌병경찰의 보통경찰 업무가 차츰 정착해나갔다. 그러면 헌병경찰 그 중에서도 헌병의 규모는 어느 정도였을까? 다음 표를 통해 먼저 헌병대의 규모와 인원수의 변동을 살펴보자.

1912년부터 전국의 헌병기관은 1천 개에 육박하게 되는데, 그 이후에도 그 수가 꾸준히 늘어나 1910년대 말에는 1,100개를 상회하게 된다. 또 헌병 수도 1911년 이후 8천 명 전후의 수자를 계속하여 유지하고 있다. 그 가운데 1911년부터 본격적으로 배치되기 시작한 조선인 헌병보조원이 대

〈표 14〉 조선헌병대 기관과 인원수(1910~1918)

구분		1910	1911	1912	1913	1914	1915	1916	1917	1918
사령부		1	1	1	1	1	1	1	1	1
본부		13	13	13	13	13	13	13	13	13
헌병분대		77	78	78	78	78	78	77	78	78
헌병분견소		502	54	57	107	99	99	96	98	98
헌병파견소		61	410	394	327	317	316	318	288	877
헌병출장소		-	379	413	443	501	528	551	592	43
합계		654	935	956	969	1,009	1.035	1,056	1,070	1,110
직원	헌병	1,007	3,295	3,296	3,335	3,345	3,302	3,384	3,395	3,377
	보조원	1,012	4,453	4,473	4,603	4,626	4,627	4,657	4,737	4,601
	계	2,019	7,749	7,769	7,958	7,971	7,929	8,041	8,132	7,978

자료:『조선총독부시정연보』 1917·1918, 1918, 476~477쪽.

략 58% 전후의 비율을 차지하고 있다. 이렇게 본다면 조선인 헌병보조원이 중심이 이루는 헌병이, 전국적으로 촘촘히 배치되어 조선의 치안유지에 핵심적인 역할을 수행하고 있었던 것이다. 이제 다음 표를 통해 헌병과 보통경찰의 인원수를 비교해보자.

1917년 말 현재 전체 헌병경찰수는 13,567명이고, 그 가운데서 경찰관 직무를 행하는 헌병의 수가 8,132명, 보통경찰의 수가 5,435명으로, 헌병

〈표 15〉 헌병과 보통경찰의 인원 수 비교

경찰*	경무총장	경무부장	경무관	경시	경부	순사	순사보	계
	1	13	2(1)	26(9)	179(131)	2,024(230)	(2,819)	5,435 (3,190)
헌병**	장교	준사관·하사		상등병		헌병보조원		계
	111	770		2,514		(4,737)		8,132 (4,737)

자료 : 조선총독부,『조선총독부시정연보』 1917·1918, 1918, 306~307쪽.
비고 : ① 1917년 12월 말 현재 상황.
　　　② * 보통경찰, ** 경찰관 직무를 하는 헌병을 나타냄.
　　　③ ( )안은 조선인 수를 표시함.

이 2,697명 많다. 1910년대 헌병경찰제도의 다수를 차지한 것은 전체 인원의 약 6할을 차지하는 헌병이었다. 이는 경찰기관의 수를 비교해보아도 잘 드러난다. 앞의 표에 드러나는 바와 같이 헌병대는 대체로 1천개를 상회하는 수를 1910년대 내내 유지하였다. 1918년의 관서 수를 비교해보면, 헌병관서는 1,110개이지만, 경찰관서 수는 751개로서, 대개 2백 개 이상이 많았다.

한편 조선인과 일본인의 수 비교를 통해 헌병경찰의 특성을 살펴보자. 앞서 본 바와 같이 전체 경찰과 헌병의 약 58%를 정도를 조선인이 차지하고 있었다. 그러나 경찰과 헌병 모두 조선인은 하급직원에 충원되었을 뿐이다. 경찰과 헌병의 최말단인 순사보와 헌병보조원은 모두 조선인이고, 나머지 조선인도 순사 혹은 경부에 머물러 있었다.

1910년대 이른바 '무단통치'를 지지하고 있던 헌병경찰의 최말단이 조선인들로 채워져 있었던 사실은 참으로 역설적이다. 조선인들에 의해 조선의 폭압적인 통치가 유지되고 있었다고 하면 지나친 말이 될 것인가? 대체로 세계의 다른 지역에서도 식민지민의 협력 없이 식민지 통치가 유지되는 사례는 확인되지 않는다. 조선도 그런 점에서 대부분의 식민지 통치와 큰 차이가 없었다.

2) 보통경찰(1920~1945)

3·1운동이 한창 절정을 향해 달려가던 1919년 4월 5일, 조선총독부 내무부 학무국장 세키야 데이자부로關屋貞三郞가 총독부의 다른 관리에게 쓴 편지에서 다음과 같이 썼다. "조선인 경찰관 특히 순사보와 헌병보조원의 움직임은 거의 볼 수 없으며 경성 내에서는 완전 마비" 상황이 펼쳐지고

있다는 것이다.[40] 헌병경찰의 하부구조를 지지하고 있던 조선인 헌병보조원과 순사보는 3·1운동의 거대한 폭풍 속에서 자신들의 역할을 수행하지 않거나 혹은 못하고 있었다. 그것이 민족감정 때문이든 아니면 공포심 때문이든, 일본정부와 총독부는 이에 적극적으로 대비하지 않으면 조선에 대한 지배를 유지하지 못할지도 모른다는 위기감을 느꼈다. 마침 4월 5일은 일본 각의에서 보병 6개 대대와 헌병 350명을 추가 파병한다는 결정이 내려진 날이었다.

3월 1일 하세가와長谷川好道 조선총독은 이미 조선군을 자유로이 시위 진압에 사용할 것을 승인한 바 있다. 그리고 시위 초기부터 조선군의 강경 진압과 살상행위가 도처에서 벌어지고 있었다. 특히 3월 11일 이후부터는 군대가 공공연히 시위 진압의 전면에 등장하게 되었다. 조선군은 의병 진압에 이용하던 군대의 분산배치 방식을 적극적으로 도입하였는데, 4월 3일에는 군대의 배치 장소가 120개소로 늘어나게 되었다.

그럼에도 시위 진압의 주력부대는 역시 전국 7백여개소에 분산 배치되어 있던 헌병경찰이었다. 3월 말 이후 시위가 전국화되고 과격화하는 양상을 보이면서, 경무총감부는 치안유지 능력의 한계를 명백히 인식하게 되었다. 3월 중에 기총騎銃 6백여 정을 본국 육군성에서 구입하였고, 4월 초부터 무시험 임용특례 제도를 만들어 순사를 보충하였으며, 5월에는 일본인 순사 500여 명을 증원하기도 했다. 근무인원 부족현상으로 인하여, 앞서 본 바와 같이 본국에서 추가병력을 파병할 수밖에 없었던 것이다.[41]

3·1운동이 잠잠해지면서 일본정부와 총독부 내에서는 경찰제도 개혁에 관한 논의가 본격적으로 진행되었고, 이 과정에서 헌병경찰을 해체하고 보통경찰제로 전환하는 문제가 중요한 논의의 대상이 되었다. 헌병경

찰제도 개혁은 총독의 문무관병임제도와 함께 3·1운동의 충격을 반영한 제도개혁의 양대축으로 인식되고 있었다. 따라서 헌병경찰제도를 보통경찰제로 바꾸는 것은 일종의 '시대정신'으로 인정되면서 제국주의 지배블록 내부의 큰 반대 없이 합의될 수 있었다.[42]

1919년 사이토 마코토齋藤實와 미즈노 렌타노水野錬太郎가 총독과 정무총감으로 부임한 이후, 8월 19일부터 보통경찰제도로 전환하기 위한 일련의 법령이 발포되었다. 「조선총독부 경찰관서 관제 폐지의 건」과 「헌병조례 개정의 건」에 의해 조선헌병대가 조선의 보통경찰 업무를 집행하는 체계의 근간이 완전히 폐지되었다. 이후 관련 규정을 개정하여 경무국을 총독부의 중앙기구로 두고, 도에는 제3부1921년 이후 경무부를 설치하여 도장관이 경찰업무를 관장하게 하였다. 또 헌병 하사관과 상병이 6년의 복무기간을 마치지 않아도 예비역으로 편입할 수 있는 특례규정이 마련되었으며, 헌병대가 경찰업무를 한시적으로 맡는 규정이 도입되었다1919년 12월 헌병대 경찰 업무 완전 폐지. 또 헌병은 국경감시 업무를 새로 맡게 되었으나, 이 역시 1922년 전면 폐지되었다.[43]

보통경찰로 전환하는 가장 중요한 이유는 물론 헌병경찰제도에 대한 통치블럭 내부의 광범한 불신과 우려 때문이었다. 그럼에도 조선의 치안유지를 위한 폭력기구의 능력을 제고하는 데에 더 큰 제도변화의 목표가 놓여 있었음은 물론이다. 요컨대 보통경찰로 전환하되 경찰기구의 능력을 제고하는 것, 이것이 '경찰개혁'의 목표였던 것이다. 하라 다카시原敬 일본 수상의 신임을 얻어 정무총감으로 내한하게 된 미즈노 렌타노는 '유능한' 다수의 내무관료를 조선의 내무 혹은 경찰관료로 초빙하였다. 이리하여 총독부고위 경무 관료와 도의 '제3부장'경무부장은 모두 일본의 신예 내무관료로 채

<그래프 7> 조선의 경찰관 수 추이(1910~1944)

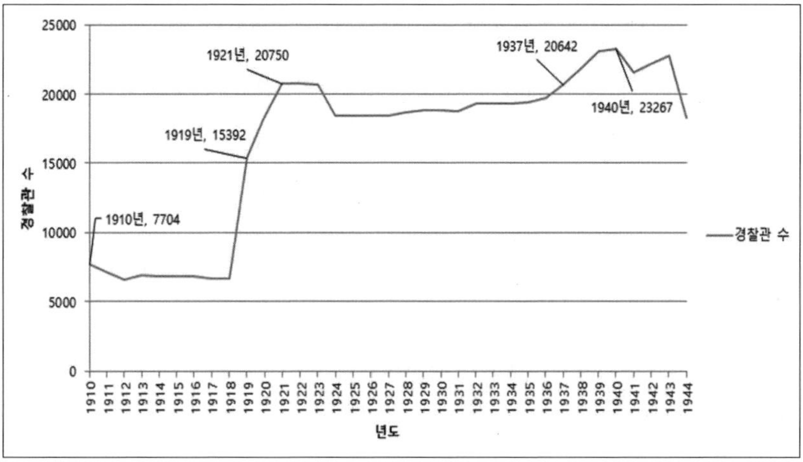

자료 : 마쓰다 도시히코, 이종민 외역, 『일본의 조선 식민지 지배와 경찰』, 경인문화사, 2020, 24~25쪽
표.

워지게 되었다. 이른바 '미즈노 인사' 곧 내무·경무관료로 유능한 본국의
신예관료들을 선임하는 것, 이것이 경찰개혁의 첫 번째 목표였다.

이어서 말그내로 경찰관을 크게 증원하는 것이 경찰개혁의 두 번째 복
표로 설정되었다. 1919년 8월 이후 '제1차확장'과 1920년 1월 이후의
'제2차확장'을 통해, 경찰기관과 경찰관의 수를 크게 증원할 수 있었다.
1919년 10월 높은 임금을 내세워 본국에서 신규 경찰관 3천 명을 채용하
였다. 2차 확장을 통해 일본인 헌병과 경찰순사, 그리고 조선인 경찰순사, 순사
보이 증원되고 또 헌병보조원의 경찰로의 전직이 많이 이루어졌다. 이리하
여 1919년 말에는 1년 전 헌병경찰의 수보다 약 2천 명 이상이 증가한 1
만 5천여 명의 경찰이 확보되었다.[44]

이와 아울러 경찰서와 주재소 증설에도 주력하였는데, 1920년에는 251

개 경찰서, 143개 파출소, 2,354개 주재소로 이른바 '1부군1경찰서' 그리고 '1면1주재소' 정책이 조기에 달성되었다. 1918년 말에는 대개 2면에 1개 정도의 주재소가 설치되어 있었던 것을 생각하면 주재소 증설의 속도를 짐작할 수 있을 것이다. 그렇다면 조선에서 경찰관의 수는 어떻게 변하고 있었던가, 그 추이를 다음 그래프를 통해 살펴보자.

1910년대 약 7천여 명에 미치지 못하는 수의 헌병과 경찰관을 보유하고 있었으나, 1919년 15,392명으로 폭증하였고 1921년에는 처음으로 20,750명으로 2만 명을 상회하게 되었다. 1920년대부터 1937년까지는 대체로 1만 8천 명에서 2만 명에 채 미치지 못하는 수준의 경찰관 수를 유지하고 있었으나, 1937년 다시 2만 명을 넘긴 후 2만 2천 명에서 2만 3천여 명 사이를 오가고 있다.

조선에서 헌병의 역할은 이제 완전히 종식되었다. 특히 1922년 국경감시 업무에서 배제된 뒤에는 헌병의 수가 대폭 줄어들어 '군대경찰'이라는 본령의 업무로 복귀하였음을 확인할 수 있다. 1918년 8천여 명에 달했던 헌병대원 수는, 1919년 보통경찰제로 바뀌면서 천 명에 근접한 수로 줄어들었다. 그리고 1922년 헌병대의 국경감시 사무 폐지로 인원이 대거 정리되어 7백 명 수준으로 떨어졌고, 1923년 이후 군비감축의 여파로 5백 명 대로 줄어들어 계속 유지되었다. 조선헌병대의 대원수는 이후 5백 명에서 6백 명 수준을 계속 유지하였다.[45] 이제 헌병경찰은 말 그대로 보통경찰 중심의 체제로 개편되었음을 헌병대 인원수의 추이가 잘 보여주고 있다.

한편 경찰관 1인당 인구수를 보면, 1910년대에는 1천 2백 명 전후 수준을 유지하고 있었다. 그러나 1919년을 계기로 9백 명에서 1천여 명 수준으로 약간 떨어졌다가, 1930년대 초반 이후 1천 1백 명을 수준으로 상승하게 된다. 1920년대 이후에는 전체적으로 1천 1백 명에서 1천 2백 명 수준을 유지하고 있었다.[46] 경찰관 수의 증가가 조선의 인구증가 속도를 따라잡지 못하고 있었다. 그런데 같은 일본의 식민지였던 대만의 경우, 경찰관 1인당 인구수는 대체로 5백 명에서 7백 명 사이를 오가고 있었다.[47] 조선에 배치된 경찰관의 밀도는 대만에 비하여 훨씬 낮았던 것인데, 그것은 무엇을 의미하는 것일까? 대만 통치의 '경찰정치'적 전통이 계속 이어지고 있었기 때문일 것이다. 하지만 단지 경찰관 배치의 밀도만으로 그 지배의 성격을 가름할 수는 없을 것이다. 현대 복지국가에서 경찰관의 수가 외려 증가하는 경향을 보이는 것이 그 반증이 될 것이다.

조선인들에게 순사는, 교육을 많이 받지 않고도 상당한 대우를 받으면서 비교적 취직이 쉬운 직업으로 인식되었다. 순사 이미지가 그다지 좋지 않았음에도, 그 지위에 비해 '상당한 대우'를 받는다고 알려져 있었던 것이다. 그래서 순사채용시험에 응시하는 조선인은 상당히 높은 경쟁률을 보이고 있었다. 3·1운동 직후에는 운동의 여파로 상대적으로 조선인의 순사 합격률과 채용율이 높았으나, 1920년대 중반 이후에는 대체로 10%를 넘지 못했다. 취직난이 극심해지는 1930년대에는 조선인 지원자가 격증하면서 합격률은 더욱 떨어졌다. 대체로 보통학교를 졸업한 조선인은 보통문관시험과 마찬가지로 순사채용시험에도 합격할 수 있었다.[48]

1933년 말 현재 조선총독부 소속관서의 관리 총수는 51,544명, 그 중에서 경찰 총수는 19,411명 그리고 조선인 경찰은 8,162명이었다. 즉 전체 관리 중에서 경찰이 차지하는 비율은 37.6%, 그리고 경찰 가운데 42% 정도를 조선인이 차지하고 있었다(앞의 3장 2절 참조). 조선인 경찰은 전시체제기에 일본인이 많이 징병되기 전에는 4할 정도의 비율을 유지하고 있었다. 하지만 '내선인정원제'가 지켜지고 있었으므로, 조선인은 승진이나 보직 등에서 상당한 차별을 받고 있었다. 조선인 경찰 간부는 1920년대에 3할 정도를 유지하고 있었으나, 1940년대에는 1할 정도로 격감하고 있다. 승진에서 조선인이 받은 차별의 정도를 짐작할 수 있다. 조선인들이 보직에서 받은 차별도 무시할 수 없는 수준이었다.[49] 3·1운동의 경험이 경찰 제도에는 거의 반영되지 않았다고 보아도 좋을 것이다.

1919년 헌병경찰 해체 이후 1937년 중일전쟁 개전 이전까지의 보통경찰은 크게 두 가지 면모로 특징 지을 수 있을 듯하다. 하나는 고양되고 있던 민족운동의 추세에 대응하여 사상경찰을 더욱 확충하고 역할을 강화한 것, 다른 하나는 문화정치기 보통경찰의 위상을 제고하기 위한 '경찰의 민중화'와 '민중의 경찰화' 운동이 부상한 것이다. 일반 조선인의 일상 속으로 침투하려는 의도를 경찰이 공공연히 드러내고 있었다고 하겠다. 이처럼 하나는 사상경찰, 다른 하나는 '일상 속의 경찰'이라는 두 가지 흐름으로 보통경찰의 역할은 대별되어 갔던 것이다. 다소 상반되는 듯한 이런 흐름은 이미 일본 국내에서도 시도되고 있었던 것으로서, 어느 정도는 본국의 흐름에 대응하고자 하는 시도이기도 했다. 차례로 간단히 살펴보기로 하자.

러일전쟁 이후 노동운동과 사상운동의 부상에 대응하기 위해 일본 경찰은 고등경찰을 전담하는 조직으로 1906년 고등과를 신설한 바 있다. 1911년 '대역사건' 등을 계기로 사상, 노동운동을 전담하는 조직으로 특별고등과를 신설하였고, 제1차 세계대전을 계기로 사회불안이 심화되면서 특고경찰의 역할은 더욱 강화되었다. 1928년 치안유지법이 개정되면서 특고경찰은 '정치경찰'로서의 자신의 특별한 색채를 더욱 짙게 드러내게 되었다.[50]

한편 제1차 세계대전의 막바지에 정우회가 정당정치 세력으로 부상하면서 '경찰의 국민화'를 주장했고 이에 맞선 신관료 세력은 '국민의 경찰화' 슬로건을 내걸었다. 1918년 하라 다카시 내각이 들어서면서 경찰과 국민의 거리를 해소하고 조화시키기 위한 정책을 전개하였다. 지역사회를 중심으로 경찰 후원조직을 결성하고 이를 중심으로 경찰과 국민이 융화하는 방안을 적극적으로 모색하고 있었다.[51]

3·1운동 이후 한국의 민족운동은 가히 폭발적으로 성장하였는데, 이에 대응하기 위해 고등경찰을 대폭 증원하였다. 1928년의 사례를 보면, 사상과 출판물 단속 그리고 해외첩보기관 증설을 위해 총독부 경무국에 11명, 도경찰부에 모두 41명의 고등경찰을 확충하고 있다. 일본 내무성은 사상운동에 대응하기 위해 일본과 조선에서 모두 사상경찰 확충을 위한 예산을 적극적으로 배정하였다.[52] 이처럼 사상운동과 민족운동에 대응하기 위해 고등경찰을 확충하는 것은 본국과 식민지의 공통적인 관심사였다.

또 총독부가 문화정치를 표방한 이후 경찰의 민중화를 위한 다양한 정책이 전개되었는데, 선전활동과 교육·계몽을 통한 민중에의 접근활동이 중심을 이루었다. 이에 대응하여 민중의 경찰화를 위한 시도도 이어지는데, 예를 들어 조선경찰협회 등 경찰에 협력하는 단체를 지역에 설립하는 시도가 이어졌다. 1923년 8월 현재, 협력조직은 모두 1만 2천 개, 조직인원은 139만 명전조선 인구의 7%에 도달했다는 보고가 있지만, 일반 민중의 능동적인 협력에 기반을 둔 조직이었다고 할 수는 없었다.[53]

사상경찰과 일상 속 경찰을 중시하는 이런 두 가지 경향은 1930년대 초반 우가키 카즈시게宇垣—成 총독 시대에도 여전히 계속되었다. 1928년 치안유지법이 개정되고 고등경찰의 활동은 더욱 활성화되었으며, 사상운동에 대한 통제도 전향 등의 정책을 통해 더욱 심화되고 있었다. 또 농촌진흥운동의 전개에 발맞추어 경찰이 의식적으로 이 운동에 관여하였는데, '경찰지도부락'을 운영하는 등 다양한 직무를 수행하고 있었다. 이는 물론 일상 속의 경찰이라는 목표와 관련한 것이었다.[54]

사법경찰이 수행하던 두 가지 부문 즉 범죄즉결례와 민사쟁송조정사건 처리 가운데, 후자는 1930년대가 되면 거의 사라지게 되었지만 전자 즉 범죄즉결례는 계속해서 늘어나는 모습을 보이고 있다. 범죄자 가운데 기소되어 재판을 받은 사례보다 사법경찰의 범죄즉결 처리를 받은 사례가 계속해서 두 배 이상을 유지하고 있었다. 여기에는 사법기관의 인원이나 예산 부족 등 많은 이유가 있겠지만, 경찰의 역할이 일반 조선인의 일상에 더욱 밀착해 있었다는 현실을 반영한 측면도 있었다.[55]

1937년 전시체제기로 들어서면서 경찰의 역할은 더욱 분명하게 전면에 떠오르게 된다. 전시총동원체제의 전위에 나서서 식민지에서 원활한 총력전체제를 구축하는 것이 경찰의 역할로 명확이 주어지게 되었다. 3·1운동 이후 형성된 '사상경찰'과 '일상 속의 경찰'이라는 보통경찰의 두 가지 큰 흐름 가운데 전자는 점차 경찰의 손에서 멀어져갔다. 본국과 마찬가지로 조선에서도 사상범죄는 점차 검찰의 전담영역으로 변하게 되고, 사상범 보호관찰제와 예방구금제도가 시행되면서 이런 현상은 더욱 가속되었다.[56] 대신 두 번째 일상 속의 경찰이라는 면모는 '경제경찰'의 창설과 강화의 과정 속에서 더욱 명확하게 드러나게 된다.

중일전쟁 이후 조선 경찰은 '민중의 마음 속에 들어가라'는 슬로건을 내걸고, 일상 속의 경찰을 생활 속에서 실현하려는 운동을 가속화했다. 광범위한 농촌 촌락을 단위로 '시국좌담회'를 개최한 것은 이를 위해 개발한 방법이었다. 또 1938년 11월 '경제경찰'을 창설한 것은, 일상 속의 경찰이라는 목표를 총력전체제하 통제경제의 전개에 대응하여 조정한 것이었다고 할 수 있다. 경제경찰은 경제통제의 효과를 제고하기 위하여 법령 위반자를 단속하거나 관련정보를 수집하는 등의 활동을 하는, 새로운 유형의 경찰이었다. 이 시기에 경찰의 정원이 크게 늘어나고 있었던바, 그 가운데 6할 이상이 경제경찰관의 증원에 배당되었다. 지방청을 합친 경제경찰의 수는 1941년에는 1,781명에 달하고 있다. 경제경찰은 초기의 '방범제일주의'에서 1940년 이후에는 '엄벌주의'로 전환하였으나, 조선의 지하경제는 더욱더 일상속에서 확대되어갔고 법령위반으로 경제경찰에 의해 기소된 사람도 급증하고 있다. 그 가운데 압도적 다수가 조선인이었은 물론이다. 경제경찰이 나중에는 말단에서 강제동원을 시행하거나 식량공출을 독려한 것은, 일상 속의 경찰의 왜곡된 모습이라고 할 수 있을 것이다.[57]

이 시기 경찰은 일상적 치안과 대외 경비를 담당하게 됨으로써 대대적으로 무장력을 강화하게 된다. 본국에서도 경찰의 무장강화는 1920년대부터 거론되었던 문제인데, 조선총독부 정무총감 미즈노 렌타로가 본국의 내무상으로 전임한 이후 이 문제가 전면으로 부상하게 되었다. 조선에서도 전시체제로 접어들고 경찰이 치안과 경비에서 차지하는 역할이 강화되면서, 무장력도 가속적으로 강화되었다. 조선경찰은 중·경기관총과 소총, 권총 등의 무기로 무장하였고, 총독부 경무국과 평북 경찰은 비행기를 소유하고 있었다. 경찰의 병기 보유는 국경지방인 평북과 함북이 1위를 차지하고 있었는데, 1944년 봄 이후 남선연안지구에서 연안경비가 증강되면서 제주도를 비롯 남선 지방에 경찰관 경비가 증강되었다.[58] 무장한 2만명 이상의 경찰은 전시 1개 사단의 병력에 버금가는 경비병력이었다.

식민지의 경찰에게는 대개 일상 속의 치안을 유지하는 역할과 아울러 사상경찰의 역할이 주어지게 된다. 그러나 식민지 조선의 경찰에게는, 여기에다가 사법경찰이라는 더욱 특별한 임무가 부과되어 있었다. 1910년대를 살아가던 조선인들은 경범죄를 저지르면 재판도 없이 경찰에게 매를 맞을 각오를 해야만 하였다. 3·1운동을 계기로 태형은 없어졌지만, 경찰에게 주어진 사법권은 유지되었다. 이런 것이 경찰국가가 아니고 무엇이겠는가? 치안경찰, 사상경찰과 더불어, 사법권까지 주어진 경찰을 기반으로 해야만 식민국가의 통치권은 유지되었다.

사법권의 상당한 부분을 경찰에게 위임했던 것은 조선총독부의 사법체가 미비했던 데서 기인하는 바가 크다. 총독이 조선총독부 재판소와 검사국을 감독하는 권한을 갖고 있었다고 할지라도, 사법사무 자체에 개입할 수는 없었다. 오히려 식민지 사법기관은 인사나 업무관련성의 측면에서 본국의 사법기관과 더 긴밀이 연동되어 있었다. 조선에서 근무하던 일본인 판사와 검사들이 본국과의 사법통일을 주장하는 운동 즉 사법통일운동을 전개했던 것은 이런 이유 때문이었다.

사법기관이 주로 본국과 연동되어 있었으므로 식민지민에 대해서는 오히려 매우 특권적이고 또 폐쇄적인 방식으로 운용되었다. 따라서 판사와 검사의 임용이나 대우에서도 조선인에 대한 차별은 극심하였다. 조선이 치안국가 혹은 경찰국가로 통치되는 데서 사법기관은 관건적 역할을 수행하고 있었다고 하겠다.

제6장

지방행정과 도

경성부 전경(朝鮮總督府, 『朝鮮博覽會記念寫眞帖』, 1930). 남산에서 바라본 경성부의 전경이다. 멀리 경복궁과 조선총독부 청사가 보인다. 일본인들은 박람회를 통하여 경성을 근대화된 대도회로 부각시키려고 노력하였다.

조선박람회 경기도와 충청북도관(朝鮮總督府,
『朝鮮博覽會記念寫眞帖』, 1930). 조선박람회
(1929)에 전시된 경기도관(왼쪽)과 충청북도관
(오른쪽)의 외부와 내부 광경이다. '문명화 되어
가는 지방의 면모를 강조함으로써, 조선통치의 근
대성을 널리 선전하려는 의도를 드러내고 있다.

경상남도청 엽서. 오요시찻집(およし茶屋) 발행, 한국학진흥사업 성과 포털(http//waks.aks.ac.kr).
경상남도청 사진을 담고 있는 사제 엽서로, 오요시찻집에서 발행한 부산의 명소 엽서 8매 세트 중 하나이다.
경상남도청은 1925년 진주에서 부산으로 이전하였는데, 이 건물은 그 당시에 지은 것이다. 지금은 동아대학
교 석당박물관으로 사용되고 있다.

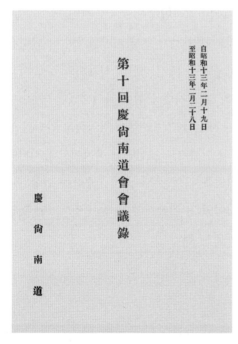

제10회 경상남도 도회 회의록 표지(경상남도,『제
10회 경상남도 도회 회의록』, 1938). 경상남도
도회의 회의록은 지금 국립중앙도서관과 국가기록
원에 일부가 소장되어 있다. 이 자료들을 통하여
도회에서 조선인 도회 의원들이 동의와 '참여적 저
항' 그리고 연대에 기반한 '지방정치'를 전개하고
있었음을 확인할 수 있다.

일제 말기 일본어로 소설을 써서 유명세를 타고 있던 소설가 김사량은, "자신의 작은 관방官房에서 쿨쿨 낮잠을 자거나 시도때도 없이 차나 마시고 하품이나 하면서 그날그날을 보내고 있었다"[1]라고 조선인 군수의 처지를 '슬프게' 조롱하고 있다. 실제로 군의 일본인 내무 주임은 군행정의 실권을 장악하고 있었고, 심지어 조선인 군수보다 수입도 많았다. 소설 속 조선인 군수는 사립대학 전문부 출신으로서, 시험을 거쳐 문관 자격을 가지게 된 사람이 아니었다. 그는 "봉건적인 출세욕에 말처럼 길들여져", 도에서 상관이 오면 굽실굽실 뒤를 따라다니다가 밤에는 요정에서 극진하게 대접을 해야 하는 신세였다.[2] 심지어 1910년대의 조선인 군수는 '헌병의 노비'와 같은 상태였다는 일본인의 지적도 있을 정도였다.[3] 식민지기 조선인들이 가지고 있던 조선인 군수에 대한 인식은 이처럼 '일본놈의 조종 하에서 빈 의자만 지키는' 사람[4]이라는 것이었다.

이 처량한 조선인 군수의 처지는 식민지기 조선 지방행정의 한 단면을 잘 보여주고 있다. 식민지에서의 군수는 예전 군현제 하에서의 수령守令과는 전혀 다른 위상을 갖고 있었다. 조선시대 군현에 파견되었던 군수, 현령 등의 수령은 그 군현의 행정과 사법의 모든 권한을 장악하고 인민의 생명을 좌우할 수 있었다. 불과 얼마 전까지도 조선인들 사이에서 유지되던 수령에 대한 이런 인식은, '빈의자를 지키는' 조선인 군수라는 인상과는 너무나 뚜렷한 대조를 이루는 것이었다. 어떻게 이런 일이 일어났던 것인가? 이런 변화는 무엇을 말하고 있는 것인가?

1. 근대적 관료행정과 도제道制

병합 이후 지방행정 시스템이 전면적으로 변화함으로써, 한반도에서 1천년 이상 지속되어온 중국 기원의 군현제는 최종적으로 소멸하였다. 군현제를 대신한 것은 바로 근대적 관료행정을 바탕으로 한 새로운 지방행정제도였다. 이제 이런 변화가 갖는 의미를 따져보려 한다.

군현제란 중앙에서 파견한 수령에 의해 지방의 군현이 지배되는 것, 다시 말하면 수령의 일향지배一鄕支配가 관철되는 구조를 지칭한다. 군현제란 곧 수령제혹은 外官制를 의미하는 것인바, 중앙에서 파견한 수령의 인적 지배에 주로 의존하는 구조였다. 이를 뒷받침하는 것은 세습 이서층이 담당하던 6방 행정과 지방 사족士族의 향촌지배 시스템이었다. 하지만 19세기 들어 지방사족의 지배력은 약화되어 갔고, 또 수령 중심의 전통적 관료시스템을 변화시키려는 정부의 노력도 이어지고 있었다. 이는 지방행정의 새로운 변화를 예고하는 것이었다.

지방행정 제도를 변화시키려는 시도는 1906년 이후 통감부에 의해 본격적으로 착수되었다. 군현제를 개혁하는 데 초점이 놓여 있던 이 시기 지방제도 개혁은, 두 가지 측면에서 그 내용을 살펴볼 수 있다. 하나는 행정구역을 조정하는 문제였고, 다른 하나는 군郡의 행정적 역할을 변화시키는 것이었다. 먼저 행정구역의 조정 문제인데, 1906년 설치된 지방제도조사소에서는 1894년 갑오개혁의 개혁안을 계승하여 13도 219군으로 바꾸는 개편안을 제시하였다. 결국 이 안은 13도 220군으로 조정된 1914년 행정구역 개편에 그대로 반영되었다.

두 번째 군 행정의 개혁 문제에서는, 그때까지 남아있던 군수의 징세권과 경찰권 및 재판권을 박탈하는 데에 초점이 놓여있었다. 1906년 이후 근대적 형태의 담당기관을 새로 설치함으로써, 수령의 재판권과 경찰권 그리고 징세권은 모두 박탈되었다. 군수로부터 박탈한 지방행정의 권한 가운데 일부는 새로 부상하고 있던 면장에게 차츰 이관되어 갔다. 면장은 주로 징세기구의 하부기관으로 동원되었다. 아직 면이 제도적으로 확립되는 단계에 이르지는 않았지만, 이 시기에 면장은 차츰 '제도'로 정착되어 갔던 것이다. 그리고 경찰권과 군수의 인사권을 도의 관찰사에게 부여함으로써, 도와 군의 행정계통을 확립하려는 노력이 이루어지게 된다. 군현제 하에서 오랫동안 감찰기관으로만 유지되어 왔던 도의 역할이 이제 서서히 변해가게 된 것이다. 이는 1909년 '도지방비'라는 이름으로 도를 제도화하는 노력으로 이어졌다.[5]

병합 이전 단계에서 행정구역 조정은 거의 진전되지 않았지만, 이미 군의 행정적 위상과 군수의 역할은 매우 약화되어 있었다. 이런 상태에서 병합은 이루어졌고, 이어서 광범위한 지방행정 개편이 수행될 예정이었다. 그것은 행정적으로 군곧 군현제을 분해하여, 면과 도라는 아래위 두 가지 제도에 역할을 이관하는 것이었다. 이런 맥락에서 새로 만들려던 지방행정제도를 두고 '도·면 이급제'라고 지칭할 수 있을 것이다. 오랜 전통의 군현제가 붕괴한 자리에 도·면 이급제를 세우려는 시도, 이것이 바로 식민지기 조선 지방행정 개편의 핵심적 내용이었다.

군현제를 해체하고 도·면 이급제라는 방식으로 지방행정제도를 계층적으로 재구성하려는 의도는 먼저 1917년 이른바 면제面制 수립으로 이어졌다. 면제를 토대로 1930년 도제道制가 만들어지면서, 일단 제도적으로 도·면 이급제는 수립되었다. 하지만 지방행정 계층제도의 수립이 그대로 제도적 완결을 의미하는 것은 아니었다. 제도로서의 군 역시 완전히 폐지되지 않은 채 유지되고 있었고, 여기에는 도·면 이급제가 불완전하다는 점이 크게 작용하고 있었다. 아래에서는 먼저 면제를 살펴보고 이어 군의 상황을 점검해보려 한다. 마지막으로 도가 가진 지방행정제도로서의 역할과 의미를 조선총독부 즉 중앙행정과의 관련을 중심으로 살펴볼 것이다.

도·면 이급제 수립을 위한 과도적 조치로서, 1910년대에는 우선 지방비-도-부·군-면이라는 3단계 행정체계를 구성하려 했다. 1914년에 가장 먼저 부제府制를 실시하였는데, 주로 일본인 집주지역을 중심으로 부를 설정하고 법인격을 부여하였다. 그리고 1917년 면제를 실시함으로써 3단계 행정체계 수립의 근간을 마련하였다. 이때 제정된 면제에서는 면을 사업의 주체로 인정하였으나, 법인격을 부여하지는 않았다. 또 면의 조례제정권을 인정하지 않았으며, 면장을 판임관 대우관리로만 인정하였다. 단 일본인이 집주하는 지정면에는 기채권起債權을 부여하여 재정적 자율권을 보장하였다.

1917년 면제 수립 당시 면에 주어진 행정적 권한은 매우 미흡한 것이었지만, 1920년과 1930년 2차례에 걸친 지방제도 개정을 거치면서 상당한 정도로 자율성이 강화되었다. 1930년의 개정을 통하여 면에는 법인격과 규칙제정권이 부여되었으며, 자문기관인 면협의회 의원을 선거에 의해 선출할 수 있게 되었다. 이리하여 면제는 상당한 수준에서 제도적 안정성을 갖게 되었다.[6]

지금부터 식민지기 면제의 관료행정 제도로서의 성격에 대해 조금 더 찬찬히 살펴보도록 하자. 근대적 관료행정제도의 핵심은 '행정직원을 갖춘 합법적 지배'이자 '비인격적인 관료지배' 바로 그것이었던바,[7] 면제라는 관료행정제도를 도입하기 위해서는 전제적 조치가 필요하였다. 면의 구역을 새로 획정하는 것과 근대적 '문서주의' 행정을 본격적으로 도입하는 것 등 두 가지가 바로 그것이다. 아래에서 차례로 살펴보기로 하자. 면을 제도적으로 확정하기 위하여 가장 우선시되었던 것이 종래의 면구역을 통폐합하여 새로 면구역을 획정하는 작업이었다. 종래 한국의 면은 제도적으로 확립되기 이전의 상태에 놓여있었으므로, 그 크기와 인구에서 커다란 편차를 보이고 있었다. 크기와 인구에서 20배 이상의 차이를 보이는 경우가 흔한 상황이었으므로, 표준적인 기준을 정하여 조정할 필요가 있었다. 면은 면적 4방리方里, 호수 8백 호가 구역 획정의 기준이 되었다. 이 작업은 1910년 병합을 전후하여 본격적으로 시작되어 1914년에는 거의 마무리되었다. 1910년 4,392개의 면이 있었으나, 1914년 2,522개의 면으로 조정되었다. 약 4할 가까운 면을 통폐합하여 2천 5백여개의 면으로 재조정하였다.

다음으로 문서주의 행정의 도입이다. 갑오개혁을 계기로 정부의 중앙행정에는 근대적 공문서 제도가 도입되어 정착되어 갔다. 하지만 면 행정은 근대적 문서행정과는 거리가 먼 상황에 놓여있었다. '문서행정'이란 모든 행정절차를 문서화하는 것을 의미하는 것일진대, 병합 이후 면행정에서 문서주의는 급속하게 정착되어 간 것으로 보인다. 각종 문서의 편찬, 취급, 비치 등에 관한 세부규정을 정하고, 면직원에게 근무일과 집무시간을 엄격하게 준수할 것으로 요구하였다. 이리하여 문서주의 곧 '문서로 하여금 말하게 하는 행정'이 정착하게 되었던 것이다. 이제 면행정에 종래의 인간관계나 인격적 지배가 개입할 여지가 사라지게 되었다.

면구역 획정이 완료되고 문서주의 행정이 정착함으로써, 면제를 도입할 행정적 기반이 마련되었다. 면구역 획정은 균질적인 근대적 공간관 도입을 가능하게 했으며, 문서주의 행정의 정착은 직선적인 시간관을 수용할 수 있게 하였다. 이리하여 균질적이고 양화된 시간관과 공간관의 수용은 면제를 통하여 가능하게 되었으며, 이를 통하여 개인의 특수시간은 보편적인 국가시간으로 대체되어 갔다. 면제라는 근대적 관료행정제도는 이처럼 시공간관의 균질화와 표준화를 통하여 비인격적 관료지배를 위한 제도로 정착해갈 수 있었던 것이다.[8]

단, 면의 재정구조는 제도 시행 당시부터 매우 불안한 상태였는데, 결국 식민지 말기까지 크게 개선되지는 않았다. 기본재산을 많이 설정할 수 없었으므로 재정 자립도는 매우 낮았고, 수탈적이고 자의적인 성격이 강한 지세부가세와 호별세부가세가 면세입의 대부분을 차지하고 있었다. 대부분의 면의 재정규모는 면직원의 급여를 겨우 부담하는 정도에 머물러있었다. 면이 독자적인 사업을 추진할 수 있는 여력이 없었으므로, 면의 독자성과 면민의 부담은 반비례 관계에 놓여있었다. 면은 최말단의 행정기관으로서 독자적인 사업을 통하여 촌락을 흡수하고 포용할 수 있는 여력을 갖지 못했던 것이다. 이런 측면에서 면은 계속적으로 과도성을 유지할 수밖에 없었다. 전체적으로 근대적 관료행정의 효율성에는 미달하는 상태에 면이 놓여있었다고 할 수 있을 것이다.[9]

그렇다면 도·면 이급제를 수립하기 위해 해체되어야 할 전통적인 행정단위로 간주되고 있던 군은 도대체 어떤 상황에 놓여 있었던가? 이제 군의 위상과 군수의 상황에 대해 간단히 살펴보기로 하자. 조선총독부는 도·면 이급제를 제도적으로 지향하고 있었기 때문에, 군은 당분간 도와 면을 중개하는 중간적인 혹은 2차적인 행정기구로 간주되고 있었다. 따라서 군에는 독자적인 공공사무와 재정을 운영할 수 있는 권한이 처음부터 주어지지 않았다. 단지 직원 규정만이 남아있었는데, 이는 도장관의 지휘 감독을 받아 면행정을 관리하는 권한을 위임받고 있었기 때문이다. 군 직원에게는 면행정을 감독하고, 보통학교를 운영하며, 삼림조합이나 농회 등의 각종 산업단체를 관리하는 사무만이 주어져 있었다. 이처럼 곧 군은 단체로서의 성격은 박탈당한 채, 직원만이 존재하는 허구적이고 잠정적인 단체로 남아있었다. 군은 도와 면을 중개하는 '통신기관'이고, 따라서 군수는 '우편국장'이며 군행정은 '우편행정'이라는 조롱은 이런 현실을 대상으로 한 것이었다.

단 조선총독부는 토지조사사업을 원활하게 진행하기 위하여 1914년 군의 통폐합을 전격적으로 실시하였는데, 전국에 걸쳐 220개의 군으로 조정하였다. 군의 통폐합은 면적 40방리, 인구 1만 명이라는 균일한 기준에 맞추어 진행되었다. 군 공간의 양적 균일화는 면의 통폐합과 맞물려 균질화된 근대적 공간관을 수용할 수 있는 여지를 넓혀주었다. 이는 군이 유지하고 있던 전통적인 '지역적 통합성'과도 관련된 것이었다. 식민지 말기까지 군은 상당한 수준에서 사회적 통합성을 유지하고 있었다.

이 장의 글머리에서 살펴본, 빈 의자를 지키는 조선인 군수에 대한 조롱은 식민지기 지방행정의 현실을 핍진하게 그려낸 것이었다. 대부분의 군에서 군수의 역할은 그다지 긴요한 것이 아니었고, 주요 실무는 일본인 서무 주임이 담당하고 있었다. 따라서 조선인이 군수로 다수가 임명되고 있었던 것은 이런 현실을 적극적으로 반영한 것이었다. 조선인 군수의 자리는 빈의자 바로 그것이었다. 식민지 전시기를 통틀어 군수직 3,137개 가운데 조선인이 2,777개, 전체의 89%를 차지하고 있다. 사람 수로 보면

1,500명 가운데 1,207명 곧 80%에 해당한다.[10] 이는 1910년 현재 총독부 중앙관서 관료 538명 가운데 조선인이 38명 곧 전체의 7% 정도만을 조선인이 차지하고 있던 현실과 선명하게 대비되는 것이었다.[11] 중앙관서에서 조선인이 차지하는 비율은 그후에도 그다지 변하지 않았던 것을 보면, 군수의 위상이 우편국장 수준이었다는 것을 확인하기에 어렵지 않다.

군은 이처럼 제도적으로는 단체의 성격이 전혀 인정되지 않는 잠정적 성격을 띠고 있었지만, 면의 감독기능을 중심으로 한 현실적 필요성에 의해 지속성을 부여받고 있었던 것이다. '제도적 잠정성'과 '현실성 지속성'이라는 두 가지 얼굴을 가진 채 군은 식민지기에 남은 생명을 지속시키고 있었다. 이는 궁극적으로 전통적 군현제를 해체하고, 도·면 이급제에 기반을 둔 근대적 관료행정제도를 구축하려 한 총독부의 의도를 완전히 충족시킬 수 없었다는 것을 말하는 것이었다.

이제 도의 상황을 살펴볼 차례가 되었다. 1909년에 제정된 도지방비법은 1920년 도지방비령으로 개정되었다. 개정 내용은 크게 세 가지로 정리할 수 있겠다. 첫째 도지방비법에서 제한하고 있던 부과금 징수규정을 고쳐 지방에서 적절한 세원을 구할 수 있는 길을 열었고 또 사용료 및 수수료 그리고 부역·현품의 징수와 계속비 설정이 가능하도록 만들었다. 그리고 지방세는 국세부가세와 특별세 두 가지로 정했으며, 기채가 가능하도록 정했다. 둘째, 도지방비 이원吏員의 신분을 보장하고 대우를 개선하였으며, 도지사가 이를 임면하도록 하였다. 셋째, 자문기관으로 도평의회를 설치하여 예결산 및 기타 세금부과 등의 중요사항에 대해 자문할 수 있는 길을 열었다. 다시 말하면 지방비의 세원을 확장하고 재정 권한을 강화하였으며, 관리의 신분을 보장하고 자문기관을 설치하는 것이 법령 개정의 요점이었다. 세원 개발 및 세수 증대와 자문기관 설치는 동전의 양면처럼 도지방비령 개정의 핵심을 구성하고 있다. 여기에서도 "대표 없이 세금 없다No taxation without representation"는 철칙이 관통하고 있었다고 할 것이다.

지방비의 세원을 별도로 설정하게 된 것은 큰 변화이지만, 도지방비가 재정의 주체가 되어 적극적으로 사업을 영위하게 되었다고 할 수는 없다. 겨우 정상적인 지방단체로 기능할 수 있는 토대가 주어졌다고 할 수 있는 수준의 변화였다. 1919년 경무총감부가 해체되면서 도에 도장관이 지휘하는 '제3부'1921년부터 경찰부가 설치된 것도 이런 변화 가운데 하나였다. 1910년대의 도지방비에는 경찰권마저 주어지지 않았으므로, 사회의 질서를 유지할 수 있는 최소한의 권한마저 없었던 셈이다. 어떤 면에서 도지방비는 오히려 헌병경찰의 제반 감독을 받아야 하는 위치에 놓여있었다.[12]

1930년에는 도지방비령이 폐지되고 '도제'가 신설되어 1933년부터 시행되었다. 이를 통하여 몇 가지 의미있는 제도적 변화가 주어졌다고 할 수 있다. 첫째, 도지방비는 도로, 지방세는 도세로 명칭이 변경되었으며, 법인으로서의 도에는 공공사무와 귀속사무를 처리할 수 있는 능력이 주어지게 되었다. 이는 단지 재정의 주체로서 경비의 출납만 인정되고 있던 도지방비와 비교하면 커다란 진전이었다. 둘째, 도평의회를 해체하고 도회를 설치하여 의결권을 부여하였는데, 이는 부회에 준하는 수준의 권한이었다. 1930년의 지방제도 개정을 통하여 도와 면의 지방단체를 법인으로 인정하고, 기존의 자문기관인 도평의회를 의결기관인 도회로 변경한 것은, 조선인의 정치적 요구를 포용해야 한다는 정치적 압박에 의한 것이었다.[13]

도지방비법과 도지방비령 그리고 도제를 거치면서 지방제도로서의 도는 점차 제도적으로 정착해갔고 또 재정적으로도 독자적인 사업을 확장해가고 있었다. 이제 재정 운용을 통해 도의 지방단체로서의 시기별 특성을 살펴보려 한다. 먼저 도 세입을 크게 네 시기로 나누어 구성한 다음 표를 검토해보자.

〈표 17〉 도 세입의 시기별 구성과 비율

구분	도세	임시 은사금	전년 이월금	국고 보조금	도채	사용료 수수료	기타	총액
1910~1916	781 (41.9)	0	311 (16.7)	728 (39)	0	0	47 (2.5)	1,867
1917~1928	11,804 (48.8)	1,178 (4.9)	2,593 (10.7)	5,221 (21.6)	0	0	3,392 (14.0)	24,188
1929~1935	13,507 (31.4)	689 (1.6)	4,298 (10.0)	7,230 (16.8)	12,177 (28.3)	2,421 (5.6)	2,676 (6.2)	42,997
1936~1943	24,804 (18.1)	686 (0.5)	11,724 (8.6)	43,760 (32.0)	22,865 (16.7)	5,689 (4.2)	27,298 (20.0)	136,825
합계	50,895 (24.7)	2,553 (1.2)	18,926 (9.2)	56,939 (27.7)	35,042 (17.0)	8,110 (3.9)	33,413 (16.2)	205,877

자료 : 정태헌, 「도세입－도세의 구성추이를 통해본 식민지 도재정의 성격」, 『한국사학보』 15호, 2003.

도재정의 경우, 조세 제도의 구성과 도세입의 구성이 명확하게 일치하는 않는 경우가 많았다. 예를 들어 기채권 및 사용료·수수료의 징수는 1920년 「도지방비령」에 규정되어 있었으나, 정작 1929년이 되어서야 시행되었다. 따라서 도세입의 성격이 변화하는 획기가 조세관련 법령의 발포시기와는 일정한 차이를 갖게 되었다.

한편 1933년 시행된 「도제시행규칙」을 통하여 도세의 세목과 세율과 부과방법 등에 대한 대강의 틀이 정해졌다. 구체적인 사항은 도회의 의결을 거치도록 하였으나, 총독의 최종 인가를 받아 도지사가 확정하도록 하였다.「도제시행규칙」 제48조 요컨대 도세 부과의 큰 틀은 「도제시행규칙」을 통하여 총독부가 정하되, 그 범위 안에서 도는 「도세부과규칙」을 정하여 과

세하도록 되어 있었다. 이리하여 도재정 운영의 독자성은 오히려 도제 실시를 계기로 약화되었다고 할 수 있다.[14]

이제 각 시기별로 그 성격을 따져보자. 1916년 이전의 첫 번째 시기는 도세와 국고보조금만으로 도세입이 구성되어 있다. 국고보조금이 4할 가까운 비중을 차지할 정도로 도세입의 중앙재정에의 의존이 심했다. 이후에도 도재정은 상당한 수준에서 국고보조금에 종속된 모습을 보이고 있다. 다음 1917~1928년 사이의 두 번째 시기인데, 도세가 신설되어 증징되었고 임시수입인 기타수입과 1917년 이후 편입된 임시은사금이 큰 비중을 차지하고 있다. 1918년 지세부가세가 크게 늘어났고, 1920년 이후 호세와 가옥세가 국세에서 도세로 이관되었다. 또 국고보조금이 감소하는 가운데, 도세입의 총액이 크게 늘어나고 있다.

세 번째 1929~1935년 시기인데, 도세가 정체하는 가운데 도채와 사용료·수수료 수입이 크게 늘어나고 있다. 이 시기에는 도세와 기타수입이 감소한 것은 공황의 영향 때문이었는데, 이 감소분을 1929년부터 징수하기 시작한 사용료·수수료 수입과 도채로 메우고 있었다고 하겠다. 특히 도채 발행이 가장 두드러지게 늘어나는 시기였다. 마지막 네 번째 1936~1943년 시기에는 기타 수입이 급증하고 국고보조금이 다시 크게 늘어나고 있다. 1936년 '2차 지방세제정리'사업으로 도세 구성에 변화가 있었지만 도세가 크게 늘어나지는 않았다. 또 원리금 상환에 압박을 받고 있던 도채 발행도 억제되었다. 대신 국고보조금이 늘어난 것은 전시총동원사업에 대한 총독부의 요구 때문이었다. 또 기타수입도 많이 늘어나고 있는데, 이 역시 전시체제의 요구에 따라 유산자층에 부과된 제도외적 강제의 성격을 가진 것이었다.[15]

위 표를 통해 살펴본 도세입의 시기별 구성은 다음과 같은 도재정의 몇 가지 특성을 드러내고 있다. 첫째, 전체적으로 도세입에서 도세 비중이 낮고 임시수입 그 중에서도 국고보조금과 도채, 기타수입의 비중이 높다는 점이다. 조선총독부는 교육, 토목, 권업 등의 용도를 특정해서 경비의 일부를 도에 보조하였는데, 이는 총독부의 관심사업을 지방단체가 수행하도록 만드는 매개역할을 수행하였다. 도재정의 보조금 의존도는 다른 지방단체보다 훨씬 높았는데, 이는 지방재정의 중앙재정에의 의존이 주로 도를 매개로 수행되었다는 사실을 보여준다.

둘째, 도세의 경우 지세부가세와 영업세부가세 등 국세부가세가 중심을 이루었고, 여기에 호세1936년 이후 호별세, 가옥세, 어업세 등 국세로부터 이관된 세금과 도장세屠場稅, 시장세 등 특별세가 추가되었다. 이들 세목은 전부 단순비례세로서 부와 소득에 역진적이었으며, 따라서 국세증가율에 비하여 도세증가율은 크게 떨어지는 모습을 보이고 있다. 이것이 지세부가세가 계속하여 도세의 중심을 이룰 수밖에 없었던 이유이기도 하다.

셋째, 기타수입이 계속하여 비정상적으로 높은 상태를 유지했다는 점이다. 기타수입은 주로 부역·현품이나 기부금 수입으로 구성되었는데, 이는 모두 정치적 강제에 의해 이루어진 비제도적 부과였다. 1936년 이후 전시체제기 들어 기타수입이 많아진 것은 총독부에 의해 유산자층에 대한 빈번한 경제외적 강제가 이루어지고 있었음을 반증한다.[16]

한편 도지방비의 세출은 크게 토목비, 권업비, 교육비, 위생비, 사회사업비의 5대 부문으로 구성되어 있었다. 1937년 이후 전시총동원 관련 예산이 크게 증가하기 전까지, 도 세출 구성에서 위 5대 부문의 중요성은 유지되고 있었다. 그 가운데 교육비는 항상 20% 이상을 유지하고 있었는데,

1920년대 후반 초등학교 1면1교정책이 전개될 때에는 4할에 가까운 비중을 차지하기도 했다.[17] 이처럼 도비에서 교육비가 큰 비중을 차지한 것은, 총독부가 국고보조금을 내려보내 조선인들의 교육에 대한 요구를 일정한 수준에서 충족시켜 나갈 필요를 느끼고 있었기 때문이었다.

도세입의 변화를 통해 살펴본 도재정의 운용은 대단히 불안정하고 종속적인 것이었다. 크게 보아 지세부가세가 중심인 도세는 크게 늘어나지 않았으며, 대신 국고보조금에 의해 운영되는 총독부의 지방사업이 도재정의 중심을 이루고 있었다. 또 부역·현품 및 기부금으로 구성되는 기타수입이 큰 비중을 차지하고 있어, 도 재정 운용을 위해서는 유산자층에 대한 제도 외의 강제가 필수적인 요소가 되고 있었음을 알 수 있다. 이처럼 도 역시 안정적인 지방단체로 정착해 있었다고 할 수는 없는 상황에 놓여있었다. 이런 상황은 도지사의 민족별 구성을 통해서도 어느 정도 확인할 수 있다.

도지방비의 수장인 도장관1910년대 혹은 도지사1920년 지방비령 실시 이후를 지낸 인물 가운데는 조선인도 많았다. 도지사는 총독부 중앙의 국장에 버금가는 직위로서, 조선인이 오를 수 있는 최고의 외관外官이자 출세의 상징으로 인정되었다.[18] 식민지기를 통털어 모두 42명의 조선인이 도지사(혹은 도장관)를 지냈는데, 시기별로는 1910년대에 9명, 1920년대에 13명 그리고 1930~1940년대에 20명이 임용되었다. 1910년대의 조선인 도지사는 대개 개화기에 저명한 '친일파'로 알려졌던 사람들로서 이른바 '논공행상형' 인사에 해당하는 것이었다. 1920년대는 친일형에서 실무형으로 이행하는 과도기에 해당하는 시기였다. 1930~1940년대 인사는 실무형 인사가 다수였는데, 고등문관시험에 합격한 사람을 포함하여 20년 이상 관료로 근무한 사람들이 다수를 차지하고 있다.[19]

13개의 도지사 직위 가운데 5개 정도가 조선인의 자리로 거의 '할당'되어 있었다. 게다가 조선인 도지사는 주로 강원도, 충청남북도, 전라북도, 황해도의 5개도를 중심으로 자리가 배당되었다. 경기도와 경상남도, 평안남북도 그리고 함경북도 등 경제적 차원에서 혹은 국경수비에서 '중요한' 도에는 오로지 일본인만이 도지사로 임명되었다.[20] 이렇게 본다면 조선인은 논공행상의 차원에서 그리고 중요하지 않은 도를 대상으로 도지사로 임명되었다고 할 수 있다. 요컨대 지방행정의 차원에서 식민지기의 도는 딱 이만큼의 중요성을 갖고 있었던 것으로 보아도 좋을 것이다. 조선인 도지사를 보내도 좋은 5개의 도와 일본인 도지사가 꼭 필요한 8개의 도가 공존하는 상황!

2. 도회와 '식민지공공성'

1929년 3월 6일 오후 3시 40분경, 동래 출신 경상남도평의회원 김병규金秉圭[21]는 경남도청 회의실에서 다음과 같이 불만을 토로하고 있었다.

> 위정자의 성명聲明한 바는 즉 그것이 민중에 대한 약속이어늘 그것을 실행치 아니해서는 도저히 아니될 바이다. 본도에 있어 1면1교를 쇼와昭和 2년도 (1927년-인용자)부터 동 6년도[1931]까지 완성하겠다는 것은 당시 도 당국자가 확실히 성명한 바임에도 불구하고 그것을 후임자 현 당국이 계획을 변경하는 것은 확실히 민중의 기대를 배치背馳하는 것인 동시에 기만적 정치인 것을 표시하는 것이다.[22]

김병규는 경상남도 평의회 제4일째 회의석상에서 당국자에게 경상남도가 초등학교 1면1교정책 실시계획을 지키지 않는 것을 격렬하게 비판하고 있다. 식민지기 도의 자문기관에 지나지 않았던 도평의회의 회의에서 어떻게 이런 일이 일어날 수 있었던 것일까?

우선 도평의회 설치 전후의 사정을 살펴볼 필요가 있겠다. 도평의회는 1920년 「도지방비령」이 공포되면서 도지방비의 자문기관으로 새로 설치되었다. 도평의회원은 임기 3년의 명예직으로 구성되었고, 도평의회의 의장은 도지사가 맡았다. 또 도지사는 첫째, 세입·세출 예산에 관한 일, 둘째, 지방세, 사용료, 수수료 또는 부역·현품 부과·징수에 관한 일, 셋째 기채에 관한 일 등을 자문하도록 했다. 각도별로 배당된 도평의회원 정원의 1/3은 학식과 명망이 있는 자 가운데서 도지사가 임명하고, 나머지 2/3는 부회와 면협의회원이 선거하도록 정했다. 도평의회원 후보는 2년 이상 도내에 주소를 둔 제국신민으로서 독립생계를 영위하는 25세 이상의 남자에게 자격이 주어졌다.

이처럼 1933년 도제가 실시되고 도회가 수립되기 이전의 도평의회는, 임명직으로 구성된 도지사의 단순한 자문기관에 지나지 않았다. 따라서 도평의회가 갖는 이런 제도적 위상과 위 경남도평의회의 상황은 뭔가 상당히 어긋나 있는 것처럼 보이기도 한다.

필자는 '식민지공공성'이라는 개념을 동원하여 이런 어긋남이 갖는 정치성을 설명해왔다. 하지만 공공성은 어떤 고정적인 사회적 실체가 아니라, '사회적인 것'이 '정치적인 것'으로 전환할 때 유발되는 정치적인 효과를 지칭하는 것일 따름이다. 이런 논리에 기초하여 필자는 부회가 갖는 식민지공공성의 측면을 다음과 같이 해석하였다.

먼저 식민지에서 '사회적인 것'의 형성에 대해 주목할 필요가 있다. 식민국가는 국가로부터 경제를 분리하고 이를 바탕으로 사회의 성립을 주도해나간다. 이리하여 1920년대 식민지 조선에도 다양한 분야에서 하위 사회가 형성된다. 자율성이 제한적이었고 미성숙한 상태에서나마, 행정관료적 영역, 경제적 영역, 종교적 영역, 문화적 영역, 집합적 운동의 영역, 하위 지역적 영역 등에서 실체적 사회가 형성되고 있었다. 그리고 이런 사회적 영역은 어떤 계기로든 공공영역으로 부상하게 되면 '정치적인 것'과 조우한다. 식민지근대란 대개 사적 영역과 관제 영역을 중심으로 성립하는 것이지만, 이처럼 사회적 영역은 공공성을 매개할 때에만 정치적 성격을 가질 수 있게 된다고 본다.

식민지기 자문기관이었던 도회는 그 소극적 성격에도 불구하고, 행정관료적 영역에서 형성된 하위 사회의 하나로 간주할 수 있다. 대부분의 경우 도회는 식민국가의 방침을 추인하는 역할에 머물러 있었지만, 그것이 정치적 성격을 띠게 될 때에는 공공성과 조우하게 되었다. 도회에서 조선인 교육 문제나 생활개선 문제가 거론될 때에는 자연스럽게 민족 차별 시정 문제로 연결되거나 지역운동과 연계되는 경우가 많았다. 이를 두고 도회에서 발현되는 식민지공공성이라고 명명했던 것이다.[23]

이제 식민지공공성의 발현 공간으로 강조되어 왔던 도회의 구체적 실상에 대해 살펴보기로 하자. 1930년 12월에 발포된 「도제」는 의결기관인 도회의 개설을 선포하였다. 도회의 의장은 도지사가 겸임하도록 하고, 도회 의원 가운데 1/3은 도지사가 임명하며, 2/3는 부·읍회 의원과 면협의회원이 선거하도록 하였다. 이는 이전 도평의회와 비교하여 변하지 않은 점이다. 도제 운영의 구체적인 사항이 「도제시행규칙」[24]으로 1933년 2월 1

일 공포된 이후, 1933년 4월 1일부터 본격적으로 시행되었다.

도회에는 도에 속하는 사무에 대한 의결권이 부여되었다. 구체적으로 세입출예산, 결산보고, 도세·부역현품·사용료·수수료 부과징수, 기채, 기본재산과 적립금, 계속비, 특별회계 등 도가 진행하는 제반 재정사무가 대상이 되었다. 도회가 의결한 사항은 도지사에게는 사무집행의 전제요건이 되었다. 또 도회는 공익에 관한 사항에 대해 의견서를 제출할 수 있고, 관청의 자문에 답신할 의무가 주어져 있었다.

한편 도회에는 발안권과 입법권이 주어지지 않았다. 부·읍회에도 발안권은 주어지지 않았지만, 조례나 규칙을 제정할 수 있는 입법권이 부여되어 있었다는 점에서 달랐다. 도의 입법권은 전적으로 도지사에게 주어져 있었다. 도회가 도지사의 입법사항에 속하는 내용에 대해서 의결할 수 있는 권한은 있었지만, 법규 자체를 의결할 권한은 없었다. 다시말하면 발안권과 입법권은 모두 도지사에게 주어져 있었으며, 도회의 의결사항에 대한 집행권도 오로지 도지사에게만 주어져 있었다.

또 도회 운영과 관련해서도 총독과 도지사는 강력한 권한을 행사할 수 있었다. 총독은 도회의 해산을 명령할 수 있었고, 도회의장인 도지사는 도회의 소집과 폐회, 선거공고 등 도회를 운영하고 감독할 권한을 가졌으며, 의결권의 일부를 전결처분할 수 있었다. 또 도지사는 도회에서 의결된 사항을 재의再議에 붙이거나 재선거를 행할 수 있었고 또 의결된 사항을 취소하기 위해 정회를 명령할 수도 있었다. 도회운영과 관련한 총독과 도지사의 권한은 모두 새로 신설된 것이었는데, 도회의 의결기관으로서의 권한을 무력화시킬 수 있는 수준의 조항이었다.[25] 총독부에서는 도회 운영에 상당한 우려를 갖고 있었음을 보여주고 있다.

도회는 1933년부터 선거가 시행되었고, 그때부터 1941년까지 4년 주기로 새로운 의회가 개설되었다. 이 시기의 자문기관 혹은 '의결기관'은 총독부에 의해 자치의 예비단계로 선전되고 있었다. 하지만 구속력이 전혀 없는 자문에 그치고 있었다는 점, 극단적인 제한선거로 조선인의 선거권을 제약하고 있었다는 점, 그리고 자문기관의 의장을 임명직 단체장이 겸임하도록 하였다는 점 등을 근거로 매우 기만적인 정책이었다고 평가되고 있다. 총독부 당국자의 우려는 기만정책의 또다른 이름이었다.

아래에서는 도평의회·도회를 통해 조선인의 지방 자문기관(혹은 의결기관) 참여를 첫째 동의, 둘째 저항 그리고 셋째 연대 특히 재조선 일본인과의 연대라는 3가지 매개를 통해 살펴보기로 하겠다. 이를 통해 지방 자문기관에 의해 침식되고 있던 조선총독부 통치의 기반에 대한 정황을 이해할 수 있게 될 것이다.

그러면 먼저 지방 자문기관 참여가 조선인의 동의를 어느 정도 매개하고 있었던가를 몇 가지 지표를 통해 살펴보기로 하자. 먼저 도평의회·도

〈표 18〉 도평의회·도회의 연도별, 민족별 의원 수

구분		1920년	1924년	1927년	1930년	1933년	1937년	1941년
조선인	관선	56	55	51	48	57	55	55
	민선	219	215	222	219	243	247	245
	소계	275 (76)	270 (75)	273 (75)	267 (74)	300 (71)	302 (72)	300 (71)
일본인	관선	63	64	68	71	83	84	84
	민선	24	28	21	24	40	36	38
	소계	87 (24)	92 (25)	89 (25)	95 (26)	123 (29)	120 (28)	122 (29)
합계		362	362	362	362	422	422	422

자료: 김동명, 『지배와 협력』, 역사공간, 2018, 129~131쪽 표.
비고: ( ) 안은 당해연도 전체 의원수에 대한 비율.

회의 연도별, 민족별 의원 수를 나타낸 〈표 18〉 점검해보자.

도평의회 의원수는 1920년부터 1930년 사이에 4차에 걸쳐 362명으로 동일한 수를 유지했다. 그 가운데 조선인은 74%[1930년부터] 76%[1920년] 사이의 비율을 보이고 있다. 대개 전체 정원의 3/4정도를 조선인이 그리고 1/4정도를 일본인이 차지하고 있었던 셈이다. 또 조선인 평의원은 약 8할 정도가 민선이었으나, 일본인 평의원은 7할 정도가 임명직 의원이었다. 당시 전체 인구에서 일본인 이주자가 차지하는 비율에 비하면, 일본인들은 지나치게 많은 평의원을 임명직으로 차지하고 있었다고 할 것이다.

1933년 이후 도회의원 상황을 보면, 조선인 의원이 차지하는 비율이 7할 정도로 전체적으로 약간 떨어지고 있다. 민족별 의원의 내부 구성을 보면, 조선인의 8할 정도가 민선이고 일본인의 약 7할 정도가 임명직 의원으로서 이전과 유사한 면모를 보이고 있다. 요컨대 1933년 이후 도회 구성에서 일본인 의원의 비율이 약간 상승하게 되었다고 할 수 있다.

한편 민선평의원과 민선도의원의 민족별 구성을 보면, 도평의회 시기에는 대개 일본인이 1할 정도를 차지하고 있었으나 도회 시기에는 13~15% 수준으로 상승하고 있다. 요컨대 시간이 지남에 따라 일본인 의원들의 수가 증가하고 있으며, 일본인 민선의원의 수 역시 약간 늘어나고 있었다고

〈표 19〉 도회 선거 유권자수 및 경쟁률(1930년대 이후)

구분	유권자			입후보자			당선자			경쟁률
	조선인	일인	계	조선인	일인	계	조선인	일인	계	
1933	21,953	1,508	23,461	923	90	1,013	241	42	283	3.6
1937	21,974	1,636	23,610	752	98	850	246	37	283	3.0
1941	21,942	1,553	23,495	727	69	796	245	38	283	2.8

자료 : 김동명, 『지배와 협력』, 역사공간, 2018, 135~139쪽 표 11·14로부터 작성.

할 것이다. 다음으로는 도회 선거의 유권자수와 경쟁률을 정리한 〈표 19〉를 살펴보자.

위 표는 도회 선거에 참가한 유권자수 및 선거에 입후보한 사람과 당선된 사람의 수를 표로 정리한 것이다. 도회 선거는 부·읍회와 면협의회원의 선거를 통한 간접선거였으므로, 유권자는 거의 일정한 수를 유지하고 있었다. 전국적으로 2만 3천여 명 정도의 부·읍회 의원과 면협의회원이 선거에 참가하고 있었던 셈이다. 이 가운데 조선인이 전체의 93~94% 정도를 차지하고 있었고, 투표율도 98% 정도에 육박하고 있었다.[26] 이런 높은 투표율은 도회의원 선거가 부·읍회와 면협의회원의 간접선거였다는 사실을 여실이 보여주는 지표라 할 것이다.

도제 실시 이후 시행된 1933년의 도회 선거부터는, 지방제도 개정을 '참정권' 부여의 전제로 받아들이는 분위기가 만들어지면서 선거에 대한 일반 민중과 유권자의 관심이 늘어나게 되었다. 이 때문에 지역에 따라서는 입후보자가 난립하고 경쟁률이 높아지기도 했다. 선거의 과열을 우려하여 당국은 단속에 나섰고, 선거 법령 관련 위반자가 조선인 가운데서 많이 나오기도 했다.[27]

전체 입후보자 수에 대한 당선자 수의 비율 즉 전체 경쟁률은 3대 1 전후를 유지하고 있었는데, 민족별로 볼 때 조선인의 경쟁률이 일본인보다 훨씬 높았다. 수는 적었지만 일본인이 도회의원으로 출마하면 당선될 확률이 두배 이상 높았던 것이다. 농촌지역 즉 군지역에서는 조선인의 당선이 많았지만, 일본인 밀집지역인 부 지역에서는 일본인 당선자의 비중이 높았다. 이것은 도회 운영에서 일본인의 발언이 '과대대표'되고 있었을 가능성이 높았다는 사실을 알려주고 있다.

둘째, 조선인의 도회 참여가 드러내는 저항의 매개 수준을 살펴보기로
하자. 여기서는 대상의 범위를 좁혀 경상남도의 도평의회와 도회 상황을
분석하기로 한다. 먼저 경남도 평의회 및 도회의원의 연도별 민족별 당선
상황을 다음 표를 통해 살펴보자.

〈표 20〉 경상남도 평의회·도회의원의 연도별, 민족별 당선 상황

구분	조선인			일본인			합계
	관선	민선	계	관선	민선	계	
1920년	6	20	26(79)	6	1	7(21)	33
1924년	5	19	24(73)	6	3	9(27)	33
1927년	6	18	24(73)	7	2	9(27)	33
1930년	4	20	24(73)	8	1	9(27)	33
1933년	5	21	26(60)	9	8	17(40)	43
1937년	5	23	28(65)	8	7	15(35)	43
1941년	5	25	30(70)	9	4	13(30)	43

자료: 전성현, 「일제시기 도평의회와 지역」, 『한일민족문제연구』 27, 2014; 전성현, 「일제강점기 '지방
　　의회'의 '정치적인 것'과 한계」, 『역사연구』 39, 2020; 김동명, 『지배와 협력』, 역사공간, 2018,
　　184~225쪽.
비고 : ( ) 안은 당해연도 전체 인원에 대한 비율.

1920년 도평의회가 설치된 이후 도회를 포함하여 1941년까지 모두 7
회의 '의회'가 구성되었다. 1930년까지의 도평회의 시절에는 정원이 33
명, 1933년 이후 도회 이후에는 10명이 늘어나 정원이 43명이 되었다. 전
체의 3분의 1인 관선의원에는 일본인이 많이 임명되었지만, 압도적으로
많은 수를 차지하는 것은 아니었다. 도평의회 시절에는 일본인 민선의원
의 수가 매우 적었으나, 도회 시절에는 일본인 민선의원이 두 배 이상 늘
어나고 있다. 농촌 지역인 군의 민선의원은 모두 조선인이, 도시지역인 부
의 경우에는 일본인이 다수를 차지하고 있다. 이는 전국적인 상황과 거의

유사한 현상이다. 평의회 시절에는 조선인 의원이 7할에서 8할 정도를 차지하고 있으나, 도회 시절에는 7할 이하로 떨어지고 있다. 경남 지방에 거주하는 일본인 전체 수에 비추어 일본인 의원은 매우 높은 비율을 차지하고 있었다. 이 역시 전국적인 현상과 거의 동일한 것이었다. 경상남도의 도평의회·도회의 의원 상황은 전국적인 의원 구성상황과 크게 다르지 않았던 것이다.

경상남도 평의회는 개설 이후 1921년부터 1933년까지 모두 16회의 회의가 개최되었다. 도지방 예산안이 자문되는 연 1회의 정기회와 추가예산이나 긴급사안이 있을 때에 열리는 임시회를 포함한 것이었다. 예산안은 대부분 만장일치로 결의되었고, 현안 문제에 대한 건의안도 대개 다수결로 쉽게 통과되었다고 한다. 아마 자문사항에 그쳤기 때문일 것이다.[28] 또 도회 시절인 1933년부터 1945년까지도 매년 열리는 정기회의 13회 그리고 임시회의 8회가 개최되었다. 역시 정기회의는 예산안 결의를 중심으로 그리고 임시회의는 긴급사안을 대상으로 열렸다.[29]

이제 다시 앞서 거론했던 김병규의 사례로 돌아가보자. 1929년 경남도 당국의 1면1교정책 연기를 비판하는 연설을 한 바 있는 김병규는, 이른바 '예산안 반려返上사건'의 주동자였다. 경남도 평의회의 '예산안 반려사건'은 도평의회 역사상 처음으로 예산안을 반려한 것으로 유명한 것이었는데, 김병규는 이로 인하여 14명의 조선인 평의원과 함께 해임되어 버렸다. 도지사가 평의원을 해임할 권한을 갖고 있었기 때문이다. 하지만 해임된 평의원 전원은 보궐선거에 다시 출마하여 그 중 13명이 당선되었다. 김병규는 당선되었지만 취임하지는 않았다.[30] 하지만 이후 김병규는 관선 도회의원으로 1933년과 1937년 연이어 임명되어 활동을 전개한 바 있다. 김병규의 주요 관심사는 조선인 교육에 관한 것이었다.

식민지기 도평의회와 도회의 주요 안건은 대개 조선인의 생활개선과 민족차별 철폐와 관련한 것이 많았다. 민족차별 문제 그 중에서 특히 교육과 관련한 민족간 차별 철폐 문제는 지속적으로 도평의회·도회의 주요 의안으로 다루어졌다. ① 일본인학교와 조선인학교의 차별 철폐, ② 조선인 중등학교 설립 및 시설 확충, ③ 의무교육 실시, ④ 보통학교 수업료 폐지 등이 문제가 되었는데, ①과 ②는 민족간 교육차별 철폐, ③과 ④는 의무교육 실시로 수렴될 수 있는 문제였다.[31]

그리고 경상남도 도회의 경우에도 교육차별 철폐와 의무교육 실시가 계속적으로 조선인 의원들에 의해 강력하게 제기되고 있었다. 1933년 도회부터 초중등학교 시설 확충 문제가 제기되어 관심이 집중되었다. 여기에 1933년 정기회에서는 초등학교 수업료 철폐안이 결의되어 전국적인 주목을 받았다.[32] 이는 1936년 이후 조선인에 대한 의무교육 실시 요구로 이어지게 되었는데,[33] 이는 각급 조선인학교 확충과 차별철폐 요구와 동시적으로 제기되고 있었다.[34] 이처럼 경남도회는 조선인 민선의원들이 주축이 되어 초등학교 수업료 철폐, 혹은 조선인 의무교육 실시 등 상당히 급진적인 안건을 통과시키고 있었다.

물론 조선에 거주하던 일본인에게는 초등 무상의무교육 제도가 본국과 동일하게 실시되고 있었고, 이런 현실이 조선인을 자극할 여지가 많았을 것이다. 조선인 민선 도회의원들은 높아지던 조선인의 교육에 대한 불만과 요구를 적극적으로 도정에 반영할 필요가 있었다. 게다가 조선인 의원들이 중심이 된 결의가 조선인들의 교육상황을 개선하는 데 일정한 도움이 될 수도 있었다. 일반 조선인들의 교육에 대한 불만과 요구는 이런 방식으로 도회에서 '저항'의 방식으로 표출되었던바, 이를 두고 '참여적 저항'이라고 불러도 좋을 것이다.

세번째로 도회에서 드러나는 조선인과 일본인 간의 연대 즉 민족 간의 연대에 대해 간단히 살펴보려 한다. 우선 도회에서 가장 많이 그리고 자주 문제가 되었던 안건은 주로 조선인의 생활개선과 민족차별 문제였다. 하지만 이런 문제를 두고 조선인과 일본인의 이해가 일치할 수는 없었다. 민족간 이해가 일치하는 경우는 주로 지방청의 청사 이전 문제나 도시지역의 전기, 수도, 전차 등 공통의 생활개선 문제에서 발생하였다. 대표적으로 충남 공주지역의 도청이전 반대운동[35]이나 경남도청 이전 반대운동 등의 사례[36]를 들 수 있다. 또 경성전기회사 부영화문제나 경성의 전차 노선이나 수도가설 문제 등을 둘러싸고 경성 부회에서 의원들간 민족간 연대가 이루어지거나 집합행동으로 발전하는 경우가 많았다.[37]

민족 간에 생활상의 이해가 일치하는 경우는 주로 일본인이 집주하는 도시지역에 국한되어 있었다. 도처럼 광역의 지방단체인 경우, 민족간의 이해가 일치하고 연대를 이루는 경우가 많이 발생할 수 없었다. 그럼에도 도세 부과문제 등에서는 이해가 일치할 수 있었다. 앞서 살펴본 바와 같이 도세 부과에 관한 큰 범위의 원칙은 총독부령인 「도제시행규칙」에 정해져 있었지만, 과세와 관련한 구체적인 사항은 도령道令으로 발령하는 「도세부과규칙」에서 정하도록 되어 있었다. 경남 도회에는 1934년부터 1945년까지 매해 도세부과규칙이 안건으로 상정되었다. 1943년 이후에는 이른바 '익찬도회翼贊道會'가 되면서 도지사 전결사항으로 바뀌었지만, 그 전에는 상정된 부과규칙안이 심각한 반대에 부딪치기도 하였다. 1934년 개인 소득세 신설안 혹은 1935년 호세, 가옥세, 지세부가세의 증율안이 상정되었을 때, 일본인 의원들의 반발이 거세게 일어났다. 특히 1936년 호별세가 도입된 이후에는 호별세의 세율을 둘러싸고 조선인, 일본인 의원들이 연대하여 반대하는 움직임을 보이기도 하였다.[38] 이처럼 도회 역시 조선인과 일본인의 이해가 일치하는 경우, 상호 연대하여 이익을 관철하려는 활동이 일어나기도 했던 것이다.

이상으로 도평의회와 도회를 대상으로, 조선인의 지방정치 참여를 동의와 '참여적 저항' 그리고 연대라는 매개를 통해 살펴보았다. 조선인들의 사회적 요구가 도회라는 정치적인 장에서 표출될 때 드러나는 '정치적인 것', 바로 이를 두고 필자는 식민지공공성이라고 명명한 바 있다. 경남도회 전체의 7할 가까운 수를 차지하던 조선인들의 참여, 조선인 교육을 둘러싼 민선의원들의 정치적 요구 즉 '참여적 저항', 그리고 도세 부과를 둘러싼 일본인 의원들과의 민족간 연대, 이것이 바로 도회에서 발견할 수 있는 식민지공공성이었다. 그리고 이를 통하여 도회는 비로소 '정치적인 장'이 되었다. 도평의회·도회라는 '지방의회'를 통하여 지방의 식민지통치는 아주 조금씩이나마 침식당하고 있었던 것이리라!

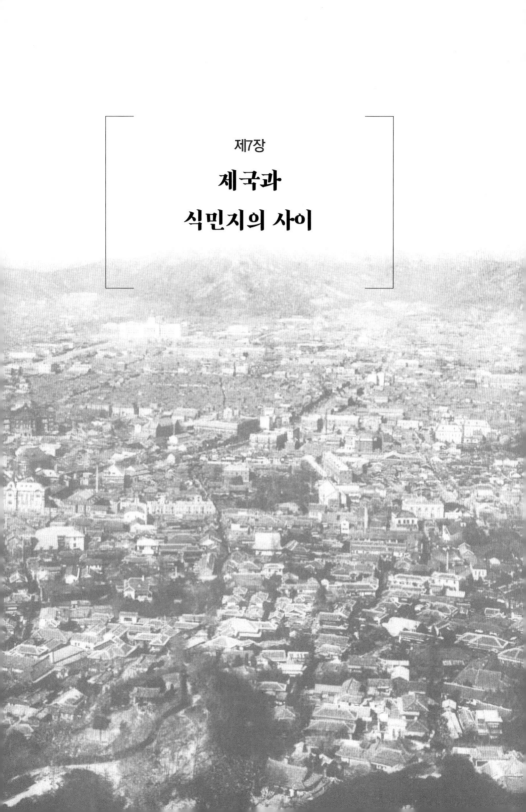

제7장

제국과
식민지의 사이

영친왕, 영친왕비 이방자(『李王, 同妃兩殿下 御渡歐日誌』, 1928). 영친왕 부부는 1927년 5월부터 1928년 4월 사이에 유럽을 여행하였다. 남유럽부터 북유럽에 걸친 유럽의 거의 전 지역을 거의 1년에 걸쳐 돌아보았다.

【水亭及び植物本館】昌慶苑は一般に開放せ
られてあり、模樣頗る風致に富み、毎日非常
な賑ひを呈してゐる。苑内には博物館、動物
園、植物園等があり、植物園には東洋一の温
室がある。
——【京城美觀】——

창경원 내 식물원 전경. 〈정자와 식물 본관〉 엽서, 日之出商行 발행, 한국학진흥사업 성과 포털(http//waks.aks.a
c.kr). 〈정자와 식물 본관〉이라는 제목의 사제 엽서이다. 조선총독부는 창경궁의 이름을 창경원으로 바꾸고, 식물원과
동물원을 설치하여 일반 대중에게 개방하였다. 이왕가의 왕궁은 관광지가 되었고, 일반엽서에 인쇄되어 널리 소비되
었다.

이왕가미술관 전경(위)(이왕직, 『이왕가미술관 요람』, 1938), 이왕가미술관 구관·신관(아래). 1938년 덕수궁에 건물을 신축하여 경궁에 있던 이왕가박물관을 이전하고, 이왕가미술관으로 고쳐불렀다.

의친왕 이강 공(위키피디아). 의친
왕 이강(1877~1955)은 고종의
다섯째 아들로 태어났다. 대한제국
시기 황족의 일원이었지만, 병합 이
후 그는 공가로 분류되어 공족으로
대우받았다. 1919년 대동단과 협
의하여 상해로 탈출하려다가 발각
되어 송환된 바 있다.

자작 윤덕영(尹德榮) 씨(大村友
之丞 編, 『朝鮮貴族列傳』, 朝鮮總
督府, 1910). 순종 비의 아버지였
던 윤택영의 형으로서, 식민지기
'부패 귀족'의 전형으로 알려져 있
다. 나중에 일본의 칙선 귀족원 의원
으로 임명되었다.

(경광식산해대병보선조) 最後의 羅列

최후의 나열(「최후의 나열-조선보병대 해산식 광경」, 『매일신보』, 1931.4.9). 이왕가 호위병으로 잔명을 유지하고 있던 '조선보병대'는 1926년 순종의 사거 이후 필요성이 없어지자 1931년 해산되었다. 해산 당시의 모습이다.

조선주차군사령부 전경(조선사진통신사, 『조선사진화보 특별호―朝鮮師團創設記念號』, 1916). 1916년부터 조선주차군은 조선에 장기 주둔하는 조선군으로 편성되기 시작하였다. 1916년 용산에 있던 조선주차군사령부 건물을 찍은 것이다. 사진 뒤쪽으로 보이는 동산에는 조선총독의 관사가 있었다. 조선총독부 청사가 1926년 경복궁 경내로 이전한 후, 조선총독의 관사도 1937년 경복궁의 후원이었던 경무대 즉 현재의 청와대 자리로 옮기게 된다.

STOFF OFFIES OF THE 19TH DIVISION, YONGSAN, CHOSEN.　朝鮮龍山第十九師團司令部

용산 19사단 사령부(《용산 19사단 사령부》 엽서, 日之出商行 발행, 한국학진흥사업 성과 포털 http//waks.aks.ac.kr). 〈용산 19사단 사령부〉 엽서는 경성의 히노데상행에서 발행한 사제 엽서이다. 용산에는 1916년 조선군사령부가 설치되었으며 이어 1919년에 19사단이 설치되었다. 용산에 설치된 19사단은 곧이어 나남으로 이전하였으며, 이어 용산을 본부로 삼는 20사단이 설립되었다. 엽서에 인쇄된 조선군 19사단 건물은 나중에 20사단이 사용한 건물과 동일한 것이다.

만보산사건 관련 사진(1931)(『新滿洲國寫眞大觀』, 大日本雄辯會講談社, 1932). 만주국 수립을 기념하는 사진집에 게재된 만보사사건 관련 사진이다. 만주로 이주한 조선인 농민에 대한 중국군의 부당한 탄압이 일본의 만주침략에 원인을 제공했음을 암시하고 있다.

조선군의 전투준비와 휴식(『(滿洲事變朝鮮派遣軍)舊戰物語』, 滿洲事變朝鮮派遣軍舊戰物談刊行會, 1933). 일본군이 만주를 침략할 때 조선군은 선봉군으로 참여하였다. 만주에서 조선군이 전투준비를 하고 휴식을 취하는 모습이다.

육군소년비행병 모집 엽서, 일본 육군 항공
본부 발행, 한국학진흥사업 성과 포털(htt
p//waks.aks.ac.kr). 일본 육국 항공본
부가 소년비행병을 모집하기 위하여 1942
년경 발행한 엽서이다. "육군 도쿄육군항
공학교 생도, 소년비행병 조종, 정비, 통신
모집"이라는 글귀가 인쇄되어 있다. 엽서
의 뒷면에는 지원 마감일자를 인쇄하여 지
원을 독려하고 있다.

팸플릿 '지나사변과 조선인의 각오' 표
지(조선총독부, 『지나사변과 조선인
의 각오』, 1937). 1937년 일본군이
중국을 침략할 때도 조선군은 중심적
인 역할을 수행하였다. 조선총독부는
전쟁 발발 직후 조선인이 중국침략에
적극적인 역할을 수행해야 할 것이라
고 강조하는, 한글 팸플릿을 발간하여
널리 배포하였다.

조선은행 본점 엽서. 〈경성 조선은행〉 엽서, 日之出商行 발행, 한국학진흥사업 성과 포털(http//waks.aks.ac.kr). 〈경성 조선은행〉이란 제목으로 경성의 히노데상행에서 발행한 사제 엽서이다. 이 건물은 1912년 일본의 유명한 건축가 다쓰노 긴고(辰野金吾)가 설계한 것으로, 석조 3층 건물이다.

裁 総
氏 郎 三 敬 藤 加

조선은행 총재 가토 게이사부로(加藤敬三郎),
(조선은행, 『조선은행25년사』, 1934). 조선
은행 총재 가토 게이사부로는 1930년대 초반
조선은행이 대륙침략의 선봉에 나서는 데 크게
기여한 사람이었다.

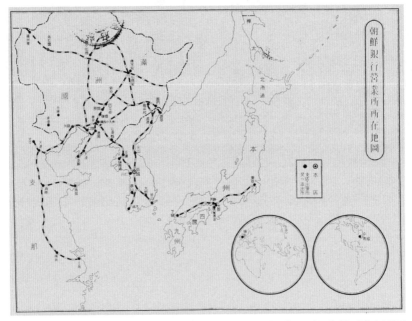

조선은행 영업소 소재지도(조선은행, 『조선은행25년사』, 1934). 조선은행은 조선은행권을 발행하던 발권
은행이었지만, 기본적으로는 일본의 대륙침략을 위한 기관으로 설계된 것이었다. 1930년대 조선은행의
영업소 소재지도가 그 성격을 잘 보여주고 있다.

기본적으로 일본 본국에 소속되지만, 직무상으로는 조선총독이 '관여'하는 기관으로 이왕직, 그리고 조선군과 조선헌병대 등의 군사기관이 있었다. 그리고 약간 성질은 다르지만 조선은행 역시 조선총독부 소속이 아니라는 점에서는 공통점을 지니고 있었다. 여기서는 조선총독부의 직속기관이 아니지만 조선에서 가장 중추적인 역할을 수행하고 있던 세 개의 기관을 살펴보려 한다.

병합과 동시에 옛 대한제국의 왕실은 이왕직으로 재편하여 존치하게 되었다. 고종의 인산일을 계기로 폭발한 3·1운동의 사례를 통해서 잘 확인하게 되듯이, 비록 국가가 사라졌다고 하더라도 왕실이 갖는 상징성은 적은 것이 아니었다. 이왕직은 일본 본국의 궁내성이 관리를 담당하였지만, 조선총독에게도 이왕직 사무를 현지에서 감독하는 권한이 부여되었다.

조선에 파견된 일본군은 통감부가 설치된 이래 일본 지배가 종식될 때까지, 조선에서 폭력독점을 대표하는 기관으로 군림하였다. 의병과 독립군 등 조선인들의 무력 저항은 '조선군'과 '조선헌병대' 등 조선에 파견된 일본군에 의하여 진압·토벌되었다. 제2차 세계대전이 발발한 이후에는 조선인들이 대거 조선군에 동원되어 침략전쟁에 이용되었다. 그럼에도 조선에 파견된 일본군은 조선총독부가 직접 지휘할 수 있는 권한을 갖지 못했다.

조선에서 발권은행의 기능을 담당하고 있던 조선은행 역시 총독부가 관할권을 갖지 못했다. 조선을 일본의 엔경제권에 종속시키되 별도의 은행권을 사용하게 하였으며, 발권기능을 본국의 재정담당 부서 즉 대장성이 직접 관할하게 한 것은 무슨 이유 때문이었을까?

제국과 식민지 사이에서 존재하던 이 기관들을 통해서 역으로 식민지 조선 나아가 조선총독부의 위상이 선명하게 드러나게 될 것이다.

1. 이왕직

1921년 5월 24일 오전 10시 자작 윤덕영尹惠榮은 경성지방법원 검사국으로 호출되어 장시간 심문을 받았다. 평상시에는 귀족 신분으로서 화려한 자동차에 보호 순사를 데리고 호기만장하게 돌아다녔으나, 이날만은 도무지 세상 사람들에게 얼굴을 보이고 싶지 않은 자세로 인력거를 검은 휘장으로 전후좌우로 꼭 가리고서 경성지방법원 문간에 바짝 차를 들이대고서 앞뒤로 내어민 큰 머리와 수심을 띤 얼굴을 드러내었다고, 『동아일보』는 윤덕영의 출두 모습을 그리고 있다.[1] '귀족의 지위'에 어울리지 않는 뭔가 부끄러운 혐의가 있었음에 틀림없다.

윤덕영은 순종비의 아버지였던 윤택영尹澤榮의 형으로서, 1910년 병합 당시에는 시종원경으로 일제에 협력하였으며 그 대가로 자작 작위를 수여받았다. 대지주로서 많은 재산을 가지고 호사를 누렸으며, 1938년에는 경학원 대제학과 명륜학원 총재 그리고 1939년에는 일본 본국 귀족원의 칙선의원勅選議員으로 임명될 만큼 본국 정부와 총독부로부터 신임을 받았던 인물이다.[2] 그런 그가 검사국에 호출당해 조사를 받았던 이유는 무엇일까?

그는 이왕직 촉탁직인 차비관差備官 임명장을 위조한 죄목으로 호출되었다. 차비관은 조선시대에 궁중의례가 있을 때에 품계가 낮은 신임관료 가운데서 임시로 차출되는 임명직이었다. 마침 고종의 장례 후 3년째 되는 1921년 3월에는 부태묘의祔太廟儀가 있을 예정이었다. 부태묘의는 신주를 종묘에 안치하는 의례인바, 행사에 참예하고 보조하는 차비관이 많이 필요한 상황이었다. 윤덕영은 행사를 담당할 부묘주감祔廟主監의 제조提調(책임자-인용자) 7인 가운데 한 사람으로 임명되었으며, 그가 중심이 되어 금품 등의 댓가를 받고 행사에 참여하는 차비관 임명장을 부정으로 발급하였던 것이다. 윤덕영은 이전에 이미 이왕직의 장시계장掌侍係長을 지낸 바 있어, 이왕직의 각종 의례에 전문적인 식견을 갖고 있었다. 그가 중심이 되어 이왕직에서는 3차에 걸쳐 모두 444명에게 부정 임명장을 발급하였다.[3]

병합 이후 1930년대 중반까지도 대한제국 시기의 관직 임명장은 주로 첩지帖紙라는 이름으로 민간에서 위조되어 팔리고 있었다. 이왕직에서 위조한 차비관 임명장도 그와 같은 차원에서 이해할 수 있다. 왕실은 이미 없어진 지 오래되었으나, 이왕직이 발급한 가짜 임명장은 신분 상승을 갈망하는 대중들에게 인기를 얻고 있었다. 이왕직의 조선인 관료들은 이런 사회적 분위기를 이용하여 위조 임명장을 발급하여 사복을 채우고 있었던 것이다. 지금까지 그다지 알려지지 않았던 식민지 사회의 '웃픈' 한 단면일 터이다.

자작 윤덕영의 검사국 소환이라는 '소극笑劇'을 통하여, 대한제국 황실과 상층지배층을 위해 식민지에 새로 만들어진 세 개의 '창작품'을 확인할 수 있다. 세 개의 창작품이란 첫째, 이왕직, 둘째, 왕족과 공족='왕공족', 셋째, '조선귀족'이라는 것인데, 대한제국의 황실과 최상층 지배집단을 '처리'하고 대우하기 위한 일본제국의 '고심의 산물'이었다. 이제 이왕직을 필두로 한 그 창작품의 실체를 살펴보기로 하자.

1) 이왕직

첫째, 이왕직이라는 기관은 무엇인가? 일제가 통감부를 설치하고 한국 황제권의 약화를 도모하던 1906년부터 1907년 사이에, 주로 군부를 중심으로 조선 황실 폐지안이 강력하게 제기되기도 했다. 특히 1907년 헤이그

밀사사건을 처리하는 과정에서 '대일본황제 겸 한국왕'의 실현을 기대하는 한국주차군사령관의 제안 즉 한국 황실을 폐지하고 일본 천황이 직접 조선을 지배하는 방안이 제기되었다. 하지만 통감 이토 히로부미는 양위라는 형식으로 고종을 퇴위시키되 황실은 존속시키는 방안을 채택하였다. 이토는 이데올로기 기구로서 한국 황실과 황제가 갖고 있는 위력을 인정하고 있었고, 이에 따라 황제의 권위를 이용하여 한국지배의 정당성을 획득하려 했던 것이다.[4]

그리하여 앞서 본바, 병합과 동시에 대한제국 정부는 조선총독부로 전환되어 흡수되었다. 그 가운데 대한제국의 황실사무를 담당하던 궁내부는 1910년 12월 '이왕직'으로 축소되었고, 뒤에 서술할 것이지만 대한제국 황실은 '이왕가'혹은 '왕공가'로 격하되어 일본 황실 산하로 재편되었다. 국가가 없어지는 마당에 황실과 황실사무 담당부서의 운명은 명백한 것이라 할 수밖에 없었다. 완전히 해체되어 사라지거나 혹은 명맥을 유지하더라도 그 격이 떨어진 상태에서 지속되거나 하는 선택이 강요될 것이다. 대한제국의 경우 마침 후자의 경로가 주어졌던 것이니, 이를 두고 어떻게 해석할 것인지는 오직 평자의 선택에 달려 있는 것이겠다.

이왕직의 설치를 말할 때에는 우선 그 운명이 후자로 갈라지게 된 경위를 밝힐 필요가 있을 것이다. 그것은 두 가지 차원에서 말할 수 있겠는데, 하나는 대한제국을 병합하는 입장에 선 일본제국이 선호하는 바가 어떤 것이었던가 하는 점, 다른 하나는 황실의 선택이 무엇이었던가 하는 점이다. 먼저 한국병합과 아울러 황실을 처리하는 방식에 대한 일본제국의 입장을 살펴보기로 하자. 19세기 후반 이후 제국주의 일본이 취한 근대 식민주의 이데올로기의 핵심은 밖으로는 동양주의, 안으로는 동일화 이데올로

기즉 동화정책動化政策로 수렴되고 있었다는 점을 지적해둘 필요가 있겠다. 서구 제국주의가 내세우고 있던 '문명화사명'에 버금가는 '사명이데올로기'를 창작해내지 못했던 일본의 제국주의는, 동양주의와 동일화 이데올로기라는 궁색한 논리를 자신의 전통으로부터 찾아낼 수 있었다. 동양주의는 동문동종同文同種, 동일화 이데올로기는 일선동조日鮮同祖라는 수식에서 잘 표현되듯이, 중화질서 속에서 영위해온 '국제적 감각'으로 새로운 논리를 개발하였던 것이다.[5]

"짐은 천양무궁天壤無窮의 기틀을 널리 하고, 국가비상의 예교禮敎를 갖추고자 전 한국황제를 책冊하여 왕으로 삼는다."[6] 이 구절은 한국 병합 직후 일본 천황이 공포한 조칙詔勅에 나오는 것인데, 옛 중화질서 속의 조공—책봉이라는 비유를 동원하고 있다. 대한제국은 이제 일본제국의 제후국으로 격하되어 흡수되었다는 사실을, 옛 중국적 천하질서를 빗대어 과장하고 있는 것이리라! 이리하여 대한제국의 신민들은 일본제국 천황의 적자赤子로서, 일시동인一視同仁의 대상이 되었던 것이다. 이런 고대 유학의 이상적 제국질서 속에서, 대한제국의 황제는 '조선의 왕'으로서 자신의 생명을 유지할 의무를 지게 되었다. 이렇게 일본제국은 굳이 한국의 황실을 유지할 이유를 찾아낼 수 있었다. 한국의 황실은 조선의 왕실이 되어 조선통치의 상징적 거점 역할을 수행할 필요가 있었다.

그렇다면 대한제국 황실의 선택은 무엇이었던가? 1904년 2월 러일전쟁이 발발한 직후 강요된 이른바 '한일의정서'에는 한국 황실의 안전·강녕과 대한제국의 독립과 영토를 보전한다는 조항이 들어가 있었다.[7] 설사 이 조항이 일본이 한국을 동맹으로 만들기 위한 외교적 수사였다고 하더라도, 고종에게 황실의 안녕은 독립과 영토보전보다 더 높은 지위를 차지하는 가치였다. 러일전쟁 종결 후 1905년 11월에 '체결'된 이른바 '한일협약'에는 후자가 누락되고 전자 즉 황실의 안녕이라는 조항만 추가되었다. 한국이 보호국으로 전락하는 마당에도, 고종이나 상층 지배층에게 국가의 독립이나 영토보전보다 황실의 안녕은 더 상위의 가치였다. 이는 자신들의 위신과 안녕을 유지하기 위한 유일한 방법이었던 것이다. 1910년 8월 16일 통감으로 새로 부임한 데라우치 마사타케寺內正毅가 제시한 병합조약 초안에 대해, 총리대신 이완용은 한국이라는 국호를 존속시키고 황제의 칭호를 '왕전하王殿下'로 해달라는 두 가지 조건밖에 요구하지 않았다. 이토록 이들의 개인적 안녕 추구는 간절한 것이었다.[8] 다만 그들에게 국가의 독립이나 영토의 보전과 같은 가치는 이미 '다른 우주의 일'로 변해버렸다.

동양적 천하질서에 입각한 새로운 '조공질서'를 창조하기 위해 전통적 이념과 수사를 동원하고 있던 천황제 국가 일본의 이해와, 다른 무엇보다 황실의 안녕을 우선하고 있던 대한제국 황실 및 지배층의 속셈은 잘 맞아 떨어지고 있었다. 양자의 이해가 수렴된 곳에서 남게 된 것이 이른바 '황실의 보전'이었던 것이다. 어떤 방식으로 황실은 유지되었던 것인가? 이왕직의 설립을 살펴볼 필요가 있겠다. 한국 황실을 위해 일본제국이 만든 첫 번째 창작품이다.

일본의 제국 헌법 제10조에는 이른바 관제대권官制大權이라는 것이 규정되어 있었다. 그것은 정부의 기구를 구성할 수 있는 권한인데, 첫째 궁중기관, 입법기관, 군사기관, 둘째 국무대신과 추밀고문 등 헌법이 직접 설치를 명한 기관 그리고 셋째, 법률에 의해 설치하도록 헌법에 규정된 기관 예를 들어 행정재판소나 회계검사원 등 세 가지가 명시되어 있다. 하지만 이 세 가지를 제외하면, 제국의회의 협찬 없이도 칙령 혹은 명령이라는 형식으로 천황이나 정부가 이를 전단적專斷的으로 행사할 수 있도록 하고 있었다.[9] 이왕직은 이런 예외 규정에 의해 일본 황실의 명령으로 설치한 것이었다.

'이왕직 관제'는 1910년 12월 일본 황실령 34호로 공포되었다. 이왕직은 일본 궁내대신의 관리에 속하며, 왕족王族 및 공족公族의 가무家務를 관장하는 것을 임무로 규정하였다. 다시 말하면 이왕직은 옛 대한제국 황실의 가무를 관리하기 위해 만들어진 조직인데, 일본 본국 궁내성의 하위조직으로 편성되어 궁내대신의 관리를 받도록 했던 것이다. 일본의 궁내성은 일본의 황실과 황족 그리고 화족華族의 사무를 관장하는 관청으로서, 50여 개에 이르는 하부조직과 방대한 인원으로 구성된 대규모 조직이었다. 한국 황실은 이왕직이라는 이름으로 일본 궁내성의 부서 가운데 하나로 '초라하게' 편성되었고, 일본인 궁내대신의 관리를 받게 된 것이다.[10]

이왕직의 직원 구성은 대략 다음과 같았다. 장관과 차관 외에 서무를 관장하는 다수의 사무관을 임용하도록 했다. 이왕직의 성격을 잘 보여주는 직책으로는 찬시贊侍와 전사典祀라는 것이 있었다. 찬시2명는 이왕 및 이태왕의 근종신측시近從身側事를 분장하는 직책이고, 전사8명는 제사 및 분묘사무를 관장하는 자리였다. 또 전의라는 의사 직책이 있었고, 토목과 건축, 원예 등을 담당하는 기사技師가 있었다. 여기에 서무를 담당하는 다수의 속屬, 그리고 전사보典祀補와 전의보典醫補 및 기수技手 등의 직책이 규정되어 있다.

또 이왕직은 서무계와 회계계 외에 장시계掌侍係, 장사계掌祀係, 장원계掌苑係의 5개 부서로 나뉘어 있었다. 장시계는 왕족과 공족의 근시近侍를 담당하고, 장사계는 제사와 능묘를 관리하고, 그리고 장원계는 궁궐과 정원, 박물관, 동물원, 식물원 등을 관리하는 역할을 맡고 있었다.[11] 이왕직의 기능은 이로 보더라도 명확한데, 대한제국의 궁내부가 맡고 있던 광대한 업무는 왕공족의 근시와 왕실 제사 및 능묘 관리 그리고 궁궐과 기타 건조물 관리로 축소되었다. 한때 대한제국 궁내부의 조직 규모는 의정부의 규모를 능가하기도 했다. 또 1905년 황실사무에 종사하던 전체 인원이 약 5천여 명에 이르렀다는 영국인 인류학자의 보고와 비교하더라도, 채 200명에 이르지 못하는 초기 이왕직 소속 전체 인원은 초라하기 짝이 없는 것이었다.[12]

이왕직이 제도상으로는 본국의 궁내대신에게 예속하는 것으로 되어 있었지만, 사무를 현지에서 감독하는 권한은 총독에게 주어져 있었다. 이왕직을 본국의 궁내성에 예속시킨 것은 조선 통치의 상징 역할을 수행해야 할 한국 황실의 신분상의 지위를 고려한 것이었다. 그러나 이왕가의 현지에서의 일상생활과 정치적 행위를 감시하고 통제할 책임은 자연스레 총독에게 주어질 수밖에 없었다.[13] 조선총독으로 하여금 이왕직의 직원과 사무를 감독하도록 한 것은 이런 이유 때문이었다. 한 일본인 관리는 총독의 이왕직에 대한 간섭을 '극단적인 감독정책'이라고 표현하였다. 또 이런 정책적 입장은 이왕가가 어떠한 정치적인 역할도 할 수 없도록 철저하게 차단하려는 의도에서 나온 것이었다.[14]

이왕직 수입의 큰 부분을 차지하고 있던 이왕李王 세비歲費의 수지감독권을 총독에게 부과하였다. 이왕직의 예산과 결산은 총독의 심사를 거친 후, 궁내대신이 인가하도록 하였다. 또 1917년의 조직개편을 통하여 조선총독은 차관과 과장의 인사를 장악하였고, 이후 이왕직의 인사와 사무는 모두 총독의 권한 아래 일원적으로 재편성되었다. 이왕직의 장관은 시노다 지사쿠篠田治策를 제외하면, 모두 작위를 가진 한국인 민병석閔丙奭, 이재극李載克, 민영기閔泳琦, 한창수韓昌洙, 이항구李恒九 등이 담당하였다. 그러나 실권을 가지고 있던 차관은 오히려 일본인들이 다수를 차지하였는데, 대개 조선에서 도지사를 지낸 인물들이었다.[15]

이왕직은 설치된 이후부터 긴 쇠락의 과정에 돌입하였다. 고종1919년과 순종1926년이 사망하고 영친왕이 일본 도쿄에 거주하면서 기구와 직원이 자연적으로 축소되어 갔다. 게다가 업무의 효율화와 비용 절감을 내걸고 진행된 여섯 번의 조직개편을 겪으면서, 조직과 인원은 더욱 축소되고 감원되었다. "이왕직은 날로 쇠락하는 이왕가의 거울이었다."[16]

이런 면모는 이왕직의 재정 운용 상황을 보면 더욱 두드러지는 바 있다. 이왕직의 경비를 알기 위해서는 우선 '이왕가'의 재정 상황을 살펴보아야 한다. 이왕직의 경비는 이왕가의 예산에서 지출되었기 때문이다. 이왕가 세비 수입의 대부분은 조선총독부특별회계를 통해 들어오는 이왕 세비가 차지하고 있다. 이 세비는 1911년부터 1920년까지는 150만 엔, 1921년부터는 180만 엔으로 고정되어 있었으며, 그 밖에 삼림수입과 잡수입이 있었다. 1914년부터 1921년까지의 이왕가 재정 자료를 분석한 연구에 따르면, 해마다 상황은 다르지만 전체 세입의 60%에서 90%까지를 이왕가 세비가 차지하고 있다. 이 세비를 중심으로 한 유동자산이 '기본재산' 수입을 차지하고 있었고, 각종 부동산을 통해 들어오는 수입이 '보통재산' 수입으로 설정되어 있었다. 그러나 수입의 대부분을 차지하는 세비가 고정되어 있었다는 사실은, 물가의 상승 등을 고려하면 사실상 수입의 감소를 의미하는 것이다. 세출로는 왕공가의 내전비內殿費 즉 창덕궁비순종, 덕수궁비고종와 이왕직비가 대개 절반 정도씩을 차지하고 있다. 그리고 이왕직비의 약 절반에서 2/3 정도를 직원의 인건비가 차지하고 있었다.[17] 덕수궁비가 없어지는 1920년부터는 이왕직의 경비가 조금 늘어나고 있는데, 이는 아마 이왕가의 임시지출 증가에 충당되었을 것이다.

이왕직과 이왕가의 세출 비용 가운데 두 가지는 이왕가의 상징성과 관련하여 주목할 필요가 있다. 이왕직 세출의 일정 부분을 차지하는 '부속정원비'와 이왕가 비용 가운데서 지출된 보조금, 기부금, 협찬 등의 비용이 그것이다. 우선 부속정원비는 창경궁에 있던 이왕가박물관 및 동물원과 식물원에 사용되는 비용이 중심을 이루고 있었다. 잘 아는 바와 같이, 나중에는 경복궁에 총독부박물관이 그리고 덕수궁에 이왕가미술관이 설치되었다. 이처럼 조선왕조의 상징공간이었던 궁궐에 박물관이나 동식물원 등을 설치한 것은, 왕조의 신성성과 아울러 왕도 서울의 위계를 박탈하려는 의도를 담고 있었다. 또 이는 메이지 시기 일본에서 도쿠가와德川 막부와 지방의 번벌을 대상으로 시도된 바 있었던 역사적 경험이었다.[18] 한편 1910년대 이왕가 세출 가운데에는 고요구비古窯究費가 포함되어 있는데, 이왕가는 이와 유사한 방식으로 이왕직미술품제작소, 귀족회관, 서화미술원, 조선고서간행회, 조선고적보존회 등에도 보조금과 기부금 등을 협찬하고 있었다.[19] 이왕가의 각종 보조금 지출을 통해서도, 추락한 왕조의 상징성을 문화적 전통에 대한 지원으로 희미하게나마 유지하려는 의도를 읽을 수 있을 것이다.

2) 왕공족

이제 두 번째로 왕족과 공족 즉 왕공족의 창작에 대해 살펴보아야 할 때이다. 대한제국 황실을 축소하여 유지하겠다는 제국 일본의 결정은, '병합조서'에서 다음과 같은 조항으로 드러났다.

제3 일본국 황제 폐하는 황국 황제 폐하, 태황제 폐하, 황태자 전하와 그 후비 및 후예로 하여금 각기 상당한 존경, 위엄 및 명예를 영유케 하며 또 이를 보지保持하기에 충분한 세비歲費를 공급할 것을 약속한다.

　제4 일본국 황제 폐하는 전조 이외에 한국 황족과 그 후예에 대하여 각기 상당한 명예와 우대를 향유케 하며 또를 이를 보지하기에 필요한 자금을 공여할 것을 약속한다.[20]

　병합조약 3조와 4조를 통하여, 제국 일본은 한국의 황실이 존경과 위엄 및 명예를 유지할 수 있도록 잘 예우하며, 이를 유지하기 위해 충분한 세비를 지급할 것을 약속하고 있다. 제3조에는 고종과 순종 및 영친왕과 그 가족에 대한 예우조항이 들어있고, 제4조에는 그 밖의 황족에 대한 약속이 명시되어 있다. 그런데 제3조에서 약속한 대상은 '이왕가'로 지칭되었고, 제4조에서 약속한 대상은 '공가'로 명명되었다. 이리하여 한국의 황족은 왕가와 공가로 분리되어 관리되었다. 이왕가를 왕족으로, 공가에 소속된 사람들을 공족으로 부르니, 이를 합쳐 왕공족이라고 지칭하는 것이다.

　왕가의 호칭은 각기 다음과 같이 정리되었다. 황제 즉 순종은 '창덕궁 이왕'으로, 황태자 즉 영친왕과 그 이후에 세습할 자는 '왕세자'로, 태황제 즉 고종은 '덕수궁 이태왕'으로 부르고 또 각각의 배필은 차례대로 왕비, 왕세자비, 태왕비로 부르게 되었다. 이들은 모두 일본 황족의 예로써 대하도록 하고, 전하의 경칭을 아울러 사용하도록 허용하였다. 한편 일본의 황실에서는 천황의 현손玄孫까지 즉 4대까지의 후손은 친왕親王으로, 5대 이후의 후손은 왕으로 책봉하였다. 천황과 황후에 대해서는 폐하陛下라는 경칭이 사용되었으나, 친왕에게는 고전하高殿下 그리고 왕에게는 전하라는 용어가 사용되었다. 천황가의 사례에 비추어보면, 한국 황실은 일본의 천황보다 2계단 아래로 편입된 것처럼 보인다. 하지만 이들은 황족에 상당하는 예우를 받았을 뿐 일본 황족으로 편입된 것은 아니었다. 단지 조선 특유의 '왕족'이라는 새로운 신분을 부여받았던 것일 따름이다.[21]

한편 그 밖의 황족 즉 의친왕義親王 이강李堈과 흥친왕興親王 이희李熹, 李載冕에게는 다시 '공'이라는 지위와 함께 '전하'라는 호칭이 수여되었다. 이들은 이리하여 새로 만들어진 '공족'으로 편입되었다. 물론 이들에게도 일본 황족의 예로 대우할 것이 명시되어 있었다. 약간의 변동은 있었지만, 이들의 지위는 세대를 이어 계승되었다. 이렇게 해서 제국 일본은 한국 황실을 바탕으로 조선에서 '왕공족'이라는 제도를 새로 창작하였던 것이다.

그러나 두 번째 창작품인 왕공족 제도와 관련해서는, 그 법적 지위나 대우 등에 대한 구체적인 규정이 없었다. 단지 이왕직이라는 제도를 통해 간접적으로만 관리할 수 있을 뿐이었다. 특히 조선에서 창작된 제도는 본국의 것과 어울리기 힘든 부분이 있었다. 동화정책의 상징으로 그리고 내선결혼을 장려하기 위하여 일본에 거주하고 있던 왕세자 이은李垠 즉 영친왕과 일본의 황족인 이본궁방자梨本宮方子 여왕의 정략적인 결혼이 추진되었던 바, 조선의 왕족이라는 신분은 여기에 걸림돌이 되었다. 일본의 『황실전범皇室典範』에는 황족의 결혼은 같은 황족이나 화족에 한하는 것으로 되어 있었다. 이리하여 황실전범을 개정하고, 왕공가의 규범도 새로 제정할 필요가 생겼다. 제실제도심의회가 중심이 되어 이에 관한 논의를 시작하였으며, 1917년에는 『왕공가궤범안王公家軌範案』 초안이 완성되었다. 1918년에는 황실전범을 증보하여 황족의 여자가 왕족이나 공족과도 결혼할 수 있도록 함으로써 결혼 문제를 해결하였다.[22] 이어 1926년 황실령 제17호로

『왕공가궤범』이 공포되었다.[23]

한국 황실에 대한 공식적인 예우 조항과는 반대로, 제국 일본이 황실 특히 고종에 대해 은밀하고 집요한 배제와 탄압정책을 진행하고 있었다는 것은 잘 알려진 바 있다. 이미 1906년 7월 통감통치 하에서 고종은 이토 히로부미의 강요로 궁금령宮禁令을 재가한 바 있다. 궁내대신의 감독 아래 궁중 출입이 엄격히 통제되었다. 1909년에는 궁중 출입 제한이 더욱 강화되었다.[24] 병합 이후 고종과 순종은 각기 덕수궁과 창덕궁에 유폐되어 사소하고 반복적인 일상을 보내게 되었다.[25] 이것이 왕공족 창작의 실상이었다!

나중에 왕공족은 제국의 특수 인역人域에 존재하는 부류로 해석되었다. 특수 인역이라는 것은 제국 헌법의 예외적 통치 아래에 있는 영역을 말하는데, 황족과 그에 준하는 왕공족이 여기에 해당하였다. 예를 들어, 황족은 일반 국법의 적용을 받지 않고 황실전범과 황실령에 의해서만 규정받는 것을 원칙으로 하였다. 또 황족과 인민 사이에 분쟁이 발생했을 경우에도, 별도의 규정이 있는 경우를 제외하고는, 황실법령이 우선적인 효력을 발휘하도록 했다.

조선의 왕공족에게 황실법령이 일반법령에 우선하여 적용되지는 않았다. 하지만 1926년에는 「왕공족의 권의權義에 관한 건」법률 제30호이라는 법률을 제정하여, 왕공족에게 적용되는 일반법령의 특례규정을 황실령에 정할 수 있도록 규정하였다. 또 왕공족과 일반인에게 함께 걸치는 사항으로서 적용법규가 다를 경우, 황실법령이 우선적인 효력을 발휘하도록 했다. 이리하여 왕공족도 황족에 비견되는 특수 인역에 존재하는 것이 공식적으로 인정되었다.[26] 이처럼 고종과 순종이 모두 사망한 이후, 공식적인 법적 절차를 통하여 왕공족은 일본제국의 특수 인역으로 편입되었다. 특별히 위협적인 요소가 사라진 이후에도, 대한제국의 황실은 조선의 통치에 이용될 만한 상징성을 갖고 있었던 것일까?

3) '조선귀족'과 '조선보병대'

이제 마지막 창작품을 살펴볼 차례가 되었다. '조선귀족' 제도가 그것인데, 병합과 동시에 공포된 '조선귀족령'으로 공식화되었다. 작위는 이왕의 현재 혈족으로서 황실의 예우禮遇를 향수하는 자 및 문지門地 또는 공로가 있는 조선인을 대상으로 수여하였고, 종류는 공·후·백·자·남의 5개로 규정하였다. 궁내대신이 작위수여 업무를 담당하고,[27] 유작자有爵者의 부인 및 일정한 범위 내에 있는 가족도 가칭家稱을 향유할 수 있도록 하였다. 또 작위를 받은 자는 일본의 '화족령'에 의한 예우를 받도록 하였고, 작위는 상속인 및 남자에게 세습되도록 하였다. 이리하여 귀족령에 의해 작위를 수여받거나 이를 세습한 자는 귀족이 되었다. 즉 '조선귀족'이었다.

이 제도는 일본의 화족제를 모방한 것이나, 역시 동일한 것은 아니었다. 일본 메이지 정부는 황실제도를 정비하면서 황실과 정부의 보호막 역할을 함과 동시에 황실의 혈통을 유지하는 수단으로 화족제도를 만들었던 것인데, 이는 상원 역할을 하는 귀족원의 구성원이 될 터였다.[28] 이리하여 일본의 궁내성관제를 개정하여 화족 아래에 조선의 귀족을 덧붙이게 되었다. 하지만 화족에 편입된 것은 아니었고, 화족과 동일한 대우를 받는 데 그쳤다.[29]

수작자는 모두 76명이었는데, 후작이 6명, 백작이 3명, 자작이 22명, 남작이 45명이었다. 이 가운데 후작과 백작을 받은 사람은 왕실과 깊은 관련을 가진 사람이었고, 나머지는 대개 병합에 공이 많은 사람이거나 일제에 협력한 사람들이었다.[30] 병합과 더불어 지급된 이른바 임시은사금臨時恩賜金

3천만 엔 가운데 약 824만 엔이 일시금으로 귀족과 공로자 및 그 유족 그리고 구한국관리 3,638인에게 지급되었다. 임시은사금은 병합과 더불어 '대한제국을 매입하는 대금'이었다.[31] 조선귀족에게는 지배체제에 대한 충순함과 조선의 대중들에 대한 모범을 보일 것이 요구되었다.[32] 그러나 이들에 대한 기대는 심각하게 배반당하는 경우가 많았던바, 총독부는 몰락한 조선귀족들이 최소한 품위를 유지하면서 살 수 있도록 지원제도를 마련해야만 했다.[33] 이처럼 제국 일본이 새로 만든 세 가지의 창작품을 통하여 한국의 황실과 지배층은 사회적 '명예'와 아울러 충분한 물질적 보상을 받았다.

아주 특별한 마지막 창작품으로 조선보병대와 조선기병대를 놓칠 수가 없다. 대한제국의 '궁중시위대'를 잇는 부대로 존속했던 이 두 가지 부대에 대해 간단히 추록해둔다. 1907년 대한제국의 군대가 해산되고 난 뒤에도 궁중을 시위하는 궁중시위대는 그대로 남겨졌다. 4개 중대644명로 구성된 '근위보병대'는 "황궁의 의장儀仗 및 수비"를 담당하고 '근위기병대'92명는 "황실의장皇室儀仗"을 맡도록 하였다. 이 두 부대는 주로 순종이 기거하던 창덕궁과 고종이 기거하던 덕수궁을 시위하고 행사를 의장하는 군대로 남겨졌던 것이다. 이 두 부대는 1909년 대한제국 군부가 해산될 때 '한국주차군' 즉 한국 주둔 일본군의 예하로 편입되었다. 일본군이 지휘하는 '황실시위대'와 '황실의장대'가 바로 근위보병대와 근위기병대였다. 뭔가 심각한 '형용모순'의 상태에 직면하고 있었음을 알 수 있을 것이다.

병합 후 조선보병대와 조선기병대로 명칭이 바뀌어 유지되었는데, 1913년에 다시 조선보병대는 2개 중대로 축소되었으며 조선기병대는 완전히 폐지되었다. 조선보병대는 1918년 '조선군' 소속으로 변경되었다가,

1919년 고종이 사거하자 1개 중대로 축소되어 잔명을 유지하였다. 1926년 순종의 사거 이후 그 존재 이유가 없어졌고, 1931년 3월 최종적으로 지상에서 사라졌던 것이다.[34] 조선보병대 해산을 두고 『동아일보』는, "총을 가졌으되 사람을 쏘지 아니하고, 칼과 창을 찼으되 사람을 찍거나 베지 않는 것이 특색"인 '세계 유일의 평화군대'였다는 평가를 남겼다.[35] 식민지 군대에서만 확인할 수 있는 골계라고나 할까? 식민지배 아래서 특수 인역을 보위하거나 의장하는 '군대'로 남은, 일본 제국주의의 또다른 창작품 조선보병대와 조선기병대는, 이처럼 처음부터 그림자로 남은 옛 황제들과 함께 사라질 운명을 예비하고 있었던 것이다.

고종은 덕수궁에서 살았으므로 '덕수궁 이태왕'이 되었고, 순종은 창덕궁에서 살았으므로 '창덕궁 이왕'이 되었다. 창덕궁은 '투명한 유리그릇'이 되어 그 안에서 일어나는 모든 일은 누구든지 분명하게 볼 수 있게 되었다. 궁전이든 후원이든 누구든 원하는 사람은 희망에 따라 창덕궁을 관람할 수 있었으며, 또 왕가의 근황을 친절하게 안내받을 수 있었다.[36]

고종과 순종이 죽고 난 뒤 덕수궁과 창덕궁은 주인 없는 장소가 되었다. 1935년 고종의 침전이었던 함녕전咸寧殿 뒤 언덕에는 다음과 같은 시가 새겨진 비석이 세워졌다. "甘雨初來霑萬人, 咸寧殿上露華新, 扶桑槿域何論態, 兩地一家天下春(첫 단비가 만인을 적시니, 함녕전 위의 이슬이 빛나네, 일본과 한국이 어찌 다르리오, 두 곳이 한 집을 이루니 천하가 봄이로다)." 1909년 7월 이토 히로부미가 통감을 그만두고 조선을 떠날 때 만들어진 한시였다. 고종이 인人, 신新, 춘春의 3자운을 주었고, 이토 히로부미전임 통감와 모리 오쿠루森大來, 궁내대신 비서관, 소네 아라스케曾禰荒助, 신임 통감, 이완용이 차례대로 운을 이었다.[37] 그들은 한일 양국이 일가를 이루고 천하에 새봄이 왔다고 읊었다.

그들은 나라가 병합되더라고 왕실이 유지되면 다행이라고 생각했던 것일까? 이처럼 한낱 구경거리가 되어 조롱받게 될 줄을 몰랐던 것일까? 이왕가가 되면 옛날의 영화를 그대로 누리게 될 것이라고 감히 기대했던 것일까?

2. '조선군'

1946년 9월 26일 늦은 밤, 한 일본군 중장이 필리핀 주둔 미군 캠프에서 조용히 처형되었다. 그는 같은 해 3월 필리핀에서 진행된 연합군 전범재판에서 사형을 언도받았는데, '연합군 포로 학대'가 죄명이었다. 필리핀에서 일본군이 운영 중이던 '포로수용소장'으로 1944년 3월부터 근무하였는데, 그는 홍사익洪思翊이라는 '일본 국적'의 조선인이었다. 홍사익은 이미 유명한 '친일파 군인'으로 잘 알려져 있는 인물이다. 그가 걸었던 파란의 이력은 조선군을 포함한 제국 일본의 군사기관과 조선인의 관련을 '비극적'으로 드러내주고 있다.

홍사익은 1904년 대한제국이 설립한 육군유년학교를 거쳐, 1908년에는 3년 과정의 대한제국 무관학교에 입교하였다. 이때는 이미 대한제국 군대가 해산된 이후의 일이었으나, 무관학교는 유지되고 있었다. 하지만 1909년 7월 대한제국 군부 폐지의 칙령이 내려지면서, 무관학교의 잔명도 완전히 끊어지고 말았다. 무관학교를 졸업하지 못한 생도1학년, 2학년들은 일본 육군사관학교에 교육을 위탁하기로 하였던바, 2학년 홍사익도 국비생으로 일본 육군의 중앙유년학교를 거쳐 1912년 일본 육군사관학교에 입학하였다. 1914년 일본 육사 26기로 졸업하였는데, 그의 동기로는 이청천李青天과 조철호趙喆鎬, 그리고 이응준李應俊 등이 있었다. 일찍 일본군을 그만두고 독립운동에 참여하였던 이청천이나 조철호와 달리 이응준과 홍사익은 일본군에 그대로 남아 이력을 이어갔다. 일본군 내에서 '탁월한' 성과를 내어 장군에까지 진급한 인물이 바로 홍사익이었다. 그는 일본 육군대학을 나와 참모본부 등의 '엘리트 코스'를 거쳤으며, 만주의 관동군과 상해의 특수부대, 북지방면군北支方面軍 등에서 근무하였다.[38]

한편 대한제국 육군 무관학교를 거쳐 일본 육군사관학교를 졸업한 조선인 생도들26기와 27기은 모두 33명이었는데, 이들 중 다수는 조선에 주둔하던 일본군 즉 '조선군'에 파견되어 근무하였다. 1937년 현재 '조선군'에 근무한 사람이 모두 12명이었으므로, 1/3이 넘는 수가 일본군 신분으로 조선에 파견되어 있었다.[39] 대한제국 육군 무관학교와 일본 제국 육군사관학교 그리고 조선군은 이처럼 질긴 연줄을 이어가고 있었다. 어쩌면 조선에 파견된 일본군과 조선인들의 이토록 기이한 인연을 통하여 일본통치의 은밀한 면모를 살펴볼 수 있을지도 모른다.

1) '조선군'의 세 시간

(1) '조선군'의 세 시간

조선군의 세 시간에 대한 논의를 시작하기 전에, 우선 명확하게 해두어야 할 지점이 있다. 조선에 파견되어 있던 일본군을 부르는 명칭의 문제이다. 일본군은 러일전쟁을 계기로 대한제국에 본격적으로 진주하기 시작하였다. 1904년 한국에 주차하는 일본군을 '한국주차군韓國駐箚軍'으로 명명하였고, 병합 이후 '조선주차군'으로 명칭을 바꾸었다. 한국주차군이나 조선주차군은 이름이 드러내는 바와 같이, 상주하는 부대가 아니라 교대로 파견하는 곧 일시 주재하는 군대에 지나지 않았다. 오랜 진통을 거쳐 1918년 조선에 주둔하는 두 개의 일본군 상주사단을 지휘하는 '조선군' 사령부가 경성의 용산에 건설되었다. 이리하여 조선에 상주하는 일본군 2개 사단은 '조선군'이라는 이름으로 1918년 공식적으로 출범하였다. 조선에 주둔하는 일본군의 공식 명칭은 한국주차군, 조선주차군, 조선군 등으로 바뀌었지만, 일본군 부대라는 기본 성격은 동일한 것이었다.

그런데 조선군이라는 명칭은 '조선인의 군대'라는 오해를 불러일으킬 가능성이 있다. 처음으로 조선군에 관한 연구서를 출간한 임종국임종국은 그런 우려를 고려하여 '일제 주차군' '일제 상주군' 등의 호칭을 사용한 바 있다.[40] 어쩌면 '조선주둔 일본군' 혹은 '조선 주둔군'이라는 용어가 사실을 가장 정확하게 드러내는 측면도 있다. 하지만 매우 번거로울 뿐만 아니라, 역사적 맥락을 고려하지 않고 임의로 사용할 경우 혼란을 초래할 가능성도 많다.[41] 오히려 조선군이라는 용어는 그것이 가진 복잡한 역사적 현실을 드러내는 데 도움을 줄 수도 있을 것이다. 이런 이유로 이 글에서는 1918년 이후에 공식화된 조선군이라는 명칭을 사용하려 한다.[42] 조선군이라는 용어를 사용하는 데 대해 먼저 독자들의 이해를 구하는 바이다.

그렇다면 조선군의 세 시간이란 무엇을 말하는 것인가? 조선에 주둔하는 일본군, 그들의 시간은 일반적인 조선의 시간보다 조금 느리게 흘렀다. 그들의 시간은 크게 세 가지로 나누어 살펴볼 수 있다. 그 첫 번째 기준은 조선에 주둔하던 군대의 목표와 관련된 것이었다. 조선군은 기본적으로 조선 내의 치안유지와 침략을 위한 해외파병이라는 두 가지 목표를 갖고 있었다. 이 두 가지 목표의 무게중심은 일본군의 상주를 경계로 전자로부터 후자로 이동하게 된다. '1918년쯤'을 경계로 조선에 주둔하는 일본군은 상주의 요건을 거의 갖추게 된다. '1918년쯤'이라는 흐릿한 시점을 설정한 것은 상주를 준비하는 시간이 오래 걸렸기 때문이다. 짧게 보면 1916년부터 1921년까지, 길게 보면 1912년부터 1921년까지 10여 년 가까운 시간이 조선군이 상주하는 준비에 쓰였다. 1918년 5월은 상주군의 이름이 '조선주차군'에서 '조선군'으로 바뀌고, '조선군사령부'가 설치된 시점이었다. 이제 '조선군'은 '조선주차군'처럼 조선에 2년 정도 주재하면서 교대하는 군대가 아니라, 계속 조선에 상주하는 군대가 될 것이었다.

3·1운동은 조선군이 조선의 치안을 유지하기 위한 군대에서 대륙침략을 위한 군대로 변화하는 커다란 분기점이었다. 조선에 주둔하는 일본군이 상주하는 체제를 갖추게 되면서, 그들의 주둔목표도 대내적 치안유지로부터 대외침략 즉 파병으로 점차 변화하게 되었다. 3·1운동의 시위진압에 조선군이 혁혁한 공을 세운 것은 잘 알려진 사실이다. 그러나 3·1운동은 조선군이 치안유지에 깊이 개입하는 마지막 시간이 되었다. 3·1운동을 경과하면서 조선군은 점차 대륙침략이라는 또다른 목표로 중점을 옮기기 시작했다. 치안유지와 대외파병을 목표로 하는 조선군의 첫 번째 시간은 3·1운동을 계기로 그 무게중심이 이동하게 되었던 것이다.[43]

다음 조선군의 두 번째 시간이란 무엇인가? 조선인의 '조선군' 참여와 관련한 것이었다. 일본이 중국을 침략한 다음해인 1938년, 조선에 지원병 제도가 시행되면서 비로소 많은 조선인들이 일본의 군대에 참여하게 되었다. 1938년 이전에는 조선인이 일본군에서 근무하는 사례는 손으로 꼽을 수 있을 정도로 적었다. 3·1운동 이후 조선군의 무게중심이 대륙으로 이동한 이후 조선군은 조선 자체에 대한 관심을 거의 표시하지 않았다. 조선군이 조선에서 정치적 태도를 다시 노골적으로 드러내기 시작한 것이

1930년대 초부터였던 바, 이는 조선인들의 군대참여를 위한 긴 안목의 포석이었다. 일본군에게 패전의 그림자가 깊숙이 드리우게 되는 1944년부터 1945년 사이에는, 학병과 징병 등의 형식으로 수많은 조선인들이 일본군에 '참여'하게 되었다. 1938년 이후 정도의 차이는 있겠으나, 많은 조선인들이 조선군의 두 번째 시간과 자신의 시간을 중첩시켜갔던 것이다.

이제 조선군의 세 번째 시간에 대해 살펴보자. 제2차 세계대전에서 패전이 거의 명확해져가는 1945년 초부터, 일본군은 '본토결전'이라는 슬로건을 내걸어 마지막 생명을 이어가고자 했다. 이리하여 조선은 대미 · 대소 방어전에서 본토를 수호하는 데에 결정적인 역할을 하는 전초기지로 떠오르게 되었다. 본토결전 즉 본토를 방어하는 전투에 대비하기 위해 일본군은 방면군체제로 개편되었으며, 조선군의 일부는 제17방면군으로 재조직되었다. 이것이 조선군이 마주한 세 번째 시간이었던바, 이제 조선은 일본 본토의 일부로 간주되어 본토 방어전쟁에 깊숙이 개입되어갔다. 이리하여 조선인들은 침략전쟁에 참여했을 뿐만 아니라, 일본인들과 함께 방어전쟁도 치러내야 했던 것이다. 붕괴해가는 '제국 군대'의 추하게 일그러진 모습이 드러나는 시간이었다.

(2) '조선군'의 위상

러일전쟁 이후 일본군은 전쟁 승리의 여세를 몰아 본격적으로 제국주의 군대로 변화하기 시작하였다. 상비군이 12개 사단에서 19개 사단으로 대폭 증가하였고, 현역 입대자의 범위가 비약적으로 확대되었다. 이에 따라 군부의 정치적 지위가 현격하게 강화되었는데, 이는 이른바 '통수권'의 독립과 '군부대신 무관현역제'라는 두 가지 방식으로 나타났다. 군부의 독립을 상징하는 이 두 가지 사항에 대해 좀더 구체적으로 알아보자. 먼저 통수권 독립은 1907년부터 가능하게 된 '군령'이라는 제도에 기반을 두고 있었다. 수상이나 관련 대신의 부서 없이 육해군 대신의 부서副署만으로 가능한 예외적 칙령을 일컬어 군령이라 하였는데, 이를 통해 일본 육해군의 통수권은 정부로부터 이례적으로 독립하게 되었던 것이다.

다음 군부대신 무관현역제란 무엇인가? 말 그대로 군부대신은 현역무관만이 담당할 수 있도록 한 것으로 일종의 관습으로 굳어진 것이었다. 통수권 독립으로 더욱 심화된 군부와 정부의 대립은 군부대신 무관현역제를 통해 노골적으로 드러나는 경우가 많았다. 특히 식민지군비의 확장과정 즉 2개 사단으로 구성된 조선군 창설을 결정하는 과정에서 일본정치는 더욱 노골적으로 파행하게 된다. 육해군 통수권의 독립과 군부대신 무관현역제는 일본군대가 제국주의 군대로 성장해가는 데서 핵심적인 정치적 메커니즘으로 기능하게 되었다.[44]

1907년 제정된 「제국국방방침」을 통해 일본군의 제국주의 군대로의 전환은 급속하게 진행되었다. 제국국방방침은 일본군대의 장기적인 발전 방침을 밝힌 것으로서, 가상적국을 러시아, 미국, 프랑스 순으로 설정하고, 가상적과의 전쟁에 필요한 병력 규모를 제시하였다. 육군은 평시 25개 사단, 전시 50개 사단을 목표로 설정하고, 해군은 전함 8척, 순양함 8척의 이른바 8-8함대를 소요병력으로 제시하였다.[45]

「제국국방방침」과 함께 1907년에 제정된 「제국군용병강령帝國軍用兵綱領」에서는 만주와 오소리烏蘇利 그리고 한국을 작전지역으로 설정하고, 한국을 러시아의 침략으로부터 방어하는 것을 주요한 방침으로 확정하였다. 이리하여 1907년 이후 일본군은 북경으로부터 연해주 일대에 걸치는 지역을 작전권역으로 상정하고 있었던 것이다. 러일전쟁을 계기로 조선에 본격적으로 주재하게 된 일본군은 처음부터 일본 군부의 대륙정책에 귀속되어야 하는 존재였다. 이 시기 한국주차군은 의병을 진압하여 한국 국내의 치안을 확실히 할뿐만 아니라, 병영을 구축하고 국경을 수비하는 데에 치중하게 되었다. 그들은 우선 한국의 방비를 군건히 하고, 필요에 따라서는 일본군을 한국 밖으로 출동시킬 수 있다는 점을 확실히 해두고 있었다.[46]

러일전쟁 시기에 한국에 파견된 일본군은 1904년 한국주차군이라는 이름으로 편성되었다. 이어 1906년 7월에는 「한국주차군사령부조례」가 공포되었는데, 천황에 직예直隷하는 한국주차군사령부를 경성에 설치하고, 대한제국 내의 육군부대를 통솔하여 방위를 담당하게 하였다. 여기에서 주목할 만한 결정은 통감이 병력사용권兵力使用權을 가지도록 한 것이었다. 일본 육군은 통수권 독립을 내걸고 강경하게 반대하였으나, 일본 천황은 "한국 통감이 한국수비군사령관에게 병력사용을 명령할 권한을 주는" 것으로 최종적인 결정을 내렸다. 이 시기 일본 육군의 분위기를 고려하면, 문관에게 병력사용권을 위임한 것은 대단히 이례적인 조치였다.[47] 한국주차군은 통감에게 순순히 복종하지 않았지만, 그 지휘체계를 당장 바꿀 수는 없었다.[48]

이어서 1910년 조선총독부가 설치되면서 총독에게 병력통솔권이 부여되었다. 「조선총독부관제」 제3조는 "총독은 천황에게 직예하고 위임의 범위 내에서 육해군을 통솔하며 조선방위의 임무를 장악한다"고 하여, 총독의 병력통솔권을 명기해두었다. 또 위임의 범위를 두 가지로 설정하였는데, 하나는 조선의 안녕질서를 유지하기 위해 필요한 경우 육군부대와 해군방비대를 사용할 수 있다는 점, 다른 하나는 필요에 따라 조선에 주둔하는 군인, 군속을 북청北淸(중국 북부지역 – 인용자)과 노령연해주에 파견할 수 있다는 점이었다.[49] 이로써 조선에 주둔하는 일본군 즉 조선주차군의 임무는 조선내의 치안유지와 대륙혹은 해외 침략을 위한 파병이라는 두 가지로 제도화되었다고 할 수 있겠다.

다른 한편 통감과 총독에게 한국조선 주둔 일본군 병력에 대한 사용권혹은 통솔권이 부여되었다는 것은, 주둔군에 대한 지휘권이 분할되었다는 것을 의미하는 것이었다. 앞서 본 1906년의 「한국주차군사령부조례」 제2조는 한국주차군의 군정軍政 및 인사에 관해서는 육군대신, 작전 및 동원계획에 대해서는 참모총장, 그리고 교육에 관해서는 교육총감이 관할하는 것으로 규정하고 있다. 일본 육군의 지휘권 분할 즉 군정권과 군령권 그리고 교육권의 분할이 그대로 조선 주둔 일본군에게도 이어지고 있었던 것이다. 이런 점에서 통감혹은 총독의 군대통솔권은 매우 제한적인 것이었다. 다시 말하면 통감혹은 총독의 권한은 조선의 치안유지와 방위에 관한 용병권에 제한된 것으로서, 총독과 주둔군사령관의 관계는 '직무상의 상하관계' 정도에 해당하는 것이었다.[50]

병합 이후 한국주차군이 조선주차군으로 변경될 때에도 병력통솔권과 분할된 지휘권의 구조는 그대로 계승되었다. 총독과 조선주둔 육해군 사이의 연락을 담당하기 위해 조선총독부 관방官房에는 무관이 파견되어 있었으며, 무관제도는 총독의 병력통솔권을 상징하는 제도로 해석되었다.[51] 하지만 3·1운동 이후 총독의 병력통솔권은 병력청구권으로 다시 축소되었다. 앞서 본 바와 같이 1918년 조선주차군이 조선군으로 즉 임시로 주재하던 군대가 상주하는 군대로 전환되었다. 이런 이유 때문이겠지만, "(총독은) 안녕질서의 유지를 위해 조선주둔 육해군사령관에게 병력의 사용을 청구할 수 있다"는 방식으로 총독부 관제 규정을 1919년 8월에 다시 고쳤다. 식민지 조선에 2개 상주사단을 증설하면서, 일본 군부의 정치적 입김은 더욱 세어졌던 것이다.

조선군의 지휘권이 행사되던 방식의 특수성은 대만과 관동주 등 일본의 다른 식민지와 비교하면 뚜렷이 드러난다. 이들 식민지에는 조선군과 같은 독립적인 지휘체계를 가진 군사조직이 설치되지 않았다. 대만에는 대만총독부 육군부가, 관동주에는 관동도독부 육군부가 설치되어 그 지역에 파견된 일본군대를 독자적으로 지휘하고 있었다.[52] 조선총독이 가진 일본 육해군에 대한 지휘권은 대만과 관동주에 비해서 훨씬 작고 약한 것이었다. 요컨대 조선에 파견된 일본군은 그 규모가 컸던 데 비례하여, 더욱 독자적으로 통수권을 행사할 수 있는 능력을 갖고 있었던 것이다. 이후 조선군이 일본의 제국주의적 침략의 첨병으로 조선 지역 밖으로 파병될 때, 조선군이 가진 독자적인 지휘 능력이 잘 발휘될 수 있었다.

아래에서는 조선군의 세 시간을 더욱 구체적으로 살펴보려 한다. 먼저 2항에서는 조선군이 치안유지라는 목표를 넘어 대외파병을 위한 군대로 변화하는 과정을 추적해보기로 한다. 3·1운동 이후 조선군은 본격적으로 대외 침략을 위한 군대로 재편성되었다. 1941년 태평양전쟁 발발 이후에는 조선군을 중심으로 태평양전선에 장기적으로 파병되는 부대가 급속히 편성되어 파견되었다. 3항에서는 조선군의 두번째 시간 즉 조선인의 조선군 참여의 과정을 살펴볼 것이다. 1938년 지원병제도가 만들어졌고, 1944년 이후에는 학병과 징병 등으로 조선인의 참여가 급속하게 팽창하였다. 마지막으로 4항에서는 조선군의 세 번째 시간 즉 본토결전과 관련하여 진행된 조선인의 군사동원에 대해 살펴볼 것이다. 조선군의 세 개의 시간을 통해 조선에 주둔하던 일본군과 식민지 조선이 맺게 되는 복합적이고 양면적인 관계를 이해할 수 있기를 기대한다.

2) 일본의 대외침략과 조선군의 '파병'(1919~1945)

(1) '조선군' 창설과 3·1운동 진압

병합 이후 '한국주차군'의 명칭이 '조선주차군'으로 바뀌면서 그들의 주임무는 이제 러시아의 침략으로부터 조선을 방어하는 것으로 변화하였다. 그들이 이전까지 힘을 쏟아온 국내의 평정 곧 의병을 탄압하고 치안을 유지하는 임무는 새로 만들어진 '헌병경찰'의 몫으로 돌릴 예정이었다. 아직 국내의 평정을 완성하지 못한 채 수행하는 '병합'은 '임시변통'의 의미가 강했고, 그런 의미에서 식민지 조선은 아직은 '조숙한 식민지'에 지나지 않았다. 치안유지를 위해 '헌병경찰'을 만든 것은 그런 맥락에서 이해할 수 있다.

한국주차군은 2개 사단 이상의 병력으로 1904년에 처음 편성되었다. 전쟁이 종결된 후인 1907년 2월부터는 1개 사단이 조선에 주재하면서 2년마다 주차사단을 교체하는 것으로 방침을 정했다. 그러나 1907년 한국 군대가 해산되면서 의병전쟁이 전국으로 확산되었고, 이에 따라 임시파견대 병력이 증파되었다. 1909년 5월에는 '임시한국파견대사령부'를 별도로 설치하여 증파된 보병 2개 연대를 지휘하도록 하였다. 이후부터는 한국주차군사령부가 지휘하는 1개 사단과 임시한국파견대사령부가 지휘하는 2개 연대를 합쳐 1.5개 사단에 해당하는 병력이 한국에 주둔하게 되었다.[53] 이처럼 한국에 파견된 일본군은 1.5개 사단 규모의 '전시 편성' 체제를 취하고 있었다.

여기에서 우선 일본군의 부대편성에 대해 간단히 언급해둔다. '4단위 편제'가 일본군 부대편성의 기본방식이었다. 4개 소대로 중대가, 4개 중대로 대대가 그리고 4개 대대로 연대가 구성되었는데, 연대는 보병부대의 최대단위였다. 2개 연대는 1개 여단을 구성했으나, 평시 사단 구성에서는 여단이 의미가 없었다. 보병 4개 연대와 기병, 포병, 공병 연대 등을 포함하여 사단을 구성했다. 평시의 사단 구성은 9천 명을 넘지 않았으나, 전시에는 상황에 따라 사단 구성에 변화가 있었다.[54]

병합 이후에는 명칭이 조선주차군사령부와 임시조선파견대사령부로 바뀌었으나 그 구성과 운영에는 변함이 없었다. 조선 주차사단은 2년마다 교체되었고, 경성을 중심으로 그 이북지역에 1개 사단 그리고 그 이남지역에 1개 여단곧 2개 연대이 배치되었다. 조선주차군사령부가 지휘하는 곧 경성을 중심으로 배치된 사단이 '북부수비관구', 그리고 조선임시파견대사령부가 지휘하는 2개 연대가 '남부수비관구'를 담당하였다. 원래 한국주차군은 4개의 수비관구를 채택하고 있었으나, 의병전쟁에 대처하기 위해 1907년 12월부터 남북수비관구 제도로 변경하였다.

의병전쟁에 대처하기 위해 한국조선주차군은 상황에 따라 분산하고 집중하는 전략을 채택하고 있었다. 헌병경찰이 주도한 '의병진압작전'이 1912년 무렵 거의 종결되자, 중부와 남부지방에는 1개 연대 병력만 배치하고 조선주차군의 주력은 함경도 지방에 집중적으로 배치하였다. 조선주차군의 주요임무가 조선내의 치안을 유지하는 데서 러시아군의 침략을 방어하는 것으로 변화하고 있었던 것이다. 러시아와 국경을 마주한 함경도를 중심으로 평안도를 포함한 국경수비를 강화하기 위한 수비구를 효율적으로 조정하는 작업이 1910년대 내내 진행되었다.[55]

앞서 본 바와 같이 '제국국방방침'으로 확정된 러시아를 1차적인 적으로 설정하는 육군의 군비 확장책은 이른바 2개 사단 증설문제로 일본 중앙정치 갈등의 핵심으로 부상하였다. 또 만주를 둘러싼 대립으로 미국과의 갈등이 증폭하면서, 해군은 미국을 가상적국으로 설정하고 그에 걸맞는 군비를 확장할 것을 요구하였다. 이런 해군의 요구는 육군과 해군의 갈등[56]으로 이어졌고, 육해군의 갈등으로 국정은 더욱 혼란스러운 모습을 노정하게 되었다.

이제 1910년대 초반 식민지 조선에 상주군 2개 사단을 증설하려던 일본 육군의 요구를 둘러싸고, 요동치고 있던 일본 정치 상황을 좀더 구체적으로 살펴보자. 1911년 수립된 제2차 사이온지 긴모치西園寺公望 내각은 1912년 육군의 2개 사단 증설요구를 거부하면서 붕괴되었다. 1912년 연말에 들어선 제3차 카스라 다로桂太郎 내각 역시 군비증강과 무관하지 않은 제1차 헌정옹호운동으로 1913년 붕괴하였다. 이어 1913년 수립된 야마모토 곤베에山本權兵衛 내각도 해군의 부패사건인 '시멘스사건'을 둘러싸고 곧바로 붕괴하고 말았다. 육해군 군비확장을 둘러싼 갈등으로 인한 세 번째의 도각倒閣이었다. 이어지던 갈등은 1914년 오쿠마 시게노부大隈重信 내각이 성립하고 육해군의 요구를 어느 정도 수용하면서 안정되어갔다. 결국 1915년 6월, 제1차 세계대전이 이어지던 와중에서 식민지의 2개 사단 증설안이 의회에서 가결되었다.

이처럼 4년 동안 3개의 내각이 붕괴되고 난 후에야 2개 사단 신설안은 의회에서 통과될 수 있었다. 일본 군부의 정치권에 대한 일방적인 승리라 해도 좋을 것이다. 1910년대 초반 '다이쇼 데모크라시'라는 이름으로 발전해 가던 일본의 민주주의도 이로 말미암아 주춤거리고 있었다. 식민지 조선의 치안과 방비를 둘러싼 일본 육군의 요구는 일본정치의 커다란 암종癌腫으로 기능하고 있었다고 해도 좋을 것이다.[57]

상주군 2개 사단이 증설되면 일본군의 규모는 평시 21개 사단으로 확대될 것이었다. 이는 '제국국방방침'에서 설정된 평시 25개 사단 규모의 목표에 근접해가는 것이었다. 또 조선에 주재하던 일본군의 교대파견제는 2개 사단으로 확대된 상주군 체제로 변모하게 될 것이었다.

19사단과 20사단으로 구성될 상주사단은 1916년부터 본격적인 창설에 돌입하였다. 우선 19사단은 1916년 4월에 시작하여 1919년 2월 사이에 편성이 완료되었는데, 나남에 사령부를 두고 함경도 지방에 주둔하면서 러시아와 동만주지역의 국경 수비를 주로 담당하였다. 편성 완료된 19사단 4개 연대의 주둔지는 다음과 같았다. 보병 73연대는 나남, 74연대는 함흥, 75연대는 회령, 76연대는 나남이었다. 또 20사단은 3·1운동이 치열하게 전개되고 있던 1919년 4월부터 편성을 시작하여 1921년 4월에 완료하였다. 용산에 사령부를 설치하고, 함경도 이외의 조선 전역에 배치되었는데, 평안도 지역의 국경수비도 담당하였다. 보병 77연대는 평양, 78연대와 79연대는 용산, 80연대는 대구에 사령부가 주둔하고 있었다. 또 1918년 6월 신설 2개 사단을 지휘하게 될 '조선군사령부'가 용산에 설치되었다.[58]

조선에서 3·1운동이 발발했을 때, 조선군은 막 19사단의 편성을 완료한 상태였다. 첫날부터 시위가 심상하지 않자, 조선군은 곧바로 시위 진압에 투입되었다. 하지만 초기에는 조선군이 선제적으로 대응하는 방식을 취하지는 않았다. 조선군은 시위지역에 투입되었다가 곧 소속부대로 복귀하는 형식으로 대응하고 있었다. 그러나 3월 중순 이후 조선군도 분산배치 형식을 취하면서 시위에 더욱 적극적으로 대처하게 되었다. 3월 하순에는 조선군의 부대가 주요지역에 분산배치를 완료하였다. 특히 국경지역인 함경도와 평안북도의 경비는 조선군이 책임지고 있었고, 경성을 비롯한 경기 지역 역시 조선군이 경비를 담당하고 있었다.[59]

1919년 3월 말 4월 초순이 되자 시위는 더욱 격렬해졌고, 조선총독부는 주둔하고 있던 군대와 경찰병력만으로는 감당하기 어렵다는 사실을 인정했다. 4월 6일 일본 내각은 보병 6개 대대와 헌병 4백여 명의 조선 증파를 의결하였고, 이에 따라 4월 7일 6개 대대는 일본 내의 위수지를 출발하였다. 6개 대대 병력은 긴급하게 조선의 각지에 분산 배치되었는데, 4월 13일 배치가 완료되었다. 경부철도 연선과 주요도시에는 기존에 주재하던 군대가 배치되었고, 증원부대는 조선군의 배치가 취약하던 곳에서 집중적으로 활동하게 되었다. 분산 배치된 지역은 전국적으로 5백여 곳에 달했다. 조선군과 증원군은 위협사격 혹은 실제사격을 가함으로써 곧 무력을 동원한 '위력시위'를 통해 강제로 시위를 진압하였다. 대표적인 학살사건으로 언급되어온 제암리 학살사건 역시 조선군 20사단 보병 제79연대에 의해 자행된 것이었다.[60]

4월 하순 이후 3·1운동은 6개 대대의 증원병력에 의해 진압될 수 있었다. 이에 따라 편성이 늦추어지고 있던 20사단을 빨리 편성할 것을 요구하는 목소리가 높아지게 되었고, 4월 1일부터 급거 20사단 편성이 개시되었다. 특히 일본 군부는 조선의 치안 유지와 만주, 러시아, 중국의 정치적 상황이 상호 연결되는 것을 우려하고 있었다. 이로부터 3·1운동 진압뿐만 아니라 대륙침략의 작전부대로서 조선군의 출병을 상수로 준비해야 하는 상황에 직면하게 되었던 것이다.[61]

시위가 사그러들게 되는 1919년 6월 이후 조선군은 분산배치를 그만두고 점차 집중배치하는 형태로 진용을 변화시켜 갔다. 3·1운동 이후 조선군은 함경도와 평안도의 국경 수비를 주요 임무로 삼게 되었으며, 재만조선인문제에 대해서도 적극적으로 발언하기 시작하였다.

그런데 3·1운동의 시위상황이 엄중하였음에도 불구하고 왜 계엄령이 선포되지 않았을까? 일본에서 계엄령은 1882년 태정관太政官 포고 제36호로 처음 입법되었다. 1904년 러일전쟁 때 그리고 1923년 동경대진재가 발생했을 때를 포함하여 일본 국내에서는 수차례 계엄령이 선포된 바 있다.[62] 그러나 조선에서는 계엄령이 선포된 적이 없다. 계엄령은 전시 혹은 사변이 발생했을 때 군대를 투입하여 행정권과 사법권의 일부 또는 전부를 장악함으로써 질서를 확립하기 위해 발포되었다. 그렇다면 3·1운동 당시 조선에서 계엄령이 발포되지 않은 이유는 무엇인가? 계엄령을 발포할 필요를 느끼지 못할 정도로 시위가 평화적이고 온건한 것이었기 때문인가? 혹은 계엄령을 발포하지 않아도 이미 계엄 수준의 경계태세와 병력을 동원하고 있었기 때문일까? 아니면 다른 이유가 있었던 것인가?

앞서 본 바와 같이 1개 사단 이상의 조선군과 추가로 파견된 6개 대대의 증원부대가 3·1운동의 시위 진압에 투입되었다. 조선군은 3월 1일 시위가 발생한 첫날부터 진압부대로 동원되었다. 또 군대의 진압은 실탄사격을 포함한 매우 잔인하고 강경한 것이었다. 계엄령이 선포되지 않았는데도 조선군은 민간인의 평화적 시위를 진압하는 현장에 투입되고 있었던 것이다. 어떻게 이런 일이 발생한 것일까?

이미 조선총독에게는 조선의 안녕질서를 유지하기 위해 필요한 경우, 육군 부대와 해군방비대를 사용할 수 있는 권한 즉 '병력통솔권'이 부여되어 있었기 때문이다. 조선총독에게는 계엄령이 선포되었을 경우의 계엄사령관과 거의 동등한 권한이 주어져 있었다. 조선총독은 이미 계엄사령관 이상으로 행정권과 사법권의 일부 혹은 전부를 장악하고 있었고, 그를 통해 조선인들의 기본권과 자유권은 이미 심대하게 제한되어 있었다. 이런 점에서 1910년대 조선총독부의 조선통치는 계엄령 하의 군정과 유사한 수준의 제도적 장치 위에 구축되어 있었다고 볼 수 있다. 일본인들은 조선에서 별도로 계엄령을 발포할 필요를 느끼지 못했다. 이를 두고 '유사군정' 혹은 '준군정'이라고 규정해도 무리가 없을 것이다. 1910년대의 조선통치 즉 이른바 '무단통치'는 유사군정 혹은 준군정 수준의 통치였던 것이다.

(2) 침략을 위한 군대

이제부터 본격적으로 조선군의 첫번째 시간의 성격이 변해가는 과정을 살펴보기로 하자. 조선군의 주임무가 조선 내부의 치안유지 즉 '국내평정'으로부터 조선 외부지역으로의 침략을 위한 '전위부대' 역할로 차츰 변하게 되는 계기는 3·1운동에서 주어졌다. 3·1운동은 일제가 조선 지배 과정에서 마주한 최대의 위기였지만, 그 위기를 무난하게 돌파하게 되자 조선군이 지향하는 목표는 조선을 넘어서게 된다. 조선군이 가장 먼저 직면한 외부의 적은 조선 국경지방에서 '발호'하고 있던 조선인 무장부대였고, 그들의 국내진격작전은 매우 위협적인 것이었다. 그 후에는 만주를 장악하고 중국을 침략하는 관동군의 발걸음에 조선군도 힘을 보태게 되었다. 1931년 '만주사변' 때 이른바 조선군의 '단독월경'이 그 마지막 한 걸음이 되었다.

이후 1937년 중일전쟁이 발발할 때에 조선군의 중국 '파병'은 본국 내각에서 공공연히 결정한 것이었고, 이미 조선군은 중국 대륙 침략의 첨병으로 인정되고 있었다. 1941년 태평양전쟁이 발발한 후에는 조선군 역시 산하에 파병사단을 급조하여 '남방' 즉 태평양전선으로 파견하기 시작하였다. 이때 이들은 이미 기울어가는 태평양전쟁에서 일개 '소모품'으로만 이용되었을 따름이다. 이제 '침략을 위한 군대'의 역할을 담당하고 있던 조선군의 발걸음을 시간의 추이에 맞추어 차례대로 살펴보기로 하자.

3·1운동 이전 평안도와 함경도의 국경수비는 조선군과 헌병대가 함께 담당하고 있었다. 조선군은 중국과 갈등이 발생하는 것을 회피하고 국경 지역의 치안문제 해결에 주력하였다. 그러나 3·1운동 이후 보통경찰제가 시행되면서, 헌병은 국경 수비 임무에서 해제되었다. 대신 조선군이 전적으로 국경수비를 담당하게 되었다. 나남에 본부를 두고 있던 조선군 19사단은 두만강 일대의 함경도 지역을, 용산에 사령부를 둔 20사단은 압록강 일대의 평안북도 지역을 담당하였다.[63]

한편 3·1운동 이후 만주지역 독립군은 '국내진공작전'을 적극적으로 전개하고 있었다. 1920년부터 1925년 사이에 약 4천여 회 가까운 항일무장부대의 국내진격 사례가 보고되어 있는데, 그 가운데 1920년의 사례가 1,651건으로 전체의 42%를 차지하고 있다.[64] 이런 상황에 대응하기 위하여, 본국의 육군성과 봉천총영사관 그리고 조선군은 조선인 무장투쟁을 진압하기 위한 독자 계획 즉 '간도지방불령선인초토계획間島地方不逞鮮人剿討計劃'을 1920년 8월 확정하였다. 조선군 보병 4개 연대가 19사단장의 지휘 아래 중국 동만지방을 침략하여 2개월 동안 독립군 '소탕작전'을 전개하기로 하였던 것이다.

이에 따라 조선군과 블라디보스톡 파견군은 1920년 9월 이른바 '훈춘

사건'을 조작하였고, 이를 동만지방 침략의 명분으로 삼았다. 이어 10월 19사단 주력이 동만지방을 침략하여 독립군을 압박하였다. 이 와중에 민간의 조선인을 학살하는 것도 서슴지 않았는데, 이른바 '경신참변'이 그 대표적 사례이다. 만주지역 조선인 독립군부대를 완전히 '토벌'한 뒤인 1921년 5월, 19사단은 간도지방에서 철수하였다. 1920년부터 1921년 사이 19사단 주력이 만주지역 독립운동 토벌을 명분으로 삼아 자행한 '간도침략', 이것이 조선군의 첫 번째 대규모 만주 침략이었고 '해외파병'이었다.[65]

앞서 본 바와 같이 3·1운동 때 파견된 6개 대대 가운데 일부가 조선군 19사단과 20사단에 합류하였다. 이에 따라 1921년 3월 본토의 평시사단과 비교하여 5천여 명 이상 정원이 많은 이른바 '고정원편제高定員編制'가 채택되었다. 3·1운동 이후 조선과 만주에 주둔하던 일본군에게 적용된 고정원편제란, 조직 자체는 평시편제이지만 실제 정원과 인원을 전시편제에 준하는 정도의 고정원으로 만든 편성을 가리키는 것이다.[66] 불안한 국경과 만주지역 상황을 고려하여 이 시기 조선군과 조선총독부는 본국에 군사력 증강을 연례행사처럼 요구하고 있었다. 심지어 조선군은 사령관 직속으로 12개 대대 병력의 4개 독립수비대를 창설하여 평안북도와 함경남북도의 국경수비를 담당하도록 하자는 건의안을 본국 정부에 상신하기도 하였다. 조선군의 규모가 본국 주둔 군대에 비해 지나치게 적다는 논리에 입각한 조선군과 총독의 병력 증강 요구는 수용되지 않았다.[67]

군비확대 요구의 좌절은 일본 국내에서 진행되고 있던 군축의 흐름과 관련되어 있었다. 1920년대 초반 '전후 불황'의 영향 아래서 30만 명이 넘는 상비군을 유지하는 것은 커다란 재정부담이 되었다. 이에 따라 사회 전반적으로 군축에 대한 요구가 높아지고 있었다. 1921년 위싱턴군축회의에서 일본 해군의 군축안이 통과된 것도 영향을 미쳤다. 1922년부터 1925년 사이에 3차에 걸쳐 인력과 경비를 감축하는 방식의 군비축소가 진행되었다.[68]

육군성에서는 조선군의 고정원편제를 철폐하고, 19사단과 20사단을 평시편제의 사단으로 재편성하려는 방침을 취했다. 이에 조선군은 대규모 감축에 반대하면서, 남부지방 수비대를 폐지하고 북부 국경지방의 국경수비대 편성을 축소하는 방식으로 대처하였다. 결국 고정원편제하에서 유지되던 12개의 국경수비대는 5개로 축소되었다. 조선군은 전체적으로 부대를 '국경수비대'와 '위수부대'로 구분하고, 위수부대는 대륙침략의 전위부대로 활용할 수 있도록 방침을 정했다.[69]

3·1운동 이후 조선 국경의 수비는 조선총독부 소속 국경경찰과 조선군 소속 국경수비대가 함께 담당하고 있었다. 그러나 국경을 월경하는 일은 국경경찰이 담당하였고, 조선군 국경수비대는 월경하지 않는 것을 관례로 삼았다. 한편 1925년 조선총독부와 중국 봉천성 정부 사이에 체결된 이른바 미쓰야협정三矢協定으로 만주지역의 조선인 무장부대는 결정적인 타격을 받았다. 중국 봉천성 정부는 조선인 독립운동가를 체포하여 조선총독부에 인도하기로 했던 것이다. 이를 계기로 조선군의 월경은 국제법적으로 제지되었지만, 근본적으로 조선군의 만주 침략의도가 사라진 것은 아니었다. 재만주 조선인문제를 포함한 만주 문제와 관련해서는 군사적 수단에 의존할 수밖에 없을 것이라는 믿음을, 1920년대 내내 조선군은 유지하고 있었다.[70]

조선군은 1920년대 후반 전투를 치르지 않은 2번의 단기간 파병을 시행한 바 있다. 첫 번째는 1925년 11월 군벌 간의 내전으로 장작림張作霖 정부가 위기에 처했을 때, 조선군 20사단의 보병 2개 대대가 봉천奉天으로 출병한 사례이다. 두 번째는 1928년 5월 관동군과 조선군의 봉천 출병이다. 이때 관동군과 조선군은 공모하여 본국 정부의 의사와는 무관하게 독단적으로 출병을 결정하였다. 관동군 14사단과 조선군 20사단 산하 혼성 40여단은 1928년 5월 28일 봉천에 집결하였다. 장개석蔣介石의 국민정부가 만주 문제에 '개입'하는 것을 경고하기 위한 것이었다. 이런 두 번의 사례는 대륙침략을 위한 조선군의 욕망을 잘 보여주고 있다.[71]

1927년 일본군의 산동출병山東出兵으로 중국에 대한 '불간섭정책'을 유지하던 이른바 시데하라외교幣原外交도 종막을 고했다. 이를 대신하여 등장한 다나카외교田中外交는 만몽만주와 몽골을 중국 본토로부터 분리하고, 일본의 만몽 권익을 노골적으로 옹호하는 것이었다. 1927년부터 1928년 사이에 자행된 세 차례의 '산동출병'은 침략주의적 다나카외교를 상징하는 것이었다.

1931년 '조선군의 단독월경'은 이런 흐름 위에서 이루어진 것이었다. 잘 알다시피 관동군의 만주침략은 참모본부와 육군성 등 본국 정부의 의사와는 무관하게 진행된 것이었다. 대신 관동군과 조선군은 만주침략에 동일한 의지를 갖고 있었으며, 조선군은 관동군의 출동 요청에 기꺼이 응했다. 만주침략의 초반에 참전한 부대는 조선군 혼성 39여단이었는데, 이 부대는 북진하는 관동군의 후방을 수비하면서 항일 무장부대를 탄압하였다. 이 부대는 만주국이 수립된 이후, 1932년 5월 조선으로 철수하였다. 항일세력의 저항이 이어지자 조선군은 다시 혼성 38여단을 편성하여 1931년 12월부터 1932년 10월 사이에 만주에 파병하였다. 이 부대 역시 항일무장부대에 대한 진압작전을 전개하였다. 다시 1932년 4월에는 간도

임시파견대를 편성하여 간도로 출병함으로써 만주국 수립에 기여하였다.

이처럼 1931년부터 1932년 사이에 39여단과 38여단 그리고 간도임시파견대의 세 번에 걸친 만주출병이 이어졌는데, 이는 1920년의 '간도침략'에 이은 조선군의 두 번째 대규모 해외출병이었다. 또 조선군의 단독월경에 의한 만주침략은 일본 정부가 만주침략을 공적으로 인정하는 계기로 작용하였고, 이후 일본의 외교는 군사문제의 후순위로 밀리게 되었다. 이른바 '15년전쟁'으로 가는 길을 닦는 데에 조선군이 결정적인 기여를 했다고 해도 지나치지 않을 것이다.[72]

1920년대 일본군은 총력전사상을 바탕으로, 세 가지 전술에 입각한 작전계획을 세워두고 있었다. 공세작전주의, 기습에 의한 개전, 속전속결에 의한 작전지도가 바로 그것인데, 이는 경제적 능력이 취약한 일본이 취할 수 있는 '무력전 중심주의로' 이해되었다. 태평양전쟁까지 변함없이 유지된 이 전략은, 청년장교의 급진주의와 군부의 초조함에 기반을 둔 것이었다. 일본 군부와 관동군의 청년장교들은 대륙침략을 위한 전쟁의 서전에서 우세를 확보하기 위해서는, 그 교두보가 될 만주를 절대적으로 확보할 필요가 있다고 보고 있었다. 따라서 만주 점령은 대륙침략을 위해서는 미룰 수 없는 과제가 되었다.[73]

일본 군부는 1936년 「제국국방방침」을 전면적으로 개정하여 본격적인 전쟁의 길로 나섰다. 가상적국으로 미국과 소련을 동렬의 1위로 두고, 소요병력으로 대소전을 대비하여 육군병력 50개 사단과 항공 142개 중대 그리고 전함 12척과 항공모함 12척을 제시하였다. '만주국' 수립 이후 일본군의 대중국 전략은 먼저 만주와 중국을 분리滿華分離하고, 이어 화북을 중국 본토로부터 분리華北分離하는 데에 집중되었다.

이런 공작의 성과를 바탕으로, 1937년 7월 11일 일본 내각은 조선군의 중국 파병을 결정하였다. 이어 천황이 재가한 이른바 봉칙명령奉勅命令을 통해 조선군 20사단에도 동원령이 하달되었고, '중일전쟁'이 개전되었다. 이 전쟁은 곧바로 중일간의 전면전으로 확전되었다. 조선군 20사단은 지나파견군 제1군에 편입되어 화북전선에 투입되었다. 1939년 11월 중국 전선에서 동원이 해제될 때까지, 20사단은 화북의 경비를 담당하고 있었다.[74] 1937년 중일전쟁 개전에 참전한 조선군의 파병이 조선군의 세 번째 해외파병이었다. 이제 조선군은 일본정부에 의해 공공연히 대륙 침략군대의 일원으로 인정되었고, 조선군은 그런 역할을 잘 감당하고 있었다.

한편 지금까지의 세 번에 걸친 조선군의 해외 파병은, 파병의 계기와 형식, 절차 등이 모두 서로 달랐지만, 단기적인 파병이라는 점에서는 동일한 방식을 취하고 있었다. 조선군은 조선군의 명칭을 유지한 채, 동만지방과 북만지방을 거쳐 중국내륙으로 차츰 원거리로 원정을 나섰다가 귀환하기를 반복하였다. 그러나 중일전쟁 개전 이후 전쟁은 점차 장기전의 수렁으로 빠져들었고, 1941년 태평양전쟁 개전 이후에는 현지로 파병되어 전투를 통해 '소모'되는 방식으로 변화되어갔다.

〈표 21〉 1937~1941년 일본군 사단수 증가 상황

구분	1937년	1938년	1939년	1940년	1941년
본국 및 조선	3	2	7	11	11
만주	5	8	9	12	13
중국	16	24	25	27	27
계	24	34	41	50	51

자료 : 후지와라 아키라(藤原彰), 엄수현 역, 『일본군사사』, 시사일본어사, 1994, 246쪽; 원자료. 服部卓四郎, 『大東亞戰爭全史』, 1953.
비고 : 1937~1940년 사이는 연말, 1941년은 태평양전쟁 개전 전의 것임.

중일전쟁 개시 후 일본군의 군비는 대확장을 개시하였다. 1936년 이후 4년 사이에 사단 수에서는 3배, 병력 수에서는 10배 이상으로 확장하고 있다. 사단 수 증가를 보여주는 위의 〈표 21〉은 그런 정황을 잘 드러내고 있다. 이는 중일전쟁의 장기화와 대소전의 개전을 대비한 것이었다.

이 시기 군비확장의 절정을 과시한 것이 1941년 6월에 진행된 이른바 관특연關東軍特種演習이었다. 관동군은 70만으로 증강되었으며, 이를 과시하기 위하여 일본 육군은 조선군과 본국의 군대를 포함하여 대대적 동원을 단행하였던 것이다. 그러나 1941년 8월 이후 대본영은 대소전을 단념하고 남방진출에 전념하기 시작하였다. 1941년 12월 하와이 진주만 기습으로 태평양전쟁은 개전되었고, 일본군은 동남아시아와 남태평양의 거의 전 지역을 장악하였다. 하지만 곧이어 1942년 6월 미드웨이 해전의 패배로 전세는 역전되기 시작하였다. 1943년 초부터 미군은 공세로 전환하였으며, 1944년 6월 마리아나제도 공방전에서 일본군이 패배하면서 최종적인 패전이 예비되고 있었다.[75]

일본군이 수세로 전환한 시기에 조선군이 남방전선 곧 태평양전선에 투입되기 시작하였다. 1942년 하반기 일본군은 남태평양전선에서 이른바 '과달카날전투'로 알려진 수세적 소모전을 치르고 있었다. 1942년 11월 조선군 20사단은 조선군으로서는 처음으로 뉴기니섬 동부로 파견되어 제18군 휘하로 편성되었다. 20사단은 미군의 공세로 1944년까지 사이에 거의 '빈사상태'에 빠진 것으로 알려져 있다. 남방전선에 파견된 두 번째 사단은 '평양사단'으로 알려진 조선군 30사단이었다. 조선군 30사단은 1943년 6월 평양에서 창설되었으며, 조선인 사병과 학도병의 일부가 포함된 것으로 알려져 있다. 30사단은 일본군 제35군에 편성되어 1944년 4

월 필리핀 전선으로 파견되었다. 조선군 19사단이 세 번째로 파견된 조선군 사단이었다. 19사단은 1944년 11월 일본군 제14방면군 직할병단으로 편성되어, 1945년 2월 부산을 출발하였다. 필리핀으로 가는 도중 연합군의 공격으로 분산되었으며, 잔존부대는 대만군으로 편성되었다. 네 번째로 파견된 사단은 제49사단이었는데, 49사단은 조선군 산하부대는 아니었다. 조선인 징병입대자를 중심으로 1944년 1월 편성되었으며, 버마방면군의 제33군에 편입되어 1944년 6월 부산을 출발하였다. 49사단 역시 심각한 소모를 겪으면서 버마전투에 참가하고 있었다.[76]

이것이 조선군의 네 번째 해외파병이었다. 1942년부터 1944년 사이에 조선군 산하 3개 사단과 조선에서 편성된 1개 사단이 남방전선에 파견되었다. 이 부대들은 새로운 전투부대로 편성되었으며, 파견 도중 혹은 전선에서 대부분 '소모'되고 말았다. 이들의 파병은 임무를 마친 후 조선으로의 귀환을 전제로 한 것이 아니었다. 그런 점에서 네 번째 해외파병은 이전 세 번의 그것과 크게 달랐다.

3) 조선인의 군대 참여[77]

이제 조선군의 두 번째 시간에 대해 살펴볼 차례가 되었다. 조선군이라는 이름의 군대에는, 극소수의 장교를 제외하면, 조선인이 없었다. 조선군에서 근무한 장교들은, 앞서 본 바 홍사익이 그랬듯이, 대한제국 육군 유년학교를 다니다가 영문도 모르고 일본 육군 유년학교로 보내진 사람들이었다. 그러나 일본이 중국과 개전한 후 전쟁을 확대해나가는 과정에서, 이제 조선인 그리고 식민지인이 필요한 상황이 되었다. 하지만 제국주의 군대에 식민지인을 수용하는 것은 쉬운 일이 아니다. 그럼에도 역사상의 제국주의 국가들은 식민지민들을 자신의 군대에 수용하고 있었다. 식민지 지배방식이 그러했듯이 제국주의 군대에 식민지민을 수용하는 방식에는 두 가지가 존재했다. 하나는 식민지민들이 독자적인 부대를 조직하는 방식이다. 다른 하나는 제국주의 군대에 식민지민을 수용하는 방식이다.

첫 번째 방식을 대표하는 것으로, 영국 제국주의 하의 식민지에서 진행된 군대의 징병문제에 대해 간략히 스케치해둘 필요가 있겠다. 19세기 영국의 식민지는 '영국 세계체제'로 지칭될 정도로 세계적 차원에 걸쳐서 크고 넓고 다양하게 존재하고 있었다. 식민지의 종류는 크게 자치령dominion과 비공식제국의 두 가지로 구분할 수 있겠는데, 자치령은 주로 백인정착지에서 비롯된 것이었고 비공식제국은 주로 속령dependency과 보호령protectorate 등을 중심으로 구성되어 있었다. 우선 자치령 국가들은 제1차 세계대전과 제2차 세계대전에 자신들의 군대가 참전하는 것을 당연하게 여기고 있었다. 그들은 참전의 전 과정을 국가형성과정의 일환으로 간주하였다. 캐나다와 호주, 뉴질랜드 등의 군대는 대거 유럽전선에 투입되었다. 물론 전쟁을 통하여 국가정체성을 확보해나가는 과정은 자치령의 민족주의가 강화되고 영제국의 네트워크가 차츰 약화되어 가는 경로이기도 했다. 반면 인도군은 제1차 세계대전 때 140만 명 이상의 영국령 인도군British Indian Army을 편성하여 참전하였고 이를 위해 거액의 전비를 헌납하였다. 이에 영국은 인도에서 자치제를 점진적으로 발전시키고 책임정부의 실현을 앞당길 것을 천 명하였다. 1919년 인도정부법이 제정된 것은 인도군의 참전을 둘러싼 협상의 결과였다.[78] 잘 알다시피 제2차 세계대전 시기에도 인도군은 독자적으로 참전하였으며, 이는 1948년 인도의 독립으로 연결되었다.

그러나 일본의 군대는 식민지 독자의 군대 조직을 허용할 수 없었다. 대신 일본은 조선인과 대만인 등의 식민지민들을 제국 일본의 군대에 병사로 징병하는 방식을 택했다. 인도군과 조선군의 가장 큰 차이는 여기에 놓여 있었다. 이것이 조선군이 맞이한 두 번째 시간의 가장 특이한 사항 가운데 하나이다. 일본군은 조선인을 자신들의 군대에 수용할 때에, 지극히 조심스럽고 점진적인 방식을 취했다. 처음에는 지원병으로 그리고 다음에는 학병 — 이는 지원의 이름으로 진행된 징병이었다 — 그리고 징병의 순서로 진행하였다. 이제 차례로 그 내용을 살펴보기로 하자.

조선군사령부는 참모, 부관, 경리, 군의, 수의, 법무의 6부로 구성된 참모부를 갖고 있었으나, 1929년 사령부 직속으로 애국부를 신설하였다. 애국부는 조선군이 가담하고 있던 침략전쟁에 대한 지지와 협력을 조선인으로부터 이끌어내기 위해 만든 조직이었다. 조선인들의 지지를 구하기 위해 애국부가 주력한 것은 국방헌금 모금 및 이와 관련한 각종 미담 발굴 활동이었다. 애국부는 이런 활동을 통해 조선인들이 스스로 전쟁에 참여하고 있다는 자각을 이끌어내려 했던 것이다. 애국부는 독자적으로 잡지를 발간하여 각종 헌금활동과 미담을 발굴하고 전파하였다.[79]

조선군의 애국부 설치는 1931년 만주사변 때의 조선군 '단독월경'과 깊은 관련을 가지고 있었다. 이 시기를 전후하여 조선군은 정치적 독자성을 확보하기 위해 노력하고 있었다. 요컨대 조선군의 독자성은 월경행동을 불사하는 군사행동에서만이 아니라, 조선통치에 관한 정책입안 과정에서도 발휘되었던 것이다. 조선군은 1930년 조선군사령부 안에 '사상연구위원' 제도를 설치하였다. 사상연구위원에게는 조선 내의 각종 사상운동에 관한 정보를 수집하고, 사상운동을 감찰하며, 조선인 민족사상의 추이를 연구·고찰하고 대책을 입안하는 과제가 부여되었다. 사상연구위원은 조선총독부와는 별도의 조선인 민족주의 사상과 치안 상황에 대한 각종 보고서를 발간하였다.[80]

조선군사령부는 애국부의 뒤를 잇는 조직으로서 1937년 신문반을 그리고 1938년에는 보도부를 만들었다. 침략전쟁이 확대됨에 따라 전쟁 관련 보도 내용을 통제하고 민간인의 지지와 협력을 더욱 강화하기 위해 대민 활동의 전면에 나섰던 것이다. 보도부의 선전활동은 조선인만을 대상으로 하는 것이 아니었다. 내지인일본인과 반도인조선인 모두로 대상을 확대하였고 또 대소련 선전활동도 강화하였다.[81]

1937년 7월 7일 중일전쟁이 발발하였고, 조선군 20사단은 7월 10일 철도를 이용하여 중국 천진天津으로 이동하였다. 조선은 이미 이전부터 대륙 전진기지로서의 역할을 충실히 수행하고 있었지만, 이번에는 더욱 적극적이라는 점에서 차이가 있었다. 이 시기 조선총독 미나미 지로南次郞와 조선군사령관 고이소 구니아키小磯國昭에게는 더욱 특별한 점이 있었다. 미나미 지로는 1929년부터 1930년 사이에 조선군사령관을 지냈고, 이후 육군대신과 관동군사령관을 거쳐 조선총독으로 부임하였다. 고이소 구니아키는 1935년 조선군사령관으로 부임하여 1938년까지 근무하였으며, 1942년 조선총독으로 부임하게 될 것이었다. 이 두 사람은 대륙 침략전쟁의 확대를 적극적으로 지지하였으며, 조선군의 참전에도 강경한 입장을 취하고 있었다.[82]

미나미 총독과 고이소 사령관의 공통점은 조선인의 병역문제와 관련해서도 나타났다. 1930년대 초부터 조선인을 지원병으로 동원하는 문제에 대해서는 다양한 검토가 행해지고 있었지만, 본국의 육군성과 참모본부는 서로 견해가 달랐다. 참모본부는 육군의 인원이 절대적으로 부족하므로 조선인 지원병을 수용해야 한다는 입장이었던 반면, 육군성은 "어딘가에서 총알을 반대로 향할 수 있으므로 곤란"하다는 인식을 유지하고 있었다.[83] 중일전쟁 발발 초기에도 육군성의 회의적인 태도는 변하지 않았으나, 조선군의 입장은 달랐다. 고이소 사령관은 조선인 지원병 동원을 조속히 실현할 것을 요구하는 의견서를 제출하였으며, 미나미 총독 역시 이를 지지하는 회답을 중앙정부에 상신하였다.[84] 이리하여 1937년 12월 4일 각의에서 지원병제도 실시가 결정되었고, 1938년 2월 칙령으로 발포되었다.

조선군이 조선인 지원병제도를 적극적으로 관철시킨 것은 조선이 대륙 침략을 위한 병참기지 역할을 수행해야 한다고 보았기 때문이다. 반도 즉 조선이 이런 사명을 완수하기 위해서는 조선인의 민심을 적극적으로 회유할 필요가 있었고, 지원병제도는 이를 위해 적절한 대책이 될 수 있을 것으로 보았던 것이다. 나아가 지원병제도는 조선인들에게도 '의무교육'을 실시하고, 궁극적으로 '징병제'를 실시하기 위한 토대로 간주되었다. 곧 지원병제도는 의무교육과 징병제를 실시하기 위한 기초작업이자, 총력전

〈표 22〉 조선인의 지원과 배치 상황

구분	지원자수	채용자수	입소자수	경쟁률	입영부대
1938년	2,946	400	406	7.3	조선군 19사단, 20사단
1939년	12,348	600	613	20.1	상동
1940년	84,443	3,000	3,060	27.6	조선군 19사단, 20사단, 관동군
1941년	144,743	3,000	3,208	45.1	상동
1942년	254,273	4,500	4,077	62.4	조선군, 관동군, 북지군
1943년	303,394	5,330	6,300	48.2	내외지 각 군대
합계	802,147	16,830	17,644	-	-

자료 : 안자코 유카, 「전장으로의 강제동원-조선인 지원병이 경험한 아시아 태평양 전쟁」, 『역사학연구』 81집, 2021, 103쪽, 〈표 1〉.

을 수행하기 위해 필수불가결한 시도였던 것이다.[85]

조선인 지원병제도는 1938년과 1939년 즉 실시 초기 두 해 동안에는 각 4백 명과 6백 명 정도밖에 채용하지 않았으나, 1940년부터는 연 3천 명 이상을 수용하였고 또 지원자도 폭증하였다.

조선인의 지원상황을 보여주는 이 표에서 단연 눈에 띄는 점은 1941년 이후 지원자수가 엄청난 비율로 증가한다는 사실이다. 지원병으로 채용된 사람은 그다지 늘어나지 않은 데 비해 지원자수는 30만 명까지 늘어나고 있는 것이다. 따라서 경쟁률도 62배를 상회하게 된다. 1941년 조선총독부의 지원동기 조사에 따르면, 완전히 자발적으로 지원한 사람이 34%이고 관청의 종용으로 지원한 사람이 55% 그리고 기타가 11%로 나타나고 있다. 강제적 혹은 반강제적으로 지원한 사람의 수가 상대적으로 많지만, 그보다는 자발적으로 지원한 사람의 수가 일반적인 '예상'을 뛰어넘는다는 사실에 놀라게 된다. 이들은 무슨 이유로 지원을 하게 된 것인가? 자발적으로 지원한 자들은 그것을 사회적 신분상승의 수단으로 생각하거나, 차별에서 탈출할 수단으로 여기고 있었다고 한다.[86] 이를 두고 일본인들은 징병제 실시를 위한 좋은 조건이 갖추어졌다고 보았을 것이다.

조선인 지원병은 처음 2년 동안은 조선군 산하 두 사단에 그것도 보병, 치중병, 고사포병으로만 배치되었으나, 그 이후에는 관동군과 중국주둔군으로 배치부대가 확대되고 병종도 늘어나게 된다. 앞서 본 바와 같이, 1937년 중일전쟁 발발 때에 조선군 20사단은 중국 화북지방으로 파병되었다.[87] 또 1942년 이후에는 조선군 20사단과 평양사단30사단 그리고 19사단은 차례로 뉴기니전선과 필리핀전선으로 파병되었다. 뉴기니전선으로 파병된 조선군 20사단은 생존율이 2% 정도에 지나지 않았을 정도로 거의

'전멸'하였다고 한다.[88] 다른 부대도 거의 비슷한 운명을 맞이하였던 것으로 알려져 있다. 중국전선과 태평양전선으로 파견된 조선인 지원병들의 운명은 이토록 처참한 것이었다.

한편 1943년 7월에는 「해군특별지원병령」이 공포되고, 8월부터 해군특별지원병제도가 실시되었다. 육군에 비해 해군의 조선인 지원병제도 실시가 늦었던 것은, 일본 해군이 조선인의 징집에 대해 회의적인 태도를 유지하고 있었기 때문이다. 대신 해군은 해군설영대 등 노동력을 필요로 하는 데에 민간인 자격의 조선인 군속軍屬을 주로 동원하고 있었다. 조선인 지원병은 1943년 제1기생으로 천 명, 제2기생으로 천 명이 동원된 것으로 알려져 있다.[89]

태평양전쟁의 전선이 확대되고 전황이 심각하게 진행되면서, 이런 총력전 상황에 대응하기 위한 조선군의 요구도 비약적으로 확대되었다. 모든 일상활동이 군사목적으로 수렴되는 총력전체제에서 군이 개입하지 않고 진행되는 영역이 오히려 매우 제한적인 상황이 되어갔다. 병참기지로서 조선은 각종 자원과 물자동원에 더하여 노무동원 및 병력동원에 대한 요구도 높아져갔다. 결국 1942년 5월 8일 일본 내각에서는 조선인을 대상으로 징병제도를 실시할 것을 결정하였다. 이 시기의 조선총독은 지원병제도 실시의 주역이었던 고이소 구니아키였다. 그리고 조선군사령관은 이타가키 세이시로板垣征四郎였는데, 그는 만주사변의 연출자이자 만주국 창설의 주역이었다. 이타가키는 1941년에 조선군사령관으로 부임하여 1945년 2월까지 그 자리를 지켰다. 징병제 실시에 주도적 역할을 한 것 역시 조선군이었다.[90]

1943년 개정 병역법이 공포되었으며, 1944년과 1945년 2년 동안 조선인을 대상으로 징병이 실시되었다. 징병제 도입의 전제조건인 전면적인 의무교육이 실시되기도 전에 징병제가 시행될 수밖에 없었다는 점에서, 징병제는 그 자체로 매우 곤혹스런 제도였음에 분명하다. 또 징병이 혈세血稅로 불리기도 하는 것처럼, 징병당하는 대상의 충성심을 유도하기 위해서는 그에 상응하는 반대급부가 필요하다. 조선총독부는 징병제 실시가 '내선일체'를 상징하는 것이라는 점을 대대적으로 선전하였으며, 결국 1944년 11월 일본정부는 본국의회의 참정권을 조선인에게 부여할 것이라는 점을 선언하였다.[91] 또 추밀원과 제국의회의 심의를 거쳐 1945년 4월 1일 「귀족원령중개정」과 「중의원의원선거법중개정법률」을 공포함으로써, 일본의 귀족원과 중의원에 소수의 조선인이 참여할 수 있는 길이 열렸다. 법령 발포 이후 곧바로 7명의 조선인 귀족원 의원이 칙임되었고, 1946년 9월 실시될 선거에서 중의원 의원 23명을 조선에서 선출할 수 있게 되었다.[92]

한편 조선인을 대상으로 징병검사를 본격적으로 실시하기 전인 1943년 10월 일본 육군성은 조선인 학도지원병 모집계획을 발표하였다. '육군특별지원병'으로 명명된 이 학도병은 대학과 전문학교에 재학 중인 조선인 학생을 대상으로 한 것이었다. 이때는 1943년 10월 칙령으로 「재학징집연기임시특례」가 발포되어 일본인 대학생과 전문학교 학생들에게 주어지던 징집연기가 불가능해진 상태였다. 따라서 징집 연령을 지나 대상이 아니었던 조선인 대학생들을 소집할 수 있는 방편으로 만든 것이 육군특별지원병제도였다. 그 실상이 '지원이라는 이름의 징병'이었다는 것은 이미 잘 알려져 있는 사실이다.[93] 많은 대학생들이 강요에 의해 '지원'을 하였으나, 지원병 동원을 거부한 학생들도 많았다. 징병을 거부한 학생들은 곧바로 징용되어 노동을 강요당했는데, 이들은 '징용학도' 혹은 '응징應徵학도'

라고 불렀다.[94]

1944년과 1945년에는 징병연령에 도달한 조선인들에게 징병검사가 실시되고 소집영장이 발부되었다. 징병검사에서는 5등급으로 나누어 판정을 내렸으며, 그 가운데 3등급_{갑종, 을종, 병종}까지가 소집 대상이 되었다. 갑종은 현역 입영 대상이었으며, 을종은 보충병 그리고 병종은 '국민병역'의 대상이었다. 보충병은 '보충대'에 입대하여 고향에서 대기하며 훈련을 받았다. 비상시에는 보충병 및 국민병역_{국민병역}을 소집하여 '근무대'를 구성하였다고 한다. 아래서 살펴보는 바와 같이, 1944년과 1945년에는 을종과 병종 판정을 받은 엄청난 수의 조선인들이 '보충대'와 '근무대'로 육군에 동원되었다.[95]

1945년 전쟁 말기에는 조선군관구사령부 예하에 '특설근무대'가 조직되었다. 특설근무대는 군수물자의 수송과 방어진지 구축 등에 필요한 노

〈표 23〉 조선인 징집 종별 인원 수

징집종별	연도	현역병	제1보충병	해군병	합계
특별지원병	1938	300	100	-	400
	1939	250	350	-	600
	1940	900	2,100	-	3,100
	1941	1,000	2,000	-	3,000
	1942	2,250	2,250	-	4,500
	1943	3,200	2,130	-	5,330
소계		7,900	8,930	-	16,830
학도지원병	1943	3,457	436	-	3,893
징병	1944	45,000	-	10,000	55,000
	1945	45,000	-	10,000	55,000
소계		90,000	-	20,000	110,000
총계		101,357	9,366	20,000	130,723

출전 : 宮田節子 編, 『朝鮮軍槪要史』, 1989, 不二出版, 83쪽.

동력을 조달하기 위해 조직한 부대였다. 제35·38·39야전근무대 편성과 관련된 자료가 남아 있다. 소대장을 맡은 하사관은 일본인이었지만, 대원은 거의 대부분 조선인이었다. 을종과 병종 판정을 받은 조선인들이 대거 특설근무대로 동원되었던 것이다.[96]

그렇다면 지원병과 학병 그리고 징병을 포함하여 조선인으로 징집된 인원수는 얼마나 될까? 패전 이후 일본 정부가 공식적으로 인정한 수는 대개 〈표 23〉에 드러나는 바와 같다.

해방 이후 일본 정부가 공식적으로 인정한 조선인 징집 인원 수는 모두 13만여 명이다. 이 가운데 지원병제도로 징집된 16,830명과 '학도지원병'으로 징집된 3,893명에 대해서는 그 규모에 대해 이견이 없다. 다만 1943년에 징집된 해군특별지원병 3천 명은 여기에서 빠져 있다. 게다가 이 표에서는 1944년, 1945년 사이에 11만 명이 징집된 것으로 집계되어 있으나, 이는 현역병만을 대상으로 한 것으로서 매우 부정확한 것으로 인정되고 있다. 여기서는 대신 일본인 연구자 히구치 유이치樋口雄一가 추정하고 있는 징병자 수를 소개해둔다.

〈표 24〉 조선인 징병자 수 추계

구분	징병	보충병	근무병	해군병	총계
1944년	45,000	29,000	11,000	10,000	95,000
1945년	45,000	(29,000)	(11,000)	10,000	95,000
합계	90,000	58,000	22,000	20,000	190,000

자료 : 樋口雄一, 『戰時下の朝鮮の民衆と徵兵』, 總和社, 2001, 107쪽 〈표 5〉.
비고 : ( )안의 수자는 추정치이다.

히구치 유이치에 의하면 일본정부가 공식적으로 인정하는 징병자 수에는 보충병과 근무병의 수가 빠져 있다. 추정치가 포함되어 있지만, 보충병

58,000여 명과 근무병 22,000여 명을 포함한 8만여 명이 일본 정부가 인정하는 수에서는 누락되어 있다. 요컨대 정부가 인정한 징병자 수 130,723명에 누락된 인원 즉 해군지원병 3천 명과 보충병 및 근무병 수 8만 명을 더하면 213,723명이 된다. 이 수자가 1938년 이후 1945년까지 징병된 조선인의 추정치가 된다. 이를 간단히 표로 정리해보자.

〈표 25〉 종별 조선인 징집자 수

구분	육군			해군	소계
	현역	보충병	근무병		
지원병	7,900	8,930	–	3,000	19,830
학병	3,893	–	–	–	3,893
징병	90,000	58,000	22,000	20,000	190,000
합계	101,793	66,930	22,000	23,000	213,723
			190,723		

출전 : 宮田節子 編, 『朝鮮軍槪要史』, 1989, 不二出版, 86~89쪽, 부표 제8-11표.

이 수는 아직 추정치가 많이 포함되어 있고 또 최소한으로 추정한 수치가 많다. 아래 기술하는 바와 같이 1945년이 되면 군동원과 노무동원을 넘나드는 강제적 동원이 엄청나게 자행되었다. 앞으로 더욱 깊은 천착이 요구되는 부분이다.

다음으로 현역으로 징병된 조선인들의 배치부대에 대해 살펴보자. 이 자료 역시 일본정부 자료에 근거한 것이다.

〈표 26〉은 1944년과 1945년 2년 사이에 징집된 조선인 11만 명의 배치 상황을 보여주고 있다. 조선군에 10만 3천여 명이 징집되었는데, 이는 94%라는 압도적인 비율을 차지하고 있다. 나머지는 대부분 관동군에 징집되었다. 또 조선군에 징집된 사람 중에서는 보병이 5만 4천여 명으로 전

체 65%를 차지하고 있다. 요컨대 2년 동안에 현역으로 징집된 조선인 가운데 압도적 다수는 '조선군'에 징집되었으며, 그 대부분은 보병부대에 배치되었다.[97]

병사로 징집된 것은 아니지만, 마지막으로 언급해둘 필요가 있는 대상이 군속이다. 군속은 군인은 아니지만 군대에 동원되어 근무한 사람을 일컫는다. 1941년부터 본격적으로 해군에 의해 동원이 시작되었다. 해군에는 공병대가 없었으므로 군속을 동원하여 각종 시설사업을 담당하게 하였다. 군속에는 해군의 '애국작업단'과 포로감시원, 그리고 작업공원工員 등이 포함되고, 그 밖에도 다양한 형태의 군대 징용과 노무동원이 진행되었다. 이를 모두 포함하여 '병적동원兵的 動員'이라는 개념을 사용하기도 하는데, 그 수는 모두 합쳐 154,907명으로 추산되고 있다.[98]

앞서 추계한 바, 지원병과 학병, 징병 등으로 징집된 조선인 수는 213,723명 정도가 된다. 여기에 병적동원의 범주를 포함한 군속의 수를 154,907명을 합치면, 368,630명이 된다. 물론 이 수자 역시 추계에 바탕을 둔 것으로서, 매우 불완전한 것에 지나지 않는다. 그러나 아래 1945년 조선군이 처한 세 번째 시간의 정황을 고려하면, 이런 추계가 매우 필요한

〈표 26〉 1944~1945년 조선인 징집자 배치부대

구분		조선군	관동군	대만군	계
육군	보병	54,585	4,580	3	59,168
	기타	29,117	1,715	-	30,832
소계		83,702	6,295	3	90,000
해군병		20,000	-	-	20,000
합계		103,702	6,295	3	110,000

출전 : 宮田節子 編, 『朝鮮軍槪要史』, 1989, 不二出版, 86~89쪽, 부표 제8-11표.
비고 : 해군병은 해군 소속이 아니라 조선군 소속으로 해군 직역에 속하는 군종이다.

작업이라는 것을 인정하게 될 것이다. 물론 전쟁의 붕괴가 최고조에 달한 시점에 완전한 자료가 생산되었을 리도 없고, 그게 잘 보존되었을 까닭도 없다. 그럼에도 조선군이 마주한 시간을 복원해내려는 노력을 중지할 수는 없다.

4) '본토결전'과 제17방면군(1945)

이제 조선군이 맞이한 세 번째 시간에 대해 살펴볼 차례이다. 제2차세계대전이 막바지를 향해 달려가던 1945년, 조선군은 제17방면군이라는 작전부대의 이름을 새로 달게 되었다. 본토결전을 준비한다는 명목으로 만들어진 것이 제17방면군이었고, 조선도 본토결전을 위한 기지로 이용되었다. 이런 전환은 조선군에게, 그리고 일본군 전체에게도, 악몽과 같은 혼란의 시작이기도 했다.

그 저간의 사정은 어떠했던가? 우선 태평양전쟁의 전황부터 살펴볼 필요가 있겠다. 태평양전쟁에서 일본군이 절대적 열세에 처하면서, 1943년 9월 일본정부와 대본영은 본토방어에 필요한 '절대국방권'이라는 것을 설정하였다. 하지만 1944년 6월부터 시작한 마리아나해전에서 패배함으로써, 절대국방권 역시 파탄에 처했다. 본토 방어에 필요한 지역이 이미 붕괴되기 시작했던 것이다. 1943년부터 조선군과 관동군이 가담하고 있던 육군의 주력부대와 해군 연합함대 역시, 절대국방권의 붕괴와 함께 거의 와해되어 버렸다.

한편 마리아나 제도가 확보됨으로써 미군은 일본 본토 공습이 가능하게 되었고, 실제 1945년 3월 이후 미군의 대규모 공습이 일본 본토에 가해지게 되었다. 또 미군 잠수함의 활동으로 일본 선박 상실도 심각한 상태였고,

해상교통은 거의 정지되었다. 이는 일본의 전쟁경제를 거의 붕괴상태로 몰아넣었고, 일본은 절망적인 항전을 되풀이할 따름이었다. 이런 상황에서 제시된 것이 바로 '본토결전'이었고, 이는 '일억옥쇄'를 전제한 것이었다.[99]

1944년 10월 미군이 필리핀에 상륙하고 대만이 크게 타격을 입자, 1945년 1월 일본 대본영은 「제국육해군 작전계획 대강」을 재가하였다. 이 계획의 핵심은 미국의 본토 공격을 예상하고 '황토皇土 특히 제국 본토' 유지를 작전의 목적으로 변경하는 것이었다. 제국 본토란 혼슈本州, 시코쿠四國, 규슈九州, 홋카이도北海島를 지칭하는 것인데, 조선은 본토가 아니라 황토의 일부로 간주되었다. 육군은 본토와 조선에 6개의 방면군을 편성하고, 3차례의 군비확충을 통해 45개 사단을 신설할 것을 계획하였다. 이 계획에 따르면 1945년 8월까지 본토에 육군 240만 명, 해군 130만 명, 도합 370만 명의 군대가 새로 편성될 수 있었다. 여기에는 제2국민역까지 포함된 것으로서, 이 계획에 따르면 훈련도 부족할 뿐만 아니라 장비도 빈약한 부대가 될 것이었다. 심지어 개인용 소총과 총검도 보급할 수 없는 수준이었다.[100]

'본토결전'이란 미군의 본토 상륙을 전제로 한 것이었는데, 진격 예상로는 크게 두 개로 나뉘었다. 하나는 오가사와라열도小笠原列島로부터 곧바로 간토關東평원으로 상륙하는 경로이고, 다른 하나는 타이완과 오키나와를 거쳐 규슈로 상륙하는 경로였다. 두 번째 경로에서 조선의 전략적 위상은 크게 증대되는데, 조선이 규슈와 서부 일본의 방어에 결정적 역할을 수행할 것으로 예상되었기 때문이다. 조선은 대륙과 내지를 연결하는 대동맥으로 간주되었다. 이 가운데 남선지방 특히 제주도의 방어가 초미의 과제로 부상하였다.[101]

이 시기 조선군은 어떤 상황에 처해 있었던가? 1941년 태평양전쟁 개전 이후 1944년까지 3년 동안 제30사단平壤師團과 49사단 그리고 제101혼성여단 등이 새로 편성되었으나, 1943년 이후 조선군의 남방동원으로 병력의 실수는 증가하지 않았다. 1944년까지 조선군은 대체로 5만 명 내외의 병력을 유지하고 있었다. 한편 1943년 이후 관동군 병력의 반 수 정도가 남방으로 이동함으로써, 1944년 9월 대소전을 전면 지구작전으로 변경할 수밖에 없었다. 이것이 바로 을작전乙作戰으로 명명된 대소전략인데, 대소작전이 개시되면 조선군 19사단과 혼성101여단 그리고 나남요새 등은 관동군사령관 휘하로 편입하도록 하였다. 요컨대 대소전이 발발하면 함경북도 지역은 관동군의 작전지역으로 편입되고, 관동군사령관이 조선군의 대소전을 지휘하게 될 것이었다.[102]

이런 상황에서 제17방면군이 탄생하게 되었다. 앞서 본 1945년 1월 대본영의 「제국 육해군 작전계획 대강」은 본토결전을 전망하면서, 새로운 통수조직을 설립하도록 한 바 있다. 6개의 방면군사령부와 8개의 군관구사령부를 편성하는 곧 '방면군'과 '군관구'를 구분하는 방식으로 본토 일본군의 편제를 바꾸었다. 방면군은 작전을 담당하고, 군관구는 일반적인 군정을 관리하도록 하였다. 조선에서는 1945년 2월 11일 일본의 기원절에 맞추어, 조선군사령부를 폐쇄하고 대신 제17방면군과 조선군관구사령부를 설립하였다. 또 제17방면군은 대본영 직할로 하고, 방면군의 장은 군관구의 장을 겸임하도록 하였다. 조선에서 작전의 중점은 제주도를 포함한 남선방면에 두었으며, 소련에 관한 작전에 대해서는 필요사항에 대해 관동군총사령관의 구처區處를 받도록 했다.[103]

요컨대 조선의 역할도 이제 본토결전에 함께 힘을 보태는 것으로 규정되었고, '조선군'도 본토결전을 준비할 수 있도록 재편되어야 했다. 이제 조선은 '황토_{黃土}'가 되었고, 그리하여 만들어진 것이 '제17방면군'과 '조선군 관구사령부'였다. 1944년에 이미 조선군의 역할은 대소방어에서 대미방어로 전환되어 있었으나, 17방면군은 대미방어를 위해 제주도를 비롯한 남부지방에 중점을 두어야 했다. 대소작전에서는 관동군사령관의 구처를 받아야 했다. 또 조선군관구사령부는 군인이 관구조직을 통해 행정의 최하급단위까지 개입할 수 있게 되었다. 이로써 군대 우위의 행정조직이 전면화되었으며, 군대가 조선인의 일상에까지 깊이 개입할 수 있게 되었다.[104]

다른 한편 1945년 소련군이 유럽전선으로부터 극동지방으로 이동하기 시작하였고, 4월 소련은 일본과의 중립조약을 폐기하였다. 이로써 일본의 대소전 개전도 필연적인 것으로 전망되었다. 이제 조선은 대미전과 대소전의 양면전을 대비하는 제1선의 성격을 지니게 되었다.[105] 이처럼 1945년 들어 미군의 위협과 함께 소련군의 압박도 점점 더 구체화되었다. 이런 상황에서 대본영과 제17방면군은 대규모 병비증강에 나섰으며, 작전계획도 상황에 맞게 바꾸어나갔다.

앞서 본 바 1945년 1월 대본영의 작전계획에 따라, 2월 이후 세 차례의 대규모 병비증강 작업이 시도되었다. 조선에서는 1945년 2월부터 5월 사이 2차에 걸쳐, 제주도에 역점을 둔 '비약적인' 병비증강 작업이 시도되었다. 제1차^{2~3월}와 2차^{4~5월} 병비증강의 개요를 포괄적으로 살펴보자. 먼저 이 시기 4개의 사단이 17방면군 산하에 신설되었다. 제79사단^{3월, 함북 남양}, 제96사단^{3월, 제주}, 제150사단^{4월, 전북 고창}, 제160사단^{4월, 전북 이리}이 신설사단인데, 제주를 중심으로 남쪽 지역 방비에 중점을 두고 있다. 다음으로 3개 사단과 1개 혼성여단이 다른 지역에서 17방면군 산하로 전입되었다. 제111사단^{제주}과 120사단^{대구}, 121사단^{제주}이 관동군에서 전입되었고, 독립

혼성 제108여단제주이 중국 중부군에서 전입되었다. 4개 전입부대 전부가 대구와 제주에 배치되었다. 이리하여 사단 7개와 1개 혼성여단이 신설 혹은 전입을 통해 증강되었는데, 1개 사단을 제외한 전부대는 제주와 남선 지방에 배치된 것을 확인할 수 있다. 특히 제주에 배치된 부대를 지휘하기 위하여 17방면군 휘하에 제58군 사령부를 신설하였는데, 여기에는 96사단, 111사단, 121사단, 108혼성여단 등이 속하게 되었다. 58군사령부는 4월 말에 편성을 완료하였다. 제주지역 방비부대가 3개월 사이에 급속하게 팽창하고 있음을 확인할 수 있다.[106] 1945년 8월 15일 현재 제주도에는 약 7만 4천여 명 남부지방에는 약 17만여 명, 합쳐서 24만여 명을 상회하는 병력이 주둔하고 있었다.[107]

이와 아울러 각 지역의 유수사단사령부를 사관구사령부로 개편하고, 19사단과 20사단 그리고 30사단사령부를 위수분구사령부로 개칭하였다. 유수사단을 개편하여 완전히 전시총동원체제 편제로 변경하였다.

4월 1일 미군이 오키나와에 상륙하자 일본 대본영은 이른바 '결호작전' 요강을 확정하였다. 조선의 17방면군에 하달된 '결7호작전'은 미군이 조선의 제주도와 남부해안에 상륙할 것을 예상한 방어계획이었다. 주로 제주도와 남부지역에 주력군을 배치하고 중국본토와 만주의 관동군으로부터 병력을 전입시키는 것에 주안점을 둔 것이었다.

한편 1945년 6월 이후 선박의 피해가 급증하자, 조일간 해상교통은 야간운송제체로 전환하였다. 또 조선 전역이 미군기의 제공권 안으로 들어갔고, 도시지역에는 폭격이 진행되기도 했다. 6월 말 오키나와가 함락되자 위기감은 더욱 고조되었다. 6월 이후 대미, 대소 양면작전을 대비한 제3차 병비증강 작업이 더욱 '처절하게' 진행되었다. 1945년 6월 경성에 제

320사단이 신설되었는데, 부대원 6천 명 미만의 약체사단이었다. 재조선 일본군 최후의 병력증강이었던 이 시기의 '병력증강은 이른바 '뿌리뽑기 동원ねこそぎ'으로 명명되었다. 일본인 재향군인 및 조선인 징병자는 훈련을 받지 않은 상태로 동원되었으며, 중화기를 비롯한 병기가 태부족했을 뿐만 아니라 화포는 거의 전무한 상태였다.[108]

그런데 뿌리뽑기 동원이란 도대체 어떤 것이었던가? 진지구축작업과 수송업무 등을 처리하기 위한 노무부대로 '근무대'와 '수송대' 등을 많이 신설하고 여기에 조선인 징병자를 대거 동원하였다는 사실은 이미 잘 알려져 있는 사실이다. 하지만 그 소집 규모와 실상에 대해서는 거의 알려진 바가 없었다. 앞 절에서 징병 대상자 가운데 지금까지 누락되어 왔던 보충병 58,000명과 근무병 22,000명이 소집되었다는 사실을 추계한 바 있다. 하지만 이는 추계에 지나지 않으며 그 구체적인 실상도 거의 드러나 있지 않은 상태이다.

한편 조선군 징병주임 참모로 근무했던 요시다 슌와이吉田俊隈는 군인으로 동원된 조선인의 수가 지원병이 2만, 징병 40만 정도였다고 기록하고 있다.[109] 현역 이외의 징병 특히 뿌리뽑기 동원과 관련해서는 우선적으로 이 요시다의 진술에 주목할 필요가 있겠다. 앞 절에서 지원병과 보충병, 근무병을 모두 합친 소집자 수로 213,723명을 제시한 바 있다. 여기에 군속을 모두 포함한 수로는 368,630명이라는 수를 추정한 바 있다. 이 가운데 지원병 약 2만여 명을 제외하면 34만여 명이 된다. 이 수는 요시다가 제시한 징병 40만 명과 약 6만여 명의 차이가 난다. 그 숫자가 의미하는 바는 무엇인가?

1945년 8월 현재 17방면군의 부대는 야전부대, 요새부대, 군관·사관구부대 외에 야전근무대, 특설근무대, 특설경비부대 등이 존재했다고 한다. 이 가운데 야전근무대, 특설근무대, 특설경비부대 등의 근무대는 군사시설을 경비하고, 진지를 구축하며, 화물을 수송하고, 비행장 도로 항만 등을 건설하는 등의 작업을 위해 동원된 부대를 말한다. 이런 근무대에는 앞서 말한 바와 같이, 보충병 혹은 국민병역국민병역 판정을 받은 징병대상자들이 주로 소집되었다. 그러나 이밖에 주목할 만한 대상이 있다. 자활요원과 농경근무요원은 일본 본토를 방어하는 데 최대 장애요인 가운데 하나인 식량문제를 군 스스로 해결하기 위해 결성된 부대로, 농경지를 개척하여 고구마를 주로 생산하고 있었다. 조선인 소집대상자들 대부분은 전투부대가 아니라 자활요원과 농경근무요원 등의 노무부대로 징병되었던 것이다. 이들은 '병과 없는 군인'으로서, 원활한 동원과 통제의 편이성 때문에 노무부대의 군인으로 징병되었다.[110] 1945년에 징병된 조선인의 다수는 이처럼 노무부대의 군인으로 징병되었던 것이다. 이른바 뿌리뽑기 동원의 실체는 바로 이런 노무부대 동원과 깊은 관련을 갖고 있었다.

6월 일본 어전회의에서는 국체호지國體護持와 황토보위皇土保衛를 위해 신속하게 황토의 전장 태세를 강화하는 것을 내용으로 하는 「국민의용병역법」과 「전시긴급조치법」을 공포하였다. 국민의용병역법은 15세부터 60세까지의 남자와 17세부터 40세까지의 여자를 의용병역에 복무시키는 '국민총병역법'이었고, 전시긴급조치법은 필요할 때에 정부가 명령을 내릴 수 있는 권한을 부여하는 '전권위임법'이었다. 이미 5월부터 대정익찬회 등 모든 단체를 해산하고 '국민의용대' 편성을 추진하고 있었는데, 국민의용병역법 시행으로 이제는 '국민의용전투대'를 편성하여 국민의용대를 군령에 의해 통솔할 수 있도록 변경한 것이었다.[111] 이제 전쟁과 군대로부터 자유로운 사회적 영역은 일체 존재할 수 없게 되었다. 물론 조선도 국민의용병역법과 전시긴급조치법의 시행에서 자유로울 수 없었다.

한편 5월 30일 대본영은 「만선방면 대소작전계획 요령」을 시달하였는데 여기에는 변화된 대소작전 계획이 담겨있었다. 우선 관동군은 대련과 신경장춘, 도문을 잇는 선— 즉 연경선대련-신경과 경도선신경-도문 — 의 이동지역을 확보하되, 대소전이 개전하면 장기지구전을 수행하도록 하였다. 이 계획은 만주지역의 80% 이상을 포기하는 것으로, 최악의 경우 만주는 버리되 조선은 확보한다는 전략에 입각한 것이었다. 다음으로 제17방면군은 중부 이남의 대미작전을 전담하고 관동군에게 북선지방의 작전권을 이양하도록 하였다. 이에 따라 나남의 79사단과 청학의 독립혼성101연대 그리고 나진요새와 영흥만요새경비대는 관동군에 편입하도록 했다. 이후 북선지방에는 관동군의 군단이 주둔하게 되었다. 이리하여 6월 이후 17방면군은 중부이남의 대미작전을 담당하고, 관동군이 북부지방의 대소작전을 맡는 것으로 권한을 분담하였다. 그러나 8월 9일 소련군이 개전하자 대본영은 새로 명령을 발령하여 17방면군을 관동군 예하로 배치하였다. 그러다가 항복 선언이 있은 후 17방면군의 활동은 중지되었다.[112]

이렇게 제17방면군으로 이름이 바뀐 조선군의 세 번째 시간은 흘러갔다. 조선군의 세 번째 시간은 악몽과 같은 혼란의 시간이라고 해도 좋았다. 그렇게 조선군과 일본군은 조선인을 희생의 제단 위에 올려놓은 채 패전을 위해 달려갔던 것이다.

'조선군'은 처음에 한국주차군이라는 이름으로 1904년 창설되었다. 러일전쟁의 후방지원부대이자 한국 점령부대로 첫발을 떼었는데, 전쟁 후에는 교대 파견부대로 대한제국 의병 토벌의 전면에 나섰다. 이중제국 시기 한국 침략의 선봉에 섰던 한국주차군은 병합 이후 조선주차군으로 이름을 바꾸었다가, 2개 사단 규모의 주둔군 즉 조선군으로 변모하였다. 3·1운동을 진압하는 데서도 혁혁한 공을 세운 조선군은, 그 이후 해외침략으로 눈을 돌리게 된다. 국내의 평정에 성공한 이후 해외 침략으로 중점을 이동한 것이다.

1920년대 초반 간도지방의 독립군 '토벌'을 위해 파병된 이래, 조선군은 만주침략과 중일전쟁에서도 침략의 선봉에 서게 되었다. 태평양전쟁 발발 이후 조선군과 조선 편성부대 4개 사단은 남방전선으로 이동하게 되는데, 이때를 전후하여 조선인의 조선군 '입대'가 본격화되었다. 1938년 지원병 모집으로 시작된 조선인 입대는 1944년 징병으로 본격적인 전개를 보인다. 군인으로 징집된 조선인만 21만여 명, 여기에 군속 동원을 합치면 37만여 명으로 추산되는 조선인이 주로 조선군을 중심으로 한 일본군에 가담하고 있었던 것이다. 그리고 그들 중 일부는 남방전선에 동원되어 소모되고 있었다. 조선군이라는 이름의 일본군은 더 이상 일본인만의 군대는 아니게 되었던 것이다. 게다가 조선인이 참여하고 있던 조선군의 주요 목표는 해외침략이었고, 많은 조선인이 이 부대에서 침략활동에 참가하고 있었다. 조선군의 두 번째 시간은 민족이라는 이름으로는 판단하거나 평가할 수 없는 대상이 되어버렸다.

1945년 조선은 황토가 되었고, 조선군은 본토결전을 위해 제17방면군으로 재편성되었다. 군속과 노무부대를 포함하면 40만 명 가까운 조선인이 '천황의 땅'을 방어하기 위하여, '뿌리뽑기 동원'이라는 이름으로 강제로 일본군에 동원되었다.

조선의 통감과 총독이 1919년까지 조선군에 대한 비상시의 군령권을

가지기도 했지만, 조선군은 어디까지나 일본군 통수권의 통제 아래 놓여
있어야 하는 존재였다. 조선군은 필요하면 조선 국내의 평정에 동원될 수
있는 존재였지만, 근본적인 존재이유는 제국 일본의 해외침략의 주력이
되는 것이었다. 또 조선인은 해외침략에 필요하면 언제든지 동원될 수 있
는 대상일 따름이었다.

3. 조선은행

> 체경滯京 중인 대장성 사무관 선은鮮銀 감리監理 시마다 시게루島田茂 씨는 선
> 은 문제에 대하여 말하되, 조선은행의 정리문제에 대해서는 결코 당국에서
> 이를 한각 방관하는 것은 아니고 하루라도 빨리 완전한 발달을 이루고자 함
> 과 동시에 전하는 바와 같이 선은을 폐지하거나 철저히 정리하기 위하여 절
> 대적으로 보호한다는 문제는 아직 (…중략…) 선은을 폐지하는 일은 호무毫無
> 하다 운운[113]

조선은행을 정리한다는 소문을 부인하는, 일본 대장성의 조선은행 담당
사무관의 인터뷰 기사가 1925년 4월 『조선일보』에 게재되었다. 그러나
이미 이 기사가 나오기 전인 3월에, 대장성은 일본 제국의회에 조선은행
폐지법안을 제출해놓은 상황이었다. 물론 이 법안은 통과되지 않았지만,
당시 조선은행은 막대한 부실대출로 인하여 큰 곤경을 겪고 있었다.

그런데 이 기사는 중앙은행에 대한 일반적인 상식을 흔들어놓는다. 과

연 일국의 중앙은행을 폐지한다는 발상이 가능한 일인가? 그렇다면 조선은행은 조선의 중앙은행이 아니었던 것인가? 조선은행은 조선은행권을 발행하는 발권은행이었다. 그럼에도 부실대출로 인해 폐지해야 한다는 여론이 일어났고, 실제로 폐지법안이 상정되기도 했다. 어떻게 이런 일이 가능했던 것인가?

발권은행이라 하더라도 중앙은행의 역할을 수행하지 않을 수도 있다. 혹은 중앙은행이 발권과 아울러 상업은행의 역할도 함께 수행할 수 있다. 미국의 연방준비제도이사회FRB가 설립된 것은 1914년이었다. 실제로 소비에트혁명 이전에 정부가 전부 소유하고 간섭하는 중앙은행은 존재하지 않았다. 일본의 중앙은행인 일본은행이 설립된 것은 1882년이었지만, 여전히 정부와 민간이 혼재된 은행이었다.

조선은행 부총재 출신인 호시노 키요지星野喜代治는 조선은행을 만물상萬屋이라고 했다. 호시노는 조선은행이 일본은행+일반은행+요코하마쇼긴은행橫濱正金銀行+일본흥업은행日本興業銀行의 역할을 모두 하는 기관이라고 보았다. 즉 발권 및 국고금을 취급하는 중앙은행, 민간을 대상으로 영리를 추구하는 상업은행, 외국환거래를 담당하는 외환은행요코하마쇼긴은행, 해외 차관업무일본흥업은행 등의 기능을 함께 하는 기관이라는 것이다.[114] 요컨대 조선은행은 '매우 특이한 역할까지 부담한 발권은행'이었다.[115]

조선은행은 영란은행으로부터 시작된 복합은행 모델을 따라 만든 중앙은행이었다. 은행권을 발권하고, 국고금을 관리하되, 상업은행 업무도 겸하는 그런 은행이었다. 1909년 통감부가 주도하여 설립한 한국은행은 바로 복합모델에 따라 만들어진 은행이었다. 한국은행은 일본의 대장성이 설립을 주도하였고, 일본에서 주식을 공모하여 주주의 98%가 일본인으로 구성되었으며, 한국의 황실과 약간의 기업이 설립에 참여한, 그런 은행이었다.[116] 복합은행으로 설립되었지만, 한국은행에는 한편으로 '중앙은행'으로서의 역할이 기대되고 있었다.

병합 후 얼마 지나지 않은 1911년 3월 조선은행법이 공포됨으로써, 한국은행은 조선은행으로 변경되었다. 조선은행법에서는 일본정부가 조선은행을 감독한다는 점을 명확히 하였다. 단 조선은행 감독권 중 일부는 조선총독에게 부여하였지만, 그 역시 일본정부가 실질적인 감독권을 행사할 수 있도록 한 것이었다. 1924년에 조선은행법은 개정되어, 대장대신에게 일체의 감독권이 이관되었다. 이를 기점으로 조선은행은 일본의 '국책은행'으로서의 성격이 더 강화되었다.[117]

조선은행은 발권이라는 특권을 가지되 영리도 추구하는 복합적인 목적을 가진 은행이었다. 조선은행은 발권력이라는 특권을 기반으로 일본 제국주의의 국책을 수행하였고, 그 과정에서 영리를 추구하는 존재였다. 본국에서 발권은 특권이 아니었던 데 비해, 식민지에서는 사적 이윤의 추구 수단으로 작용하고 있었다. 그렇다면 조선에 이런 특수한 목적의 은행을 설립한 이유는 무엇일까? 조선에 일본은행을 진출시키지 않고 조선은행을 설립한 이유는 본국 경제를 보호하기 위해서였다. 일본은행이 대외 침략과정에서 발생할 수 있는 위험과 불확실성을 모두 감당하기가 어려웠던 것이고, 식민지에는 일본은행을 대리하는 국책 금융기관이 필요했던 탓이다.[118]

하지만 1915년경까지의 초기의 조선은행은 조선총독부 '국고금'을 취급하는 '정부은행'으로서의 기능이 중심을 이루고 있었다. 1915년 이전 대출금의 1/3 이상이 철도, 항만 등의 식민지개발자금으로 대출되었고, 또 재조선일본인에게도 많은 자금이 대출되었다. 병합과 동시에 지급된

임시은사금 공채를 액면가로 매수하여 4년 만에 70% 이상을 조선은행 금고로 회수하기도 하였다.[119]

조선은행의 은행권 발행 상황에 대해 알아보자. 조선은행법에는 금준비금에 기초한 정화발행正貨發行과 국채를 담보로 하는 보증발행이 모두 인정되고 있었다. 정화발행을 위해서는 금과 일본은행권, 일본은행 예금, 지금은은괴도 준비자산으로 인정하였고, 1엔円=1원圓의 등가원칙을 적용하였다. 요컨대 복본위제의 요소를 갖고 있었던 셈이다. 조선은행은 준비자산을 확대하기 위하여 적극적으로 대처하였는데, 먼저 조선에서 금을 매입하여 오사카 조폐국으로 이송하였다. 이송된 금은 일본은행권 혹은 예금으로 수령되었다. 또 만주지역의 중국상인들에게 조선은행권을 대출하고 은화로 상환받거나, 일본상인에게 조선은행권을 대출하였다가 일본은행권으로 회수하기도 하였다. 하지만 정화발행은 40% 수준에서 유지되었다.

따라서 보증발행 한도가 계속해서 확대되었는데, 국채와 함께 상업어음도 보증발행 담보로 인정하고 있었다. 보증발행 한도를 초과하는 것을 제한외발행이라고 하였는데, 이를 위해서는 총독부의 승인을 받고 또 5% 발행세를 납부해야 했다. 하지만 총독부는 조선은행의 제한외발행에 대체로 관대하였는데, 보증발행 한도의 증액은 주로 만주와 중국의 영업활동에 이용되었다. 조선은행의 보증준비 발행한도는 1911년, 1918년, 1937·1939년 등 세 번에 걸쳐 확장되었다. 1911년은 조선총독부 재정자금, 1918년은 만주진출, 1937·1939년은 중일전쟁의 발발 등에 따른 것이었다. 조선은행이 초기부터 '대륙은행' 혹은 '동아은행'이라는 비판을 받은 것은 이 때문이었다. 이런 점에서 보자면, 조선은행은 금본위제라기보다는 금환본위제gold exchange standard를 취하고 있었다고 하겠다. 금환본위

제는 금본위제를 취하는 기축통화와 무한교환을 보장하는 화폐제도를 말한다.[120]

조선은행은 제1차 세계대전의 호황기를 거치면서 1916년 이후 일본의 국책은행으로서의 성격을 노골적으로 드러내기 시작하였다. 이후 조선은행은 조선 내의 발권은행으로서의 역할보다는 일본의 대륙침략을 견인하고 지원하는 국제투자기관으로서의 역할이 더욱 두드러지게 된다. 이후의 조선은행을 1931년을 경계로 두 시기로 나누어 살펴보기로 하자.

먼저 1916년 이후 1931년까지의 조선은행을 '엔블록을 견인하는 국제투자기관'으로서 역할을 중심으로 살펴보겠다. 먼저 1916년 총리로 전임한 데라우치 마사타케가 중심이 된 죠슈벌이 조선은행을 만주와 관동주의 '중앙은행'으로 만들려고 시도한 적이 있다. '선만일체鮮滿一體'라는 전략적 목표를 달성하기 위하여, 우선 조선은행권을 만주와 몽골에서 강제적으로 통용시키고 또 일본의 식민지였던 관동주에서는 조선은행이 국고금 취급 업무를 담당하도록 하였다. 하지만 이미 자신의 은행권이 만주에서 법화法貨로 인정받고 있던 요코하마쇼긴은행은 조선은행이 궤도에서 이탈하였다고 맹렬하게 비난하였다. 또 실제로 화폐를 사용하는 중국인들도 조선은행권이 아니라 요코하마쇼긴은행권을 훨씬 더 선호하였다. 조선은행은 일본은행권과 1대1로 교환가능한 금권金券이었지만, 요코하마쇼긴은행권은 은화와의 교환을 약속한 은권銀券이었기 때문이다. 중국인들의 은화 선호는 예로부터 유명한 것이었다. 현실론과 이상론과의 투쟁에서 유리한 입지를 차지한 것은 현실론이었다.

그런데 조선은행을 더욱 위기로 몰고간 것은 중국에 대한 무모한 투자였다. 조선은행은 여타 상업은행들과 함께 해외투자은행단을 결성하거나 대만은행, 일본흥업은행 등 특수은행들과 신디케이트를 구성하여, 중국에 차관을 제공하는 데에 적극적으로 나섰다. 이 가운데 대표적인 것이 이른바 니시하라 차관이었다. 이는 니시하라 카메조西原龜三라는 정치낭인이 주도한 것으로 알려진 대중국 차관으로서, 데라우치 내각은 친일 군벌인 단치루이段祺瑞 정권을 육성하기 위하여 비공식적으로 대규모 은행차관을 단치루이 정권에게 공여하였다. 이런 '원단정책援段政策'을 통하여 군벌의 분열을 꾀하고, 중국에서의 일본의 권익을 안정적으로 확보하려 했던 것이다. 조선은행은 대만은행, 일본흥업은행과 함께 신디케이트를 구성하여 니시하라 차관의 공여에 나섰는데, 1년 8개월 동안 제공한 2억 4천만 엔 가운데 조선은행은 5천 8백만 엔을 담당하였지만 아무것도 회수하지 못하고 말았다. 이로써 1918년 데라우치 정권이 붕괴했을 뿐만 아니라 조선은행 역시 큰 위기에 봉착하였다.[121]

위기에 빠진 조선은행을 더욱 곤경으로 몰아간 것은 제1차 세계대전의 전후공황 즉 반동공황이었다. 1920년 상반기부터 일본의 많은 상업은행들의 수신고가 추락하였고, 이후 휴업에 들어간 은행도 많았다. 조선은행 역시 1922년 2월 불량채권이 납입자본금을 훨씬 상회하고, 또 1억 3천만 엔 대출금 가운데 9천 6백만 엔이 회수불능의 상태에 빠진 것으로 판명되었다. 회생불능의 위기에서 조선은행을 구한 것은 대장성 예금부자금과 일본은행의 융자와 대출이었다. 일본정부의 정책자금을 통해 조선은행은 대출능력을 회복하였지만, 대신 1924년 조선은행법 개정으로 대장성이 조선은행을 일원적으로 감독할 수 있도록 만들었다.

이런 상황에서 나온 것이, 앞서 본바 조선은행 폐지법안이었다. 1925년 3월 대장성은 조선은행을 분할하여 도쿄에 본점을 둔 특수은행인 동아은행과 경성에서 영업하는 상업은행인 경성은행으로 나눌 것을 제안하였다. 요컨대 조선과 만주에서 모두 일본은행권을 유통시켜, 일본·조선·만주를 단일통화권으로 통합하는 다소 급진적인 발상을 담고 있었다. 이 과격한 법안은 통과되지 못했지만, 조선은행은 자본금을 감자減資하고, 조직을 축소하고, 직원을 정리하도록 하였다. 조선은행은 '정리은행'이 되었다.[122]

어려움을 겪고 있던 조선은행은 1926년 본부를 도쿄로 이전하고, 결손을 드러내고 고정대출금을 회수하며 경비를 더욱 절감하는 개혁을 진행할 것을 선언하였다. 본부를 이전한 것은 대장성의 감독권 행사를 확실하게 하기 위한 것이었다. 하지만 이런 변신의 노력도 그다지 효과적이지는 못했다. 1928년 총재실과 외환업무과는 도쿄에 둔 채, 다시 본부를 경성으로 이전하였다. 도쿄 콜시장에서의 영업보다는 만주로 다시 진출하는 것이 유리하다는 판단이 깔려 있었다. 1931년 만주침략과 함께 조선은행의 대륙 진출이 다시 시작되었다.[123]

이제 조선은행이 국제투자기관으로서의 역할을 수행한 두 번째 시기 곧 1931년부터 1945년까지의 조선은행에 대해 살펴보자. 이 시기 조선은행은 '엔블록 내에서의 충격흡수장치' 역할을 담당하고 있었다. 조선은행은 일본의 식민지가 확대됨에 따라, 반주변부지역에 존재하는 '중앙은행'으로서 군사비와 국고금 담당업무, 그리고 송금은행 및 콜론기관과, 남만주지역의 외환담당 업무까지 수행하는 그런 은행이 되었다.

한편 일본은 만주침략 이후 만주와 몽골 그리고 중국 관내 지역을 점령해나가면서, 각지역에 차례로 괴뢰정부를 세우고 아울러 지역의 중앙은행도 함께 설립하였다. 예를 들어 만주국에는 만주중앙은행1932년, 내몽골에는 몽강은행1937년, 관내에서는 베이징 화북정무위원회 산하에 중국연합준비은행1938년, 난징 왕정위정부 산하에 중앙저비은행中央儲備銀行, 1941년 등을 설립하였는데, 이들은 대개 조선은행의 복제품이었다. 이처럼 일본은 각지역에 중앙은행을 설립하고, 지역화폐를 발행하는 전략을 채택하였던 것이다. 이는 영국의 스털링블록이나 프랑스의 라틴동맹을 모방한 것으로서, 일본은행권을 준비자산으로 삼아 은행권을 발행하게 함으로써 동북아지역에 이른바 '엔블록'을 구축하기 위한 것이었다. 이로 볼 때 엔블록은 완전한 허구에 지나지 않는 것이었다. 영국과 프랑스는 자국화폐와 식민지화폐의 자유로운 교환을 보장하고 있었지만, 일본은 식민지나 점령지역 화폐의 본국 유입을 강력하게 저지하고 있었던 것이다.[124]

그렇다면 반주변부 조선은행의 충격흡수장치는 어떻게 기능하고 있었던가? 일본이 중국에 군사비를 송금할 때는 조선은행을 경유하도록 하였다. 일본은행은 조선은행 도쿄지점에 국고금 송금을 의뢰하였고, 이 자금으로 조선은행은 도쿄 콜시장에서 주요한 자금공급원으로 기능할 수 있게 되었다. 엔화가 조선은행권 발행의 준비자산이 됨으로써 기업대출의 여력이 상승하게 되었던 것이다. 이는 중국의 점령지 경제사정이 그대로 본토에 영향을 끼치는 일이 없도록 하기 위한 것으로서, 모든 자금 이동은 조선은행을 경유하도록 했던 것이다. 이것이 반주변부의 조선은행에게 주어진 역할이었다.

만주점령 이후 조선은행은 남만주지역의 외환업무를 담당하게 되었다. 1932년에는 만주국 건국기념 국공채 발행에 채권인수단으로 참가하였으며, 만주중앙은행 설립준비에 참가하였다. 1934년 만주국에서 은본위제를 폐지하고 관리통화제도를 도입하자, 조선은행권은 만주에서 퇴출되고 말았다. 또 1937년에 만주흥업은행이 설립되자 조선은행의 만주영업망 가운데 반 정도가 흥업은행으로 이관되었고, 만주중앙은행이 일본은행 대리점으로 지정되자 조선은행의 역할은 더욱 축소되었다. 하지만 조선은행은 국채를 더욱 많이 매입했는데, 이를 가지고 증발增發한 조선은행권을 중국 현지에서 군사비로 사용하기 위해서였다.[125]

이처럼 만주국에서 활동이 위축될 수밖에 없었던 조선은행은, 1937년 중일전쟁이 발발하면서 새로운 활동지역을 찾을 수 있었다. 1939년 9월 '임시군사비특별회계법'이 제정되었고, 이에 따라 회계기간은 무기한 연장되었고, 결산은 중단되었으며, 예산심의를 통한 의회의 견제가능도 소멸하였다. 특별회계는 전비를 국채와 차입금으로 조달하는 것을 원칙으로 했으며, 대장성은 조선은행권을 차입하여 중국의 현지주둔군에게 지급하였다. 한편 중국 국민정부는 모라토리움을 선언하였으며, 국민정부 법폐法幣의 가치는 폭락하였다. 조선은행권은 그보다 더 하락하였는데, 일본군은 조선은행권을 액면가보다 훨씬 낮은 가격으로 법폐와 교환하여 사용하였다.

1938년 중국연합준비은행은 법폐를 대신하는 은행권 즉 연은권聯銀券을 발행하였는데, 자본금 중 50%의 정부출자금은 조선은행으로부터의 차입금으로 대체하였다. 이어서 1938년 6월 조선은행과 연합준비은행 간에 '상호예치협정相互豫置協定'을 체결하여 조선은행권을 연합준비은행의 준비자산으로 전환하였다. 이로써 연은권 발행액이 증가하면 조선은행의 외화자산도 늘어나는 구조가 되었다. 다시 말하면 연합준비은행이 일본군에게 연은권을 지급하면 조선은행의 예금이 증가하게 되고, 조선은행은 일본정부로부터 일본은행권을 수령하여 일본국채에 투자하는 구조가 만들어졌던 것이다.

전쟁이 깊어지면서 일본이 전쟁비용을 조달하는 방법은 오직 한 가지,

곧 화폐증발밖에 남아 있지 않았다. 일본은행은 일본은행권 보증발행 한
도액을 계속 확대하였으며, 1941년에는 대장대신이 일방적으로 은행권
발행한도를 정하는 최고발행액 제한제도를 도입하였다. 곧 이는 폐지되었
고, 이어서 1942년 대장대신은 최고발행액을 위반하면 부과하는 벌칙 곧
제한외 발행세도 폐지하였다. 1943년 3월 일본정부는 「군사비현지차입
제도」를 마련하여, 만주국과 중국 지역정부의 발권은행에게 화폐증발 명
령을 내렸다. 각 지역의 발권은행 사이에 체결된 상호예치협정 곧 통화스
와프로 인하여, 지역정부의 화폐증발은 조선은행을 통하여 그 충격이 완
화되고 있었다. 곧 만주중앙은행과 연합준비은행이 화폐를 증발하면 이는
조선은행에 대한 예금채권으로 기록되고, 조선은행은 이를 일본정부에 대
한 대출금으로 기록하는 것이다. 이리하여 화폐증발에 따라 조선은행의
영업이익 역시 상승하게 되는 것이다.[126]

그러나 초인플레이션 상황에 시달리던 중국의 상인들은 만주은행권과
연은권을 들고 조선에 와서 환전을 요구하였다. 이는 조선은행권 증발의
원인이 되었고, 전시하 조선도 초인플레이션 상황을 피해갈 수 없었다. 일
본이 전쟁 중에 만들어놓은 허구적인 엔블록은 1엔=1원=1위안의 원칙
위에 서있는 것이었다. 전쟁이 빨리 끝나지 않았다면, 엔블록이 만들어놓
은 파괴적인 초인플레이션으로부터 일본 역시 자유롭지 않았을 것이다.

이상으로 제국과 식민국가 사이 존재하던 세 개의 주요 기관을 살펴보
았다. 왕실과 군 그리고 발권은행은 보통의 국민국가라면, 그 국가의 중심
을 떠받치는 역할을 수행하는 기관이다. 제국 일본은 이런 조선의 '상징'
을 자신의 손아귀에서 놓으려 하지 않았다. 이 기관들은 현지의 총독에게

맡겨둘 수 없을 만큼 커다란 중요성을 가진 것이다. 이렇게 일본 제국은 판단했던 것이리라.

3개의 기관 가운데 이왕직은 그 상징성 때문에 특히 주목할 만하다. 하지만 3·1운동 이후 한국 황실의 상징성은 왜소화되었고, 이왕가는 일본 황실에 준하는 일본제국의 '특별한 인역事域'으로 잘 관리되었다. 또 '조선군'이 조선의 국민군대는 아니었지만, 조선에서의 합법적인 폭력독점을 대표하는 기관이라는 점 역시 사실이었다. 폭력독점을 대표하는 조선군이 조선인을 대거 동원할 수밖에 없었고, 동원된 조선인들이 전쟁의 희생양이 되었다는 사실은 무엇을 의미하는 것일까? 식민지를 살았던 사람들만큼이나 식민지를 이어받아 살고 있는 사람들, 그리고 그런 한국인들의 식민지 해석이 얼마나 복합적이고 어려운 일인가를 조선군은 잘 말해주고 있는 듯하다. 마지막으로 본국의 대장성이 감독하던 발권은행으로서의 조선은행, 그 조선은행은 대륙침략의 선봉 역할을 했지만 그 역풍이 본국을 직접 타격하는 것을 방어하는 역할도 함께 수행하고 있었다. 대륙침략과 방어를 겸하고 있던 조선은행, 그것은 바로 식민지 조선의 운명을 상징하는 것 아닐까 싶다.

제8장

대한민국임시정부와
조선총독부

대칭국가와 식민국가

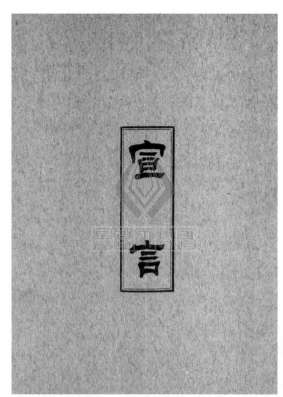

대동단결선언 표지(독립기념
관). 1917년 신규식과 조소앙
등이 서명한 대동단결선언은
공화제에 입각한 임시정부 수
립을 촉구한 기념비적인 문서
이다.

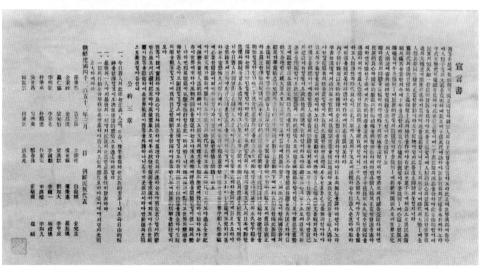

삼일독립선언서(독립기념관). 1919년 3월 1일 서울 파고다공원에서 낭독된, 민족대표 33인이 서명한 독립선언서이다.

대한민국임시정부 신년축하회 기념사진(위키피디아). 대한민국 2년(1920) 대한민국임시정부 신년축하회 기념사진
이다. 둘째 줄 중앙에 이동휘(국무총리)와 안창호(노동부 총판) 등의 모습이 보인다.

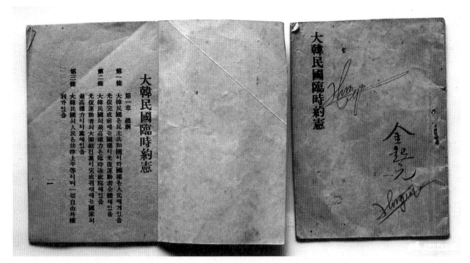

대한민국임시약헌(위키피디아). 1919년 4월 11일 제정된 대한민국시헌장은 모두 5번 개정되었다. 그러나 인민주권에 입각한 민주공화제 정부라는 대원칙은 전혀 흔들리지 않았다. 대한민국임시약헌은 1940년 10월 9일에 이루어진 4번째 개헌으로 만들어진 것이다.

애국금 수합위원 신표(독립기념 관). 대한민국 원년(1919) 대한민 국임시정부 재무총장 최재형 명의 로 발행된 '애국금 수합위원 신표' 이다. 국토를 광복하기 위해서는 외 교비와 군사비로 사용할 애국금이 긴요하다는 사실을 강조하고 있다.

한국광복군(위키피디아). 1940년 대한민국임시정부 산하 기구로 결성된 한국광복군의 사진이다. 태극기와 중화민국 기가 교차로 걸려있는 것이 인상적이다. 온전한 주권국가로 인정받지 못했던 대한민국임시정부의 위상을 상징하고 있다.

1. 국가론의 지평

지금 인류는 국민국가 단위에서 통일되어 있던 정치와 권력이 '이혼'한 상태 곧 정치는 국민국가 안에서 작동하지만 권력은 전지구적인 단위에서 움직이는, 그런 상당히 유동적인 상황에 처해있다. 이를 일컬어 영국의 사회학자 지그문트 바우만Zygmunt Bauman은 궐위의 시대라고 불렀다.[1] 이 궐위의 시대 혹은 혼돈의 상황에서, 국가의 위상과 역할이란 도대체 무엇인가? 한국의 이른바 '건국절 논쟁'[2]은 이에 대해 많은 것을 시사하고 있는 듯하다. 2017년 집권한 문재인 정권은 이른바 '건국절 논쟁'에 호기롭게 다시 불을 붙였다. 2017년 광복절 경축식에서 문재인 대통령은 다음과 같이 선언했다. "2019년은 대한민국 건국과 임시정부 수립 100주년을 맞는 해입니다. 내년 8·15는 정부 수립 70주년이기도 합니다."[3] 1919년 '대한민국임시정부' 수립을 대한민국 '건국'으로 인식하고, 1948년 '대한민국' 수립을 '정부 수립'으로 '격하'하였다.

이를 계기로 '건국절 논쟁'은 가히 백가쟁명의 시기로 접어들었다. 대표적으로 대한민국 건국의 명분은 1919년에 있지만 역사적 사실은 1948년에 확인할 수 있다는 주장,[4] 혹은 대한제국을 선포한 1897년과 대한민국임시정부를 수립한 1919년 그리고 대한민국 정부를 수립한 1948년이 모두 건국의 과정이었다는 논의[5] 등을 들 수 있겠다. 전자는 건국과 관련해서 명분과 사실을 분리해서 해석하자는 것이고 후자는 건국에 단계적인 의미를 부여하자는 것으로서, 모두 일정한 타당성을 지닌 논의라 할 수 있겠다.

그러나 막상 건국 백주년이 되는 2019년이 되자 건국절 논의는 공론의

장에서 조용히 실종되고 말았다. 정부의 정책과 논의과정에서 '건국 100주년'이라는 말은 흔적도 없이 사라져버렸다. 이런 '이해할 수 없는 사태'에 대해 정부는 공식적으로 어떤 해명도 하지 않았다. 여러 차원의 현실적인 혹은 논리적인 궁지窮地가 뒤따랐을 것이다. 이에 대해서는 북한과의 관계 개선을 위한 고육지책이라는 해석이 뒤따랐다.[6] 그리고 건국절 논쟁 역시 또다시 정돈 상태에 빠지고 말았다.

돌이켜보면 2005년 이전에는 어떤 정치인도 정부수립과 건국을 엄격히 구분해서 사용하지 않았다. 예컨대 김대중 정부 역시 '제2의 건국'이라는 슬로건과 관련해서 특히 1948년 정부수립을 건국으로 간주하고 그 의의를 강조한 바 있다. 요컨대 정부수립과 건국을 혼용하는 이런 인식에는, 하나의 민족이 '분단'된 상태임을 강조하고 통일을 지상과제로 상정하는 한 1948년 두 개의 정부 수립이 두 개의 건국이 될 수밖에 없는 현실 혹은 그것이 갖는 딜레마가 반영되어 있다.

잘 알다시피 건국절을 둘러싼 논쟁은 2006년경부터 본격적으로 전개되었다. '국가주의'를 내세우는 '보수우파' 진영과 '민족주의'에 침잠해있는 '진보좌파' 진영 사이에서 진행되었다. 이 논쟁에서는 보수우파 진영이 공격의 선편을 쥐었다. 2007년에는 광복절을 '건국절'로 개칭하는 법안이 제출되었고, 2008년에는 '건국 60주년 기념행사'가 거행되었다. 상당 기간 숨을 고른 뒤, 앞서 본 바와 같이 2017년 문재인정권이 들어서면서 논란은 다시 가열되었던 것이다.[7]

이른바 뉴라이트 논쟁이 시작된 이후 단속적으로 진행되었던 건국절 논쟁은 2019년 이후 다시 침묵으로 빠져들었다. 이는 아마도 이 논쟁이 가진 성격과 관련이 있을 것이다. 요컨대 건국절 논쟁은 주로 기억 혹은 기념의 대상을 둘러싸고 진행되었고, 이것은 정파적 성격을 띠고 있었다. 이 논쟁을 건국 여부를 둘러싼 사실 논쟁으로 끌고 가서는 안 된다는 비판도 이런 측면을 지적한 것이겠다. '1919년 건국론'은 단지 이승만이 주도했던 '임정법통론'과 한국정부의 중앙정부로서의 위상 그리고 한국 민주주의의 전통을 강조하기 위한 특별한 기억방식이었을 뿐이라는 지적이다.[8] 또 건국절 주장만이 아니라 임정법통론에 입각한 1919년 건국설은 모두 승리의 서사를 전제한다는 점에서, 역사를 왜곡할 우려가 있는 논의라는 비판도 있다.[9] 건국절 논쟁은 정파적 논리가 앞선 것으로서, 엄밀한 학문적 차원의 논쟁으로 볼 수는 없다는 것이다. 어느 편이든 정치적 의도를 배경으로 한 주장이었으므로, 지속성을 가지기 어려운 측면이 있었다.

건국절 논쟁이 기억과 기념을 둘러싼 것이라는 비판은, 그럼에도 건국절 논쟁의 한쪽 측면만을 지적하고 있을 뿐이다. 다시 말하면 건국절 논쟁이 국가의 건국 곧 nation-building을 둘러싸고 전개되었다는 점에서, 국가의 성격을 둘러싼 논의를 포함하고 있다는 점 역시 부정할 수 없다. 따라서 이제 건국절 논쟁이 가진 국가론적 성격에 대해 살펴보아야 한다.

이와 관련하여 이 논쟁은 건국과 관련한 근대사의 공간과 시간을 확장하는 효과를 동반하고 있었다는 점에 주목할 필요가 있다. 먼저 공간의 확장 효과란 무엇인가? 지금까지는 건국절 논쟁이 남한 내부의 좌우파 논쟁으로 인식되어 왔으나, 내용적으로는 북한 정부의 성격을 둘러싼 해석이 이 논쟁에 깊숙이 개재되어 있었던 것이다. 건국절 창설을 주장하는 뉴라이트운동 진영은 1948년 남쪽에서 수립된 정부 혹은 국가가 북쪽에서 수립된 정부 혹은 국가보다 훨씬 강한 정당성을 가지고 있었다는 점을 새삼스레 강조하였다. 이에 따라 대한민국 정부수립이 가진 건국으로서의 계기가 부각되는 것은 지극히 자연스러운 일이 되었다. 대한민국 건국의 정당성을 강조하는 인식에는 1948년 두 개의 정부수립이 가진 등가성을 부정하는 인식 곧 '대한민국중심주의'가 바탕에 깔려있었다. 이리하여 북한은 '야만'이며, 한국사의 정통성에서 제외해야 할 대상이 되었던 것이다.[10] 역설적이게도 건국절 주장을 통하여 북한 정권 수립의 성격을 둘러싼 논의가 이 논쟁 속으로 끌려들어왔다.

그러면 시간의 확장 효과란 어떤 과정을 거쳐 드러나게 되었던 것일까? 건국절 창설 주장에 대한 반대진영의 대응에는 복잡한 망설임이 존재하였다. 앞서 본 바와 같이, 1948년 건국설을 부정하는 진영에서는 1919년 대한민국임시정부 수립으로 건국의 기원을 소급함으로써 이에 대응하려 하였다. 하지만 대한민국임시정부의 유일 정통성은 그동안 한국 역사학계에서 그다지 널리 인정되는 학설이 아니었다. 식민지에는 독립과 건국을 향한 다양한 운동의 흐름이 존재했으며, 대한민국임시정부는 그 가운데 하나였을 뿐이라는 해석이 중심을 이루고 있었다. 건국의 기원을 대한민국임시정부 수립으로 소급하자 이런 '주류적인' 해석은 커다란 도전에 직면하였다. 게다가 1919년 건국론은 또 하나의 커다란 장애물을 마주할 운명을 지니고 있었다. 북한의 신정론的神政論的 역사해석 역시 이를 용납하지 않았다.[11] 김일성 탄생년인 1912년을 '주체 원년'으로 삼는 북한 역사학은 '대한민국임시정부 따위'의 건국론에까지 신경을 쓸 겨를이 없었다. 그럼에도 건국절 창설 주장에 맞서기 위해서 그리고 북한과 공동으로 3·1운동 백주년 기념행사를 기획하기 위해서, 1919년 건국설을 도입해야 했을 것이다.

국가론의 입장에서 보자면, 지금까지의 건국절 논쟁은 그 실체가 지극히 빈약하였고 또 지독히 씁쓸한 뒷맛만 남긴 것이었다. 하지만 다른 한편으로는 건국절 논쟁이 던진 이런 착잡한 공간과 시간의 확장 효과로 말미암아 많은 해결 과제가 던져졌다고 할 수도 있다. 이제 학계로 '넘어온 공'에 대해 대답해야 할 차례가 되었다. 건국절 논쟁 특히 1919년 건국론이 국가론적 차원에서 던지는 질문은 무엇인가? 1948년에서 1919년으로 소급하여 확장된 시간 속에 존재하는 두 개의 정치체political polity 곧 대한민국임시정부와 조선총독부의 역사적·정치적 성격은 무엇인가라는 물음일 것이다.

2절에서는 '근대국가'란 무엇인가라는 논의를 살펴보고, 이를 통해 식민지기에 존재했던 두 개의 정치체 곧 대한민국임시정부와 조선총독부에 관한 국가론적 차원의 논의가 필요하다는 점을 지적한다. 이를 위해 두 개의 국가 개념을 제시할 것인데, '대칭국가'라는 개념은 대한민국임시정부에 그리고 '식민국가'라는 개념은 조선총독부에 대응하는 개념이다. 이어 3절과 4절에서는 각기 대칭국가와 식민국가 개념을 사용하여 대한민국임시정부와 조선총독부의 국가론적 성격을 따져보기로 한다.

2. 한국 근대의 두 국가

한국인들에게 '국가'란 무엇일까? 지난 백여 년의 역사 속에서 '국가'가 기능해온 방식은 한국인들이 국가의 모습을 상상하는 데에 결정적인 역할을 수행하였다. 식민지 지배는 대부분의 한국인들에게 '국가 부재' 상태로 인식되었고, 이어지는 분단 상황 아래서 현실의 국가는 '정상적인 국가'가 아닌 '국가의 결여태'로 수용되었다. 이로 인해 한국인들의 국가상國家像은 이원적으로 구성되어버렸다. 국가가 있느냐 없느냐 혹은 그 국가가 정상이냐 비정상이냐 하는 방식으로, 국가를 둘러싼 양 극단의 상태를 중심으로 국가의 모델이 단순화되어버린 것이다. 따라서 '국가론'은 그다지 가치가 없는 존재로 전락하였다.

앞서 본 바와 같이, 건국절 논쟁은 역설적이게도 국가 논의의 빈곤을 드러내는 바로미터에 지나지 않았다. 찬찬히 돌아보면 한국사회 국가론의 빈곤은 다음 네 가지 차원에서 잘 드러난다. 첫째, 임시정부 시기 '대한민국'의 국가로서의 성격에 관한 것이다. 영토와 인민에 바탕을 둔 국가를 갖추지 못했으므로 전혀 국가로 볼 수 없는 것인가, 혹은 그럼에도 이 시기의 대한민국은 국가로 분석할 만한 가치가 있는 체제인가? 국가를 판단하는 기준이 민족과 국가의 범주가 일치하는 '일민족일국가론'에 국한되어버리면, 임시정부 시기의 대한민국은 오히려 국가로서는 미달이 아닌가? 그렇다면 무엇을 근거로 임시정부 출범 시기로 건국을 소급할 수 있을 것인가? 1919년 건국론자들만이 아니라 그를 반대하는 사람들도 이런 물음에 답해야 할 의무를 지고 있을 것이다.

둘째, 일본 제국주의 지배 시기에 식민지 통기기구 곧 조선총독부의 국가 성격은 어떤 것인가 하는 점이다. 이 시기는 그저 국가 부재의 시기로 보아야 하는 것인가? 조선총독부는 어떤 국가로도 볼 수 없는 것인가? 그게 아니라면 제한된 범위에서는 국가의 성격을 가진 정치체로 간주할 수 있을 것인가? 이 문제는 대한민국임시정부의 국가론적 성격과 깊이 얽혀 있는, 근대 한국의 국가론 논의에서 중심적인 측면을 구성하고 있다.

셋째, 북쪽의 국가'조선민주주의인민공화국'는 어떤 국가이고, 그 국가와 대한민국은 어떤 관계를 갖고 있는가와 관련한 논의이다. 남북 두 개의 국가는 둘 모두 국민국가인가, 아니면 그에 이르지 못한 결손국가인가? 혹은 그것도 아니고 어느 한 쪽만 국민국가인 것인가? 이와 관련하여 분단국가[12]라는 개념을 떠올릴 수 있다. 분단된 상황 아래의 국가라는 점에서 분단국가라는 개념은 대체로 엄밀한 개념규정 없이 사용되기도 한다.[13] 하지만 이런 국가개념에는, 다음에 거론하는 결손국가 개념과 마찬가지로 일민족일국가론이 전제되어 있는 경우가 많고, 그런 점에서 민족주의적 지향이 강한 개념규정이라 할 수 있다.

넷째, 대한민국은 어떤 국가인가에 대한 것이다. 대한민국은 온전한 국민국가(혹은 민족국가)[14]인가, 아니면 거기에 이르지 못한 혹은 뭔가 결여된 국가인가? 대표적으로 '결손국가a broken nation · state'라는 개념[15]을 들 수 있는데, 이는 한반도의 남쪽을 차지한 한국은 '온전한 국민국가'가 아니라는 인식을 논의의 밑자락에 깔고 있다. "하나의 민족이 하나의 국가를 이루어야 한다"는 근대 민족주의 혹은 국민국가의 원칙에 이르지 못했다는 점에서 그렇다는 것이다. 이처럼 원초주의적primordial이고 낭만적인 민족이론을 원용하고 있다는 점에서, 엄밀한 의미의 과학적 논의에는 미달하는 것이라 할 수도 있겠다.

하지만 국가론의 빈곤 혹은 국가 논의가 처한 곤경은 역으로 근대사를 기술하는 과정에서 '국가 중심의 논의'가 득세하는 상황을 낳았다. 근대 국민국가 수립의 실패를 한국사의 근대이행에서 나타난 가장 중요한 특징으로 설정하고, 이를 중심으로 근대사를 기술하는 방식이 확산되었던 것이다.[16] 더 나아가 근대 국민국가 수립을 목표로 하는 운동을 '민족운동' 혹은 '민족국가건설운동(혹은 국민국가수립운동)'이라고 정의하고, 국민국가 수립을 향해 나아가는 과정을 근대사의 가장 중요한 흐름으로 간주하기도 하였다.[17] 이는 역사교육의 현장에서도 동일하게 드러나는바, 중등학교 세계사교과서의 구성이 비서구의 경우에 '제국주의 침략과 민족운동'으로 설정되어 있으며 이는 국민국가 수립이 근대화의 핵심적 과제가 된다는 점에서 정당화되었다.[18]

국민국가 수립을 목표로 설정함으로써 정작 국가 자체에 대한 심도 깊은 논의는 실종되는 '기묘한' 사태가 나타나게 되었다. 어쩌면 서구적 국민국가가 이상적인 모델로 설정됨으로써 드러나게 될 당연한 결과였을 것이다. 구미의 국민국가라는 표준에 목표를 설정함으로써 현실의 정치체에 대한 관심은 스스로 억압해버렸던 것이리라! 국가중심적 사고가 초래한 국가론의 빈곤이라는 기묘한 역설은 바로 여기에서 연유하는 것이었다. 건국논쟁을 통해 부각된 한국사회 국가론의 빈곤 현상은, 근대 이후 한국에서 나타난 '여러 국가'가 지닌 복합적인 성격에서 파생한 측면이 크다. 거꾸로 이런 다양하고 복합적인 국가의 모습을 가졌다는 점에서 풍성한 국가론을 전개할 수 있는 비옥한 토양을 갖추게 되었다고 할 수도 있다. 단, 새로운 국가 논의를 위해서는 서구에서 기원한 그리고 민족주의에 주박된 국가 논의의 도식에서 벗어날 필요가 절실하다.

그런데 여기서 사용하는 국가 개념에 대해 우선 명확히 해둘 필요가 있겠다. 국가를 둘러싼 학문적 논의 역시 복잡하고 까다롭기로 악명높은 주제가 아닌가? 우선 국민국가(혹은 민족국가, nation·state)와 근대국가modern state의 차이를 살펴보자. 국민국가 혹은 민족국가란 서구의 nation·state에 대응하는 국가개념으로서, 국가의 구성요소로서 nation을 전제하고 있다. 단 nation의 번역어로서 무엇을 대응시키느냐에 따라 국민국가 혹은 민족국가로 용어가 달라지게 된다. 대체로 nation의 구성적 측면을 강조할 경우에는 국민이라는 개념을 사용하게 되고, 종족적 혹은 인종적 요소 즉 ethnic group이 근대국가 구성에서 차지하는 위상을 높게 설정할 때는 민족이라는 용어를 사용하게 된다. 한국에서는 nation의 국민적 요소보다는 종족적 또는 인종적 요소를 강조하는 민족국가라는 용법이 성행하였다.

다음으로 근대국가란 무엇인가? 오늘날 국가라는 용어는 근대국가와 동일한 것으로 사용되는 경우가 많다. 근대국가는 15세기 전후 서구에서 처음으로 등장하여,[19] 전지구적으로 전파·확산되었다. 근대국가는 일반적이고 상식적인 수준에서 다음과 같이 정의된다. "상비군, 관료제, 조세제도 등의 수단을 통해 일정한 지역 내에서 중앙집중화된 권력을 행사함으로써 대내적으로는 사회질서를 안정적으로 유지하고, 대외적으로는 다른 국가들과 경쟁하면서 이들로부터 배타적인 독립성을 주장하는 정치조직 또는 정치제도이다."[20] 요컨대 안으로는 중앙집중화된 제도적 권력을 사용하여 사회질서를 유지하고, 밖으로는 다른 국가들과 경쟁하면서 배타적인 독립성을 주장하는, 곧 주권sovereignty을 가진 정치체가 바로 근대국가인 것이다. 이처럼 근대국가의 국가성stateness을 드러내는 가장 중요한 지표는 주권이다. 다른 한편 근대국가의 실제적 능력을 드러내는 지표로서 국가의 자율성이라는 개념에 주목할 필요가 있다. 이는 주권과 구분되는 것으로서, 근대국가가 국제적 제약을 받지 않고 행동하면서 목적을 성취할 수 있는 국가의 능력을 가리키는 것이다.[21] 여기서는 우선 근대국가를 상징하는 지표로서 주권과 국가의 자율성이라는 두 가지 요소를 거론해두려 한다.

이런 차원에서 보면 국민국가 혹은 민족국가는 근대국가의 한 유형에 해당하는 것으로서, 근대국가의 하위범주를 구성하는 국가모델이라 할 수 있다. 일반적으로 근대국가를 국민국가와 거의 동일한 내용을 가진 개념으로 사용하고 있지만, 그 차이는 명확히 해둘 필요가 있다.

그렇다면 이 글에서 사용하는 두 개의 국가 개념 즉 대칭국가와 식민국가는 각기 어떤 의미로 사용하는 것인가? 대한민국임시정부에 대해서는 대칭국가를, 조선총독부에 대해서는 식민국가라는 개념을 사용할 것인데, 두 개의 국가개념은 모두 근대국가의 하위개념에 해당하는 것이다. 근대국가의 두 가지 지표 즉 주권 및 국가의 자율성이나 국가능력에 비추어 보면, 대칭국가와 식민국가는 어떤 위상을 가지고 있는가? 대칭국가는 불완전하나마 주권을 가진 것으로 볼 수 있겠으나, 식민국가는 대내외적 주권이 거의 존재하지 않는다고 해야 할 것이다. 그러나 국가의 자율성과 국가능력이라는 측면에서는 처지가 달라진다. 대칭국가에는 물적 기반이 거의 부재하고 통치대상인 인민이 실제로는 거의 존재하지 않는다. 하지만 식민국가에는 '영토'와 함께 통치대상인 '주민' 그리고 상당한 물적 기반이 주어져 있다고 할 수 있다.

이처럼 대칭국가로서의 대한민국임시정부는 실제적인 영토와 인민이 부재하는 일종의 '상상 속에서 재현된 국가' 혹은 '저항국가'라고 할 수 있을 것이다. 반면 식민국가라 부를 수 있는 조선총독부는 주권은 없지만 국가를 구성하는 물적 요소는 실재하는 국가였다고 해도 좋을 것이다. 이제부터는 이 두 개의 근대국가를 각기 다른 절로 구분하여 더욱 구체적으로 살펴보려 한다.

3. '대칭국가'

1) 주권의 두 얼굴

1919년 중국 상해에서 수립된 대한민국임시정부의 성격을 살펴보기 위해, 우선 주권을 가진 근대국가란 무엇인가를 따져보지 않을 수 없다. 근대국가는 세계의 다른 국가 전체가 합의한 땅과 정치적 경계를 통해 지구상의 나머지 땅과 분리된 땅을 의미한다. 그 내부의 정치적 상황이 어떻든, 분리된 영토는 모두 국가로 인정받는다. 이처럼 근대국가를 정의하는 두 가지 요소는 분리와 인정을 통한 국가의 장소성이다.[22] 근대국가는 분리와 인정을 통해서 곧 주권을 가진 국가로 간주되었다. 근대국가가 수립된 이후 이제 "지구상의 모든 땅은 국가의 점령 아래로" 서서히 들어가게 되었다. 지구상에는 어떤 무주지도 인정되지 않았으며, 따라서 세계지도에는 어떤 틈도 주어지지 않았다.[23] 국가주권에 기반을 둔 세계는 상호배타적인 영토 관할의 세계 즉 '중복 관할이 없는 세계'이다.[24] 이를 두고 국가간체제inter-state system라고 부를 수 있을 것이다.

한편 근대국가로 인정받게 하는 것은 주권의 존재 여부이다. 주권은 우선은 대외적으로 독립성이 인정되어야 한다. 그리고 이 독립성은 대내적인 최고성으로부터 나오는 것으로 간주된다. 대외적으로 인정되는 독립적이고 배타적인 권위와 대내적으로 인정되는 최고의 절대적 권위가 합쳐져 근대국가의 주권이 된다. 일반적으로 주권은 다른 모든 권위들보다 우월한 그리고 그 위에 존재하는 최상급의 권위로 인정된다. 국가가 주권을 갖고 있다면 최고성과 독립성이라는 기본성격을 가지게 된다. 주권은 근대의 정치와 법률에서 기본적으로 가정되는 권위 또는 그 기반이 되는 전제이다.[25]

하지만 주권의 최고성과 독립성은 분리되어 있지 않다. 이는 주권이 가진 하나의 동일한 특성에서 유래한다. 하지만 주권국가는 두 개의 얼굴을 갖고 있다. 주권은 자국의 인구를 향한 내향적 모습과 다른 나라를 향한 외향적 모습을 동시에 갖고 있는 것이다. 전자를 대중주권, 후자를 영토주권으로 나누어 이해할 수도 있다.[26] 혹은 이를 인민주권과 국가주권으로 나눌 수도 있을 것이다.[27] 주권이 가진 두 개의 얼굴을 두고, 주권의 '부정적 자기동일성'이라고 지칭하기도 한다. 근대국가로 인정받기 위해서는 주권의 존재가 필수적이다. 두 얼굴을 가진 주권은 다시 그 모습을 다원화시키기도 한다. 혹자는 대외적 주권 즉 베스트팔렌 주권Westphalia sovereignty과 국내적 주권Domestic sovereignty에 더하여, 국제법적 주권international law sovereignty과 상호의존 주권interdependence sovereignty으로 분류하기도 한다.[28] 하지만 추가된 두 가지의 주권은 상황의 변화에 따라 변용된 것에 지나지 않는다.

다른 한편으로 근대국가로 인정받아야 비로소 주권이 존재하게 된다고 할 수도 있다. 이는 역설적이게도 주권의 존재 여부가 근대국가로 인정되는 조건이 아니라는 말이기도 하다. 요컨대 17세기 서구에서 이른바 베스트팔렌체제가 성립하였고 이는 주권이 발생하는 근거가 되었다. 반드시 주권이 근대국가와 국가간체제 발전의 전제가 되었다고 할 수는 없다. 주권은 언제나 구성적 산물social construct에 지나지 않는 것이다.[29] 곧 인류는 평등하고 독립적인 주권을 가진 근대국가로 구성된 국제체제 속에서 살아본 적이 없었다.[30] 그것은 단지 '베스트팔렌 신화'에 지나지 않는 것이다.

따라서 현실 정치의 장에서 주권이 분할불가능하고 절대적인 권위로 작동하지 않는 경우를 확인하기는 어렵지 않다. 주권은 분할가능하고 다원적이며 따라서 매우 취약한 상상의 산물인 경우가 많다.[31] 대한민국임시정부의 주권적 성격을 분석하기 위해서는, 주권이 가진 두 개의 얼굴 즉 대내적 측면과 대외적 측면을 나누어 따로 살펴볼 필요가 있다. 현실정치의 장에서 실제로 드러나는 주권의 맨 얼굴을 확인하기 위해서는, 주권의 두 얼굴을 따로 나누어서 각기 다른 방식으로 접근해보아야 한다.

대한민국임시정부는 1919년 4월 11일 임시의정원의 결의에 의하여 신생국가 '대한민국'을 통치하는 조직으로 결성되었다.[32] 이 조직은 말 그대로 임시정부provisional government로서 선포되었는데, 이는 과도정부interim government와 유사하거나 그 일부를 구성한다. 일반적으로 임시정부란 '정치적 이행기에 수립되는 비상정부'를 의미하며, 새로운 정부가 수립될 때까지 권력을 유지한다. 또 역사상 임시정부는 혁명적 임시정부, 권력공유 임시정부, 관리인caretaker 정부, 국제적 과도정부 등 4가지로 분류되기도 하는데,[33] 대한민국임시정부는 그 가운데 어디에도 해당하지 않는다.

또 임시정부는 망명정부government in exile와는 그 성격이 다르다. 망명정부란, 정당성을 갖춘 적법정부가 외부 침략이나 내부 혁명 등의 사태로 권력을 행사할 수 없는 상황에서 해외로 권력 행사의 장소를 이전하여 정주하는 경우를 일컫는다. 망명정부는 대개 법적 계속성이 담보되는 것으로 인정되며, 본국으로 귀환하여 이전의 권력을 회복할 계획을 갖고 있었다.

역사적으로 임시정부는 약 50건, 망명정부는 80건에 이르는 사례가 보고되어 있다고 한다. 또 제2차 세계대전 중 영국 런던에는 공식적으로 8개의 망명정부가 체류하고 있었으며, 망명정부는 아니지만 드골의 자유 프랑스Free French까지 포함하면 모두 9개의 국가 혹은 정부가 머물고 있었다. 영국을 비롯한 연합국 정부는 8개국 망명정부를 모두 승인하고 외교

특권을 부여하였는데, 이는 독일과의 전쟁을 수행하기 위해 필요한 조처로 간주되었다. 하지만 자유 프랑스정부는 결국 국제법적 승인을 받지는 못했다.[34] 망명정부와 임시정부의 차이는 여기에서도 확인할 수 있겠다.

대한민국임시정부가 국제적 승인을 획득하는 것은 국가로서의 대외적 독립성 즉 대외적 주권을 확보하는 데에서 절대적인 중요성을 가진 일로 인식되었다. 이는 주권이 가진 두 개의 얼굴 가운데 하나를 확보하는 것으로서, 특히 해외에서 결성된 대한민국임시정부로서는 존망이 걸린 문제로 간주되었다. 1919년 4월 11일 공포한 '대한민국임시헌장'에는 국제연맹 가입이 규정되어 있었고,[35] 이를 기초로 파리강화회의에서 임시정부가 승인받을 수 있도록 노력을 기울이고 있었다. 단 초기에는 국제적 승인이 초미의 과제로 인식되지는 못했다. 1919년 7월 대한적십자회가 상해에서 조직되었는데, 이는 임시정부에 대한 국제적 관심과 인지도를 높이기 위한 활동의 하나로 추진된 것이었다.[36]

임시정부의 국제적 승인이 초미의 과제로 떠오르게 된 것은 제2차 세계대전이 발발한 이후였다. 1942년 이후 중국 국민당 정부는 대한민국임시정부를 교전단체belligerent로 승인하려 하였다. 제1차 세계대전기 파리의 체코 인민위원회를 미국이 '공동작전단체'로 승인한 사례를 들어, 임시정부를 교전단체로 승인하고 '국제법적 교전권'을 부여하자는 논리를 내세우고 있었다. 임시정부 역시 국제적 승인을 획득하기 위한 활동을 적극적으로 전개하였지만, 미국의 정책에 의해 번번이 좌절되었다.

대한민국임시정부는 중국 국민당정부의 관할지역에서 그 지원을 받아 주권적 활동을 허가받았는데 이를 '사실상의 승인'이라고 할 수 있을 것이다. 한편 1940년 9월 임시정부는 '군사조직법'에 근거하여 국민당정부의 허락을 받아 한국광복군을 결성하였다. 하지만 광복군의 작전권과 지휘권은 '광복군 행동준승行動準繩'에 의해 중국 국민당 군사위원회에 귀속되었다. 행동준승은 1944년 9월에 취소되었지만, 마지막까지 국제적 승인은 보류되었다. 결국 '법률상의 승인'은 허락받지 못한 것이었다. 요컨대 대한민국임시정부는 그를 수용한 국가 즉 중국 국민당 정부로부터 '부분적으로' 주권 행위를 허가받았으나, 전면적인 국제적 승인은 인정되지 않았던 것이다.[37]

1941년 12월 태평양전쟁 발발과 함께, 임시정부는 '대일선전'을 포고하였다. 1910년의 병합조약과 일체의 불평등조약은 무효이고, '한국의 전체 인민'은 반침략전선에 참가하고 있으며, 이제 하나의 전투단위로서 축심국軸心國에 대해 전쟁을 선포한다고 선언하였다.[38] 1944년 7월에는 국제적 승인이 타당하다는 점을 강조하기 위해 「반침략전쟁에서의 한국의 임무」라는 비망록을 발표하였다.[39] 임시정부는 26년의 유구한 역사를 가지고 있으며, 한국 독립군과 독립운동을 영도하는 유일한 기구이므로, 임시정부를 승인해야 한다는 것이었다. 그럼에도 미국은 임시정부에 대한 국제적 승인을 결국 보류하였다. 대한민국임시정부는 한국 내 어디서도 행정적 권한을 행사한 적이 없으며, 따라서 현재 한국의 대표로 간주될 수 없다는 점, 그리고 망명상태에 있는 한국인들 사이에서도 제한이 많다는 점, 따라서 나중에 한국인들이 가진 정부와 임원의 선택권을 손상시킬 위험이 있다는 점 등이 불승인의 이유로 거론되었다.[40] 이는 대한민국임시정부가 유엔 창설을 위한 샌프란시스코 회의에 참석할 수 없는 이유가 되기도 하였다. 미국을 비롯한 연합국 정부의 대한민국임시정부 승인에 대한 태도는 이처럼 대단히 미온적인 것이었다. 이를 두고 일종의 '베스트팔렌 강박'이라고 부를 수 있을 것이다.[41]

결국 대한민국임시정부는 망명정부가 아니었던 탓에 국제적 승인을 획득할 수 없었으며, 임시정부를 수용한 국가인 국민당 정부하의 중국에서조차 아주 부분적인 주권활동만을 보장받은 상태였다. 요컨대 임시정부는 대외적인 주권의 아주 미약한 부분만이 승인되었을 따름이다. 수용국 정부의 '사실상의 승인'을 부분적으로 획득한 정부 다시 말하면 대외적으로 '부분적인 주권'을 획득한 상태에 놓여있던 정부가 바로 대한민국임시정부였다고 할 수 있을 것이다.

2) 대한민국임시정부와 '반주권'

앞서 본바 대한민국임시정부는 전혀 영토를 점유하고 있지 못했고, 또 대외적인 주권을 거의 인정받지 못했다. 이제 대한민국임시정부의 분할된 주권 가운데 하나 즉 대내적 주권의 존재에 대해 살펴보아야 한다. 임시정부는 인민주권 혹은 대중주권의 차원에서는 어떻게 평가할 수 있을 것인가?

앞서 본 「대한민국임시헌장」에는 임시정부의 주권의 권원을 밝히는 다음과 같은 선언이 포함되어 있다. "본정부가 전국민의 위임을 受하여 조직되었나니 본정부가 전국민으로 더불어 전심傳心코 육력戮力하여 임시헌법과 국제도덕의 명하는 바를 준수하여 국토광복과 방기확국邦基確國의 대사명을 과하기를 자玆에 선서하노라." 대한민국임시정부는 전국민의 위임을 받아서 조직되었다는 점을 강조하고, 전국민과 더불어 국토의 광복과 국가의 수립을 완수하겠다는 의지를 다지고 있는 것이다. 이어서 "우리의 인도가 마침내 일본의 야만을 교화할지오 우리의 정의가 마침내 일본의 폭력을 승勝할지니"[42]라고 하여, 국가 수립의 보편성을 내세우고 있다. 임시정부가 '상징정부 중심주의'를 채택하고 있지만, '국민의 위임' 즉 '국민주권'에 토대를 둔 정부이고 따라서 보편적인 국민국가가 되었다는 점을 강조하였다. 이는 임시헌장 제1조에서 천명하고 있는 '민주공화제'의 토대가 되었다.

잘 알다시피 임시정부는 이른바 '전단정부傳單政府' 혹은 '지상정부紙上政府'를 포함하여 모두 7개의 정부를 합친 것이었다. 실제로는 실체를 가진 3개의 정부가 상해에서 모여 하나의 통합 임시정부를 결성하였던 것이다.[43] 통합정부에서는 1919년 9월 11일 「대한민국임시헌법」을 공포하였는데, 여기에는 주권의 권원이 더욱 분명하게 드러나 있다. 제1조에서는 대한민국의 국민이 '대한인민'임을 밝히고, 2조에서는 주권이 대한인민 전체에 있다고 공포하였다. 이어 3조에서 강토는 구한제국舊韓帝國의 판도로 정한다고 규정하였다. 이로써 국민과 주권과 영토의 범위가 확정되었던 것인데, 이는 대한민국이 헌법적 차원에서 국민국가로 출발했음을 선언하는 것이었다.[44]

임시정부가 인민주권론에 입각한 민주공화제 정부를 표방하고 있었다는 점에서, 임시정부를 구성하고 있던 의회와 정부의 성격을 특히 주권론의 차원에서 구체적으로 살펴볼 필요가 있겠다. 먼저 의회격인 임시의정원은 1919년 4월 25일 열린 3차회의에서 '임시의정원법'을 통과시켰는데, 이로써 임시의정원의 법적인 근거가 마련되었다. 의정원은 각 지방 인민의 대표로 조직하기로 하고, 인구비례로 30만 명당 1인이라는 원칙에 따라 모두 51명의 의원을 선출하였다. 국내선거는 현실적으로 불가능했기 때문에 상해의 한국인을 대상으로 의원을 선거하였다. 1919년 4월 30일의 임시의정원 4차회의부터는 선출된 정식 의원들이 중심이 되어 회의를 개최하였다.[45]

이처럼 임시의정원은 출신지역을 안배하여 대표를 선정하기는 했으나, 실제로는 해외로 망명한 사람들의 대표에 지나지 않았다. 이는 대내적 주권의 존재를 주장하는 데에 어려움을 갖게 하였다. 임시정부 내부에서는 이를 돌파하는 논리로 임시의정원이 국민의 대표가 아니라, 단지 독립운동자 혹은 광복운동자가 주권을 '대행'하고 있다는 논리를 내세웠다.[46] 1925년 개정된 「대한민국임시헌법」에서는 "대한민국은 광복운동 중에서 광복운동자가 전인민을 대代함"이라는 조항을 3조로 추가하였다.[47] 임시의정원이 가진 이런 취약한 대표성은 이후 임시정부의 위상이 흔들리는 중요한 이유 가운데 하나가 되었다.[48]

임시정부는 이런 약점을 보완하기 위하여 강력한 중앙집권적 행정기구를 구성하였으며, 본국과의 네트워크를 강화하는 '내정통일책'을 추진하였다. 임시정부는 1919년 11월 5일 「대한민국임시관제」를 공포하였는데, 여기에는 임시정부 조직의 대강이 들어있다. 통합 임시정부는 대통령제와 내각제를 절충한 권력형태를 취하고 있었다. 임시대통령 직속기구로는 대본영, 참모부, 군사참의회, 회계검사원 등의 독립기구를 설치하였으며, 국무총리가 주관하는 국무원 산하에는 내무부, 외무부, 군무부, 법무부, 학무부, 재무부, 교통부, 노동국 등의 각부와 서무국, 법제국, 전계국銓稽局 등 독립조직을 두었다.[49] 그러나 이는 현실과 유리된 지나치게 방대한 조직이었으며, 국가주의적 이상에 치우친 비현실적인 조직이라는 평가를 받았다. 실제로는 직원도 채우지 못하고 사업도 없는 조직이 많았다. 애국금을 모집하고 독립공채를 발행하여 임시정부의 재정을 마련하는 과정에서, 조직의 개혁을 둘러싸고 갈등이 발생하였고 이는 곧이어 내분으로 폭발하였다. 특히 임시대통령 이승만이 주도하던 '구미위원부'의 외교활동지원비

를 둘러싼 갈등이 초기의 핵심적인 사안이었다.[50]

'내정통일책'은 본국과의 네트워크를 확보하고 통치의 기반을 구축하기 위해 마련된 것으로서, 임시교통국을 설치하고 연통제를 실시하려 하였다. 그러나 연락기관인 교통국은 실제로는 서울을 제외한 한강 이남지역에서는 설치되지 못했다. 또 1919년 7월에는 '연통제령'을 발포하여 국내에서 지방자치제를 그리고 해외의 교민을 대상으로는 거류민단제를 실시하기도 하였다. 그러나 1921년이 되면 임시교통국과 연통제 조직은 거의 대부분 붕괴되고 말았다.[51]

임시정부는 식민지배가 종결될 때까지 5번이나 헌법을 개정하였지만, 인민주권의 원칙은 강고하게 유지하고 있었다.[52] 게다가 임시정부는 이른바 '고유주권'이라고 일컬어지는 새로운 주권 개념을 추가로 공포하였다. 1941년 11월 발포된 '건국강령'에는 이를 다음과 같이 표현하고 있다. "우리나라는 우리 민족의 반만년래로 공동한 말과 글과 국토와 주권과 경제와 문화를 가지고 공동 민족정기를 길러온 우리끼리로서 형성하고 단결한 고정적 집단의 최고조직"이라고 하여,[53] 민족 형성 이래 주권은 고유하게 주어진 것이었다고 선언하고 있다. 이 고유주권 선언은 '민족주의에 입각한 주권'의 상상적 선언이었던바, 대내적 주권의 역사성과 고유성을 강조하는 것이었다고 할 수 있을 것이다.

또 1939년 이후 좌우 연립정부가 구성되고 광복군이 결성됨으로써 임시정부의 정치력이 강화되자, '복국'과 '건국'을 위한 구체적인 방책을 수립하는 데에 노력을 경주하게 되었다. 그럼에도 현실적으로 대내적 주권을 확보하는 데서 구체적인 진전을 보이지는 못했다. 이런 측면에서 보자면, 임시정부가 가진 대내적 주권은 단지 선언적 수준에 그친 것이라고 해야 할 것이다. 하지만 그것이 비록 현실에서 지배력을 갖는 것은 아니지만, 선언적 수준의 대내적 주권조차도 단순히 이데올로기적 허사虛辭에 지나지 않는다고 할 수는 없다. 대한민국임시정부의 인민주권 선언은 상상 속에서 실현된 대내적 주권이었다.

앞서 본 바와 같이, 주권은 구성적인 것이다. 게다가 역사적 경험 속에서 '중첩된 주권'을 발견할 수 없는 것도 아니다. 역사적으로 보편적인 것은 아니지만, 영토주권이 영국─이집트의 공동통치국이었던 수단1899~1956의 사례처럼 공동으로 존재한 사례도 있다. 단지 그 변화의 성향과 방향은 관할의 배타성에 기초한다. 또 미국 헌법 아래에는 세 종류의 주권을 가진 정부 곧 연방정부와 주정부 그리고 아메리칸 인디언 정부가 있다. 그 가운데 아메리카 인디언 정부는 중첩된 주권 혹은 반주권 국가로 간주되는바, 여기에서 사는 사람들은 세 가지 종류의 주권에 귀속되어 있다고 할 수 있다.[54] 게다가 주권은 공유되거나 통합될 수도 있는데, 유럽연합의 정치적 법률적 권위가 갖는 성격에서 이를 잘 확인할 수 있다.[55]

이렇게 본다면 대한민국임시정부의 인민주권 선언은 현실과 상상이 '중첩된 주권'의 일종이라고 할 수도 있을 것이다. 앞 절에서 살펴본 대외적으로 확보한 '부분적인 주권'과 인민주권 선언으로 확보한 상상 속의 '중첩된 주권'을 합쳐 '반주권半主權'이라고 불러도 좋을 것이다.

3) '대칭국가'라는 상징

33인 가운데 한 사람인 한용운은 조선의 독립은 기존의 국가를 복구하는 것이라는 점을 자신의 선언문에서 강조한 바 있다. 즉 조선 자체에 국가 독립의 요소인 토지와 국민 그리고 정치가 구비되어 있고, 각국의 승인도 이전에 조선에서 행했던 국제 교류의 전통 속에서 상호 호감을 가진 바 있으므로 전혀 문제가 되지 않는다고 주장했다. 더욱이 정의와 인도 그리고 민족자결이 지배하는 시대로 진입했으므로, 각국은 당연히 조선의 독립을 바라고 도와줄 것이라고 확신하고 있다고 했다.[56] 이어서 "고금동서를 막론하고 국가의 흥망은 일조일석에 되는 것이 아니오, 어떠한 나라든지 제가 스스로 망하는 것이지 남의 나라가 남의 나라를 망하게 할 수는 없는 것"이라고 주장했다. 그러므로 금번의 독립운동 즉 3·1운동은 '총독정치의 압박'으로 생긴 것이 아니라,[57] 조선인들의 복국을 위한 운동이라고 강변했다.

한용운으로 대표되듯이, 조선인들에게 국가는 원래부터 주어져 있었던 것으로 인식되었다. 독립운동가 박용만이 병합 직후 내세웠던 '무형국가' 수립 주장은 이런 인식에서 나온 것이었다.[58] 주권은 고유한 것이었을 뿐만 아니라, 병합으로 인해 사라진 것이 아니라 불멸하는 것으로 인식되었다. 이런 인식이 1917년의 「대동단결선언」[59]을 거쳐 1919년 대한민국임시정부 결성으로 이어졌던 것이다.[60] '왕조국가'이긴 하지만 기실 조선인들에게 국가란 거의 단절된 적이 없는 역사적 기억으로 남아있었다. 게다가 병합 이전 십수 년 동안 존재했던 대한제국은, '극장국가'로 표현되듯 그 정치적 효과가 강렬한 경험으로 잔존해있었다.[61]

1880년대 이후 일본을 통하여 조선에도 근대국가로서의 국가 개념이 도입되어 차츰 정착해갔다.[62] 이에 따라 국민주권에 입각한 것인가 아닌가에 차이가 있었지만, 여러 갈래의 근대국가 수립운동이 진행되었다. 대한제국 역시 이 운동의 일환으로 진행되었다고 볼 수 있을 것이다.[63] 근대국가의 성격과 관련해서는 이 시기에 부상한 애국론에 주목할 필요가 있다.

1890년대 후반부터 일본 유학생들 사이에서 애국론이 부상하고 있었는데, 근대국가의 국민 형성을 위한 토대로서 애국심 혹은 애국정신이 강조되었다. 이어 통감부가 설치되고 대한제국 주권의 일부가 잠식되자, 다시 애국론이 주목되었다. 이 시기 애국심은 근대국가 형성을 위한 수단으로 간주되었지만, 차츰 국민의 정치참여 가능성이 희박해지면서 '가족국가론'과 결부된 '자연적 애국심'이 강조되었다. 하지만 현실의 국가가 존재하지 않게 되면서 애국심의 대상은 사라지고, 애국론은 자연스레 '민족주의'로 변용되어 갔다.[64]

근대국가의 기억은 민족주의와 결합하게 되었고, 이리하여 대한민국임시정부는 이전부터 오랫동안 존재했던 국가의 자연스런 연장으로 이해되었다. 조동걸은 이를 두고 "대한민국임시정부는 3·1운동의 주권적 의지의 표상으로서 한국인의 '이념상의 정부'로 존재해왔다"고 썼다.[65] 대한민국임시정부가 갖는 주권적 측면은 명분과 실질의 양면에서 확인할 수 있는 것으로 해석되어 왔다. 곧 독립을 준비하는 기구 즉 국가주의적 이상을 표현하는 명분적 측면과 독립운동의 최고기관이라는 실질적 측면에서 임시정부는 가치를 갖는다는 것이었다. 요컨대 존재가치라는 명분과 역할가치라는 실질의 양면에서 임시정부가 갖는 의미가 가볍지 않았다.[66] 대한민국임시정부는 '이념상의 정부'로서, 저항성을 담보한 '상상 속의 국가'로 존재하고 있었다.

이제 대한민국임시정부를 어떤 국가로 평가할 수 있을 것인가? 정치철학자 한나 아렌트는 민족이 국가를 정복하였다는 말로 '국민국가의 역설'을 설명한다. 아렌트의 말을 구체적으로 들어보자. "국민국가의 비극은 (…중략…) 국민의 의사라는 명목으로 국가는 단지 '국민'들에게만 시민권을 인정할 수밖에 없었고, 출생이나 혈통의 권리로 인해 국가공동체에 속하는 사람들에게만 온존한 시민권과 정치권리를 부여할 수밖에 없었다. 이는 국가가 부분적으로 법의 도구로부터 국민의 도구로 전환했다는 것을 의미한다."[67] 요컨대 민족주의로 말미암아 국민국가는 민족의 도구로 전도되고, 시민이 민족의 구성원과 동일시되는 현상이 나타나게 되었다는 것이다. 이로써 '제국주의적 국민국가'는 시민 즉 민족으로부터 소외된 식민지로 하여금 그들이 새로운 국민국가를 상상하게 하는 매개가 되었다. 이것이 바로 아렌트가 말하는 '국민국가의 역설'이다.

대한민국임시정부는 자신이 주권을 담지한 정치적 주체임을 주장하였고, 이는 자신이 새로 역사의 전면에 등장한 민족주의의 도구가 되었다는 선언이기도 했다. 새로 등장한 임시정부는 기꺼이 한국 민족주의의 주권적 도구가 되고자 했던 것이다. 민족자결주의를 내세운 윌슨이 조선인들의 '메시아'가 되었던 것은 바로 이런 이유 때문이었다. '민족이 주체가 된 국민'이 새로운 국가를 건설해야 한다는 주장은 그 실현 가능성 여부를 떠나 강력한 현실적 힘을 가질 수 있었다. 다른 한편 제국주의 국민국가 즉 식민 본국뿐만 아니라, 식민지에 존재하는 '식민국가' 역시 국민국가를 상상하고 학습하는 중요한 매개가 되어주었다. 식민지는 식민지 본국뿐만 아니라 식민국가를 통해서도 새로운 국민국가를 상상하고 학습하고 있었다. 주로 상상 속에서는 식민지 본국의 모습을 통해서, 그리고 현실적으로는 조선총독부 즉 식민국가의 대응을 통해서 근대적 국민국가를 상상하고 또 학습하고 있었던 것이다. 대한민국임시정부는 이런 측면에서 '대칭국가'로서의 면모를 갖고 있었다고 해도 지나치지 않다. '국민국가의 역설'에 의해 재현된 국가 그것이 곧 대한민국임시정부였고, 그런 의미에서 대칭국가였던 것이다. 앞서 본 바 부분적이고 중첩적이지만 '반주권'을 보유하고 있던 대한민국임시정부는, 대칭국가로서 일종의 반국가半國家로 규정할 수 있다. 몰타기사단은 120개 국가에서 의료봉사를 지원하는 가톨릭단체이지만, 국제법적 주권을 유지하는 조직이다. 영토도 없고 항구적인 국민도 없지만, 유엔의 세 번째 회원자격 즉 '유엔에 옵서버로 참가하라는 초대를 받은 독립체'로서의 자격을 가진 유엔의 회원국이다. 몰타기사단을 반국가로 규정할 수 있다면, 대한민국임시정부가 반국가로서의 자격을 가진 정치체가 아니라고 할 수도 없을 것이다.[68]

4) 분출하는 국가들, 경쟁하는 주권성

한국이 식민지로 전락한 이후 한국인들은 자신들의 정부 혹은 국가를 수립하려는 노력을 중단한 적이 없었다. 식민지배 전시기를 일관하여 시도되고 있던 한국인들의 정부 혹은 국가를 만들려는 노력은 가히 '국가의 분출'이라 할 만한 것이었다. 대한민국임시정부와 함께 이 시기에 분출한 다양한 시도와 결실을 반드시 함께 살펴볼 필요가 있다.

1910년 10월 5일 『신한민보』에는 대한인국민회 중앙총회를 속히 수립하고 이를 바탕으로 '가정부假政府'를 건설하자는 논설이 발표되었다. 입법・행정・사법의 3대기관을 두어 완전한 자치제도를 시행하며, 이에 필요한 병역과 납세의 의무를 둘 것을 주장하고 있다. 병합 직후에 나온 이 논설은, 지금까지 알려진 바 임시정부 건설을 제창하는 최초의 선언이라고 할 수 있는 것이었다.[69]

이후 미주한인들은 임시정부 건설을 위해서 두 가지 방향에서 노력을 집중하게 된다. 먼저 박용만을 『신한민보』의 주필로 초빙하여 임시정부

수립을 위한 대중들의 인식을 고취하였고, 다른 한편으로 '대한인국민회 중앙총회'를 건설하기 위한 발걸음을 재촉하였다. 박용만은 독립을 위해서는 먼저 미주 한인이 중심이 되어 무형국가無形國家를 설립할 필요가 있다고 주장했다. 또 헌법을 제정하여 인민의 권리와 의무를 규정하고, 새로운 정체政體를 조직하여 자치를 실시할 필요가 있음을 강조하였다. 한편 대한인국민회는 1912년 11월 8일 제1회 대표원 의회를 개최하였는데, 이는 사실상의 최초 입법회의라고 할 수 있는 것이었다. 이어 11월 20일 해외 한인의 최고기관으로서 '대한인국민회 중앙총회'가 정식으로 선포되었다. 이처럼 대한인국민회 중앙총회가 일종의 '임시정부'로 자처하였음에도, 미주 한인의 자치정부라는 제약을 벗어날 수는 없었다.[70]

1914년 제1차 세계대전이 발발하였고 이어서 전운이 동아시아지역으로 서서히 미치고 있었다. 그런 위기의 한가운데서 해외 독립운동을 결집하기 위한 구심체로 구상된 것이 바로 '망명정부'亡命政府 수립이었다. 이상설과 신규식 등이 중심이 되어 1915년 상해에서 결성한 신한혁명당新韓革命黨은, 고종을 망명시켜 해외에서 망명정부를 결성하려 하였다. 망명정부 수립계획은 독일이나 중국과의 연합을 통하여 독립을 시도하려던 것이었으나, 현실에서도 전망에서도 모두 참담하게 실패하고 말았다. 독일 및 중국과 대립하고 있던 일본은 전승국이 되었으며, 유럽의 왕정은 모두 붕괴하고 국민주권설이 부상하고 있었다.

이런 소용돌이 속에서 1917년 7월 발표된 것이 바로 「대동단결선언」이었다. 신규식, 조소앙, 박용만, 박은식, 신채호 등 14명의 독립운동자 명의로 발표된 이 선언은, 국민주권설에 기초하여 임시정부를 수립할 것을 명확히 제시하고 있다는 점에서 특별하다. 해외의 모든 한인을 규합하여 유일무이의 최고기관을 조직하고, 대헌大憲을 제정하여 민정에 부합하는 법치를 실행할 것을 강조하고 있다.[71]

이처럼 3·1운동을 계기로 여러 개의 정부가 나타나기 이전에 해외의 독립운동가들 사이에서는 국민주권설과 공화정에 기반한 임시정부 수립 논의가 무르익고 있었다. 이런 활발한 움직임을 바탕으로 대한민국임시정부는 상대적으로 '쉽사리' 만들어질 수 있었던 것이다. 1919년 3월 이후 국내외에서 정부 수립이 '선언'되거나 정부가 실제로 조직된 사례는, 지금까지 확인된 바로 7개이다. 러시아령 연해주의 대한국민의회1919.3.21, 상해에서 조직된 대한민국임시정부1919.4.13, 서울의 한성정부1919.4.23가 실체를 가진 조직이었다. 또 조선민국임시정부서울, 1919.4.9, 신한민국정부평안도, 1919.4.17,[72] 대한민간정부기호, 1919.4.1, 고려임시정부간도, 1919.4가 이른바 전단정부 혹은 지상정부로 선포되었다. 실체를 가진 3개의 정부는 곧바로 통합작업에 착수하였고, 1919년 9월 11일 이승만을 대통령으로 이동휘를 국무총리로 선출함으로써 통합 대한민국임시정부를 수립하게 되었다. 통합 정부는 명목상으로 국내의 한성정부를 계승하되, 실제로는 초기 상해 임정과 러시아령 대한국민의회가 통합하여 성립한 것이었다. 이로써 대한민국임시정부는 초기 상해 임시정부의 지역성을 극복하고, 대표성을 갖는 통합 임시정부의 위상을 확보할 수 있게 되었다.[73]

한편 통합된 상해의 대한민국임시정부는 재정 확보와 조직 개혁을 둘러싸고 심각한 갈등상황으로 돌입하게 된다. 특히 기존 조직을 고쳐서 쓸 것인가개조론, 아니면 새로 만드는 것이 좋은가창조론라는 조직개혁의 방향을 두고 벌어진 다툼으로 인하여, 대한민국임시정부는 장기간의 침체상태로 돌입하게 되었다.

이런 상황에서 1920년대 중반 만주지역의 독립운동 단체들은 독자적인 '자치정부' 수립에 나서게 된다. 3·1운동 이후 '독립전쟁'의 열풍이 만주지역을 휩쓸고 지나간 이후, 1922년 대한통의부大韓統義府가 수립되어 군정보다는 민정을 우선하는 분위기가 조성되었다. 대한통의부는 인민주권의 원리에 입각한 공화주의 통치를 선포하고, 행정 즉 민정에 군정을 종속시켰다. 1924년 11월 정의부가 설립됨으로써 만주지역에서 처음으로 공화주의에 입각한 '자치정부'가 실현되었다. 정의부는 인민의 권리와 의무를 명확히 규정하고, 삼권분립에 입각하여 군권을 통제하려 하였다. 한편 1924년 6월 결성된 참의부와 1925년 3월 결성된 신민부는, 무장투쟁을 우선할 것이냐 혹은 자치활동을 우선하느냐를 두고 내부 갈등을 되풀이하고 있었다. 그럼에도 구역 내 한인들의 민생과 교육을 배려한다는 측면에서 자치정부의 범주에 넣어도 무리가 없다. 이처럼 큰 범주에서 자치정부 형태로 수립된 정의부, 신민부, 참의부를 만주의 3부로 통칭하는바, 1920년대 만주지역 한인들의 국가수립의 열망을 생생히 드러내는 것이었다.[74]

1931년 일제의 만주침략 이후 한국인들의 국가 수립과 관련한 움직임은, 중국 관내 지역에서 두 갈래의 흐름으로 진행되었다. 하나는 침체한 기존의 대한민국임시정부를 강화하는 것이었고, 다른 하나는 좌익운동의 새로운 단체를 결성하는 것이었다. 대한민국임시정부를 강화하려는 노력은 1941년 「건국강령」의 선포와 함께 일정한 결실을 맺었다. 대한민국임시정부와는 별도로 추진된 정부 수립 노력은 1942년 조선독립동맹의 결성으로 나타났다. 독립동맹이 직접적으로 국가임을 표방하지는 않았지만, '조선민주공화국'을 건설하기 위해 만든 조직임을 강조하였다.[75] 일제의 패망 직전 1944년 8월에는 국내에서도 여운형의 주도로 건국동맹이라는 단체가 설립되었다. 건국동맹 역시 직접적으로 정부의 결성을 염두에 두고 조직한 것이었는데, 국내만이 아니라 중국 관내에서 수립된 두 단체와의 연대를 추진하고 있었던 사실이 이를 잘 드러내고 있다.[76]

하지만 한국인들에 의해 시도된 국가와 정부 수립을 위한 시도를, 위에서 거론된 사례들에 한정할 수는 없다. 식민지배 전시기에 걸쳐서 한국인들은 대한민국임시정부와 그에 준하는 다양한 정치적 결사를 만들어내고 있었다. 가히 국가의 분출이라고 해도 부족함이 없을 것이다. 그리고 이런 국가의 분출은 국가의 주권성을 확보하기 위한 경쟁이 얼마나 치열했던가를 증명하고 있다. 대한민국임시정부의 주권성은 한번 주어짐으로써 지속될 수 있는 것이 결코 아니었다.

4. 식민국가

1) 주권 없는 '근대국가'

1910년 대한제국은 제국주의 국가 일본에 의해 강제로 '병합annexation'되었다. 이는 외국 세력에 의해 자국 영역이 강제로 이양당하는 것을 의미하였다. 제국주의가 지배하던 시기의 국제법적인 병합은 타국 영역에 대한 군사적 점령 혹은 정복에 머물지 않고, 그 영역에 대한 법률적 권한을 요구하는 것이었다. 즉 제국주의 국가는 병합한 타국의 영역에 대해 일반적으로 주권을 주장할 수 있었다. 또 조약을 통해 자국 영역을 증여 혹은 매각하는 할양cession과는 달리, 병합은 그 영역을 실질적으로 소유함으로써 실효적인 힘을 발휘하고 이에 대해 일반적인 승인을 얻음으로써 정당성을 획득하는 것으로 간주되었다.[77] 이것이 국제법적 차원의 병합이 의미하는 것이었다.

19세기 제국주의 국가들의 식민지 획득을 위한 모험은, 이처럼 새로운 주민과 영토가 국민국가에 통합되어야 하는지 아니면 '보호국'으로 지배되어야 하는지 혹은 다른 방식으로 지배될 수 있는지 등에 대한 매우 중요한 '헌법적 쟁점'을 제기하고 있었다. 이는 일정한 영토를 갖고 공통의 국민이 거주하는 정치적 실체로서의 국민국가 개념 곧 국민국가의 전통적 토대에 대한 심각한 도전이기도 했다. 더욱 근본적인 문제로는 이런 제국주의적 팽창이 국민국가의 설립근거인 '동의의 원칙'을 주변으로 밀어내고 있었다는 점이다.[78] 이는 인민주권의 원칙에 대한 심각한 도전이었다.

식민지에서의 인민주권의 부정은 제국주의 국가의 '폭력 독점'에 의해 가능하게 된 것이었다. 물리적 폭력의 독점은 근대국가를 구성하는 가장 중요한 요건으로 간주되어 왔다. 막스 베버의 근대국가에 대한 다음과 같은 정의가 가장 널리 인정되고 있다. 근대국가란 "주어진 영토 내에서 정당한 물리적 폭력 사용의 독점을 실효적으로 행사하는 인간공동체"라는 규정이다.[79] 요컨대 근대국가는 '정당한 물리적 폭력의 사용을 독점'하고 있다는 것인데, 폭력의 독점이 용인되는 근거는 폭력의 정당성에서 주어진다. 따라서 근대국가가 행사하는 폭력이 정당성을 확보하기 위해서는 반드시 합법성과 아울러 시민의 동의에 토대를 두어야만 한다.[80] 그럴 때 즉 국가가 독점한 폭력이 정당성을 확보할 수 있을 때, 국가는 대내외적으로 주권을 확보하고 그를 행사할 수 있게 될 것이다.

그러나 제국주의 국가가 식민지에서 독점하고 있는 폭력은 정당한 것이라 할 수 없다. 정당한 물리적 폭력이란 시민의 동의 즉 인민주권적 근원을 갖는 폭력이어야 한다. 식민지에서는 인민의 동의에 의해 폭력의 독점이 가능한 것이 아니라, 역으로 폭력의 독점에 의해 비로소 인민주권이 부정되었던 것이다. 따라서 식민지에서의 권력은 인민의 동의가 없는 즉 주권이 없는, 그럼에도 물리적 폭력을 독점하고 있는 그런 권력이다. 이런 의미에서 식민지 권력은 대개 '주권' 없는 '근대국가'인 경우가 많다. 조선총독부 권력은 그런 점에서 전형적인 식민지 권력이다.

주권 없는 근대국가로서의 식민지 권력을 특징짓는 가장 근대적인 면모는 바로 '국가의 능력'이라는 점에서 찾을 수 있다. 국가능력은 한편에서 국가의 자율성과는 다른 개념이다. 국가 자율성 개념은 근대국가가 국내적, 국제적 정책목표를 형성하고 추구하는 데 있어 독립적으로 행위할 수 있는 국가의 실제적 능력과는 구분하여야 한다. 사실상 국가 자율성은 국민국가가 국제적이고 초국가적인 제약에 관계 없이 행동하고, 목적이 일단 제기되면 그것을 성취할 수 있는 능력을 지칭하는 것이다.[81] 따라서 식민지 권력은 대개 물리적 폭력을 독점하고서 상당한 국가능력을 보유하고 있으나, 국가자율성의 측면에서는 특히 외부적으로 심각한 제약을 갖는다. 이런 식민지 권력의 국가로서의 능력과 아울러 그 제약성을 함께 잘 보여주는 요소가 바로 '식민지 관료제도'이다.

한나 아렌트는 식민지에서 관료제도가 필요한 이유를 다음과 같이 말한다. '한 국민에 의한 다른 국민의 즉 영국국민에 의한 인도국민의' 통치가 불가능하기 때문에 관료제가 요구된다는 것이다. 관료제도는 언제나 전문가 즉 '숙련된 소수'의 통치였다. 이 소수는 '비숙련 다수'로부터의 끊임없는 압력에 저항해야만 했으며, 또 어떻게 하면 그것에서 벗어나는지를 잘 알고 있었다. 영국의 이집트 통치를 담당하고 있던 크로머Evelyn B. Cromer

는 관료를 '제국주의 정책의 집행에서 비교할 수 없을 정도의 가치를 지닌 도구'라고 묘사했다.[82]

인민의 동의에 기반하지 않는 식민지 통치 즉 '주권 없는 근대국가'에서 가장 중요한 것은 바로 효율적인 식민지 관료제도를 구축하는 것이었다. 효과적인 관료제도를 통하여 국가능력을 제고提高함으로써 국가자율성이 가진 제약을 돌파해야 했던 것이다. 조선총독부는 잘 발달된 조선왕조와 대한제국의 중앙집권적 관료제도를 큰 마찰 없이 효과적으로 흡수하였고, 이를 토대로 매우 효율적이고 근대적인 관료제도를 구축할 수 있었다. 잘 작동하는 관료제도를 기반으로 조선총독부의 통치는 폭력적이고 '무단'적인 방식으로부터 차츰 비폭력적이고 '문화'적인 방식으로 이행해갔다. 강력한 총독 권력에 기반을 둔 근대적인 관료제도는 지방통치에까지 잘 이어져 있었다(조선총독부의 중앙행정에 대해서는 앞의 3장, 도를 중심으로 한 지방행정에 대해서는 5장 참조). 식민지배 말기 총력전체제의 '전시 총동원'도 이미 구축되어 잘 작동하고 있던 관료제도를 기반으로 한 것이었다. 효율적인 관료제도가 기반이 되지 않는 전시 총동원이란 상상할 수 없는 것이다.

이런 점에서 강력한 중앙집중적 관료제도에 기반을 둔 식민지 근대국가가 '과대성장국가'로 개념화된 것은 그다지 놀랄 일이 아니다. 해방 후 군사독재 시기의 국민국가를 '관료적 권위주의' 국가로 묘사했던 일군의 연구자들은, 그 기원을 식민지기의 과대성장한 근대국가에서 찾았다.[83] 시민사회에 비하여 지나치게 크게 성장한 식민지 근대국가는 포스트 식민시기의 관료적 권위주의 국가 형성에 역사적 토대로 작용한 것으로 비춰졌던 것이다. 식민지의 '주권 없는 근대국가'가 '과대성장국가'의 기원으로 간주되는 데에 관료제도는 가장 중요한 매개가 되었다.

2) 조선총독부와 '국가의 효과'

인민주권의 부재로 인한 심각한 국가자율성의 손상은 단지 식민지의 내부로부터만 오는 것은 아니었다. 식민지 근대국가는 안팎에서 오는 '주권의 역설'에도 적극적으로 대비할 필요가 있었다. 주권의 역설이란 무엇인가? 주권이 형성되는 과정에서는 항상 주권자의 '자의恣意'가 나타날 수밖에 없는바, 대개 이를 두고 주권의 역설이라고 지칭한다. 주권자는 항상 법질서의 내부와 외부에 동시에 존재하며, 따라서 법의 효력을 발생시키거나 정지시킬 수 있는 법적 권한을 가진 주권자는 법적으로는 법의 외부에 위치하게 된다는 것이다. 근대국가의 주권은 법치의 통일성을 바탕으로 형성되는 것이지만, 바로 그 사실 때문에 주권은 자의적일 수밖에 없게 되는 것이다.[84]

식민지 근대국가의 주권은 밖으로는 천황제적 원리를 바탕으로 한 본국으로부터의 통제에 의해, 그리고 안으로는 식민지에서 형성되고 있던 '국민화과정'의 힘에 의해 견제되고 제한되고 있었다. 전자를 주권적 자의의 제국주의적 기원, 후자를 주권적 자의의 식민지적 토대라고 할 수 있을 것이다. 이 양쪽으로부터의 주권적 자의가 식민지 근대국가의 불완전함을 구성하고 있었던바, 이를 두고 식민지 근대국가의 주권적 역설이라고 해도 좋을 것이다.[85]

조선총독부는 주권의 역설을 보완할 필요가 있었다. 천황제 국가로 운영되고 있던 본국에 조선인들을 처음부터 완벽하게 동화시킬 수 없는 상황에서, 밖으로부터 오는 주권의 제약을 극복할 수 있는 방법은 없었다. 요컨대 본국의 개입과 견제를 수용할 수밖에 없는 것이 식민지의 운명이라면, 대내적인 주권의 역설을 보완함으로써 국가자율성의 손상을 방지해야 했던 것이다.

식민지 근대국가는 대외적 주권을 갖지 않고 대내적 주권을 보유한다고 설명할 수도 있다. 그러나 이는 국민국가와 식민국가를 구별하는 매우 중요한 정치적이고 법률적인 사실 즉 대내적 권위가 독립적으로 유지되지 않는다는 사실을 무시하고 있는 것이다. 식민국가의 대내적 권위는 제국 정부에 의해 위임된 것으로, 제국 정부는 최종명령을 내림으로써 식민지에 주권을 행사하는 것이다. 식민국가는 세계정치의 대양을 독립적으로 항해하는 권위를 실질적으로 갖고 있지 않았다.[86]

요컨대 조선총독부는 인민주권의 부재라는 대내주권의 미비점을 보완하는 적극적인 장치를 마련할 필요가 있었다. 그 장치는 두 가지 측면에서 고려되었는데, 하나는 총독의 권력을 강화하여 법의 안정성을 약화시키는 것이고, 다른 하나는 식민지 인민들로 하여금 입법권과 대의권을 '보완'하게 하여 인민주권의 의장儀裝을 강화하는 것이었다. 즉 전자는 총독에게 제령권이라는 일종의 입법권을 부여하는 것이었고, 후자는 조선총독부의 자문기구인 중추원의 대의권과 입법보조 권한을 강화하는 것이었다. 양자는 매우 모순적인 조치로 보이지만, 모순을 통해 서로를 보완하고 있었다.

먼저 전자에 대해 구체적으로 살펴보자. 식민지에서 법의 안정성을 지나치게 강화하면 문제가 발생할 수 있다는 것을 제국주의자들을 잘 알고 있었다. 크로머가 통치하던 이집트의 사례가 조선에서도 도움이 되었다. 크로머는 이집트 통치과정에서 '합병선언'을 포함하여 '쓰여진 도구 또는 실체가 있는 모든 것'을 피했는데, 이는 이집트와 맺은 조약에 대한 의무를 지지 않고 오로지 '팽창의 법'에만 복종하는 자유를 얻기 위해서였다. 따라서 이집트에서 근무하는 영국의 관료는 모든 상황을 따로따로 법령으로 처리하면서, 보편적인 법을 만드는 것을 적극적으로 회피하였다. 보편적인 법을 제정하면 즉 법적인 안정성이 확보되면, 누구나가 법에 복종해야만 했다. 다시 말하면 법적인 안정성이 주어진다는 것은 영구적인 공동체를 확립한다는 것을 의미했다. 이런 안정적이고 영구적인 공동체에서는 누구도 신이 될 수 없었다. 이는 식민지에서는 있어서는 안 될 상황이었다. 크로머는 이집트에서 신이 되고 싶었던 것이다.[87]

제국주의 일본은 조선의 총독에게 신에 준하는 위상을 부여하려 했다. 행정, 입법, 사법에 걸치는 조선에서의 모든 권력을 총독에게 집중시켰다. 제령은 총독이 발령하는 '위임명령'이었지만, 이는 조선에서 새로 만들어진 입법권이었다. 인민의 동의는 완벽하게 무시되었고, 법령을 제정하는 권한은 총독 혹은 천황에게 위임되었다. '신이 된 총독' 혹은 '신이 되려 했던 총독'은 조선에서 법의 안정성을 허용하지 않으려는 의지의 상징이 되었다. 이는 제국 본국의 주권의 자의를 표상하고 있었다.[88]

대한제국의 자문기구로 만들어진 중추원은 식민지에서도 총독의 자문기관으로 생명을 연장하였다. 1910년대에 중추원은 관습조사 기능을 위임받았는데, 관습의 조사와 확정과정은 입법행정에서 일정한 역할을 수행할 수 있는 역능을 부여하였다. 중추원회의에서는 조선의 구관舊慣과 관련한 자문사항을 주로 논의하였으며, 이후 조선의 민사관습 관련 사항에 대한 중추원의 답신은 꾸준히 이어지고 있었다. 또 1921년부터 지방참의를 임명하여 지역의 대표성을 강화한 이후, 중추원 내외에서는 중추원의 역할을 '조선의회'로까지 상승시키려는 논의가 단속적으로 이어지고 있었다.[89] 조선총독부 중추원은 '부작위적'으로 '유사 입법기구'의 역할을 수행하고 있었다. 식민지기 이래 친일·협력을 상징하는 기관이었던 중추원이 가진 이런 아이러니는, 조선인들의 유사 대의권과 입법권을 보완함으로써 인민주권의 의장儀裝을 강화하기 위한 조처였던 것이다(중추원의 기능에 대해서는 4장 참조).

조선총독부는 인민주권의 부재로부터 오는 국가자율성의 약화라는 사태를 보완해야만 했다. 안팎으로부터 오는 주권적 자의가 가진 역설을 극복함으로써, 근대국가로서의 위상을 강화할 필요가 있었다. 이를 '국가의 효과'로 표현할 수 있을 것이다. 한편으로는 조선총독에게 위임명령권 즉 제령권을 부여함으로써 신으로 만들려 했고, 다른 한편으로는 중추원에 유사 입법기구로서의 위상을 부여하여 인민주권의 의장儀裝을 강화하려 하였다. 이런 모순적인 조치를 통해 조선총독부는 국가의 효과를 강화할 수 있었고, 주권의 부재를 어느 정도 은폐할 수 있었다.

3) 식민국가라는 모델

강력한 국가적 능력을 가졌으나 국자자율성에서는 상당한 제약을 가진 조선총독부는, 국가의 효과를 어느 정도 발휘함으로써 자신의 위상을 강화할 수 있었다. 그러나 국가로서의 효과를 발휘한다는 것은, 다른 한편으로 식민지민의 '국민화과정'을 진전시킬 수밖에 없었다는 것을 의미한다. 조선인의 국민화과정은 어떤 방식으로 진전되고 있었을까?

일본의 조선 식민정책의 기저에 놓여 있던 것이 동화정책 혹은 내지연장주의였다는 데에는 별로 이견이 없다. 그리고 동화정책이 식민지에서의 '국민형성 프로그램'이었다는 데 대해서도 마찬가지 합의가 있다.[90] 식민지 조선에서도 공간과 시간 그리고 습속과 신체라는 4가지 차원에서 제국주의적 국민화과정이 진전되고 있었다. 1937년 이후 총동원정책이 시행되

면서 '황국신민화'라는 이름의 국민화과정이 더욱 심각하게 전개되었다.[91]

문제는 식민지에서의 국민화과정은 식민지의 민족주의를 촉발한다는 점이다. 이는 저항적인 국민화과정이 이면에서 진전되고 있다는 것을 의미한다. 이를 통하여 식민국가의 대내적 국가자율성 역시 약화되고 있었다. 제국과의 통합과 분리의 딜레마를 근원적으로 안고 있던 체제가 바로 식민지의 근대국가였다. 이를 두고 '식민국가'라고 부를 수 있을 것이다.

한국 사회에서는 아직 조선총독부 권력 즉 식민지의 국가 모델에 대한 논의가 거의 진행되지 않은 상태이다. '식민독재'라는 개념이 제출되어 있기는 하지만,[92] 독립국가와 식민지라는 이분법적 유형론이 권력 혹은 국가 논의를 압도하고 있는 듯하다. 하지만 해외 학계에서는 다양한 식민지 유형론을 모두 가로질러, 식민국가라는 용어가 대중적으로 사용되고 있다.[93] 여기에 필리핀이나 인도 혹은 식민지 경험을 한 대부분의 사례에서 예외가 없다.

5. 국가와 민족의 대위법

이 장에서는 대한민국임시정부에 대해서는 대칭국가, 조선총독부에 대해서는 식민국가라는 개념을 사용하여, 그 국가로서의 성격에 대해 살펴보았다. 대칭국가로서의 대한민국임시정부는 중화민국 정부로부터 확보한 '부분적인 주권'을 갖고 있었고, 대내적으로는 선언이라는 형식을 통해서 상상 속의 '중첩된 주권'을 보유하고 있었다. 이를 합쳐 '반주권'이라고 부를 수 있을 것이다. 이리하여 반주권을 보유한 대한민국임시정부는 한국 민족주의의 주권적 도구가 되었다. 국제정치 속에서의 주권이란 구성적인 성격이 강한 권리이다. 민족이 주체가 된 국민이 새로운 국가를 건설해야 한다는 원리 위에 구축된 대한민국임시정부의 주장은 강한 현실적 힘을 가질 수 있었다. 그런 점에서 반주권을 가진 상상 속의 저항국가였던 대한민국임시정부는 일종의 반국가였다. 게다가 식민국가와의 대칭성을 통해 자신의 상상을 구현하려 했던 측면에서 대칭국가의 성격을 갖고 있었다.

반면 조선총독부 권력은 인민의 동의에 기반하지 않은 식민지 통치라는 측면에서 주권 없는 근대국가의 성격을 갖고 있었다. 이 근대국가는 물리적 폭력을 독점하고서 상당한 국가능력을 보유하고 있었으나, 국가의 자율성이라는 측면에서는 심각한 제약을 가진 국가였다. 전형적인 식민국가로서의 조선총독부는 주권자의 자의 즉 주권의 역설에 적극적으로 대비할 필요가 있었다. 밖으로는 총독에게 입법권을 부여하여 법의 안정성을 약화시키는 것, 안으로는 자문기구인 중추원에 대의권과 입법보조 권한을 부여하는 등의 대비책을 동원하고 있었다. 조선총독부는 이를 통해 취약한 국가자율성을 보완함으로써 상당한 정도로 '국가의 효과'를 제고할 수 있었다. 그럼에도 제국과의 분리와 통합이라는 근본적인 딜레마를 떨칠 수는 없었다. 조선총독부는 이런 딜레마를 안고 있던 식민지의 주권 없는 근대국가, 바로 식민국가였다.

식민지기 한국인은 대칭국가와 식민국가라는 두 개의 '정치체'에 소속된 '시민'이었다. 일반 한국인들은 대칭국가의 '국민'이었고 식민국가의 '주민'으로 간주될 수 있다. 전자는 '민족'이라는 상상의 공동체로부터, 후자는 제국 본국의 '제국신민'으로부터 연원하는 소속감에 근거를 두고 있었다. 이를 두고 가위 '민족'과 '국가'의 대위법이라고 할 수 있을 것이다. 이 둘의 관계에서는 하나가 다른 하나의 위에 군림하거나 혹은 아래에 예속하지 않았다. 이들은 그들이 존재하는 동안에는 각기 자신의 권리를 주장한다. 그들은 서로를 의식하며 자신의 운명을 결정해야 했다. 그래서 이 둘의 관계는 대위법이 된다.[94] 대칭국가와 식민국가는 서로 민족과 국가라는 정치적 주체의 운명적인 대위법을 연주하고 있었던 것이다.

국민국가 혹은 민족국가는 근대 이후 서구에서 새로 발명된 정치체로서, 근대의 국가를 보는 방법을 상징한다. 마침 정치의 주체는 인민 혹은 국민으로 확장되었고, 국민국가는 주체의 외연을 제한하는 역할을 담당하였다. 설정된 외연 바깥의 정치 주체는 지배 대상이 되었고 이들에게 국민국가는 민족이라는 집단을 통해 새로 수립해야 할 욕망의 대상이 되었다. 이리하여 국민국가라는 역사적 정치체는 보편화할 수 있게 되었다. 이렇게 국민국가는 누구에게는 위안이 되고 다른 누구에게는 우울이 되었다.

19세기 후반 한국에서 국가가 민족과의 관련 아래서 강렬하게 의식되기 시작한 이후, 국가는 민족과의 관련을 배제하고서는 사유할 수 없게 되었다. 국가와 민족이 하나의 개념으로 결합되었다는 점에서 민족국가 혹은 국민국가는 중요한 의미를 가지게 된다. 그러나 민족과 국가가 상대적으로 강한 자율성을 가지고 작동하므로, 민족국가를 사유하거나 상상하기 위해서는 대위법적인 방식이 요구된다고 할 것이다. 하지만 대위법이 언제나 잘 조율된 화음만을 내는 것은 아니었다. 이제 억압받던 정치적 주체로부터 억압하는 주체로 전환한 민족과 근대국가의 조화는 더 이상 불가능할지도 모른다. 민족과 국가의 대위법이 심각한 위기에 처하게 된 것도 이미 오래된 일이 아니던가?

다시 처음으로 돌아가보자. 궐위의 시대 곧 정치와 권력이 서로 어긋나 있는 시대, 국민국가가 더 이상 권력을 행사할 수 없는 시대에 우리는 살고 있다. 이런 시대는 '지구화된 주권'이라는 이상을 요구하고 있다. 새로운 전지구적 정의를 실현하기 위해서는 지구화된 주권이라는 이상이 필요하게 된 것이다. 이런 세계에서 자유로운 세계의 만민은 지구적 정의라는 이상과 더불어 주권적 자유를 향유하게 될 것이다.[95] 민족과 국가는 그런 세계를 위해 이제 무엇을 해야 할 것인지를 성찰할 시간이다.

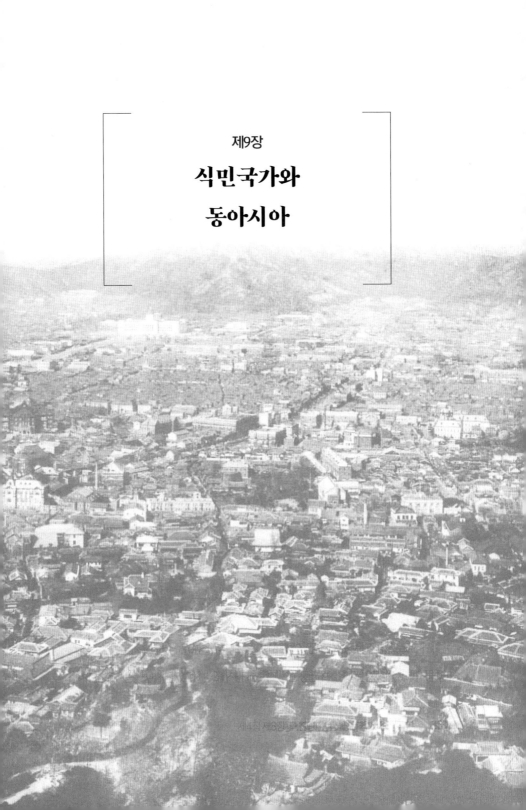

제9장

식민국가와
동아시아

만주국 집정 시절의 푸이(『滿洲國現勢』, 만주국통신사, 1933). 푸이(傅儀)는 중국 청조의 '마지막 황제'
즉 선통제로 즉위하였다가 청조 붕괴와 함께 퇴위당했다. 1932년 만주국이 건국되면서 푸이는 집정(執政)으
로 취임하였다. 1934년에는 연호를 강덕(康德)으로 정하고 만주국의 황제로 즉위하였다. 그는 만주국의
독립성을 상징하였으며, 일본 천황은 그를 만주국의 황제로 대등하게 대하려 노력하였다.

만주국 국무원(新京特別市長官房 編, 『國都新京』, 만주사정안내소, 1940). 일본 관동군은 1932년 3월 1일 만주국 건국을 선언하고, 푸이를 집정으로 추대하였다. 만주국은 오족협화(五族協和)와 왕도낙토(王道樂土)를 주요 국가 목표로 내걸었다. 1931년 9월 일본은 만주국을 정식으로 승인하였고, 독일과 이탈리아 등 7개국이 그 뒤를 이었다. 만주국 국무원은 푸이 황제 직속의 행정기관이었지만, 실권은 국무원 총무청 소속의 일본인 관리들이 장악하고 있었다. 또 관동군의 군사력이 그 배후의 실제적 힘을 제공하고 있었다. '괴뢰국'이라고 비판받은 이유는 여기에 있었다. 그럼에도 만주국은 상당한 '국가효과'를 가진 일종의 '이중국가'였다.

상가폴 함락 기사(『매일신보』, 1942.2.16). 1942년 2월 일본군은 영국이 지배하고 있던 말레이반도를 비교적 쉽게 점령하였다. 『매일신보』는 1면 톱으로 「상가폴 함락—영군 무조건 항복」이라는 제목의 기사를 게재하고 있다. 일본군의 상가폴 함락은 최고의 식민제국으로 군림했던 영국을 제압한 것으로 해석되었고, 일본인들은 모두 환호하였다. 이를 계기로 대동아공영권 구상은 본격적으로 진전되었으며, 황인종 단결을 주장하는 동조동손 (同祖同孫)이라는 슬로건도 등장하였다. 그들은 상가폴 함락을 통하여 백인을 몰아내고 황인종이 중심이 된 대동아공영권을 세울 필요성이 증명되었다고 주장했다.

대동아회의(위키피디아). 1943년 11월 5~6일 이틀 동안, 도쿄에서는 '대동아회의'라는 이름의 '대동아공영권' 정상회의가 개최되었다. 이른바 대동아공영권에 소속된 6개 국가의 정상들이 참가하였다. 또 이 회의에서는 백인 제국주의의 지배에서 벗어나서 대동아공영권을 건설할 것을 목표로 하는 '대동아선언'이 채택되었다. 대동아공영권이라는 지역공동체가 얼마나 복잡하게 얽혀있었는지 짐작하기에 어렵지 않다. 왼쪽부터 버마의 바 마우, 만주국 총리 장징후이(張景惠), 난징 괴뢰정부의 왕자오밍(汪兆銘), 일본 수상 도조 히데키(東條英機), 태국 수상 완와이다야콘, 필리핀 수상 호세 라우렐, 인도 임시정부의 찬드라 보스(배석).

이 연구에서는 조선총독부의 국가론적 성격을 분석하기 위하여 주로 네오 베버리안Neo-Weberian 접근을 활용하였는데, 국가능력, 국가의 자율성, 국가효과라는 세 가지 핵심개념을 동원하였다. 그동안 거의 완전히 무시되어 왔던 조선총독부의 국가론적 성격을 분석하기 위해서는 네오 베버리안적 방식의 도구적 접근이 유용할 수 있다. 단일민족으로 구성된 민족국가만이 근대국가일 수 있다는 '국가에 대한 강박'을 무너뜨리고, 주권이 분리가능할 뿐만 아니라 다원적 성격을 띠고 있음을 보여줄 수 있기 때문이다.

전체를 7개 부분으로 나누어 조선총독부 권력의 성격과 관련한 여러 면모를 살펴보았다. 통감부 설치와 함께 만들어진 이중국가의 성격, 조선총독부 설치 이후의 총독과 행정의 성격, 입법기능과 입법체계, 사법기관과 경찰 그리고 지방행정의 성격 등을 분석 대상으로 삼았다. 이어 조선총독부가 감독하지 않았던 기관 세 개, 즉 이왕직과 조선군 그리고 조선은행의 성격까지 알아보았다. 조선총독부가 감독하지 못한 기관을 통해 역으로 그 성격을 확인할 수 있기 때문이다. 마지막으로 대한민국임시정부와 비교해가면서 조선총독부의 국가로서의 성격을 살펴보았는데, 조선총독부는 저항국가와의 비교를 통해서만 온전히 본모습이 드러나는 존재였기 때문이다. 이제 본문의 내용을 정리하면서 식민지기 한국의 국가에 대해 다시 한번 음미해보자.

1904년 2월부터 1906년 2월 사이의 예비 보호국기에 일본은 러일전쟁을 이용하여 한국을 거의 군사적으로 점령한 상태에서, 보호권을 확대해가고 있었다. 또 통감부가 설치되기 이전에 대한제국의 군대와 경찰은 거의 마비 상태에 빠져있었다. 통감부가 설치된 시기는 이른바 이중국가의 시기인데, 이 시기도 1907년 8월을 경계로 두 시기로 나뉜다. 전시기에 군대는 해체되고 경찰은 거의 접수된 상태로서, 국가의 능력은 거의 사라져버렸다. 후반기에는 한국인들의 무장저항 즉 저항폭력을 제압하면서 사법기구를 완전히 접수하였다. 한국의 사법기구를 접수한 것은 열강의 치외법권을 철폐하기 위한 적극적인 조치였다.

한국의 내부 주권을 박탈하는 과정은 두 가지 방식으로 진행되었다. 하나는 한국 정부를 잠식하는 것, 다른 하나는 국가폭력기구나 사법기구처럼 해체하는 것이었다. 한국인들의 저항폭력이 종식됨으로써, 이중국가를 해체하고 한국을 병합할 수 있는 기반이 마련되었다. 한국 병합과정은 이처럼 두 단계의 보호국 시기에 걸쳐있으며, 대한제국의 '폭력기구'를 해체하고 정부를 접수하며, 불평등조약을 철폐하는 두 가지 목표와 맞물려 있었다.

조선의 총독에게는 행정, 입법, 사법에 걸친 종합행정권이 부여되어 있었다. 게다가 육해군 대장 출신으로 임명하되 천황에 직속하며, 육해군을 통솔하는 권한까지 주어졌던 것이다後에는 병력청구권. 그러나 종합행정권에는 본국으로부터 다양한 제약 요소가 작용하고 있었다. 일본의 제국의회는 법률, 예산과 결산의 심의 등 간접적인 방법으로 총독을 견제할 수 있었다. 그러나 중앙정부의 식민지 행정은 1942년 내외지행정일원화 조치가 시행될 때까지 무쌍한 변화를 겪었다. 1942년 이후 외지의 소멸을 전망하는 국민주의적 통치로 이행하게 되지만, 조선의 특수성을 내세우는 총독부의 저항 역시 만만치 않았다. 요컨대 조선총독의 행정권은 다른 식민지와 비교하면 강력하고 독립적인 것이었지만, 중앙정부 및 제국의회로부터 직간접적인 통제를 받고 있었다. 게다가 1942년 이후에는 준내지화의 수준에

도달해있었다고 할 수 있을 정도였다.

역대 조선총독 8명은, 1920년대에 총독을 지낸 해군대장 출신 사이토 마코토를 제외하면, 모두 육군 대장 출신의 군인들이었다. 한 명도 빠짐없이 육군과 해군에서 핵심적인 직책을 맡았던 이력이 있었으며, 8명 중 5명은 조선에서 사령관이나 총독 대리 등의 주요 직책을 거친 사람들이었다. 또 일본 본국의 총리를 지낸 사람이 4명이었고, 조각組閣 명령을 받은 사람까지 합치면 5명이나 되었다. 요컨대 조선총독은 육해군의 엘리트 코스를 거친 대장 출신의 '조선통'이 주로 임명되었으며, 본국의 정치에서도 매우 중요한 위상을 차지하고 있었다. 따라서 조선의 총독은 본국의 정치적 역학관계의 변동과 깊은 관련을 맺고 있었다. 1920년대 일본의 정당내각 시기에는 민간인 총독을 임명하려는 시도가 있었으나 좌절된 적이 있으며, 1945년 총독으로 있던 아베 노부유키는 조선군관구사령관이 총독을 겸임할 필요가 있다고 주장했다. 이처럼 총독은 일본군과 깊은 관련을 갖고 있었으나, 본국의 정치적 변화에도 민감하게 반응하고 있었다.

전 시기에 걸쳐 총독부 관료의 수는 크게 늘어나고 있었지만, 일본인 관료는 상급 직위에 조선인 관리는 하급 직위에 주로 배치되었다. 조선인은 임용과 처우, 승진 등에서 가혹한 차별을 받고 있었는데, 특히 가봉은 조선인들의 가장 큰 불만의 대상이 되었다. 식민지 통치 내내 유지되었던 본국 정부의 보충금은 대개 일본인 관리의 원격지 근무에 대한 가봉으로 지출되었다. 식민지를 유지하는 일이 기본적으로 민족차별에 토대를 두고 있다는 사실을 잘 확인할 수 있다.

병합 당시 조선총독부 회계는 특별회계로 편성되었는데, 이는 본국 재정으로부터 빨리 독립시키는 것을 목표로 한 것이었다. 총독부 재정의 세입은 주로 조세와 보충금, 공채 그리고 관업수입 등 4가지로 구성되었다. 먼저 조세를 살펴보면, 처음에는 지세를 중심으로 삼았지만 차츰 소비세와 소득세 제도를 도입하여 자본주의적 조세구조를 확립하였다. 또 계속하여 소비세가 높은 비중을 차지하는 조세의 역진적 구조로 말미암아 대중 수탈적인 성격을 이어갈 수밖에 없었다. 또 통치 말기까지 본국으로부터 오는 보충금은 계속 이어졌으며이는 일본인 관리의 가봉으로 지출되었다, 재정독립은 달성할 수 없었다. 주로 일본 대장성의 의도에 따라 발행된 공채는, 전시체제기 대륙침략과 관련한 전비를 조달하기 위하여 크게 늘어났다. 철도, 우편, 전신, 전매 등으로 구성되는 관업수입은 엄청난 적자 상태를 벗어나지 못하고 있었는데, 이로써 군사비 지출을 위한 공채 비용을 우선적으로 조달했기 때문이다. 전체적으로 관업수입의 적자를 기반으로 총독부의 재정이 운영되었다고 하겠다. 이는 재정운용의 대중수탈적인 측면을 여실히 드러내는 것이었다.

조선의 총독에게는 입법, 사법, 행정을 아우르는 이른바 종합행정권이 부여되었으며, 군부 출신의 유능한 군인들이 총독으로 충원되었다. 강한 능력의 부여된 식민국가는 자본주의 인프라를 구축하는 데에서 뛰어난 능력을 발휘하였다. 그런 의미에서 조선의 식민국가는 자본주의국가였다. 식민지 자본주의 아래에서 식민지민들은 '위대한 탈출'의 여정을 준비할 수 있게 되었다.

이어 총독의 제령권을 포함하여 식민지 입법체계 전반의 구성과 성격을 살펴보았다. 일반적으로 조선총독에게 법률에 준하는 명령 곧 제령을 제정할 수 있는 권한제령제정권을 부여한 것을 두고, 조선의 입법체계가 제령을 중심으로 구성되고 운영된 것으로 해석해왔다. 하지만 다음과 같은 사실을 고려하면, 이런 인식은 재고의 필요성에 직면하게 된다. 즉 식민지의 여러 법령은 다원적인 법원法源을 가지고 있었고, 식민지 입법체계는 대한제국과 통감부 지배의 연속성 위에서 구축되어 있었다. 게다가 본국의 법체계를 포괄적으로 도입함으로써 촘촘한 입법적 지배체계를 구축하고 있었다. 즉 조선에서 시행되던 법령의 체계는 매우 다원적이고 복잡한 것이었다.

제령에는 일본법률을 의용하는 것과 독자적으로 법률 내용을 구성하는 것 등 두 가지가 있었는데, 일본법을 의용한 제령은 전체의 약 2할 정도를 차지하고 있었다. 그러나 의용법이 아니더라도 일본의 법률은 다양한 방식으로 조선에 적용되고 있었다. 칙령으로 조선에 적용하도록 정한 법률, 조선에 시행하기 위해 만든 법률, 속인법, 속지법 등 여러 가지 방식이 있었다. 또 일본의 칙령 역시 조선에 적용하기 위해 발포하는 경우가 많았는데, 이 가운데서 특히 대권명령이라고 불리는 칙령 즉 조선의 관료제를 구축하는 데 필요한 모든 법령은 칙령을 통해야만 했다. 또 원칙적으로 대한제국과 통감부가 만든 법령은, 폐지하는 법령이 발포되지 않는 한, 식민지기 조선에도 적용되었다. 게다가 친족·상속과 관련해서는 일본 민법을 따르지 않고, 조선의 전통적 민사관습을 따르도록 했다. 이처럼 일본 본국보다 조선에서 입법사항을 규정하는 방식은 훨씬 다양하고 복잡했다.

이런 촘촘한 입법체계를 바탕으로 총독부는 '법에 의한 지배'를 구축할 수 있었는데, 그 가운데 가장 현저한 특징은 바로 현법과 은법으로 구성된 입법체계를 갖고 있었다는 점이다. 드러난 법 즉 현법은 제령을 중심으로 한 총독부의 각종 명령을 말하며, 감추어진 법 즉 은법은 대한제국과 통감부의 법령, 일본 본국의 법령, 그리고 조선의 관습 등을 가리킨다. 현법은 은법에 비해 상대적으로 약한 체계를 구성하고 있었으며, 갈수록 더 위력을 발휘한 것은 오히려 은법이었다. 하지만 이런 은법이 위력을 발휘하는 상황은 총독의 독재적 통치체제를 구축하는 데에는 도움이 되고 있었다.

식민지 사법체계의 특징은 경찰사법의 광범한 존재를 통해 잘 드러난다. 권력분립이 존재하지 않고 사법권이 독립되어 있지 않았지만, 조선총독부재판소가 행정기관의 일부에 지나지 않았다고 볼 수는 없다. 조선총독은 조선총독부재판소와 검사국을 감독하는 권한을 갖고 있었지만, 재판사무에 직접 관여하지는 않았다. 하지만 본국에 비해 재판관의 신분보장과 징계 절차에서 독립적이지 못했고, 총독에게 종속적인 면이 있었다. 제한적인 사법권 독립과 불완전한 신분보장은 사법관들이 일본 본국과의 '사법통일운동'을 벌이는 원인으로 작용하였다. 그들은 조선의 사법기관을 본국 사법성 산하로 이관할 것을 요구하였다.

한편 수사와 검찰기관의 권력이 극단적으로 강력하고, 범죄즉결제도의 도입으로 광범위한 경찰사법이 존재하는, 그런 검찰사법체계가 유지되었다. 조선의 수사기관과 검찰기관에게는 광범위한 '급속처분권'과 자의적인 '예심제도'가 허용되고 있었다. 예심제도는 수사기관과 재판기관의 역할을 겸한 제도인데, 예심판사에게는 광범위한 강제처분권이 부여되어 있었고, 또 3개월의 구류기간이 주어졌다. 이는 조선인 사상범에게 큰 고통을 준 장기간의 미결 구금과 혹독한 인권유린이라는 병폐를 낳았는데, 조선에서는 오랫동안 변함없이 유지되었다. 또 조선총독부 재판소에서 조선인 판사는 2할, 검사는 1할 이상을 넘지 못하는 극단적인 민족차별이 존재하고 있었다.

조선의 형사사법체계를 바닥에서 지지하는 것은 경찰사법의 존재였다. 헌병경찰과 보통경찰을 막론하고, 범죄즉결제도와 민사쟁송조정제도를 통해 각기 형사사건과 민사사건을 처리할 수 있었다. 범죄즉결 인원은 재판을 받은 사람보다 더 수가 많았는데, 전체 범법자의 2/3가량이 이 제도로 처리되었다. 이런 '경찰의 사법화'가 식민지 사법체계의 가장 중요한 특징 중 하나였다. 헌병경찰제도를 도입한 가장 중요한 이유는, 바로 '고등경찰'을 헌병이 담당하게 하는 것이었다. 3·1운동 이후 보통경찰제도를 도입하고 '경찰의 민중화'를 슬로건으로 내걸었지만, 사상경찰의 위상과 역할은 더욱 강화되었다. 식민지경찰은 '경찰의 사법화'와 '사상경찰'의 강화로 특징을 압축할 수 있다. 식민지경찰이 조선군 2개 사단에 이은 '제3의 사단'이라고 말해지는 이유는 여기에 있다.

이어 지방행정제도를 주로 도제를 중심으로 살펴보았다. 도의 자문기관인 도회의 의미를 식민지공공성이라는 개념을 통하여 재조명한 것은 그것이 도제의 특징을 반영하고 있다고 보았기 때문이다. 근대적 지방행정제도를 수립하려는 총독부의 의도는 효율적인 관료행정제도를 도입하는 데에 놓여있었다. 오랜 전통을 가진 전근대 군현제를 폐지하고 도·면 이급제의 근대적 관료행정제도를 정착시키려는 총독부의 의도가 그대로 관철되었다고 할 수는 없다. 군을 완전히 철폐하지도 못했고 또 도·면 이급제를 온전하게 정착시킬 수도 없었다. 하지만 도제와 면제를 중심으로 근대적 관료시스템을 확립함으로써, 이를 토대로 근대국가 시스템의 토대를 구축하는 데는 성공했다고 할 수 있을 것이다. 이는 총독 중심의 강력한 중앙행정체계를 수립하는 데 핵심적인 토대가 되었다.

도평의회1920년대 혹은 도회1930년대는 도의 자문기관 혹은 제한적인 의결기관으로서, 대부분의 경우에 중앙행정의 방침을 추인하는 역할을 수행하고 있었다. 조선인은 도평의회 혹은 도회의원의 약 70~75% 정도를 차지하고 있었고, 조선인 민선의원은 특히 높은 경쟁률을 보이고 있었다. 다수를 차지하는 조선인 의원들은 조선인 교육문제나 생활개선 문제에 대해서는 지속적으로 문제를 제기하고 해결을 요구하였다. 이런 요구는 민족차별 시정운동이나 지역운동으로 발전하는 경우가 많았는데, 이를 '식민지공공성'으로 명명해도 좋을 것이다. 식민지공공성은 식민지배에 대한 동의, 참여적 저항, 혹은 연대 등의 내용을 가진 것이었다. 이에 의해 오히려 지방에서의 식민지 통치는 조금씩조금씩 침식당하고 있었다고 해도 좋을 것이다.

이와 아울러 제국 본국에서 직접 관리하는 3개의 기관을 살펴보았다. 바로 이왕직과 조선군 그리고 조선은행이었다. 이 3개의 기관 가운데 이왕직은 그 상징성 때문에 주목할 가치가 있다. 병합 이후 전왕실이 실제로 어떤 기능을 발휘할 가능성이 그리 크다고 할 수는 없었다. 그럼에도 왕실은 병합의 평화적 성격을 상징하고, 새로운 통치의 발전을 지지하는 기능을 하는 기관으로서 위무할 필요가 있었다. 3·1운동은 옛 황제의 서거가 군중 집결의 원인으로 작용함으로써 그 잠재적 폭발력을 보여주었다. 그러나 역설적이게도 3·1운동 이후 왕실의 상징성은 왜소화되었고, 이왕가는 일본제국의 특별한 인역人域으로 무난하게 관리되었다.

일본 제국주의의 한국 병합은 군사적 점령을 기반으로 한 정치적 통합의 과정이었다. 병합 당시 조선에 '주재'하던 한국주차군이후 조선주차군은 조선총독이 필요할 때 지휘하거나1910~1919 출동을 요구할 수 있었다1919~1945. 1918년 전후하여 장기주둔군으로 변모한 '조선군'은 조선통치의 군사적 기반이자, 대륙침략을 위한 첨병이라는 양면을 가진 군대였다. 2개 사단으로 편성된 조선군은 3·1운동을 마지막으로 조선내의 치안유지 기능을 뒤로 하고, 대륙침략을 위한 군대로 적극적으로 변모해갔다. 1920년부터

1921년 사이 독립군 토벌을 내세우고 자행된 '간도침략'이 조선군의 첫 번째 대규모 해외침략이었다. 이어 1931년 만주침략과 1937년 중일전쟁 때 조선군은 중국침략의 주력군이 되었다. 이 세 번의 대규모 해외파병은 모두 단기파병이었다. 하지만 태평양전쟁 개전 이후 상황은 달라진다. 1942년 이후 조선군 20사단, 30사단, 19사단, 49사단 등이 연달아 남방으로 파병되었으나, 모두 괴멸적인 타격을 입은 것으로 알려지고 있다.

중일전쟁이 발발하기 이전 조선인은 거의 일본군에 참여하지 않았다. 하지만 1938년 지원병제도가 도입된 이후, 1944~1945년 사이에 학병과 징병이라는 이름으로 동원되었다. 지원병, 학병, 징병으로 '동원'된 사람만 13만여 명에 달한다. 하지만 군속 등의 이름으로 동원된 조선인을 포함하면 그 수는 훨씬 더 늘어나게 된다. 아마 30만 명을 상회하게 될 것이다.

태평양전쟁에서의 패전이 명확해지는 1945년 초, 일본군은 본토결전의 슬로건을 내걸고 조직을 방면군체제로 전면적으로 개편한다. 조선군의 일부는 17방면군으로 편성되었으며, 본토를 수호하기 위한 대미방어전에 깊숙이 개입되어갔다. 1945년 2월부터 5월 사이에 4개 사단이 신설되어 17방면군에 편성되었다. 6월 이후에는 이른바 '뿌리뽑기 동원'이 전개되었는데, '근무대' 혹은 '수송대' 등의 이름을 가진 노무부대에 조선인 징병자들이 대규모로 동원되었다. 일본군은 이처럼 조선인을 희생의 제단 위에 올려놓은 채, 패전을 위해 달려가고 있었다.

식민지 조선에서 기능하던 화폐로는 조선은행권이 있었고, 이를 발행하던 기관은 조선은행이었다. 조선은행은 조선에서 발권은행의 기능을 수행함으로써 근대적 중앙은행의 지위를 일부 담당하고 있었지만, 본국의 대장성이 직접 관리하고 있었다. 1910년대 중반 이후 조선은행은 일본군의 대륙침략에 선봉의 역할을 수행하였다. 1910년대 엔블록을 견인하는 국제투자기관으로서의 역할을 담당하였고, 이로 인하여 파산의 위기에 직면하기도 했다. 1930년대 이후 조선은행은 대륙침략과 함께 확장해 가는 엔블록의 충격흡수장치로 기능하면서, 군사비 충당을 위한 화폐 증발에 기여하였다.

이처럼 국민국가라면 갖추어야 할 핵심기관 3개를 본국이 관리하고 있었다. 총독부 권한이 지나치게 비대화하는 것을 방지할 필요가 있었을 것이다. 이런 점에서 총독부의 국가로서의 자율성은 심각하게 침해받고 있었다. 또 군대와 조선은행은 일본의 대륙침략과 깊이 연계되어 있었다는 점에서 공통적이다. 식민지 조선은 제국 일본에게 동화되어야 할 대상이자 또 대륙침략의 징검다리 역할을 수행해야 할 대상으로 간주되고 있었음을 확인할 수 있다.

마지막으로 대한민국임시정부에 대해서는 대칭국가, 조선총독부에 대해서는 식민국가라는 개념을 사용하여, 국가로서의 성격을 살펴보았다. 반주권半主權을 가진 상상 속의 저항국가였던 대한민국임시정부는 일종의 반국가半國家였다. 게다가 식민국가와의 대칭성을 통해 자신의 상상을 구현하려 했던 측면에서 대칭국가의 성격을 갖고 있었다. 반면 조선총독부 권력은 인민의 동의에 기반하지 않은 식민지 통치라는 측면에서 주권 없는 근대국가의 성격을 갖고 있었다. 이 근대국가는 물리적 폭력을 독점하고서 상당한 국가능력을 보유하고 있었으나, 국가의 자율성이라는 측면에서는 심각한 제약을 가진 국가였다. 게다가 제국으로의 편입을 자신의 궁극적 운명으로 삼는 권력으로서, 제국과의 분리와 통합이라는 근본적인 딜레마를 떨칠 수도 없었다. 조선총독부는 이런 딜레마를 안고 있던 식민지의 주권 없는 근대국가, 따라서 미약한 국가효과를 가진 바로 그런 식민국가였다.

다시 한번 정리해보자. 대한제국과 통감부로 구성된 이중국가는 통감부가 한국정부 조직을 잠식하거나 해체하는 두 가지 방식으로 약화되어갔다. 한국의 국가 '폭력기구'는 해체되거나 일본인들에게 위임되었고, 외국인들의 치외법권도 폐지되었다. 한국인들의 '저항폭력'이 종식되자 이중국가를 해체하고 한국을 병합할 수 있게 되었다. 조선총독부는 남아있던 한국 정부의 조직을 토대로 하고, 조선주차군과 헌병경찰의 폭력을 이용하여 구축되었다. 급속하게 추진된 병합은 매우 미숙한 것이었지만, 한국인들의 저항 능력도 소진된 상태였다. 총독에게는 행정, 입법, 사법에 걸친 종합행정권과 함께 조선에 주둔하는 육해군을 지휘하는 권한도 주어졌다. 하지만 여기에는 본국으로부터 다양한 제약 요소가 작용하고 있었다. 예산편성권과 제령제정권 등은 일본 정부와 의회로부터 견제받고 있었다. 또 총독은 이왕직, 조선군, 조선은행 등 핵심적인 국가기구에 대해서는 감독권을 갖고 있지 않았다. 조선총독부는 조선군이나 조선은행과 함께 대륙침략의 선봉에 서야 할 기관에 지나지 않았다. 적극적인 동화의 대상인 조선인을 통치하는 조선총독부는, 조선인에 대한 동화가 진행됨에 따라 궁극적으로는 소멸되어야 할 대상일 뿐이었다.

조선총독부는 상당한 국가능력을 확보하고 있었지만, 대외구조적 자율성은 국가능력에 비하면 상당히 취약한 것이었다. 그럼에도 식민국가는 조선특수성론을 방패로 상대적 자율성을 유지하는 데 성공하고 있었다. 조선총독부는 자본주의국가로서 강한 국가능력을 가진 반면에, 외지의 지위를 가진 채 국가의 자율성은 계속해서 약화되고 있었던, 그런 식민국가였다.

이제 마지막으로 식민국가가 마주하는 역설과 함께 식민국가에 의해 구성되는 동아시아질서에 대해 짤막하게 언급해두려 한다. 한편 식민국가역시 국민화과정의 역설에 직면하지 않을 수 없었다. 제국의 지배가 어떤형태를 띠든, 국민국가로서의 제국의 식민주의 정복정책은 내적 모순을가지지 않을 수 없다. 이른바 '국민국가nation-state의 딜레마'라는 것이다. 처음부터 동질적인 주민을 전제로 하는 지배인 국민국가의 연장으로서의제국 지배는 언제나 식민주의와 내적 모순을 일으키지 않을 수 없다. 또국민국가는 국민의 정체성을 소수집단의 배제를 통해 확립함으로써 처음부터 그 정당성에 결함을 가진 것이었다.[1] 이리하여 근대 제국주의의 식민지배는 모든 식민지에 민족주의와 독립운동을 발생시키기 마련이지만, 제국주의는 결코 이 모순을 해결할 수 없다.

일본 제국주의의 조선에 대한 식민정책의 기저인 동화정책 나아가 내지연장주의의 내적 모순은 바로 여기에서 발생한다. 내지연장주의는 식민지에서의 '점진적인 국민형성 프로그램'이라고 평가되기도 한다.[2] 내지연장주의에 의해 식민지의 국민형성 프로그램이 점진적으로 실시될 수밖에 없었기에, 역으로 상당한 기간 동안 식민지에는 '비국민'이 존재할 수밖에없었던 구조를 갖고 있었다. 이처럼 식민지에 높은 수준의 동일성을 요구하는 식민정책적 언설과 이를 실제로 식민지에 적용할 수 없는 입법체제의 불일치가 발생함으로써 식민지에는 항상적 차별이 유지되지 않을 수없기 때문이다. 식민지민의 정치적 기본 권리를 인정하는 입법을 수용하고 이를 실시하지 못함으로써, 식민지에는 권리의 이중화 곧 차별이 일상화하게 되는 것이다.

니시카와 나가오西川長夫는 국민국가의 국민화과정이 공간, 시간, 습속, 신체의 4가지 수준에서 진행된다고 말한다.[3] 식민지 조선에서도 제국의 국민화과정과 유사한 제국주의적 국민화과정이 진행되었다. 간도문제가 확정되어 경계가 고정되고, 면제를 중심으로 한 근대적 지방행정제도를 통하여 국내 공간이 균질화되었으며, 이를 통하여 식민지 내부의 중심과 주변 체제가 확립됨으로써, 공간의 국민화과정이 진행되었다.[4] 또 조선총독부에 의하여 조선민력朝鮮民曆이 만들어져 역법이 재편되었으며 이를 통한 생활리듬의 근대적 재편이 수행됨과 아울러 신화와 역사의 재편도 수행되었다. 이는 시간의 국민화과정이었다. 물론 신화와 역사의 재편과정은 식민국가와 한국인들이 그 주도권을 놓고 각축하는 장이었다. 국어인 일본어와 '조선어'의 통일과 표준화가 진행되고, 제국적 의례가 식민지에도 표준으로 확산되고 수용되었으며, 새로운 전통이 만들어지기도 하였다. 이를 습속의 국민화라고 할 수 있을 것이다. 마지막으로 이런 과정을 통하여 가정의례의 간소화와 표준화도 권력을 중심으로 강요되었으며, 이를 통하여 신체적 감각의 통일도 이루어지고 있었다. 이를 신체의 국민화라고 할 수 있을 것이다.

식민지 조선에서는 1937년 이후 총동원정책의 시행과 더불어 황국신민화정책이 진행됨으로써 제국주의적 국민화과정은 더욱 빠른 속도로 시행되었다. 그러나 제국주의적 국민화에 대응하고자 하는 식민지에서의 민중적=저항적 국민화과정 역시 진행되고 있었다. 한편 이는 식민국가의 대내도구적 자율성의 약화를 의미하는 것이기도 하였다. 식민지에 사회가 형성되고 이를 중심으로 새로운 계급적-민족적 힘이 구축되고 있었다. 식민국가 내부에서 조선특수성론이 제기되는 배경에는 바로 이런 힘이 존재하고 있었다. 저항적 국민화 역시 위 4가지 수준의 국민화과정 모두에서 수행되고 있었던바, 이를 '국민화과정의 이중화'라고 할 수 있을 것이다. 한국인들은 이를 통하여 새로운 한국 민족을 상상하고 있었던 것이다. 식민국가가 주도하는 제국주의적 국민화와 이를 수용하면서도 독자적으로 변용하면서 새로운 민족을 상상하는 독자적 국민화가 이중적으로 진행되고 있었다.

식민국가라는 모델은 국민국가를 단위로 하는 국가간체제Inter-state system에도 균열을 발생시키고 있었다. 전형적인 서구형 국가간체제가 아닌 새로운 '동아시아형 국가간체제'라는 것을 상정해볼 수 있을 것이다. 그것은 다음과 같은 이유에서이다. 첫째, 독립국가와 식민지라는 이분법적 유형론을 벗어나서 식민권력을 포함한 다양한 근대권력을 국가형태를 중심으로 유형화함으로써, 다양한 근대적 통치의 실상을 더욱 정밀하게 이해하고자 하는 것이다. 둘째, 근대국가의 유형을 다원화함으로써, 왕조국가─식민국가─분단국가로 이어지는 한국 근대권력의 연속성을 재해석하고자 하는 것이다. 셋째, 자본주의 세계체제의 변화에 따라 변화하는 동아시아질서의 변화상을 새로이 이해하고자 하는 것이다.

19세기 후반 서구 열강의 서세동점西勢東漸이 시작되면서, 일본은 내부의 근대화=서구화와 아울러 홋카이도, 오키나와와 같은 내부식민지를 확대하고 또한 새로운 식민지를 확보하는 데도 열을 올렸다. 이리하여 1906년 한국을 보호국으로 종속시키는 시점이 되면, 일본은 홋카이도, 오키나와 등의 내부식민지와 정복형 식민지인 대만 및 '보호국'의 지위를 가진 조선을 아우르는 제국으로 거듭나게 되었다. 다른 한편 전근대적 보편질서로서의 중화체제는 붕괴되었고, 청국은 새로운 근대국가로 거듭나기 위해 몸부림치고 있었다. 이는 다른 한편으로는, 중화질서가 붕괴된 동아시아에 새로운 지역질서로 근대국가 중심의 서구형의 국가간체제가 자리잡은 것이 아니라, 보호국 곧 이중국가로서의 대한제국, 국민국가를 지향하는 청=중국, 제국으로 성장한 일본이라는 혼성적 결합으로서의 동아시아형 국가간체제가 새로이 탄생한 것을 의미하는 것이기도 했다.

대한제국·통감부 시기의 이중국가, 식민국가로서의 조선총독부, '독립국가'의 외형을 갖춘 만주국은 각기 다른 국가 형태를 띠고 있었다. 이중국가 시기는 국가의 형태가 유지되었으며, 조선총독부=식민국가 시기는 국가 형태가 은폐되어 있었고, 만주국 시기는 새로운 근대국가를 만들어내었던 것이다. 그럼에도 그것은 모두 근대국가로서의 면모를 띠고 있었으며, 각기 식민지배의 형식이라는 측면에서는 공통점을 가지고 있었다. 이를 거시적 측면에서 본 식민지배의 연속성이라고 할 수 있다.

1930년대 만주국이 새로운 형태의 이중국가로 성립함으로써, 식민국가 조선과 만주국, 만주국과 일본제국, 일본제국 내의 식민국가 조선 사이의 새로운 갈등과 협력관계가 형성되고 있었다. 1930년대 동아시아는 식민국가 조선, 이중 권력국가 만주국, 국민국가를 지향하고 있던 분열된 중국, 거대한 제국으로 성장한 일본 등을 구성요소로 하는 '비균질적 국가간체제' 곧 동아시아형 국가간체제가 형성되었다고 할 수 있겠다.

일본인 자신은 이런 사태를 다음과 같이 규정하고 있었다. 내지와 외지로 구성되는 국내적 '공영권共榮圈'을 건설하는 것이 제국주의 일본의 목표였다라고.[5] 동아시아형 국가간체제는 이리하여 국내적 공영권을 핵으로 하는 대동아공영권 결성의 시도로 귀결되었다.

소멸의 운명을 향해 달려가던 식민국가의 저편에서는 대칭국가가 싹터서 자라고 있었다. 마치 통주저음과 고음의 대위법으로 구성된 바로크의 다성음악처럼, 식민국가와 대칭국가는 자신의 존재를 걸고 투쟁하고 있었다. 식민국가가 존재하는 곳에서 대칭국가가 등장하는 것은 역사적 필연이었다. 그리고 이것이 전지구적 근대가 만들어내고 있던 역사적 풍경이었다. 나는 이 책을 통해서 전지구적 식민지근대가 만들어내고 있던 이런 국가의 풍경을 그려내고 싶었다. 그리고 사람들이 국가 너머를 살아가는 데 도움을 주고 싶었다.

미주

제1장_ '식민지적 사유중지'와 '식민국가'

1 Mikulas Fabry, *Recognizing State : International Society and the Establishment of New States Since 1776*, Oxford University Press, 2010.
2 얀 지엘론카, 신해경 역, 『유럽연합의 종말』, 아마존의나비, 2015, 121~125쪽.
3 윤해동, 「트랜스내셔널 히스토리의 가능성」, 『근대역사학의 황혼』, 책과함께, 2010 참조.
4 윤해동, 「식민지근대와 대중사회의 등장」, 임지현 외편, 『국사의 신화를 넘어서』, 휴머니스트, 2004.
5 월터 미뇰로, 『라틴 아메리카, 만들어진 대륙』, 그린비, 2010(원저작은 Walter D. Mignolo, *The Idea of Latin America*, Blackwell, 2005)
6 윤해동, 「식민지인식의 회색지대」, 『식민지의 회색지대』, 역사비평사, 2003 참조.
7 윤해동, 「식민지근대와 공공성」, 『근대역사학의 황혼』, 책과함께, 2014 참조.
8 윤해동, 「식민지근대와 대중사회의 등장」, 임지현 외편, 앞의 책.
9 水野直樹, 「戰時期の植民地支配と'內外地行政一元化'」, 『人文學報』 79号, 1997, 京都大學人文科學硏究所.
10 박명규, 「1910년대 식민통치기구의 형성과 성격」, 『한국 근대사회와 문화』 2, 서울대 출판부, 2005.
11 홍순권, 「미국 역사학계의 한국근현대사 연구실태와 연구경향」, 『한국민족운동사연구』 31집, 2002 참조.
12 Kyung Moon Hwang, *Rationalizing State:The Rise of the Modern State, 1894-1945*, University of California Press, 2015.
13 신기욱·한도현, 「식민지 조합주의-1932~1940년의 농촌진흥운동」, 신기욱 외, 도면회 역, 『한국의 식민지 근대성』, 삼인, 2006.
14 브루스 커밍스, 『한국전쟁의 기원』, 일월서각, 1986.
15 최장집, 『한국 민주주의의 이론』, 한길사, 1996.
16 손호철, 「국가자율성, 국가능력, 국가 强度, 국가 硬度」, 『한국정치학회보』 24집 특별호, 1990.
17 손호철, 「국가자율성 개념을 둘러싼 제 문제들」, 『한국정치학회보』 23집 2호, 1989.
18 한석정, 『만주국 건국의 재해석-괴뢰국의 국가효과 1932~1936』, 동아대 출판부, 1999. 한석정에 의하면 괴뢰국으로 비판받는 만주국은 독립국으로서의 국가효과를 충분히 발휘하고 있었던 것으로 분석된다.
19 조르조 아감벤, 박진우 역, 『호모 사케르』, 새물결, 2008, 55~81쪽.
20 박영도, 「世宗의 유교적 법치」, 정윤재 외, 『세종의 국가경영』, 지식산업사, 2006; 박영도, 「주권의 역설과 유교의 공공성」, 『유교적 공공성과 타자』, 혜안, 2015 참조.
21 에레즈 에이든·장 바티스트 미셸, 김재중 역, 『빅데이터 인문학』, 사계절, 2015, 247쪽.

제2장_ 통감부와 '이중국가'

1 이왕무, 「대한제국기 순종의 남순행 연구」, 『정신문화연구』 30권 2호, 2007; 이왕무, 「대한제국기 순종의 서순행 연구」, 『동북아역사논총』 31호, 2010; 김소영, 「순종황제의 남·서순행과 충군애국론」, 『한국사학보』 39호, 2010; 오가와라 히로유키·최덕수 외역, 『이토 히로부미의 한국 병합구상과 조선 사회』, 열린책들, 2012, 282~304쪽.

2 「고금을 슯혀보다」, 『대한매일신보』, 1909.1.15.

3 이용창, 「'한성부민회'의 조직과정과 활동」, 『한국독립운동사연구』 22집, 2004.

4 「일본 황태자 전하께서 우리나라에 오심」, 『대한매일신보』, 1907.10.29.

5 단 여기서 사용하는 이중국가 개념은 파시즘기 국가를 분석하기 위해 만들어진 이중국가 개념과는 전혀 다르다. 서구의 파시즘 정권들은 당과 강력한 보수세력 사이에 맺어진 모종의 협약이나 동맹관계에 의지하지 않을 수 없었다. 미국으로 망명한 에른스트 프랭켈은 이를 두고 합법적으로 구성된 정부와 기존의 관료조직으로 구성된 '규범국가(normative state)'가 당의 '동형기구'로 만들어진 특권국가 (prerogative state)와 서로 권력 다툼을 하고 있었다고 보고, 이를 이중국가(dual state) 개념으로 설명했다. 로버트 팩스턴(Robert Paxton), 손명희·최희영 역, 『파시즘』, 2004, 교양인, 273~292쪽. 하지만 이는 여기에서 말하는 보호국기의 이중국가와는 아무런 관련도 없다.

6 강성호 외, 『중유럽민족문제-오스트리아·헝가리제국을 중심으로』, 2009, 동북아역사재단, 17~134쪽.

7 도면회, 『한국근대형사재판제도사』, 푸른역사, 2014, 402~415쪽.

8 조동걸, 『한말의병전쟁』, 한국독립운동사연구소, 1989, 69~70쪽.

9 이태진, 『한국 병합의 불법성 연구』, 서울대 출판부, 2003 참조.

10 아라이 신이치, 「일본의 대한외교와 국제법 실천」, 이태진·사사카와 노리가츠 편, 『한국병합과 현대』, 태학사, 2009, 314~353쪽.

11 김준석, 『근대국가』, 책세상, 2011, 14~51쪽.

12 대표적인 한국근대사 개설서인 강만길, 『고쳐 쓴 한국근대사』, 창비, 2018 참조.

13 松岡修太郎, 「統監府の統治法制」, 京城帝國大學, 『法學會論集』 제12책 제3호, 1941.12, 174~202쪽.

14 와다 하루키(和田春樹), 이웅현 역, 『러일전쟁』 1·2, 한길사, 2019. 개전 전 일본사회의 들뜬 분위기가 잘 묘사되어 있다.

15 후지와라 아키라(藤原彰), 엄수현 역, 『일본군사사』, 시사일본어사, 1994, 119~139쪽; 임종국, 『일본 군의 조선침략사』 1, 일월서각, 1989, 91~226쪽.

16 아라이 신이치, 「한국 '보호국'화 과정에서의 군사와 외교」, 이태진·사사카와 노리가츠 편, 『한국병합 과 현대』, 태학사, 2009, 282~311쪽.

17 유한철, 「일제 한국주차군의 한국 침략과정과 조직」, 『한국독립운동사연구』 6집, 1992.

18 오가와라 히로유키, 앞의 책, 78~87쪽; 운노 후쿠쥬, 정재정 역, 『한국병합사연구』, 논형, 2008, 120~195쪽.

19 오가와라 히로유키(小川原宏幸), 최덕수 외역, 『이토 히로부미의 한국 병합 구상과 조선사회』, 열린책 들, 2012, 49~146쪽.

20 이석우, 「보호령 제도의 국제법적 성격」, 『안암법학』 25권, 2007. 아래에서는 Protectorate의 번역어 인 보호령과 보호국 가운데서, 주로 보호국이라는 용어를 사용할 것이다. 당시에도 그리고 지금도 보호국이라는 용어가 많이 쓰이고 있을 뿐만 아니라, 현실을 더 잘 반영하고 있다고 보기 때문이다.

21 손주영·송경근, 『이집트 역사』, 2009, 가람기획, 350~364쪽.

22 노영순, 「황제에서 보호국 군주로의 이행-1867~1885 베트남에서의 격변」, 『동북아문화연구』 31집, 2012.

23 최덕수, 「근대 계몽기 한국과 일본 지식인의 보호국론 비교 연구」, 『동북아역사논총』 24집, 2009.

24 운노 후쿠쥬, 앞의 책, 196~218쪽; 히라이시 나오아키(平石直昭), 「한국 보호국론의 제양상에 대하여」, 김용덕·미야지마 히로시 편, 『근대교류사와 상호인식』 2, 아연출판부, 2007, 313~348쪽.

25 아라이 신이치, 「한국 '보호국'화 과정에서의 군사와 외교」, 이태진·사사카와 노리가츠 편, 앞의 책.

26 박배근, 「일본 국제법학회지에 나타난 한국침탈 관련 연구의 내용과 동향」, 『한일간 역사현안의 국제법

적 재조명』, 동북아역사재단, 2008.

27 임종국, 앞의 책, 115~156쪽.

28 外務省 編, 『外地法制誌 제7권 制令 前篇』, 文生書院, 1991, pp.9~10.

29 김윤미, 「일본의 한반도 군용 해저통신망 구축과 '제국' 네트워크」, 『숭실사학』 43집, 2019.

30 정재정, 『일제침략과 한국철도』, 서울대 출판부, 1999; 윤상원, 『동아시아의 전쟁과 철도』, 선인, 2017, 41~52쪽.

31 마쓰다 도시히코, 이종민 외역, 『일본의 조선 식민지 지배와 경찰』, 경인문화사, 2020, 48~53쪽.

32 서인한, 『대한제국의 군사제도』, 혜안, 2000, 223~258쪽.

33 장영숙, 「고종의 군통수권 강화시도와 무산과정 연구-대한제국의 멸망원인과 관련하여」, 『군사』 66호, 2008.

34 전봉덕, 「일제의 사법권 강탈과정의 연구」, 『애산학보』 2, 1982.

35 서인한, 앞의 책, 223~258쪽.

36 오가와라 히로유키, 앞의 책, 137~143쪽.

37 마쓰다 도시히코, 앞의 책, 44~64쪽.

38 임종국, 앞의 책, 187~192쪽.

39 마쓰다 도시히코, 앞의 책, 44~64쪽.

40 오가와라 히로유키, 앞의 책, 178~179쪽.

41 도면회, 『한국근대형사재판제도사』, 푸른역사, 2014, 402~408쪽.

42 오가와라 히로유키, 앞의 책, 149~177쪽.

43 도면회, 앞의 책, 402~408쪽; 유재곤, 「일제 통감 이등박문의 대한침략정책(1905~1909)」, 『청계사학』 10집, 1993.

44 오가와라 히로유키, 앞의 책, 115~143쪽.

45 서영희, 앞의 책, 356~365쪽. 서영희는 1907년 관제 개정 이후 통감부가 '막료기구(幕僚機構)'로 변화하였으며, 한국정부를 감독하는 '상위기구'적 성격이 강화되었다고 해석한다. 하지만 한국정부 조직과 통감부조직은 여전히 '병렬적으로' 존재하고 있었으며, 막료기구적 성격이 강해진 것은 일본인의 대량용빙 때문이었다.

46 도면회, 앞의 책, 408~415쪽. 1907년 제3차 한일협약을 계기로 통감부가 '최고의 통치기구'가 되었으며, 통감은 '한국 국정의 최고 통치자'가 되었다는 해석은, 한국정부와 황제가 의연히 존재하고 있으며 이전보다는 약해졌지만 상당한 수준의 권한을 행사할 수 있었다는 점에서 지나친 면이 있다.

47 서영희, 『대한제국 정치사 연구』, 서울대 출판부, 2003, 356~365쪽.

48 운노 후쿠쥬, 앞의 책, 314~418쪽; 오가와라 히로유키, 앞의 책, 198~206쪽.

49 外務省 編, 『外地法制誌 제9권 日本統治時代の朝鮮』, 文生書院, 1991, pp.299~307.

50 정재정, 『일제침략과 한국철도』, 서울대 출판부, 1999 참조.

51 外務省 編, op.cit., pp.276~292.

52 서인한, 앞의 책, 223~280쪽.

53 마쓰다 도시히코, 앞의 책, 53~60쪽.

54 外務省 編, op.cit., pp.224~239.

55 마쓰다 도시히코, 앞의 책, 53~64쪽. 이 시기 군수가 가지고 있던 전통적 권한 즉 사법권, 경찰권, 조세권 등의 박탈에 대해서는 뒤의 6장 '지방행정과 도' 부분 참조.

56 임종국, 앞의 책, 192~200쪽.

57 이승희, 「伊藤博文과 한국주차헌병대」, 『일본역사연구』 32집, 2010.

58 헌병보조원은 아카시 모토지로의 식민지 토병(土兵) 구상에서 출발하였다. 신창우, 김현수 외역, 『식민지 조선의 경찰과 민중세계 1894-1919』, 선인, 2019, 339~349쪽.

59 임종국, 앞의 책, 115~156쪽; 유한철, 앞의 글; 신주백, 「'병합'전 일본군의 조선주둔」, 『역사비평』 2001.봄, 2001.

60 신주백, 「호남의병에 대한 일본 군·헌병·경찰의 탄압작전」, 『역사교육』 87, 2003.

61 조병로, 「일제 식민지시기의 도로교통에 대한 연구(1)−제1기 치도사업(1905~1917)을 중심으로」, 『한국민족운동사연구』 59, 2009.

62 조동걸, 『대한제국의 의병전쟁』, 역사공간, 2016; 홍순권, 『한말 호남지역 의병운동사 연구』, 서울대출판부, 1994 참조.

63 신주백, 「호남의병에 대한 일본 군·헌병·경찰의 탄압작전」; 홍순권, 앞의 책, 81~167쪽.

64 홍순권, 「한말 일본군의 의병학살」, 『제노사이드연구』 3호, 2008.

65 신주백, 「호남의병에 대한 일본 군·헌병·경찰의 탄압작전」; 홍순권, 앞의 책, 81~167쪽.

66 후지와라 아키라(藤原彰), 앞의 책, 137~139쪽.

67 「司法及監獄事務費ノ負擔ニ付公爵伊藤博文具狀ノ件」, 『韓國併合ニ關スル書類』 제1권; 문준영, 『법원과 검찰의 탄생』, 역사비평사, 2010, 417~418쪽에서 재인용.

68 문준영, 앞의 책, 363~434쪽 참조.

69 위의 책, 365~366쪽.

70 오가와라 히로유키, 앞의 책, 219~269쪽.

71 이영미, 김혜정 역, 『한국 사법제도와 우메 겐지로』, 일조각, 2011, 23~60쪽; 문준영, 앞의 책, 368~385쪽.

72 이영미, 김혜정 역, 위의 책, 147~156쪽.

73 문준영, 앞의 책, 385~394쪽.

74 오가와라 히로유키, 앞의 책, 227~233쪽; 이영미, 앞의 책, 177~188쪽.

75 우메 겐지로와 구라토미 유사부로의 입장은 서로 달랐다. 우메는 한국법 제정론의 입장을 가졌으나, 구라토미는 일본법 강제론을 유지하고 있었다. 이영미, 앞의 책, 156~174·206~231쪽.

76 오가와라 히로유키, 앞의 책, 227~233쪽; 문준영, 앞의 책, 395~406쪽.

77 오가와라 히로유키, 위의 책, 233~236쪽.

78 松岡修太郞, 「統監府の統治法制」, 京城帝國大學, 『法學會論集』 제12책 제3호, 1941, pp.174~202; 오가와라 히로유키, 앞의 책, 239~269쪽; 문준영, 앞의 책, 406~417쪽; 淺野豊美, 「保護下韓國の條約改定と帝國法制」, 『帝國日本の學知』 1, 岩波書店, 2006, pp.83~122.

79 안유림, 『일본제국의 법과 조선기독교』, 경인문화사, 2018, 107~197쪽; 오가와라 히로유키, 앞의 책, 400~420쪽.

80 오가와라 히로유키, 앞의 책, 420~426쪽; 안유림, 앞의 책, 201~284쪽.

81 안유림, 앞의 책, 201~284쪽.

82 오가와라 히로유키, 앞의 책, 410~427쪽.

제3장_총독과 조선총독부 행정

1 위의 책, 377~441쪽.

2 「政務總監 渡東期」, 『동아일보』, 1920.6.14.

3 이형식, 「조선총독의 권한과 지위에 관한 시론」, 『사총』 72집, 2011.

4   이한기,『국제법』, 박영사, 1959, 303~310쪽.

5   신상준,『개정 한국행정사』, 한국복지행정연구소, 2006, 199~244쪽.

6   이형식,「조선총독의 권한과 지위에 관한 시론」,『사총』 72, 2011.

7   松江修太郎,「朝鮮に於ける行政權及びその立法權並びに司法權との關係」,『法政論纂』(京城帝國大學法文學會第一部論集第四冊), 刀江書院, 1931, pp.121~154.

8   임종국, 앞의 책, 187~192쪽.

9   松江修太郎,「朝鮮に於ける行政權及びその立法權並びに司法權との關係」.

10 松岡修太郎,「朝鮮に於ける行政權及びその立法權並びに司法權との關係」. 총독의 입법권에 대해서는 아래 4장을 참조하기 바란다.

11 이승일,「조선총독부 공문서를 통해 본 식민지배의 양상」,『사회와 역사』 제71집, 2006.

12 春山明哲,『近代日本と臺灣』, 藤原書店, pp.155~342 참조.

13 松岡修太郎,『朝鮮行政法提要』, 東都書籍, 1944, pp.1~32.

14 헌법 64조: 1910년 칙령 412호에 의해 시행된 회계법 39조: 1910년 긴급칙령 406호「조선총독부특별회계에 관한 건」3조:「조선철도용품자금회계법」5조:「조선간이생명보험특별회계법」5조 등에 의한 것이었다. 松岡修太郎,「朝鮮に於ける行政權及びその立法權並びに司法權との關係」.

15 오가와라 히로유키, 앞의 책, 394~399쪽.

16 外務省 編,『外地法制誌』 제9권, 文生書院, 1991, pp.27~51.

17 松岡修太郎,「朝鮮に於ける行政權及びその立法權並びに司法權との關係」.

18 外務省 編,『外地法制誌』 제9권, pp.27~51.

19 淸宮四郎,『外地法序說』, 有斐閣, 1944, pp.1~36.

20 外務省 編,『外地法制誌』 제9권, pp.41~51.

21 松江修太郎,『朝鮮行政法提要』, 東都書籍, 1944, p.126.

22 外務省 編,『外地法制誌』 제9권, pp.41~51.

23 水野直樹,「戰時期の植民地支配と'內外地行政一元化'」.

24 李昇一,『조선총독부 법제정책－일제의 식민통치와 조선민사령』, 역사비평사, 2008, 329~343쪽 참조.

25 松岡修太郎,『朝鮮行政法提要』, pp.1~13.

26 中村哲,『植民地統治法の基本構造』, 日本評論社, 1943, p.6.

27 이자와 다키오(伊澤多喜男, 1878~1949)는 나가노현(長野縣) 출신으로, 동경제국대학 법학부를 졸업한 뒤 관료로 오래 재직하였다. 경시총감을 거쳐 귀족원 칙선의원으로 선임되었으며, 1924년부터 1926년 사이에 대만총독을 지냈다. 그는 오랜 친구인 하마구치 오사치가 민정당 내각을 수립하는 데도 크게 기여하였다고 한다. 伊澤多喜男傳記編纂委員會,『伊澤多喜男』, 羽田書店, 1951 참조.

28 이자와 다키오가 조선 총독 자리를 선뜻 수락한 것은, 그가 후원하고 있던 귀족 출신 정치인인 고노에 후미마로를 조선에 데려다 정치・행정 경험을 쌓게 한 후 총독 자리를 고노에에게 물려주려는 의도 때문이었다고 한다. 김봉식,『고노에 후미마로(近衛文麿)』, 살림, 2019, 106~107쪽.

29 1945년 이른바 본토결전을 준비하기 위하여 일본군은 통수조직을 개편하였다. 조선에 주둔하고 있던 일본군 즉 '조선군'도 작전부대인 제17방면군과 군정부대인 조선군관구사령부로 분리되었다. 아래 7장의 '조선군' 부분 참조.

30 井原潤次郎,「證言－朝鮮軍について(1966)」,『東洋文化研究』 6호, 2004, pp.337~388. 이하라 준지로는 1942년부터 1945년 사이에 조선군 참모장을 지낸 사람으로서 조선군에 관한 폭넓은 증언을 남겼다.

31 신주백, 「1945년 한반도에서 일본군의 '본토결전' 준비」, 『역사와 현실』 49, 2003.

32 전상숙, 『조선총독정치연구』, 지식산업사, 2012; 李炯植, 『朝鮮總督府官僚の統治構想』, 吉川弘文館, 2013 참조.

33 신상준, 『개정 한국행정사—행정조직』, 한국복지행정연구소, 2006, 199~244쪽.

34 이형식, 「조선총독부 관방의 조직과 인사」, 『사회와역사』 102집, 2014.

35 서호철, 「조선총독부 내무부서와 식민지의 내무행정」, 『사회와역사』 102집, 2014.

36 정준영, 「조선총독부의 '식산' 행정과 산업관료」, 『사회와역사』 102집, 2014.

37 신상준, 앞의 책, 199~244・335~411쪽.

38 감봉・가봉삭감반대운동에 대해서는 岡本眞希子, 앞의 책, 653~794쪽에 자세하게 분석되어 있다. 오카모토 마키코(岡本眞希子)는 감봉・가봉삭감반대운동을 '중층적으로 교착하는 이해관계'라는 말로 표현하고 있다.

39 식민지기 조선의 관료제와 관료에 대한 주요 연구성과는 다음과 같다. 장세윤, 「일제하 고문시험 출신자와 해방후 권력엘리트」, 『역사비평』 25, 1993; 안용식, 「일제하 조선인 판임문관에 관한 연구」, 『사회과학논집』 30, 1999; 정선이, 「식민지기 대학 졸업자의 취업상황과 그 성격 연구」, 『교육사학연구』 12, 2002; 장신, 「1919~43년 조선총독부의 관리임용과 보통문관시험」, 『역사문제연구』 8, 2002; 장신, 「1920・30년대 조선총독부의 인사정책 연구」, 『동방학지』 120, 2003; 박이택, 「조선총독부의 인사관리제도」, 『정신문화연구』 29-2, 2006; 장신, 「일제하 조선인 고등관료의 삶과 의식—고등문관시험 행정과 합격자를 중심으로」, 松田利彦 編, 앞의 책, 2007 등.

40 식민지 고급관료의 전체적 구성, 임용, 처우, 승진 등의 개괄적 사항에 대해서는 岡本眞希子, 앞의 책 참조.

41 제국대학 출신의 고등문관시험 합격자 가운데 식민지 출신의 관료가 느끼고 있던 일상적 차별에 대해서는, 그들이 남긴 회고록에 많이 언급되어 있다. 장신, 「일제하 조선인 고등관료의 삶과 의식—고등문관시험 행정과 합격자를 중심으로」, 松田利彦 編, 앞의 책, 참조.

42 '현지형 관료'와 '본국형 관료'라는 분류는 이형식이 정의한 '토박이(하에누키, 生拔型) 관료'와 '내무성형 관료'라는 분류를 좀 더 포괄적이고 일반적인 방식으로 필자가 변형한 것이다. 한편 기무라 겐지(木村健二)는 '하에누키쿠미(生拔組)' 또는 '잔류조(殘留組)'와 '본국조(本國組)' 또는 '정실조(情實組)'라는 방식으로 두 부류를 대응시키면서, 1920년대 말부터 본국조가 감소하고 하에누키쿠미(生拔組)가 대두하는 점을 지적하고 있다. 木村健二, 「朝鮮總督府經濟官僚の人事と政策」, 『近代日本の經濟官僚』 日本經濟評論社, 2000 참조. 또 岡本眞希子는 '재래관리(在來官吏)', '이입관리(移入官吏)', '토박이 관리(生え拔き官吏)'라는 3가지 유형으로 분류하고 있다. 岡本眞希子, 『植民地官僚の政治史』, 三元社, 2008 참조.

43 모리야 에이오(守屋榮夫)에 대해서는 그의 일기를 발굴하여 분석한 松田利彦의 연구 참조. 松田利彦, 「朝鮮總督府秘書課長と '文化政治'—守屋榮夫日記を讀む」, 松田利彦 編, 앞의 책.

44 石森久彌, 『朝鮮統治の批判』, 1926, 249~250쪽.

45 이형식, 「1910년대 조선총독부의 인사정책」, 『한일군사문화연구』 13집, 2012.

46 方基中, 「1940年 前後 朝鮮總督의 '新體制' 認識과 兵站基地化政策」 참조.

47 윤해동, 「식민지관료로 본 제국과 식민지」, 『근대역사학의 황혼』, 책과함께, 2010. 이상 관료의 유형에 대해서는 이 글을 많이 인용하였다.

48 오가와라 히로유키, 앞의 책, 394~400쪽.

49 이형식, 「무단통치 초기(1910.10~1914.4)의 조선총독부」, 『일본역사연구』 33집, 2011.

50 정태헌, 『일제의 경제정책과 조선사회』, 역사비평사, 1996, 37~211쪽.

51 위의 책, 49~56쪽.

52 위의 책, 56~62쪽.

53 문명기, 「대만·조선총독부의 초기 재정 비교연구」, 『중국근현대사연구』 44집, 2009.

54 위의 글.

55 Anne Booth and Kent Deng, "Fiscal Development in Taiwan, Korea and Manchuria : Was Japanese Colonialism Different?", Ewout Frankema and Anne Booth ed., *Fiscal Capacity and the Colonial State in Asia and Africa, 1850-1960*, Cambridge University Press, 2020, pp.137~160.

56 윤해동, 「식민지근대와 대중사회의 등장」, 『식민지근대의 패러독스』, 휴머니스트, 2007. 자본주의 국가에 대해서는 이 글을 많이 인용하였다. 독자들의 양해를 구한다.

57 차명수, 「경제성장, 소득분배, 구조변화」, 김낙년 편, 『한국의 경제성장 1910~1945』, 서울대 출판부, 2005, 299~344쪽.

58 김정근, 「우리나라 평균 수명의 과거와 현재와 미래」, 『한국인구학』 7-1, 1984.

59 박경숙, 「식민지 시기(1910~1945년) 조선의 인구동태와 구조」, 『한국인구학』 32권 2호, 2009.

60 Angus Maddison, *The World Economy:A Millenial Perspective*, Paris, OECD, 2006, pp.265·304·330; 차명수, 앞의 글.

61 허수열, 『개발 없는 개발』, 은행나무, 2005.

62 차명수, 앞의 글.

63 정태헌, 「경제성장론 식민지상의 대두와 파탄의 논리」, 『한국의 식민지적 근대성찰』, 선인, 2007, 147~148쪽.

64 윤해동, 「'식민지근대'의 패러독스」, 『식민지근대의 패러독스』, 54~55쪽.

65 앵거스 디턴(Angus Deaton), 최윤희 외역, 『위대한 탈출』, 한국경제신문, 2015.

제4장_조선총독부의 입법기능과 식민지의 법 ──────

1 「孫秉熙 豫審 決定書 發表」(1), 『매일신보』, 1920.3.23. 이른바 48인 가운데 한 명이 빠진 47명이 재판을 받고 있었다.

2 위의 글.

3 장신, 「삼일운동과 조선총독부의 司法 대응」, 『역사문제연구』 제18호, 2007.

4 브라이언 타마나하(Brian Z. Tamanaha), 이헌환 역, 『법치주의란 무엇인가(*On the Rule of Law*)』, 박영사, 2014, 179~224쪽.

5 톰 빙험(Tom Bingham), 김기창 역, 『법의 지배(*The Rule of Law*)』, 이음, 2013, 15~26쪽.

6 박은정, 『왜 법의 지배인가』, 돌베개, 2010, 147~180쪽.

7 김창록, 「제령에 관한 연구」, 『법사학연구』 26집, 2002; 이승일, 「조선총독부 공문서를 통해 본 식민지배의 양상」, 『사회와 역사』 제71집, 2006; 김종식, 「1910년대 식민지 조선 관련 일본 국내정치의 한 양상」, 『한일관계사연구』 38집, 2011; 전영욱, 「한국병합 직후 일본육군 및 제국의회의 제국통합 인식과 그 충돌의 의미」, 『아세아연구』 제57권 2호, 2014; 윤대원, 「'병합조칙'의 이중적 성격과 '병합칙유'의 동시 선포 경위」, 『동북아역사논총』 50호, 2015 참조.

8 이 글에서는 조선의 민사 관습(customs)이 서구에서의 관습법(customary law)처럼 강력하게 형성되어 있었다고 상정하지는 않는다. 단 일본인들이 조선의 관습을 민사법의 일부로 인정하려 했다는 사실을 인정하고, 이를 입법체계의 일부로 파악할 필요가 있다는 점을 강조한다. Kim, Marie Seong-Hak, "Law and Cuatom under the Chosen Dynasty and Colonial Korea : A Comparative

Perspective", *The Journal of Asian Studies*, Ann Arbor vol.66, Iss 4, 2007.

9 이승일, 「1910·20년대 조선총독부의 법제정책 — 조선민사령 제11조 '관습'의 성문화를 중심으로」, 『동방학지』 126집, 2004; 홍양희, 「식민지시기 상속 관습법과 '관습'의 창출」, 『법사학연구』 34호, 2006; 홍양희, 「식민지시기 친족, 상속 관습법 정책」, 『한국학』 29권 3호, 2006; 이승일, 『조선총독부 법제정책』, 역사비평사, 2008 등.

10 「總督報揭榜」, 『皇城新聞』, 1910.8.30.

11 外務省 編, 『外地法制誌』 제1권, 文生書院, 1991, pp.36~174.

12 「緊急制令發布乎」, 『매일신보』, 1919.4.15.

13 「匪徒刑罰令」(1896년 律令 제24호), 外務省 編, 『外地法制誌』 제4권, 文生書院, 1991, 167쪽.

14 松岡修太郎, 『朝鮮行政法提要』, pp.16~32.

15 外務省 編, 『外地法制誌』 제9권, 文生書院, 1991, pp.52~117.

16 外務省 編, 『外地法制誌』 제2권, 文生書院, 1991, pp.131~174.

17 松岡修太郎, 『朝鮮行政法提要』, pp.16~32; 外務省 編, 『外地法制誌』 제7권, 文生書院, 1991, pp.16~32; 外務省 編, 『外地法制誌』 제9권, 1991, pp.52~58.

18 外務省 編, 『外地法制誌』 제9권, 1991, pp.52~58; 윤대원, 앞의 글.

19 대표적으로 美濃部達吉, 『憲法提要』, p.468(外務省 編, 『外地法制誌』 제1권, 1991, pp.71~74 재인용).

20 外務省 編, 『外地法制誌』 제7권, 1991, pp.20~21.

21 松岡修太郎, 「朝鮮に於ける行政權及びその立法權竝に司法權との關係」, pp.121~154; 松岡修太郎, 『朝鮮行政法提要』, pp.1~15; 山崎丹照, 『外地統治機構の研究』, 高山書院, 1943, pp.3~11.

22 中村哲, 『植民地統治法の基本構造』, 1943, 日本評論社, pp.23~132; 外務省 編, 『外地法制誌』 제3권, 1991, pp.1~83; 김창록, 「제령에 관한 연구」, 『법사학연구』 26집, 2002.

23 外務省 編, 『外地法制誌』 제7권, 1991, pp.16~23.

24 松岡修太郎, 『朝鮮行政法提要』, pp.16~32.

25 김창록, 「제령에 관한 연구」, 『법사학연구』 26집, 2002; 淸宮四郎, 「外地における'法律の依用'について」, 京城帝國大學, 『法學會論集』 제12책 제1호, 1941 참조.

26 한승연, 「제령을 통해 본 총독정치의 목표와 조선총독의 행정적 권한 연구」, 『정부학연구』 제15권 제2호, 2009, 165~215쪽.

27 外務省 編, 『外地法制誌』 제9권, 1991, pp.52~117; 松岡修太郎, 『朝鮮行政法提要』, pp.16~32.

28 松岡修太郎, 『朝鮮行政法提要』, pp.16~32.

29 外務省 編, 『外地法制誌』 제9권, 文生書院, 1991, pp.64~71.

30 外務省 編, 『外地法制誌』 제2권, 文生書院, 1991, pp.131~174.

31 松岡修太郎, 「統監府の統治法制」, 京城帝國大學, 『法學會論集』 제12책 제3호, 1941, pp.174~202.

32 松岡修太郎, 『朝鮮行政法提要』, pp.16~32.

33 外務省 編, 『外地法制誌』 제9권, 文生書院, 1991, pp.64~71.

34 外務省 編, 『外地法制誌』 제7권, 1991, pp.21~23.

35 外務省 編, 『外地法制誌』 제2권, 文生書院, 1991, pp.175~186; 外務省 編, 『外地法制誌』 제9권, 文生書院, 1991, pp.64~71.

36 松岡修太郎, 『朝鮮行政法提要』, pp.16~32.

37 外務省 編, 『外地法制誌』 제2권, 文生書院, 1991, pp.175~186; 外務省 編, 『外地法制誌』 제9권, 文生書院, 1991, pp.64~71.

38 松岡修太郎, 『朝鮮行政法提要』, pp.16~32; 外務省 編, 『外地法制誌』 제9권, 文生書院, 1991, pp.64~71.

39 外務省 編, 『外地法制誌』 제2권, 文生書院, 1991, pp.131~174.

40 山崎丹照, op.cit., pp.365~367. 러일전쟁으로 새로 영유한 지역인 關東州에서는 1906년 공포한 칙령 제203호 「關東州における諸般の成規に關する件」으로 중국의 구법령이 인정되었다.

41 松岡修太郎, 『朝鮮行政法提要』, pp.16~32.

42 外務省 編, 『外地法制誌』 제9권, 文生書院, 1991, pp.52~117.

43 外務省 編, 『外地法制誌』 제2권, 文生書院, 1991, pp.131~174.

44 「이중삼중의 악법령」, 『개벽』 58호, 1925.4.

45 이인·한국종·권승렬, 「我等과 三法令」, 『삼천리』 6호, 1930.5.

46 松岡修太郎, 「朝鮮に於ける行政權及びその立法權並びに司法權との關係」.

47 정긍식, 1995, 『통감부법령 체계분석』, 법제연구원, 244~247쪽.

48 朝鮮總督府 中樞院, 『民事慣習回答彙集』, 1933, pp.426~433.

49 趙凡來, 「朝鮮總督府 中樞院의 初期構造와 機能」, 『韓國獨立運動史硏究』 6, 1992, 37쪽.

50 李承烈, 「日帝下 中樞院 改革問題와 總督政治」, 『東方學志』 132, 2005, 70쪽.

51 岡本眞希子, 『植民地官僚の政治史』, 三元社, 2008, 특히 1장 참조.

52 조선총독부의 입법기능은 모두 행정적 차원에서 수행되었으므로, 制令 제정과 관련하여 수행된 제반 행정 사항을 '입법 보조행정'이라고 보았다.

53 법전조사국, 취조국, 참사관실에서 진행한 관습조사사업의 진행과 성격에 대해서는 많은 연구가 있다. 법전조사국에서 진행한 조사작업은 法典調査局, 『慣習調査報告書』, 1910에 압축되어 있다. 관련 연구에 대해서는 왕현종 외, 『일제의 조선 구관제도 조사와 기초자료』, 혜안, 2016 참조.

54 朝鮮總督府 中樞院, 『朝鮮舊慣制度調査事業槪要』, 1938.

55 朝鮮總督府, 『朝鮮總督府及所屬官署職員錄』, 1910~1918년판; 김태웅, 「1910년대 전반 조선총독부의 취조국, 참사관실과 '구관제도조사사업'」, 『규장각』 16집, 1993; 이영학, 「일제의 '구관제도조사사업'과 그 주요인물들」, 『역사문화연구』 제68집, 2018.

56 朝鮮總督府 中樞院, 『朝鮮舊慣制度調査事業槪要』 참조.

57 朝鮮總督府 中樞院, 『民事慣習回答彙集』, 1933 참조.

58 朝鮮總督府中樞院, 『朝鮮舊慣制度調査事業概要』; 京城日報社, 『朝鮮年鑑』, 1938, 60~61쪽.

59 조범래, 앞의 글, 8~27쪽; 김윤정, 『조선총독부 중추원 연구』, 경인문화사, 2011 참조.

60 朝鮮總督府, 『朝鮮總督府及所屬官署職員錄』, 1922; 김윤정, 앞의 책, 21~121쪽; 이승렬, 「일제하 중추원 개혁문제와 총독정치」, 『동방학지』 132집, 2005, 69~96쪽.

61 지역정치 차원에서 중추원 참의가 가진 대표성을 추적하고 있는 다음 연구를 참조하라. 김윤정, 2011, 앞의 책, 199~272쪽; 이승렬, 「일제하 식민통치의 구조」, 『동양학』 39집, 2006, 139~147쪽; 이승렬, 「경성지역 중추원 참의들의 관계망과 식민권력의 지역지배」, 『서울과 역사』 69집, 2007, 101~144쪽; 이승렬, 「1930년대 중추원 주임참의의 지역사회활동과 식민지배체제」, 『역사문제연구』 22권, 2009, 185~225쪽.

62 이승렬, 「일제하 중추원 개혁문제와 총독정치」.

63 朝鮮總督府 中樞院, 『朝鮮舊慣制度調査事業槪要』; 왕현종 외, 앞의 책, 173~297쪽.

64 김윤정, 앞의 책, 122~197쪽 참조.

65 조선총독부 중추원, 『제18회 중추원회의 참의답신서』, 1938.

66 조선총독부 중추원, 『제19회 중추원회의 참의답신서』, 1939.

67 朝鮮總督府, 『朝鮮總督府及所屬官署職員錄』, 각년판 참조.

68 『중추원조사자료』, 국사편찬위원회 한국사데이터베이스.

69 水野直樹, 「조선에 있어서 治安維持法 體制의 식민지적 성격」, 『법사학연구』 제26호, 2002.

70 스즈키 케이오(鈴木敬夫)는 일제의 법을 통한 지배가 주로 한국의 전통과 문화를 부인하는 데에 놓여 있었다고 주장한다. 그러나 이는 주로 치안과 교육 관련 법령을 분석함으로써 내린 결론이다. 이런 법령이 전체적인 입법체계 속에서 어떻게 기능하고 있었던가를 밝힐 필요가 있을 것이다. 鈴木敬夫, 『법을 통한 조선식민지 지배에 관한 연구』, 고려대 민족문화연구소, 1989.

71 김창록, 「1948년 헌법 제100조」, 『법학연구』 39권 1호, 1998.

제5장_조선총독부 재판소와 경찰

1 山崎丹照, op.cit., pp.368~370,

2 Ibid., pp.371~377.

3 문준영, 『법원과 검찰의 탄생』, 역사비평사, 2010, 461~471쪽.

4 문준영, 위의 책, 461~471쪽.

5 山崎丹照, op.cit., pp.368~370.

6 Ibid., pp.379~380.

7 Ibid., pp.379~380.

8 「재판소 및 검사국직원 內訓定員表」; 전병무, 『조선총독부 조선인 사법관』, 역사공간, 2012, 89~126쪽 재인용.

9 문준영, 앞의 책, 451~453쪽.

10 위의 책, 449~461쪽.

11 박천웅, 「차이에 의한 특전:식민지 관료제화와 경성전수학교(1911~1922) 출신 조선총독부 조선인 판검사」, 『사회와 역사』 126집, 2020.

12 전병무, 앞의 책, 31~85쪽; 문준영, 앞의 책, 461~471쪽.

13 전병무, 위의 책, 89~125쪽; 문준영, 위의 책, 461~471쪽.

14 문준영, 위의 책, 471~488쪽; 이형식, 「제국 일본의 사법통일문제-재판소구성법의 조선적용을 중심으로」, 『동양사학연구』 152집, 2020.

15 문준영, 위의 책, 489~548쪽.

16 영국의 식민지였던 싱가폴에서는 아직도 태형이 유지되고 있다. 이를 둘러싸고 아시아의 인권과 민주주의의 성격을 둘러싸고 국제적 논쟁이 벌어지기도 했다. 1994년 미국의 외교 전문잡지 『포린 어페어즈(Foreign Affairs)』 11~12월호 지상에서, 한국의 대통령을 지낸 김대중과 싱가폴 수상 리콴유 사이에 논쟁이 벌어지기도 했다. 이를 두고 '아시아적 가치 논쟁'이라고 부른다.

17 문준영, 앞의 책, 549~601쪽.

18 안유림, 「일제 치안유지법체제하 조선의 豫審제도」, 『이화사학연구』 38집, 2009.

19 宮田節子 編, 「解說」, 『朝鮮軍槪要史』, 不二出版, 1989, 45~62쪽.

20 이승희, 「伊藤博文과 한국주차헌병대」, 『일본역사연구』 32집, 2010.

21 헌병보조원은 아카시 모토지로의 식민지 土兵 구상에서 출발하였다. 신창우·김현수 외역, 『식민지 조선의 경찰과 민중세계 1894~1919』, 선인, 2019, 339~349쪽.

22 권구훈, 「일제 한국주차헌병대의 헌병보조원 연구(1908~1910)」, 『사학연구』 55 · 56집, 1998; 이승희, 「한말 의병탄압과 주한일본군 헌병대의 역할」, 『한국민족운동사연구』 30집, 2008; 신창우, 앞의 책, 321~377쪽.

23 이승희, 「메이지시기 프랑스 헌병제도의 일본 수용과정」, 『중앙사론』 39집, 2014.

24 이승희, 「일본과 한국의 헌병제도 '도입'과정을 둘러싼 문무관 대립양상」, 『일본학연구』 36집, 2012.

25 이승희, 「한국병합조약 전후기의 주한일본군 헌병대 연구」, 『일본역사연구』 26집, 2007; 이승희, 「일본과 한국의 헌병제도 '도입'과정을 둘러싼 문무관 대립양상」; 신주백, 「1910년대 일제의 조선통치와 조선주둔 일본군」, 『한국사연구』 109집, 2000; 마쓰다 토시히코(松田利彦), 이종민 외역, 『일본의 조선식민지 지배와 경찰』, 경인문화사, 2010.

26 신주백, 「1910년대 일제의 조선통치와 조선주둔 일본군」, 『한국사연구』 109집, 2000; 마쓰다 도시히코, 이종민 외역, 『일본의 조선 식민지 지배와 경찰』, 경인문화사, 2020, 79~99쪽.

27 이승희, 「일본과 한국의 헌병제도 '도입'과정을 둘러싼 문무관 대립양상」.

28 이승희, 「한국병합조약 전후기의 주한일본군 헌병대 연구」, 『일본역사연구』 26집, 2007.

29 신주백, 「1910년대 일제의 조선통치와 조선주둔 일본군」.

30 이승희, 「한국병합조약 전후기의 주한일본군 헌병대 연구」.

31 마쓰다 토시히코, 이종민 외역, 앞의 책, 216쪽.

32 신주백, 「일제의 강점과 조선주둔 일본군(1910~1937년)」, 한일관계사연구논집 편찬위원회, 『일제식민지지배의 구조와 성격』, 경인문화사, 2005, 261~310쪽.

33 위의 글; 장신, 「경찰제도 확립과 식민지 국가권력의 일상침투」, 연세대학교 국학연구원 편, 『일제의 식민지배와 일상생활』, 혜안, 2004, 555~584쪽.

34 「민사쟁송조정에 관한 건」(제령 제11호), 『조선총독부관보』 1910.10; 「범죄즉결령」(제령 제10호), 『조선총독부관보』 1910.12.

35 대만에서도 1904년부터 범죄즉결례가 시행되고 있었다. 그러나 대만에서는 즉결권자가 기본적으로 문민 행정관이었으며, 경찰은 행정관의 집무 대리자에 지나지 않았다. 염복규, 「1910년대 일제의 태형제도 시행과 운용」, 『역사와현실』 53, 2004.

36 문준영, 앞의 책, 456~461쪽.

37 위의 책, 573~578쪽.

38 데라우치 총독의 조선 통치는 일본 안에서도 '朝鮮隔離主義'라는 이유로 비판받았는데, 격리주의라는 비판의 가장 중요한 논거가 된 것은 바로 태형 제도였다. 염복규, 앞의 글, 2004.

39 문준영, 앞의 책, 456~461쪽.

40 「關屋 → 大塚常三郎 總督府參事官 書簡」(1945.4.5), 『大塚常三郎關係文書』 67-7, 國會圖書館憲政資料室所藏(마쓰다 도시히코, 앞의 책, 235쪽 재인용).

41 마쓰다 도시히코, 위의 책, 229~237쪽.

42 위의 책, 209~270쪽.

43 위의 책, 209~270쪽.

44 위의 책, 209~270쪽.

45 위의 책, 285쪽.

46 위의 책, 24~25쪽.

47 문명기, 「대만 · 조선의 '식민지근대'의 격차―경찰부문의 비교를 통하여」, 『중국근현대사연구』 59집, 2013.

48 장신, 「조선총독부의 경찰 인사와 조선인 경찰」, 『역사문제연구』 22호, 2009.

49 위의 글.

50 윤희중, 「근대일본의 경찰조직에 관한 역사적 고찰-1860~1945」, 『경찰학논총』 제4권 제1호, 2009.

51 윤희중, 앞의 글.

52 마쓰다 도시히코, 앞의 책, 348~365쪽.

53 위의 책, 423~470쪽.

54 위의 책, 550~564쪽.

55 문준영, 앞의 책, 573~591쪽.

56 장신, 「1930·40년대 조선총독부의 사상전향정책 연구」, 성균관대 박사논문, 2020.

57 마쓰다 도시히코, 앞의 책, 568~658쪽.

58 宮田節子 編, 『朝鮮軍槪要史』, 不二出版, 1989, pp.45~62.

제6장_지방행정과 도

1 김사량, 오근영 역, 「덤불헤치기」, 『빛 속으로』, 소담출판사, 2001.

2 위의 글.

3 中野正剛, 『我ガ觀たる滿鮮』, 政敎社, 1911, 176쪽; 마쓰다 도시히코(松田利彦), 앞의 책, 216~217쪽 재인용. 나카노 세이고는 1913년부터 1915년까지 『도쿄아사히신문』의 경성특파원으로 조선에 주재하고 있었다.

4 박달성, 「군수를 歷訪하고 군수 제군에게, 위선 군수들의 관상부터」, 『개벽』 60호, 1925(이송순, 「일제하 조선인 군수의 사회적 위상과 현실인식」, 『역사와 현실』 63, 2007에서 재인용).

5 윤해동, 『지배와 자치』, 역사비평사, 2006, 35~84쪽. 이 장의 내용 가운데 많은 부분은 이 저작에서 빌려온 것이다. 일일이 인용을 달지 못한 부분이 있는바, 이에 대해서는 독자들의 혜량을 빌어 마지않는다.

6 위의 책, 87~102쪽 참조.

7 막스 베버, 이상률 역, 『관료제』, 문예출판사, 2018 참조.

8 윤해동, 『지배와 자치』, 119~138쪽 참조.

9 위의 책, 161~199쪽 참조.

10 이송순, 앞의 글.

11 박은경, 『일제하 조선인관료 연구』, 학민사, 1999, 41~102쪽.

12 마쓰다 도시히코, 앞의 책, 213~228쪽.

13 윤해동, 『지배와 자치』, 87~102쪽 참조.

14 정태헌, 「도세입-도세의 구성추이를 통해본 식민지 도재정의 성격」, 『한국사학보』 15호, 2003.

15 위의 글; 김옥근, 『일제시기 조선재정사 논고』, 일조각, 1994, 220~396쪽.

16 위의 글; 정태헌, 「일제말기 도세입의 구성변화와 식민지성(1936~1945년)」, 『한국사연구』 123, 2003.

17 김옥근, 앞의 책, 220~396쪽.

18 총독부의 국장으로 근무한 조선인은 학무국장으로 근무한 2명이 있을 뿐이었다. 장신, 「일제하 조선인 고등관료의 형성과 정체성」, 『역사와현실』 63호, 2007.

19 한긍희, 「조선총독부의 조선인 도지사 임용정책과 양상」, 『역사문제연구』 22호, 2009.

20 위의 글.

21 김병규에 대해서는 다음 글 참조. 동선희, 「일제하 경남지역 조선인 읍회의원에 관한 연구」, 『청계사학』 20권, 2006.

22 「예산안 返上-동의를 제출」, 『동아일보』, 1929.3.8.

23 윤해동, 「식민지근대와 공공성-변용하는 공공성의 지평」, 『근대역사학의 황혼』, 책과함께, 2010.

24 「道制施行規則」(조선총독부령 제15호), 『조선총독부관보』, 1933.2.1.

25 동선희, 『식민권력과 조선인 지역유력자』, 선인, 2011, 78~94쪽.

26 김동명, 『지배와 협력』, 130~135쪽.

27 동선희, 앞의 책, 84~94쪽.

28 전성현, 「일제시기 도평의회와 지역」, 『한일민족문제연구』 27, 2014.

29 전성현, 「일제강점기 '지방의회'의 '정치적인 것'과 한계」, 『역사연구』 39, 2020; 김동명, 앞의 책, 184~225쪽.

30 김동명, 위의 책, 270~295쪽.

31 동선희, 앞의 책, 297~348쪽.

32 「수업료 철폐 결의」, 『조선일보』, 1933.11.2.

33 「문맹 퇴치의 첩경은 의무교육의 실시」, 『동아일보』, 1936.3.11.

34 「낙동강연안 토지개발과 농업교 확충 역설」, 『동아일보』, 1940.3.9; 전성현, 「일제강점기 '지방의회'의 '정치적인 것'과 한계」.

35 지수걸, 「일제하 공주지역 유지집단의 도청이전 반대운동(1930.11~1932.10)」, 『역사와현실』 20, 1996 참조.

36 김중섭, 「일제하 경남도청 이전과 주민 저항운동」, 『경남문화연구』 18권, 1996; 전성현, 「일제강점기 식민권력의 지방지배 '전략'과 도청이전을 둘러싼 '지역정치'」, 『사회와 역사』 126집, 2020.

37 윤해동, 황병주 편, 『식민지공공성 실체와 은유의 거리』, 책과함께, 2010. 이 책 속의 부회 관련 논문 참조.

38 전성현, 「일제강점기 '지방의회'의 '정치적인 것'의 한계」.

제7장 제국과 식민지의 사이

1 「尹憙榮子가 檢事局에」, 『동아일보』, 1921.5.25.

2 「윤덕영」, 민족문제연구소, 『친일인명사전』, 2009.

3 윤인수, 「일제시대에 발생한 대한제국시기 임명장 위조의 양상과 사회적 배경」, 『고문서연구』 제34호, 2009.

4 오가와라 히로유키(小川原宏幸), 최덕수 외역, 『이토 히로부미의 한국병합 구상과 조선사회』, 열린책들, 2012, 269~306쪽.

5 윤해동, 『동아시아사로 가는 길』, 책과함께, 2018, 157~186쪽.

6 「한국황실의 지위에 관한 일본 천황의 조서」(1910.8.29), 『조선총독부관보』 제1호; 신상준, 『개정 한국행정사』, 한국복지행정연구소, 2006, 199~244쪽.

7 병합 이전 고종이 매국노 역할을 했다고 평가하는 저작이 있다. 이 시기 고종의 선택을 보면 이런 평가가 지나치다고 할 수는 없겠다. 박종인, 『매국노 고종』, 와이즈맵, 2020.

8 이윤상, 「일제하 조선왕실의 지위와 이왕직의 기능」, 『한국문화』 40집, 2007 참조. 일본의 최종적인 방안이 마련되기 이전에 일본 정부와 통감부 사이에는 한국의 국호와 황실의 예우를 둘러싼 갈등이 있었다. 조선 통감 데라우치는 한국 황실의 정치활동을 단절시키는 것을 전제로 왕 책립의 예우를

다할 것을 주장하였다. 물론 데라우치의 의견이 대체로 관철되었는데, 여기에는 총독이 이왕가를 직접 감독하려는 정략적 함의가 가로놓여 있었다. 윤대원, 「일제의 한국병합과 '한국황실처분'의 정략적 함의」, 『규장각』 50, 2017.

9 신상준, 앞의 책, 245~276쪽.

10 이지선, 야마모토 하나코, 「『직원록』을 통해서 본 이왕직의 직제 연구」, 『동양음악』 26집, 2004.

11 「이왕직 사무분장 규정」, 『순종실록』 부록, 1911.2.1(이윤상, 앞의 글, 재인용).

12 신상준, 앞의 책, 199~244쪽.

13 위의 책, 199~244쪽.

14 곤도 시로스케, 이언숙 역, 『대한제국 황실 비사』, 이마고, 2007, 116~120쪽. 원저는 權藤四郎介, 『李王宮祕史』, 朝鮮新聞社, 1926. 곤도 시로스케는 1907년 궁내부 사무관으로 특채되어 1920년까지 창덕궁에서 근무하였다.

15 장신, 「일제하 이왕직의 직제와 인사」, 『장서각』 35집, 2016.

16 이윤상, 앞의 글; 장신, 위의 글.

17 김명수, 「1915~1921년도 구황실(이왕가) 재정의 구성과 그 성격에 관한 고찰」, 『장서각』 35집, 2016.

18 이성시, 「조선왕조의 상징공간과 박물관」, 임지현 외, 『국사의 신화를 넘어서』, 휴머니스트, 2004, 267~295쪽.

19 김명수, 앞의 글; 엄승희, 『일제 강점기 도자사 연구』, 경인문화사, 2014, 183~217쪽 참조.

20 신상준, 앞의 책, 199~200쪽.

21 이윤상, 앞의 글.

22 위의 글; 송우혜, 『왕세자 혼혈결혼의 비밀』, 푸른역사, 2010 참조.

23 이왕무, 「대한제국 황실의 분해와 왕공족의 탄생」, 『한국사학보』 64집, 2016.

24 위의 글.

25 신명호, 「德壽宮 贊侍室 편찬의 『日記』 자료를 통해본 식민지시대 고종의 일상」, 『장서각』 23집, 2010.

26 松江修太郎, 『朝鮮行政法提要』, 東都書籍, 1944, 1~15쪽.

27 이 조항은 조선귀족령 공포 직후에 곧바로 수정되어, 조선총독의 관리를 받는 것으로 '하향조정'되었다. 심재욱, 「1910년대 '조선귀족'의 실태」, 『사학연구』 76집, 2004.

28 鈴木正幸, 류교열 역, 『근대일본의 천황제』, 이산, 1993.

29 이윤상, 앞의 글.

30 수작과 관련한 자세한 상황에 대해서는 심재욱, 앞의 글 참조.

31 신상준, 앞의 책, 199~244쪽.

32 심재욱, 앞의 글.

33 이용창, 「일제강점기 '조선귀족' 수작 경위와 수작자 행태」, 『한국독립운동사연구』 43집, 2012; 이기훈, 「1920~30년대 '조선귀족'의 경제상황과 조선총독부의 귀족정책」, 『역사문제연구』 21호, 2009.

34 채영국, 「3·1운동 전후 일제 '조선군'(주한일본군)의 동향」, 『한국독립운동사연구』 6, 1992; 宮本正明, 「朝鮮軍·解放前後の朝鮮」, 「朝鮮軍·解放前後の朝鮮—未公開資料 朝鮮總督府關係者 錄音記錄 (5)」, 『東洋文化硏究』 제6호, 2004, 247~280쪽.

35 「세계 유일의 평화군대, '조선보병대' 해산」, 『동아일보』, 1931.1.14.

36 곤도 시로스케, 앞의 책, 116~120쪽.

37 小田省吾, 『德壽宮史』, 李王職, 1938, pp.73~75.

38 이기동, 『비극의 군인들』, 일조각, 1982, 190~223쪽.

39 위의 책, 2~50쪽.

40 임종국, 『일본군의 조선침략사』 1 · 2, 일월서각, 1989.

41 조건, 「전시 총동원체제기 조선 주둔 일본군의 조선인 통제와 동원」, 동국대 박사논문, 2015, 1~9쪽.

42 여기에서 사용하는 조선군이라는 명칭은 기본적으로 1918년에 설치된 부대를 지칭하는 것이다. 하지만 경우에 따라서는 '조선군'만이 아니라 한국주차군과 조선주차군을 포함하여 조선에 주둔하던 일본군 전체를 가리키는 용어로 사용하기도 한다.

43 朴廷鎬, 「近代日本における治安維持政策と國家防衛政策の狹間−朝鮮軍を中心に」, 『本郷法政紀要』 14, 2005.

44 후지와라 아키라(藤原彰), 엄수현 역, 『일본군사사』, 시사일본어사, 1994, 141~171쪽.

45 위의 책, 141~171쪽.

46 신주백, 「일제의 강점과 조선주둔 일본군(1910~1937년)」, 261~310쪽.

47 由井正臣, 「日本帝國主義成立期の軍部」, 原秀三郎ほか 編 『大系 日本國家史』 5, 東京大學出版會, 1976 (宮本正明, 「朝鮮軍 · 解放前後の朝鮮」, 『朝鮮軍 · 解放前後の朝鮮−未公開資料 朝鮮總督府關係者 錄音 記錄(5)』, 『東洋文化硏究』 제6호, 2004, pp.247~280에서 재인용).

48 이승희, 「伊藤博文과 한국주차헌병대」, 『일본역사연구』 32집, 2010.

49 「朝鮮總督へ御委任の件」(陸軍省受領 密受第320號), 1910.9.1, 『密大日記』, pp.278~279(신주백, 「일제의 강점과 조선주둔 일본군(1910~1937년)」, 261~310쪽 재인용).

50 신상준, 『개정 한국행정사』, 한국복지행정연구소, 2006, 231~244쪽.

51 신주백, 「1910년대 일제의 조선통치와 조선주둔 일본군」, 『한국사연구』 109집, 2000.

52 위의 글. 관동도독부 육군부는 1919년 4월 관동군으로 독립하였다. 이후 관동군은 만주와 몽골의 권익과 관련해서는 조선군보다 우월한 지위를 확보해나갔다.

53 신주백, 「1910년대 일제의 조선통치와 조선주둔 일본군」.

54 채영국, 「3 · 1운동 전후 일제 '조선군'(주한일본군)의 동향」, 『한국독립운동사연구』 6, 1992 참조. 일본군이 폭발적으로 확장되는 1937년부터는 3단위 편제로 변화되었다.

55 신주백, 「1910년대 일제의 조선통치와 조선주둔 일본군」.

56 러시아를 가상적으로 설정하는 육군은 육군중심의 陸主海從 정책을, 미국을 가상적으로 설정하는 해군은 해군 중심의 海主陸從 정책을 내세우면서 갈등이 심화되었다. 후지와라 아키라, 앞의 책, 141~171쪽.

57 임종국, 『일본군의 조선침략사』 1, 229~268쪽; 후지와라 아키라, 앞의 책, 141~171쪽.

58 임종국, 위의 책, 229~268쪽; 채영국, 앞의 글; 신주백, 「1910년대 일제의 조선통치와 조선주둔 일본군」.

59 신주백, 「3 · 1운동과 일본군 동향 그리고 제국 운영」.

60 위의 글; 신주백, 「1910년대 일제의 조선통치와 조선주둔 일본군」.

61 임종국, 『일본군의 조선침략사』 1, 229~268쪽; 宮本正明, 「朝鮮軍 · 解放前後の朝鮮」, 『東洋文化硏究』 제6호, 2004, 247~280쪽.

62 후지와라 아키라, 앞의 책, 173~193쪽.

63 신주백, 「일제의 강점과 조선주둔 일본군(1910~1937년)」, 261~310쪽.

64 신주백, 「조선군과 재만조선인의 치안문제(1919~1931)」, 『한국민족운동사연구』 40, 2004.

65 위의 글; 임종국, 『일본군의 조선침략사』 2, 11~104쪽.

66 신주백, 위의 글; 임종국, 위의 책, 11~104쪽.

67 임종국, 위의 책, 229~268쪽.

68 후지와라 아키라, 앞의 책, 173~176쪽.

69 신주백, 「조선군과 재만조선인의 치안문제(1919~1931)」.

70 위의 글.

71 宮田節子 編, 「解說」, 『朝鮮軍概要史』, 不二出版, 1989, 1~135쪽; 임종국, 『일본군의 조선침략사』 2, 11~104쪽; 신주백, 「일제의 강점과 조선주둔 일본군(1910~1937년).

72 임종국, 『일본군의 조선침략사』 2, 11~104쪽; 신주백, 「일제의 강점과 조선주둔 일본군(1910~1937년)」; 후지와라 아키라, 앞의 책, 195~217쪽; 서민교, 「만주사변기 조선주둔 일본군의 역할과 활동」, 『한국민족운동사연구』 32, 2002.

73 후지와라 아키라, 위의 책, 189~193쪽.

74 임종국, 『일본군의 조선침략사』 2, 11~104쪽; 후지와라 아키라, 위의 책, 219~248쪽.

75 후지와라 아키라, 위의 책, 249~287쪽.

76 宮田節子 編, 「解說」, 『朝鮮軍概要史』, 不二出版, 1989, pp.29~30; 임종국, 『일본군의 조선침략사』 2, 92~104쪽.

77 여기에서 사용하는 '군대참여'라는 용어는 '지원병'과 '학병' 그리고 '징병'을 모두 포함하기 위해서 사용한 것이다.

78 이영석, 『제국의 기억, 제국의 유산』, 아카넷, 2019, 195~245쪽.

79 애국부는 『애국』이라는 제호의 잡지를 3호까지 간행하였다. 조선군사령부애국부 편, 『애국』 1~3, 1932~1934; 조건, 「중일전쟁기(1937~1940) '조선군사령부보도부'의 설치와 조직구성」, 『한일민족문제연구』 19, 2010 참조.

80 宮本正明, 「朝鮮軍・解放前後の朝鮮」, 『東洋文化研究』 제6호, 2004.

81 엄경호, 「일본육군의 선전보도기관과 그 업무─조선군사령부의 보도부를 중심으로」, 『가야대논문집』 6, 1997; 김인수, 「1930년대 후반 조선주둔 일본군의 대소련 대조선 정보사상전」, 『한국문학연구』 32, 2007; 조건, 「중일전쟁기(1937~1940) '조선군사령부보도부'의 설치와 조직구성」.

82 하종문, 「중일전쟁 이후의 조선군의 실상」, 한일관계사연구논집 편찬위원회 편, 『일제 식민지지배의 구조와 성격』, 경인문화사, 2005, 311~345쪽.

83 미야타 세츠코(宮田節子), 이형랑 역, 『조선민중과 황민화정책』, 일조각, 1997.

84 宮田節子 編, 「解說」, 『朝鮮軍概要史』, 不二出版, 1989, 1~135쪽; 하종문, 앞의 글.

85 하종문, 앞의 글; 표영수, 「일제강점기 육군특별지원병제도와 조선인 강제동원」, 『한국민족운동사연구』 79, 2014.

86 안자코 유카, 「전장으로의 강제동원─조선인 지원병이 경험한 아시아 태평양 전쟁」, 『역사학연구』 81집, 2021.

87 표영수, 「일제강점기 육군특별지원병제도와 조선인 강제동원」.

88 안자코 유카, 앞의 글.

89 표영수, 「해군특별지원병제도와 조선인 강제동원」, 『한국민족운동사연구』 59, 2009.

90 하종문, 앞의 글.

91 최유리, 『일제말기 식민지 지배정책연구』, 국학자료원, 1997, 179~252쪽.

92 김동명, 『지배와 협력』, 역사공간, 2018, 52~69쪽.

93 姜德相, 정다운 역, 『일제강점기 말 조선학도병의 자화상』, 선인, 2016.

94 이상의, 「태평양전쟁기 조선인 전문학생・대학생의 학도지원병 동원거부와 '학도징용'」, 『역사교육』

141, 2017.

95 樋口雄一, 『戰時下の朝鮮の民衆と徵兵』, 總和社, 2001, pp.99~108.

96 Ibid., pp.99~108.

97 1990년대에 일본정부로부터 건네받은 『留守名簿』에는 1945년 조선군 유수19, 20사단에 근무하던 조선인 병사들의 명부가 수록되어 있다. 이 명부를 분석한 연구를 통해서도 다수의 조선인이 근무하고 있었던 정황이 확인된다. 조건, 「일제강점 말기 '조선 주둔 일본군' 상주사단의 한인 병력동원 양상과 특징」, 『한국독립운동사연구』 51집, 2015.

98 樋口雄一, op.cit., pp.99~138·173~188.

99 후지와라 아키라, 앞의 책, 249~287쪽.

100 위와 같음.

101 朝鮮軍殘務整理部, 『朝鮮に於ける戰爭準備』, 1946, pp.143~153; 임종국, 『일본군의 조선침략사』 2, 108~116쪽.

102 朝鮮軍殘務整理部, Ibid., pp.143~153; 임종국, 위의 책, 108~116쪽; 신주백, 「1945년 한반도에서 일본군의 '본토결전' 준비」, 『역사와현실』 49호, 2003. 앞서 말한 바와 같이 1937년 이래 조선군은 3단위 편제를 취하고 있었다. 곧 3개 연대로 1개 사단을 편성하였으므로, 사단당 인원수는 상당수 감소한 상태였다.

103 朝鮮軍殘務整理部, 『朝鮮に於ける戰爭準備』, 1946, pp.143~153; 임종국, 『일본군의 조선침략사』 2, 108~116쪽. 구처란 특정사항에 대한 지휘를 위임받은 것을 말한다.

104 신주백, 「1945년 한반도에서 일본군의 '본토결전' 준비」, 『역사와현실』 49호, 2003.

105 임종국, 『일본군의 조선침략사』 2, 108~116쪽.

106 朝鮮軍殘務整理部, 『朝鮮に於ける戰爭準備』, 1946, 143~153쪽; 임종국, 『일본군의 조선침략사』 2, 108~116쪽; 신주백, 「1945년 한반도에서 일본군의 '본토결전' 준비」, 『역사와현실』 49호, 2003.

107 임종국, 『일본군의 조선침략사』 2, 108~116쪽.

108 위와 같음.

109 吉田俊隈, 「朝鮮人志願兵·徵兵の梗概」, 『朝鮮軍關係史料 2/2』, アジア歷史資料センター.

110 신주백, 「1945년 한반도에서 일본군의 '본토결전' 준비」.

111 후지와라 아키라, 앞의 책, 266~289쪽.

112 임종국, 『일본군의 조선침략사』 2, 108~116쪽; 신주백, 「1945년 한반도에서 일본군의 '본토결전' 준비」.

113 「선은정리 문제 내용은 발표 못 해」, 『조선일보』, 1925.4.22.

114 조명근, 『일제하 조선은행 연구—중앙은행 제도의 식민지적 변용』, 아연출판부, 2019, 18~38쪽.

115 朝鮮銀行史硏究會 編, 『朝鮮銀行史』, 東洋經濟申報社, 1987, p.4.

116 차현진, 『중앙은행 별곡』, 인물과사상사, 2016, 67~76쪽.

117 조명근, 앞의 책, 40~63쪽.

118 위의 책, 18~38쪽.

119 차현진, 앞의 책, 77~97쪽.

120 조명근, 앞의 책, 122~157쪽; 차현진, 위의 책, 137~176쪽.

121 조명근, 위의 책, 214~243쪽; 차현진, 위의 책, 107~136쪽.

122 조명근, 위의 책, 244~275쪽; 차현진, 위의 책, 107~136쪽.

123 차현진, 위의 책, 137~176쪽.

124 위의 책, 177~226쪽.

125 위의 책, 177~226쪽.

126 조명근, 앞의 책, 158~212쪽; 차현진, 위의 책, 177~226쪽.

제8장_대한민국임시정부와 조선총독부 – 대칭국가와 식민국가

1 지그문트 바우만, 조형준 역, 『빌려온 시간을 살아가기』, 새물결, 2014.

2 대한민국 건국 연도를 둘러싼 논쟁이 주로 건국을 기념하는 차원 곧 건국절의 설정과 관련하여 전개되었다는 점에서, 건국을 둘러싼 좌우의 논쟁을 여기에서는 건국절 논쟁이라고 부르기로 한다.

3 문재인, 「제72주년 광복절 경축사」, 위키문헌(https://ko.wikisource.org/wiki), 2017.

4 「대한민국 건국논쟁 이것이 궁금하다 5」, 『조선일보』, 2017.8.30.

5 「진영에 갇힌 건국논쟁 3」, 『중앙일보』, 2017.9.15.

6 김태훈, 「김정은 만난 뒤, 대통령 입에서 '건국 100년'이 사라졌다」, 『조선일보』 2019.4.11.

7 「진영에 갇힌 건국논쟁 1-3」, 『중앙일보』, 2017.9.13~15 참조.

8 도진순, 「역사와 기억 – 건국연도와 연호, 그 정치적 함의」, 『역사비평』126호, 2019, 393~422쪽.

9 이기훈, 「건국절 논쟁의 역사적 함의」, 역사3단체 공동주최 학술대회 〈국가정통론의 동원과 '역사전쟁'의 함정〉 발표문, 2019.

10 윤해동, 「뉴라이트운동과 역사인식」, 『탈식민주의 상상의 역사학으로』, 푸른역사, 2014, 110~143쪽.

11 북한의 역사해석에 대한 개괄적인 소개로는 도면회 외, 『북한의 역사만들기 – 북한 역사학 50년』, 푸른역사, 2003.

12 김석준, 『미군정 시대의 국가와 행정』, 이화여대 출판문화원, 1996 참조.

13 분단국가 개념은 '분단체제'라는 모호한 개념과 교호작용을 하면서 민족주의적 '통일'의 '환상'을 부추기는 작용을 하고 있다. 대표적으로 강만길, 앞의 책; 백낙청, 『흔들리는 분단체제』, 창비, 1998 등 참조.

14 여기서는 국민국가 혹은 민족국가라는 용어를 주로 nation·state의 번역어에 해당하는 것으로 사용할 것이다. 두 용어의 차이도 nation의 번역어를 국민 혹은 민족으로 선택하는 과정에서 나타난 것으로 간주한다. 따라서 맥락에 따라 뉘앙스의 차이는 있다고 해도, 두 용어가 포괄하는 내용은 유사한 것으로 본다.

15 임현진·정영철, 『21세기 통일한국을 위한 모색』, 서울대 출판부, 2005, 1~17쪽.

16 강만길, 『고쳐 쓴 한국근대사』 등의 개설서 참조.

17 서중석, 『한국현대민족운동연구』, 역사비평사, 1997; 윤덕영, 「일제하 해방직후 동아일보 계열의 민족운동과 국가건설노선」, 연세대 박사논문, 2010 참조.

18 강선주, 「'근대전환기' 어떻게 탐구할 것인가? – 국민국가건설운동을 중심으로」, 『역사교육』140집, 2016.

19 서구 근대국가의 탄생경위에 대해서는 김경희, 『근대국가 개념의 탄생』, 까치, 2018 참조.

20 김준석, 『근대국가』, 책세상, 2011, 14~51쪽.

21 데이비드 헬드, 「민주주의, 민족국가, 그리고 지구촌」, 한상진 편저, 『마르크스와 민주주의』, 사회문화연구소, 1991, 352~361쪽.

22 조슈아 키팅(Joshua Keating), 오수원 역, 『보이지 않는 국가들 – 누가 세계의 지도와 국경을 결정하는가』, 예문 아카이브, 2019, 34~81쪽.

23 위의 책, 34~81쪽.

24 로버트 잭슨, 옥동석 역, 『주권이란 무엇인가』, 21세기북스, 2016, 27~57쪽.

25 위의 책, 27~57쪽.

26 위의 책, 137~182쪽.

27 데이비드 헬드, 앞의 글 참조.

28 Stephen D, Krasner, *Sovereignty:Organized Hypocrisy*, Princeton University Press, 1999.

29 Thomas J. Biersteker and Cynthia Weber, *State Sovereignty as Social Construct*, Cambridge University Press, 1996; Mikulas Fabry, *Recognizing States : International Society and the Establishment of New States Since 1776*, Oxford University Press, 2010; Richard Joyce, *Competing Sovereignty*, Routledge, 2013.

30 얀 지엘론카, 신해경 역, 『유럽연합의 종말』, 아마존의나비, 2015, 121~125쪽.

31 김성주, 「주권개념의 역사적 변천과 국제사회로의 투영」, 『한국정치외교사논총』 제27집 2호, 2006.

32 「대한민국임시헌장」, 국사편찬위원회, 『대한민국임시정부자료집 1 – 헌법 · 공보』, 국사편찬위원회 〈한국사데이터베이스〉.

33 Y, Shine and Juan Linz, 1995, *Between States:Interim Governments in Democratic Transitions*, Cambridge University Press, p.5; 이해영, 『임정, 거절당한 정부』, 글항아리, 2019, 18~22쪽 재인용.

34 이해영, 앞의 책, 18~32쪽.

35 「대한민국임시헌장」.

36 신규환, 『세브란스, 새로운 세상을 꿈꾸다』, 역사공간, 2019, 111쪽.

37 이해영, 앞의 책, 45~75 · 173~191쪽.

38 「임시정부의 대일선전성명서」, 『대한민국임시정부자료집 16 – 외무부』, 국사편찬위원회 〈한국사데이터베이스〉.

39 賀其治, 「대한민국임시정부가 발표한 비망록 요점」, 『대한민국임시정부자료집 25 – 중국의 인식』, 국사편찬위원회 〈한국사데이터베이스〉.

40 이해영, 앞의 책, 76~124쪽; 김영호, 「미국의 대한민국 정부 승인 정책에 관한 연구」, 『군사』 92호, 2014.

41 '베스트팔렌 강박'이란 국제사회의 영토재편에 대한 반사적인 반대를 지칭하는 말이다. 조슈아 키팅, 앞의 책, 294~318쪽.

42 「대한민국임시헌장」.

43 대한민국임시정부에 대해서는 수많은 연구성과가 축적되어 있다. 그 가운데 대표적인 것으로 김희곤, 『대한민국임시정부 연구』, 지식산업사, 2004; 윤대원, 『상해시기 대한민국임시정부 연구』, 서울대 출판부, 2006; 반병률, 『통합임시정부와 안창호, 이동휘, 이승만』, 신서원, 2019 참조.

44 「대한민국임시헌법」, 국사편찬위원회, 『대한민국임시정부자료집 1 – 헌법 · 공보』, 국사편찬위원회 〈한국사데이터베이스〉.

45 김희곤, 앞의 책, 83~110쪽; 윤대원, 앞의 책, 49~81쪽; 양영석, 「대한민국 임시의정원 연구(1919 ~1925)」, 『한국독립운동사연구』 2집, 1988; 정병준, 「1940년대 대한민국임시의정원의 건국 구상」, 『한국민족운동사연구』 61집, 2009 참조.

46 정병준, 앞의 글 참조.

47 「대한민국임시헌법」, 국사편찬위원회, 『대한민국임시정부자료집 1 – 헌법 · 공보』, 국사편찬위원회 〈한국사데이터베이스〉, 1925.4.7.

48 윤대원, 앞의 책, 21~262쪽; 윤대원, 「임시정부법통론의 역사적 연원과 의미」, 『역사교육』 110호,

2009 참조.

49 「대한민국 임시관제」, 『大韓民國臨時政府公報號外』, 국사편찬위원회, 『대한민국임시정부자료집 1－헌법·공보』, 국사편찬위원회 〈한국사데이터베이스〉.

50 조동걸, 「대한민국임시정부의 조직」, 『한국사론』 10집, 1981; 윤대원, 앞의 책, 21~130쪽 참조.

51 윤대원, 앞의 책, 21~130쪽; 김은지, 「대한민국임시정부 초기의 지방자치제 시행과 지방행정관청 운영」, 『역사와 담론』 91호, 2019; 유병호, 「대한민국임시정부의 안동교통국과 怡隆洋行」, 『한국민족운동사연구』 62집, 2010 참조.

52 정병준, 앞의 글; 김광재, 『대한민국 헌법의 탄생과 기원』, 윌비스, 2017 참조.

53 「대한민국건국강령」, 『대한민국임시정보공보』 72호, 국사편찬위원회, 『대한민국임시정부자료집 1－헌법·공보』, 국사편찬위원회 〈한국사데이터베이스〉.

54 조슈아 키팅, 앞의 책, 91~131쪽.

55 로버트 잭슨, 앞의 책, 27~57쪽; 나용우, 「근대 주권의 진화와 유럽연합의 형성:새로운 '공유주권'을 중심으로」, 『평화학연구』 제17권 5호, 2016.

56 한용운, 「조선독립의 서」(「朝鮮獨立에 對한 感想의 大要」), 『독립신문』, 1919.11.4; 김광식, 「한용운의 조선독립의 서 연구」, 『한용운 연구』, 동국대 출판부, 2011, 279~307쪽 참조.

57 한용운, 「독립은 민족의 자존심」, 『동아일보』 1920.9.25.

58 김도훈, 「1910년대 초반 미주한인의 임시정부 건설론」, 『한국근현대사연구』 10, 1999.

59 조동걸, 「임시정부 수립을 위한 1917년의 '대동단결선언'」, 『한국학논총』 9, 1987.

60 윤대원, 앞의 책, 23~30쪽.

61 대한제국의 국가성격을 검토한 연구성과는 매우 많지만, 대한제국을 근대국가의 시각으로 검토한 성과로는 다음을 참조할 것. 한영우 외, 『대한제국은 근대국가인가』, 푸른역사, 2006; 김기란, 『극장국가 대한제국』, 현실문화, 2020 참조.

62 김성배, 「한국의 근대국가 개념 형성사 연구」, 『국제정치논총』 제52집 2호, 2012; 정욱재, 「대한제국기 유림의 국가인식」, 『역사와 담론』 86집, 2018 참조.

63 김동택, 「대한제국기 근대국가 형성의 세 가지 구상」, 『21세기정치학회보』 제20집 1호, 2010.

64 김소영, 「재일조선유학생들의 '국민론'과 '애국론'」, 『한국민족운동사연구』 66호, 2011; 김소영, 「한말 지식인들의 '애국론'과 민족주의」, 『개념과 소통』 16호, 2015.

65 조동걸, 『한국 근대사의 시련과 반성』, 지식산업사, 1989, 104~111쪽.

66 조동걸, 위의 책, 104~111쪽; 김희곤, 『임시정부 시기의 대한민국 연구』, 지식산업사, 2015, 225~327쪽.

67 한나 아렌트, 박미애 역, 『전체주의의 기원』 1, 한길사, 2013, 427~451쪽.

68 조슈아 키팅, 앞의 책, 82~90쪽. 이 밖에 수많은 유형의 '국가밖의 국가'가 존재한다.

69 김도훈, 「1910년대 초반 미주한인의 임시정부 건설론」.

70 위의 글.

71 조동걸, 「임시정부 수립을 위한 1917년의 '대동단결선언'」.

72 고정휴, 「세칭 한성정부의 조직주체와 선포경위에 대한 검토」, 『한국사연구』 97, 1997 참조.

73 윤대원, 『상해시기 대한민국임시정부 연구』, 23~48쪽.

74 박환, 「'신민부'에 대한 일고찰」, 『역사학보』 108, 1985; 채영국, 『한민족의 만주독립운동과 정의부』, 국학자료원, 2000; 신주백, 「1920년대 중후반 재만한인 민족운동에서의 '자치'문제 검토」, 『한국독립운동사연구』 17, 2001 참조.

75 강만길, 앞의 책, 91~99쪽.

76 정병준, 「조선건국동맹의 조직과 활동」, 『한국사연구』 80, 1993.

77 이해영, 앞의 책, 18~22쪽.

78 사이먼 스위프트(Simon Swift), 이부순 역, 『스토리텔링 한나 아렌트』, 앨피, 2010, 185~188쪽.

79 막스 베버, 박상훈 역, 『소명으로서의 정치』, 후마니타스, 2013.

80 김준석, 앞의 책, 14~51쪽.

81 데이비드 헬드, 앞의 글.

82 한나 아렌트, 앞의 책, 405~408쪽.

83 최장집, 『한국 민주주의의 조건과 전망』, 나남, 1998 참조.

84 조르조 아감벤, 박진우 역, 『호모 사케르』, 새물결, 2008, 55~81쪽.

85 尹海東, 「韓国における植民地国家と植民地の「グレーゾーン」」, 『史潮』 78号, 日本歴史學會, 2015.

86 로버트 잭슨, 앞의 책, 27~57쪽.

87 한나 아렌트, 앞의 책, 408~409쪽.

88 尹海東, 「韓国における植民地国家と植民地の「グレーゾーン」」.

89 이승렬, 「일제하 중추원 개혁문제와 총독정치」, 『동방학지』 132집, 2005.

90 아사노 토요미(淺野豊美), 최석환 역, 「일본제국의 통치원리 '내지연장주의'와 제국법제의 구조적 전개」, 『법사학연구』 33호, 2002.

91 尹海東, 「韓国における植民地国家と植民地の「グレーゾーン」」.

92 박명규, 「1910년대 식민통치기구의 형성과 성격」, 『한국 근대사회와 문화』 2, 서울대 출판부, 2005.

93 Julian Go and Anne L. Foster eds., *The American Colonial State in the Philippines*, Duke University Press, 2003; James Hevia, *The Imperial Security State*, Cambridge University Press, 2012; Ewout Frankema and Anne Booth eds., *Fiscal Capacity and the Colonial State in Asia and Africa, c. 1850-1960*, Cambridge University Press, 2020.

94 하나의 음이 다른 음과 '수직적인' 관계를 형성하는 화성악과 달리, 대위법은 음과 음이 다원적으로 존재하는 다성음악으로서 '수평적인' 기법이 된다. 아쿠다가와 야스시(芥川也寸志), 김수희 역, 『음악의 기초』, AK, 2019, 194~256쪽.

95 필립 페팃(Philip Pettit), 곽준혁·윤채영 역, 『왜 다시 자유인가(*Just Freedom*)』, 한길사, 2019, 235~279쪽.

제9장 식민국가와 동아시아

1 주디스 버틀러·가야트리 스피박, 주혜연 역, 『누가 민족국가를 노래하는가』, 산책자, 2008, 21~46쪽 참조.

2 아사노 토요미(淺野豊美), 최석환 역, 「일본제국의 통치원리 '내지연장주의'와 제국법제의 구조적 전개」, 『법사학연구』 33, 2002.

3 니시카와 나가오, 한경구·이목 역, 『국경을 넘는 방법』, 일조각, 2006.

4 윤해동, 『지배와 자치』 참조.

5 清宮四郎, 『外地法序說』, 有斐閣, 1944, pp.1~36.

참고문헌

1. 2차자료

1) 한국어

단행본

강덕상, 정다운 역,『일제강점기 말 조선학도병의 자화상』, 선인, 2016(姜德相,『朝鮮人學徒出陣』, 岩波書店, 1997).

강만길,『고쳐 쓴 한국현대사』, 창비, 1998.

강성호 외,『중유럽민족문제－오스트리아·헝가리제국을 중심으로』, 동북아역사재단, 2009.

곤도 시로스케(權藤四郎介), 이언숙 역,『대한제국 황실 비사』, 이마고, 2007

국사편찬위원회,『대한민국임시정부자료집』1-25.

권태억 외,『한국 근대사회와 문화』1·2, 서울대 출판부, 2003·2005.

김경희,『근대국가 개념의 탄생』, 까치, 2018.

김광재,『대한민국 헌법의 탄생과 기원』, 윌비스, 2017.

김기란,『극장국가 대한제국』, 현실문화, 2020.

김낙년 편,『한국의 경제성장 1910~1945』, 서울대 출판부, 2006.

김동노 외,『일제 식민지시기의 통치체제 형성』, 혜안, 2006.

김동명,『지배와 저항 그리고 협력』, 경인문화사, 2006.

_____,『지배와 협력』, 역사공간, 2018.

김사량, 오근영 역,『빛 속으로』, 소담출판사, 2001.

김석준,『미군정 시대의 국가와 행정』, 이화여대 출판문화원, 1996.

김옥근,『일제하 조선재정사논고』, 일조각, 1994.

김윤정,『조선총독부 중추원연구』, 경인문화사, 2011.

김준석,『근대국가』, 책세상, 2011.

김희곤,『대한민국임시정부 연구』, 지식산업사, 2004.

_____,『임시정부 시기의 대한민국 연구』, 지식산업사, 2015.

도면회,『한국근대형사재판제도사』, 푸른역사, 2014.

_____ 외,『북한의 역사만들기:북한 역사학 50년』, 푸른역사, 2003.

동선희,『식민권력과 조선인 지역유력자』, 선인, 2011.

로버트 잭슨, 옥동석 역,『주권이란 무엇인가』, 21세기북스, 2016.

로버트 팩스턴(Robert Paxton), 손명희·최희영 역,『파시즘』, 교양인, 2004.

마쓰다 도시히코(松田利彦), 이종민 외역,『일본의 조선 식민지 지배와 경찰』, 경인문화사, 2020.

막스 베버, 박상훈 역,『소명으로서의 정치』, 후마니타스, 2013.

_____, 이상률 역,『관료제』, 문예출판사, 2018.

문준영,『법원과 검찰의 탄생』, 역사비평사, 2010

미야다 세쯔꼬(宮田節子), 이형랑 역,『조선민중과 '황민화' 정책』, 일조각, 1997.

미즈노 나오키(水野直樹), 정선태 역,『창씨개명』, 산처럼, 2008.

민족문제연구소,『친일인명사전』, 2009.

박성진·이승일, 『조선총독부 공문서』, 역사비평사, 2007.

박은경, 『일제하 조선인 관료 연구』, 학민사, 1999.

박은정, 『왜 법의 지배인가』, 돌베개, 2010.

박종인, 『매국노 고종』, 와이즈맵, 2020.

반병률, 『통합임시정부와 안창호, 이동휘, 이승만』, 신서원, 2019.

백낙청, 『흔들리는 분단체제』, 창비, 1998.

브라이언 타마나하(Brian Z. Tamanaha), 이헌환 역, 『법치주의란 무엇인가(*On the Rule of Law*)』,
　　　박영사, 2014.

사이먼 스위프트(Simon Swift), 이부순 역, 『스토리텔링 한나 아렌트』, 앨피, 2010.

서영희, 『대한제국 정치사 연구』, 서울대 출판부, 2003.

서인한, 『대한제국의 군사제도』, 혜안, 2000.

서중석, 『한국현대민족운동연구』, 역사비평사, 1992.

손정목, 『한국지방제도 자치제도사 연구』 상, 일지사, 1993.

송우혜, 『왕세자 혼혈결혼의 비밀』, 푸른역사, 2010.

신규환, 『세브란스, 새로운 세상을 꿈꾸다』, 역사공간, 2019.

신기욱·마이클 로빈슨 편, 도면회 역, 『한국의 식민지근대성』, 삼인, 2006.

신상준, 『개정 한국행정사』, 한국복지행정연구소, 2006.

신창우, 김현수외 역, 『식민지 조선의 경찰과 민중세계 1894~1919』, 선인, 2019.

아쿠다가와 야스시(芥川也寸志), 김수희 역, 『음악의 기초』, AK, 2019.

안유림, 『일본제국의 법과 조선기독교』, 경인문화사, 2018.

앵거스 디턴(Angus Deaton), 최윤희 외역, 『위대한 탈출』, 한국경제신문, 2015.

야마무로 신이치, 윤대석 역, 『키메라—만주국의 초상』, 소명출판, 2009

얀 지엘론카, 신해경 역, 『유럽연합의 종말』, 아마존의나비, 2015

엄승희, 『일제 강점기 도자사 연구』, 경인문화사, 2014.

鈴木敬夫, 『법을 통한 조선 식민지지배에 관한 연구』, 고려대 민족문화연구소, 1989

스즈키 마사유키(鈴木正幸), 류교열 역, 『근대일본의 천황제』, 이산, 1993.

오가와라 히로유키, 최덕수 외역, 『이토 히로부미의 한국 병합구상과 조선사회』, 열린책들, 2012,

왕현종 외, 『일제의 조선 구관제도 조사와 기초자료』, 혜안, 2016.

운노 후쿠쥬(海野福壽), 정재정 역, 『한국병합사 연구』, 논형, 2008.

월터 미뇰로, 『라틴 아메리카, 만들어진 대륙』, 그린비, 2010(Walter D. Mignolo, *The Idea of Latin
　　　America*, Blackwell, 2005).

윤대원, 『상해시기 대한민국임시정부 연구』, 서울대 출판부, 2006.

윤상원, 『동아시아의 전쟁과 철도』, 선인, 2017.

윤해동, 『식민지의 회색지대』, 역사비평사, 2003.

_____, 『지배와 자치』, 역사비평사, 2006.

_____, 『식민지근대의 패러독스』, 휴머니스트, 2007.

_____, 『근대역사학의 황혼』, 책과함께, 2010.

_____, 『동아시아사로 가는 길』, 책과함께, 2018.

_____, 황병주 편, 『식민지공공성 실체와 은유의 거리』, 책과함께, 2010.

와다 하루키(和田春樹), 이웅현 역, 『러일전쟁』 1 · 2, 한길사, 2019.

이기동, 『비극의 군인들』, 일조각, 1982.

이영미, 김혜정 역, 『한국사법제도와 우메겐지로』, 일조각, 2011.

이영석, 『제국의 기억, 제국의 유산』, 아카넷, 2019.

이승일, 『조선총독부 법제정책』, 역사비평사, 2008.

이태진, 『한국 병합의 불법성 연구』, 서울대 출판부, 2003.

_____ · 사사카와 노리가츠 편, 『한국병합과 현대』, 태학사, 2009,

이한기, 『국제법』, 박영사, 1959.

이해영, 『임정, 거절당한 정부』, 글항아리, 2019.

임종국, 『일본군의 조선침략사』 1 · 2, 일월서각, 1989.

임지현 외, 『국사의 신화를 넘어서』, 휴머니스트, 2004.

임현진 · 정영철, 『21세기 통일한국을 위한 모색』, 서울대 출판부, 2005.

전병무, 『조선총독부 조선인 사법관』, 역사공간, 2012.

전상숙, 『조선총독정치연구』, 지식산업사, 2012.

정긍식, 『한말법령체계분석』, 한국법제연구원, 1991.

_____, 『통감부법령체계분석』, 한국법제연구원, 1995.

_____, 『조선총독부법령사료(1)』, 한국법제연구원, 1996.

_____, 『한국근대법사고』, 박영사, 2002.

정재정, 『일제침략과 한국철도』, 서울대 출판부, 1999.

정태헌, 『일제의 경제정책과 조선사회』, 역사비평사, 1996.

_____, 『한국의 식민지적 근대성찰』, 선인, 2007.

조동걸, 『한국민족주의의 성립과 독립운동사연구』, 지식산업사, 1989

_____, 『한국 근대사의 시련과 반성』, 지식산업사, 1989.

_____, 『한말의병전쟁』, 한국독립운동사연구소, 1989.

조명근, 『일제하 조선은행 연구-중앙은행 제도의 식민지적 변용』, 아연출판부, 2019.

조르조 아감벤, 박진우 역, 『호모 사케르』, 새물결, 2008

조슈아 키팅(Joshua Keating), 오수원 역, 『보이지 않는 국가들』, 예문아카이브, 2019.

주디스 버틀러 · 가야트리 스피박, 주혜연 역, 『누가 민족국가를 노래하는가』, 산책자, 2008.

지그문트 바우만, 조형준 역, 『빌려온 시간을 살아가기』, 새물결, 2014.

차현진, 『중앙은행 별곡』, 인물과사상사, 2016.

채영국, 『한민족의 만주독립운동과 정의부』, 국학자료원, 2000.

최유리, 『일제말기 식민지배정책 연구』, 국학자료원, 1997.

최장집, 『한국현대정치의 구조와 변화』, 까치, 1989.

_____, 『한국 민주주의의 조건과 전망』, 나남, 1998.

카야노 도시히토(萱野稔人), 김은주 역, 『국가란 무엇인가』, 산눈, 2010.

톰 빙험(Tom Bingham), 김기창 역, 『법의 지배(The Rule of Law)』, 이음, 2013.

한나 아렌트, 이진우 · 박미애 역, 『전체주의의 기원』 1, 한길사, 2006

한석정, 『만주국 건국의 재해석』, 동아대 출판부, 2007.

한영우 외, 『대한제국은 근대국가인가』, 2006, 푸른역사.

허수열, 『개발 없는 개발』, 은행나무, 2005.

홍순권, 『한말 호남지역 의병 연구』, 1994, 서울대 출판부.

후지와라 아키라(藤原彰), 엄수현 역, 『일본군사사』, 시사일본어사, 1994.

연구논문

강선주, 「'근대전환기' 어떻게 탐구할 것인가?-국민국가건설운동을 중심으로」, 『역사교육』 140, 2016.

고정휴, 「세칭 한성정부의 조직주체와 선포경위에 대한 검토」, 『한국사연구』 97, 1997.

권구훈, 「일제 한국주차헌병대의 헌병보조원 연구(1908~1910)」, 『사학연구』 55·56집, 1998.

기유정, 「식민지 조선의 일본인과 지역 의식의 정치효과」, 『한국정치학회보』 제45집 제4호, 2011.

_____, 「식민지 초기 조선총독부의 재조선일본인 정책 연구」, 『韓國政治研究』 제20집 제3호, 2011.

_____, 「식민지 조선에 대한 척식성 지배 논란과 그 함의」, 『정치사상연구』 제19집 제1호, 2013.

김광식, 「한용운의 조선독립의 서 연구」, 『한용운 연구』, 동국대 출판부, 2011.

김도훈, 「1910년대 초반 미주한인의 임시정부 건설론」, 『한국근현대사연구』 10, 1999.

김동택, 「대한제국기 근대국가 형성의 세 가지 구상」, 『21세기정치학회보』 20-1, 2010.

김명수, 「1915~1921년도 구황실(이왕가) 재정의 구성과 그 성격에 관한 고찰」, 『장서각』 35집, 2016.

김민철, 「전시체제하(1937~1945) 식민지 행정기구의 변화」, 『한국사학보』 14, 2003.

김삼웅 외, 『조선총독 10인』, 가람기획, 1996.

김성배, 「한국의 근대국가 개념 형성사 연구」, 『국제정치논총』 52-2, 2012.

김성주, 「주권개념의 역사적 변천과 국제사회로의 투영」, 『한국정치외교사논총』 27-2, 2006.

김소영, 「순종황제의 남·서순행과 충군애국론」, 『한국사학보』 39호, 2010.

_____, 「재일조선유학생들의 '국민론'과 '애국론'」, 『한국민족운동사연구』 66, 2011.

김소영, 「한말 지식인들의 '애국론'과 민족주의」, 『개념과 소통』 16, 2015.

김영호, 「미국의 대한민국 정부 승인 정책에 관한 연구」, 『군사』 92, 2014.

김윤미, 「조선총독부 중추원 회의와 그 내용」, 『역사연구』 20, 2011.

_____, 「일본의 한반도 군용 해저통신망 구축과 '제국' 네트워크」, 『숭실사학』 43, 2019.

김은지, 「대한민국임시정부 초기의 지방자치제 시행과 지방행정관청 운영」, 『역사와 담론』 91, 2019.

김인수, 「1930년대 후반 조선주둔 일본군의 대소련 대조선 정보사상전」, 『한국문학연구』 32, 2007.

김재순, 「일제의 公文書制度 장악의 운용과 실제」, 『한국문화』 16, 1994.

김정근, 「우리나라 평균 수명의 과거와 현재와 미래」, 『한국인구학』 7-1, 1984.

김제정, 「대공황 전후 조선총독부 산업정책과 조선인 언론의 지역성」, 서울대 박사학위논문, 2010.

_____, 「1930년대 전반 조선총독부 경제관료의 '지역으로서의 조선' 인식」, 『역사문제연구』 22호, 2009.

_____, 「경제대공황기 미곡통제정책에 대한 조선인 언론의 인식」, 『한국민족운동사연구』 제70집, 2012.

김종식, 「1920년대초 일본정치와 식민지 조선지배:정무총감 미즈노 렌타로의 활동을 중심으로」, 『동북아역사논총』 22, 2008.

김종식, 「근대일본 내무관료의 조선경험:마루야마 쓰루키치를 중심으로」, 『한일관계사연구』 33, 2009.

_____, 「1910년대 식민지 조선 관련 일본 국내정치의 한 양상」, 『한일관계사연구』 38, 2011.

김중섭, 「일제하 경남도청 이전과 주민 저항운동」, 『경남문화연구』 18권, 1996.

김창록, 「1948년 헌법 제100조」, 『법학연구』 47, 1998.

_____, 「제령에 관한 연구」, 『법사학연구』 26, 2002.

김태웅, 「1910년대 전반 조선총독부의 취조국, 참사관실과 '구관제도조사사업'」, 『규장각』 16, 1993.

나용우, 「근대 주권의 진화와 유럽연합의 형성－새로운 '공유주권'을 중심으로」, 『평화학연구』 17-5, 2016.

노영순, 「황제에서 보호국 군주로의 이행－1867~1885 베트남에서의 격변」, 『동북아문화연구』 31, 2012.

데이비드 헬드, 「민주주의, 민족국가, 그리고 지구촌」, 한상진 편저, 『마르크스와 민주주의』, 1991.

도진순, 「역사와 기억－건국연도와 연호, 그 정치적 함의」, 『역사비평』 126, 2019.

동선희, 「일제하 경남지역 조선인 읍회의원에 관한 연구」, 『청계사학』 20권, 2006.

문명기, 「대만·조선총독부의 초기 재정 비교연구」, 『중국근현대사연구』 44집, 2009.

_____, 「근대일본 식민지 통치모델의 전이와 그 의미－대만모델의 관동주 조선에의 적용시도와 변용」, 『중국근현대사연구』 53, 2012.

문명기, 「조선 대만의 식민지근대의 격차」, 『중국근현대사연구』 59, 2013.

_____, 「대만·조선총독부의 전매정책 비교연구」, 『사림』 52호, 2015

박경숙, 「식민지 시기(1910~1945년) 조선의 인구동태와 구조」, 『한국인구학』 32-2, 2009.

박명규, 「1910년대 식민통치기구의 형성과 성격」, 『한국 근대사회와 문화』 2, 서울대 출판부, 2005.

박배근, 「일본 국제법학회지에 나타난 한국침탈 관련 연구의 내용과 동향」, 『한일간 역사현안의 국제법적 재조명』, 동북아역사재단, 2008.

박상현, 「식민주의와 동아시아 식민국가의 정치경제－통합비교를 위한 시론」, 『사회와역사』 111호, 2016.

박영도, 「주권의 역설과 유교의 공공성」, 『유교적 공공성과 타자』, 혜안, 2015.

박이택, 「조선총독부의 인사관리제도」, 『정신문화연구』 29-2, 2006.

박찬승, 「일제하 '지방자치제도'의 실상」, 『역사비평』 1991.여름, 1991.

박천웅, 「차이에 의한 특전－식민지 관료제화와 경성전수학교(1911~1922) 출신 조선총독부 조선인 판검사」, 『사회와 역사』 126집, 2020.

박 환, 「'신민부'에 대한 일고찰」, 『역사학보』 108, 1985.

서민교, 「만주사변기 조선주둔 일본군의 역할과 활동」, 『한국민족운동사연구』 32, 2002.

서호철, 「조선총독부 내무부서와 식민지의 내무행정－지방과와 사회과를 중심으로」, 『사회와역사』 102호, 2014.

손낙구, 「1934년 조선총독부 세무관서 설치 이후 조선인 세무관리」, 『歷史敎育論集』 제54집, 2015.

손주영·송경근, 『이집트 역사』, 가람기획, 2009.

손호철, 「국가자율성, 국가능력, 국가강도, 국가경도」, 『한국정치학회보』 24집 특별호, 1990.

_____, 「국가자율성 개념을 둘러싼 제 문제들」, 『한국정치학회보』 23집 2호, 1989.

송규진, 「조선총독부의 통계행정기구 변화와 통계자료 생산」, 『史林』 제54호, 2015.

水野直樹, 「조선에 있어서 治安維持法 體制의 식민지적 성격」, 『법사학연구』 26, 2002.

스벤 사아러, 「국제관계의 변용과 내셔널 아이덴티티의 형성」, 『한국문화』 41, 2008.

신명호, 「德壽宮 贊侍室 편찬의 『日記』 자료를 통해본 식민지시대 고종의 일상」, 『장서각』 23집, 2010.

신주백, 「1910年代 日帝의 朝鮮統治와 朝鮮駐屯 日本軍: '朝鮮軍'과 憲兵警察制度를 중심으로」, 『한국사연구』 109, 2000.

_____, 「'병합' 전 일본군의 조선주둔」, 『역사비평』 2001.봄, 2001.

_____, 「1920년대 중후반 재만한인 민족운동에서의 '자치' 문제 검토」, 『한국독립운동사연구』 17, 2001.

_____, 「1945년 한반도에서 일본군의 '본토결전' 준비 ‒ 편제와 병사노무동원을 중심으로」, 『역사와현실』 49호, 2003.

_____, 「호남의병에 대한 일본 군 · 헌병 · 경찰의 탄압작전」, 『역사교육』 87, 2003.

_____, 「朝鮮軍과 在滿朝鮮人의 治安問題, 1919~1931 ‒ 帝國의 運營方式 및 滿洲事變의 內 在的 背景과 關聯하여」, 『한국민족운동사연구』 40집, 2004.

_____, 「일제의 강점과 조선주둔 일본군(1910~1937년)」, 한일관계사연구논집 편찬위원회, 『일제 식민지지배의 구조와 성격』, 경인문화사, 2005.

_____, 「조선 주둔 일본군("조선군")의 성격과 역할」, 『동양학』 39집, 2006

심재욱, 「1910년대 '조선귀족'의 실태」, 『사학연구』 76집, 2004.

아사노 토요미(淺野豊美), 최석환 역, 「일본제국의 통치원리 '내지연장주의'와 제국법제의 구조적 전개」, 『법사학연구』 33, 2002.

안용식, 「일제하 조선인 판임문관에 관한 연구」, 『사회과학논집』 30, 1999.

안유림, 「일제 치안유지법체제하 조선의 豫審제도」, 『이화사학연구』 38집, 2009.

안자코 유카, 「전장으로의 강제동원:조선인 지원병이 경험한 아시아 태평양 전쟁」, 『역사학연구』 81집, 2021.

양영석, 「대한민국 임시의정원 연구(1919~1925)」, 『한국독립운동사연구』 2, 1988.

엄경호, 「일본육군의 선전보도기관과 그 업무 ‒ 조선군사령부의 보도부를 중심으로」, 『가야대논문집』 6, 1997.

염복규, 「1910년대 일제의 태형제도 시행과 운용」, 『역사와현실』 53, 2004.

유병호, 「대한민국임시정부의 안동교통국과 怡隆洋行」, 『한국민족운동사연구』 62, 2010.

유재곤, 「일제 통감 이등박문의 대한침략정책(1905~1909)」, 『청계사학』 10, 1993.

유한철, 「日帝 韓國駐箚軍의 韓國 侵略過程과 組織」, 『한국독립운동사연구』 6집, 1992.

윤대원, 「임시정부법통론의 역사적 연원과 의미」, 『역사교육』 110, 2009.

_____, 「'병합조칙'의 이중적 성격과 '병합칙유'의 동시 선포 경위」, 『동북아역사논총』 50, 2015.

_____, 「일제의 한국병합과 '한국황실처분'의 정략적 함의」, 『규장각』 50, 2017.

윤덕영, 「일제하 해방직후 동아일보 계열의 민족운동과 국가건설노선」, 2010, 연세대 박사논문.

윤인수, 「일제시대에 발생한 대한제국시기 임명장 위조의 양상과 사회적 배경」, 『고문서연구』 제34호, 2009.

윤해동, 「뉴라이트운동과 역사인식」, 『탈식민주의 상상의 역사학으로』, 푸른역사, 2014..

윤희중, 「근대일본의 경찰조직에 관한 역사적 고찰 ‒ 1860~1945」, 『경찰학논총』 제4권 제1호,

2009.

이기훈, 「1920~30년대 '조선귀족'의 경제상황과 조선총독부의 귀족정책」, 『역사문제연구』 21호, 2009.

_____, 「건국절 논쟁의 역사적 함의」, 역사3단체 공동주최 학술대회 〈국가정통론의 동원과 '역사 전쟁'의 함정〉 발표문, 2019.

이상의, 「1930년대 조선총독부 식산국의 구성과 공업화정책」, 『일제하 경제정책과 일상생활』, 혜안, 2009.

_____, 「태평양전쟁기 조선인 전문학생·대학생의 학도지원병 동원거부와 '학도징용'」, 『역사교육』 141, 2017.

이석우, 「보호령 제도의 국제법적 성격」, 『안암법학』 25, 2007.

이송순, 「일제하 조선인 군수의 사회적 위상과 현실인식」, 『역사와 현실』 63, 2007.

이승렬, 「일제하 중추원 개혁문제와 총독정치」, 『동방학지』 132, 2005.

_____, 「일제하 식민권력의 구조」, 『동양학』 39, 단국대 동양학연구소, 2007.

_____, 「경성지역 중추원 참의들의 관계망과 식민권력의 지역 지배」, 『鄕土서울』 69호, 2007.

_____, 「1930년대 중추원 주임참의의 지역사회활동과 식민지배체제─강원도 지방참의 최준집의 사례」, 『역사문제연구』 22호, 2009.

이승일, 「1910·20년대 조선총독부의 법제정책─조선민사령 제11조 '관습'의 성문화를 중심으로」, 『동방학지』 126, 2004.

_____, 「조선총독부 공문서를 통해 본 식민지배의 양상」, 『사회와 역사』 71, 2006.

이승희, 「한국병합조약 전후기의 주한일본군 헌병대 연구」, 『일본역사연구』 26집, 2007.

_____, 「한말 의병탄압과 주한일본군 헌병대의 역할」, 『한국민족운동사연구』 30집, 2008.

_____, 「伊藤博文과 한국주차헌병대」, 『일본역사연구』 32, 2010.

_____, 「일본과 한국의 헌병제도 '도입'과정을 둘러싼 문무관 대립양상」, 『일본학연구』 36집, 2012.

_____, 「메이지시기 프랑스 헌병제도의 일본 수용과정」, 『중앙사론』 39집, 2014.

이영학, 「일제의 '구관제도조사사업'과 그 주요인물들」, 『역사문화연구』 68, 2018.

이용창, 「'한성부민회'의 조직과정과 활동」, 『한국독립운동사연구』 22집, 2004.

_____, 「일제강점기 '조선귀족' 수작 경위와 수작자 행태」, 『한국독립운동사연구』 43집, 2012.

이왕무, 「대한제국기 순종의 남순행 연구」, 『정신문화연구』 30권 2호, 2007.

_____, 「대한제국기 순종의 서순행 연구」, 『동북아역사논총』 31호, 2010.

_____, 「대한제국 황실의 분해와 왕공족의 탄생」, 『한국사학보』 64집, 2016.

이윤상, 「일제에 의한 식민지재정의 형성과정」, 『한국사론』 14, 1986.

_____, 「일제하 조선왕실의 지위와 이왕직의 기능」, 『한국문화』 40집, 2007.

이지선·야마모토 하나코, 『직원록』을 통해서 본 이왕직의 직제 연구」, 『동양음악』 26집, 2004.

이형식, 「조선총독의 권한과 지위에 대한 시론」, 『사총』 72, 2011.

_____, 「무단통치 초기(1910.10~1914.4)의 조선총독부」, 『일본역사연구』 33집, 2011.

_____, 「1910년대 조선총독부의 인사정책」, 『한일군사문화연구』 13집, 2012.

_____, 「조선총독부 관방의 조직과 인사」, 『사회와역사』 102호, 2014.

_____, 「제국 일본의 사법통일문제─재판소구성법의 조선적용을 중심으로」, 『동양사학연구』 152

집, 2020.

장세윤, 「일제하 고문시험 출신자와 해방후 권력엘리트」, 『역사비평』 25, 1993.

장 신, 「1919~1943년 조선총독부 관리임용과 보통문관시험」, 『역사문제연구』 8, 2002.

_____, 「1920년대 조선총독부의 인사정책 연구」, 『동방학지』 120, 2003.

_____, 「경찰제도 확립과 식민지 국가권력의 일상침투」, 연세대 국학연구원 편, 『일제의 식민지배와 일상생활』, 혜안, 2004.

_____, 「조선총독부 학무국 편집과와 교과서 편찬」, 『역사문제연구』 16, 2006.

_____, 「삼일운동과 조선총독부의 司法 대응」, 『역사문제연구』 18, 2007.

_____, 「조선총독부의 경찰 인사와 조선인 경찰」, 『역사문제연구』 22호, 2009.

_____, 「일제하 이왕직의 직제와 인사」, 『장서각』 35집, 2016.

_____, 「1930·40년대 조선총독부의 사상전향정책 연구」, 성균관대 박사논문, 2020.

장영숙, 「고종의 군통수권 강화시도와 무산과정 연구 - 대한제국의 멸망원인과 관련하여」, 『군사』 66, 2008.

전봉덕, 「일제의 사법권 강탈과정의 연구」, 『애산학보』 2, 1982.

전상숙, 「일제 식민지 조선 행정일원화와 조선 총독의 정치적 자율성」, 『일본연구논총』 21, 2005.

전성현, 「일제시기 도평의회와 지역」, 『한일민족문제연구』 27, 2014.

_____, 「일제강점기 '지방의회'의 '정치적인 것'과 한계」, 『역사연구』 39, 2020.

_____, 「일제강점기 식민권력의 지방지배 '전략'과 도청이전을 둘러싼 '지역정치'」, 『사회와 역사』 126집, 2020.

전영욱, 「한국병합 직후 일본육군 및 제국의회의 제국통합 인식과 그 충돌의 의미」, 『아세아연구』 57-2, 2014.

정근식, 「식민지 위생경찰의 형성과 변화, 그리고 유산」, 『사회와 역사』 90, 2011.

정병준, 「조선건국동맹의 조직과 활동」, 『한국사연구』 80, 1993.

_____, 「1940년대 대한민국임시의정원의 건국 구상」, 『한국민족운동사연구』 61, 2009.

정선이, 「식민지기 대학 졸업자의 취업상황과 그 성격 연구」, 『교육사학연구』 12, 2002.

정연태, 「조선총독 데라우치의 한국관과 식민통치」, 『한국근대 사회와 문화』 2, 서울대 출판부, 2005.

정욱재, 「대한제국기 유림의 국가인식」, 『역사와 담론』 86, 2018.

정준영, 「조선총독부의 "식산"행정과 산업관료」, 『사회와역사』 102호, 2014.

정태헌, 「일제말기 도세입의 구성 변화와 식민지성, 1936~1945년」, 『한국사연구』 123, 2003.

_____, 「도세입-도세의 구성추이를 통해본 식민지 도재정의 성격」, 『한국사학보』 15호, 2003.

조동걸, 「대한민국임시정부의 조직」, 『한국사론』 10, 1981.

_____, 「임시정부 수립을 위한 1917년의 '대동단결선언'」, 『한국학논총』 9, 1987.

조 건, 「중일전쟁기(1937~1940) '조선군사령부보도부'의 설치와 조직구성」, 『한일민족문제연구』 19, 2010.

_____, 「전시 총동원체제기 조선 주둔 일본군의 조선인 통제와 동원」, 동국대 박사논문, 2015.

조범래, 「조선총독부 중추원의 초기구조와 기능」, 『한국독립운동사연구』 6, 1992.

조병로, 「일제 식민지시기의 도로교통에 대한 연구(1) - 제1기 치도사업(1905~1917)을 중심으로」, 『한국민족운동사연구』 59, 2009.

지수걸, 「일제하 공주지역 유지집단의 도청이전 반대운동」, 『역사와 현실』 20, 1996.

차명수, 「경제성장, 소득분배, 구조변화」, 김낙년 편, 『한국의 경제성장 1910~1945』, 서울대 출판부, 2005.

채영국, 「3·1운동 전후 일제 '조선군'(주한일본군)의 동향」, 『한국독립운동사연구』 6집, 1992.

최덕수, 「근대 계몽기 한국과 일본 지식인의 보호국론 비교 연구」, 『동북아역사논총』 24, 2009.

최재성, 「일제의 조선 지방지배정책과 수원:식민체제 기반구축기(1906~1919)를 중심으로」, 『수원학연구』 제2호, 2005.

표영수, 「해군특별지원병제도와 조선인 강제동원」, 『한국민족운동사연구』 59, 2009.

_____, 「일제강점기 육군특별지원병제도와 조선인 강제동원」, 『한국민족운동사연구』 79, 2014.

하종문, 「중일전쟁 이후의 조선군의 실상」, 한일관계사연구논집 편찬위원회 편, 『일제 식민지지배의 구조와 성격』, 경인문화사, 2005.

한긍희, 「조선총독부의 조선인 도지사 임용정책과 양상」, 『역사문제연구』 22호, 2009.

한승연, 「제령을 통해 본 총독정치의 목표와 조선총독의 행정적 권한 연구」, 『정부학연구』 15-2, 2009.

홍순권, 「미국 역사학계의 한국근현대사 연구실태와 연구경향」, 『한국민족운동사연구』 31집, 2002.

_____, 「한말 일본군의 의병학살」, 『제노사이드연구』 3호, 2008.

홍양희, 「식민지시기 상속 관습법과 '관습'의 창출」, 『법사학연구』 34, 2006.

_____, 「식민지시기 친족, 상속 관습법 정책」, 『한국학』 29-3, 2006.

히라이시 나오아키(平石直昭), 「한국 보호국론의 제양상에 대하여」, 김용덕·미야지마 히로시 편, 『근대교류사와 상호인식』 2, 아연출판부, 2007.

2) 일본어

岡本眞希子, 『植民地官僚の政治史』, 三元社, 2008.

宮嶋博史, 『朝鮮土地調査事業史の研究』, 東京大學出版部, 1991.

宮本正明, 「朝鮮軍·解放前後の朝鮮」, 「朝鮮軍·解放前後の朝鮮－未公開資料 朝鮮總督府關係者 錄音記錄(5)」, 『東洋文化研究』 제6호, 2004,

山本有造, 『日本植民地經濟史研究』, 名古屋大學出版部, 1992.

西川伸一, 『知られざる官庁·內閣法制局:立法の中枢』, 五月書房, 2000.

松本武祝, 『植民地權力と朝鮮民衆』, 社會評論社, 1998.

松田利彦, やまだあつし 編, 『日本の朝鮮·臺灣支配と植民地官僚』, 思文閣, 2009.

新城道彦, 『朝鮮王公族:帝国日本の準皇族』, 中央公論新社, 2015.

永井和, 『青年君主昭和天皇と元老西園寺』, 京都大学学術出版会, 2003.

由井正臣 編, 『枢密院の研究』, 吉川弘文館, 2003.

伊藤之雄, 『元老:近代日本の真の指導者たち』, 中央公論新社, 2016.

_____, 『伊藤博文:近代日本を創った男』, 講談社, 2015.

_____, 『原敬:外交と政治の理想』 上·下, 講談社, 2014.

伊藤之雄 編著, 『原敬と政党政治の確立』, 千倉書房, 2014.

伊藤之雄, 『伊藤博文をめぐる日韓関係:韓国統治の夢と挫折, 1905~1921』, ミネルヴァ書房, 2011.

_____, 『政党政治と天皇』, 講談社, 2010.

伊澤多喜男傳記編纂委員會, 『伊澤多喜男』, 羽田書店, 1951.

李炯植, 『朝鮮總督府官僚の統治構想』, 吉川弘文館, 2013.

朝鮮銀行史研究會 編, 『朝鮮銀行史』, 東洋經濟申報社, 1987.

春山明哲, 『近代日本と臺灣』, 藤原書店

_____·若林正丈, 『日本植民地主義の政治的展開 1895-1934年』, 現代中國研究叢書 18, アジア政經學會, 1980.

樋口雄一, 『戰時下の朝鮮の民衆と徵兵』, 總和社, 2001.

多胡圭一, 「日本による朝鮮植民地化過程についての一考察-1904-1910」(1)·(2)·(3), 『阪大法學』 90(1974.3)·94(1975.3)·101(1977.1)號.

木村健二, 「朝鮮總督府經濟官僚の人事と政策」, 『近代日本の經濟官僚』 日本經濟評論社, 2000.

朴廷鎬, 「近代日本における治安維持政策と國家防衛政策の狹間-朝鮮軍を中心に」, 『本鄕法政紀要』 14, 2005.

松岡修太郎, 「朝鮮に於ける行政權及びその立法權並びに司法權との關係」, 『法政論纂』(京城帝國大學法文學會第一部論集第四冊), 刀江書院, 1931.

_____, 「統監府の統治法制」, 京城帝國大學, 『法學會論集』 12-3, 1941.

水野直樹, 「戰時期の植民地支配と‘內外地行政一元化’」, 『人文學報』 79号, 1997.

尹海東, 「韓国における植民地国家と植民地の「グレーゾーン」」, 『史潮』 78号, 2015.

井原潤次郎, 「證言-朝鮮軍について(1966)」, 『東洋文化研究』 6호, 2004.

由井正臣, 「日本帝國主義成立期の軍部」, 原秀三郎ほか 編, 『大系 日本國家史』 5, 東京大學出版會, 1976.

田中愼一, 「保護國の歷史的位置-古典的研究の檢討」, 『東洋文化研究所紀要』 71, 1977.

中田宏, 「日本の植民支配下における國籍關係經緯-朝鮮臺灣に關する參政權と兵役義務をめぐつて」, 愛知縣立大學外國語學部, 『紀要』 9號, 1974.

_____, 「日本の臺灣朝鮮支配と國籍問題」, 『法律時報』 47-4號, 1975.

淺野豊美, 「保護下韓國の 條約改定と帝國法制」, 『帝國日本の學知』 1, 岩波書店, 2006.

淸宮四郎, 「外地における‘法律の依用’について」, 京城帝國大學, 『法學會論集』 12-1, 1941.

3) 영문

Kim, Marie Seong-Hak, "Law and Cuatom under the Chosen Dynasty and Colonial Korea : A Comparative Perspective", *The Journal of Asian Studies*, Ann Arbor vol.66, Iss 4, 2007.

Alexis Dudden, *Japan's Colonialization of Korea : Discourse and Power*, University of Hawii Press, 2006.

Ann L. Stoler, *Carnal Knowledge and Imperial Power : Race and the Intimate in Colonial Rule*, University of California Press, 2002.

Angus Maddison, *The World Economy : A Millenial Perspective*, Paris, OECD, 2006.

Christopher Pierson, *The Modern State*, Routledge, 1996.

Dorothy Porter, Health, *Civilization and State : A History of Public Health from Ancient to Modern*

Times, Routledge, 1999.

Ewout Frankema and Anne Booth eds., *Fiscal Capacity and the Colonial State in Asia and Africa, c. 1850-1960*, Cambridge University Press, 2020.

Frederick Cooper and Ann Laura Stoler, eds, *Tensions of Empire:Colonial Culture in a Bourgeois World*, Univrsity of California Press, 1997.

Graeme Gill, *The Nature and Development of the Modern State*, Palgrave Macmillian, 2003.

James Hevia, *The Imperial Security State*, Cambridge University Press, 2012.

Julian Go and Anne L. Foster eds., *The American Colonial State in the Philippines*, Duke University Press, 2003.

Kyung Moon Hwang, *Rationalizing Korea : The Rise of the Modern State 1894-1945*, University of California Press, 2016.

Lowell A. Lawrence, *Colonial Civil Service : The Selection and Training of Colonial Officers in England*, Holland and France, Macmillian, 1900.

Mikulas Fabry, *Recognizing States : International Society and the Establishment of New States Since 1776*, Oxford University Press, 2010.

Richard Joyce, Competing Sovereignty, Routledge, 2013.

M. Roger Louis ed., *Imperialism : The Robinson and Gallagher Controversy*, New Viewpoints, 1976.

Perer Duus, *The Abacus and the Sword*, University of California Press, 1995.

Stephen D, Krasner, *Sovereignty : Organized Hypocrisy*, Princeton University Press, 1999.

Thomas J. Biersteker and Cynthia Weber, *State Sovereignty as Social Construct*, Cambridge University Press, 1996.

Uchida Jun, *Brokers of Empire : Japanese settler colonialism in Korea 1876-1945*, Harvard University Counsil on East Asia, 2011.

William B. Cohen, *Rulers of Empire : The French Colonial Service in Africa*, Hoover Institution Press, 1971.

2. 1차자료

정기간행물

『大韓每日申報』, 『皇城新聞』, 『每日申報』, 『東亞日報』, 『朝鮮日報』

『朝鮮總督府官報』, 『朝鮮』, 『朝鮮總督府調査月報』, 『總動員』, 『國民總力』, 『朝鮮總督府統計年報』, 『朝鮮總督府施政年報』, 『司法協會雜誌』, 『朝鮮年鑑』

『개벽』, 『삼천리』, 『애국』(조선군사령부편)

국사편찬위원회 한국사데이터베이스 조선총독부관보, http://db.history.go.kr/
日本法令索引, https://hourei.ndl.go.jp/

관변자료 및 기타 저술

松江修太郎, 『外地法』, 日本評論社, 1941.
松江修太郎, 『朝鮮行政法提要』, 東都書籍, 1944.

山崎丹照, 『外地統治法の研究』, 1943.

中村哲, 『植民地統治法の基本構造』, 日本評論社, 1943.

清宮四郎, 『外地法序說』, 有斐閣, 1944.

松江修太郎, 『法政論纂』(京城帝國大學法文學會第一部論集第四冊), 刀江書院, 1931.

朝鮮總督府, 『朝鮮總督府及所屬官署職員錄』, 各年版.

朝鮮總督府, 『朝鮮慣習調査報告書』, 1910·1912.

朝鮮高等法院, 『朝鮮高等法院判例要旨類集』 1937(B)·1943(D).

朝鮮總督府中樞院, 『民事慣習回答彙集』, 1933.

司法協會, 『司法協會決議回答集綠』, 1932, 1938(a).

朝鮮總督府中樞院, 『中樞院會議答申錄』, 1933.

石森久彌, 『朝鮮統治の批判』, 1926.

小田省吾, 『德壽宮史』, 李王職, 1938.

中野正剛, 『我が觀たる滿鮮』, 政敎社, 1911.

山本四郎 編, 『寺內正毅日記』, 東京女子大學, 1980.

_____, 『寺內正毅文書』, 東京女子大學, 1974.

黑田甲子郎, 『元帥寺內伯爵傳』, 1920.

御手洗辰雄, 『南次郎』, 南次郎傳記刊行會, 1957.

小磯國昭, 『葛山鴻爪』, 丸の内出版, 1968.

朝鮮總督府, 『總督上京ニ關スル件－中央政府ト交涉案件』, 1937.

_____, 『諭告訓示演述總覽』 1집, 1941.

朝鮮總督府, 『諭告訓示演述總覽』 2집, 1943.

高宮太平, 『小磯統理の展望』 1·2·3, 1943~1944.

東京大學出版會, 『帝國議會衆議院議事速記錄』.

_____, 『帝國議會衆議院委員會速記錄』.

_____, 『帝國議會貴族院議事速記錄』.

_____, 『帝國議會貴族院委員會速記錄』.

_____, 『樞密院院議事速記錄』.

衆議院事務局, 『帝國議會衆議院秘密會議議事速記錄』.

朝鮮軍殘務整理部, 『朝鮮に於ける戰爭準備』, 1946.

學習院大學東洋文化研究所, 『未公開資料朝鮮總督府關係者錄音記錄』, 2000.

국사편찬위원회 소장 구중추원 관습조사관련자료.

學習院大學東洋文化研究所 소장 友邦文庫자료.

'渡邊忍文書'.

『齋藤實文書』 1-17, 高麗書林, 1990.

日本外務省, 『外地法制誌』 1-12, 文生書院, 1990.

『參議院法制局五十年史』, 參議院法制局, 1998.

『衆議院法制局の沿革』, 衆議院法制局, 1988.

內閣法制局百年史編集委員会編, 『內閣法制局の回想－創設百年記念』, 內閣法制局, 1985.

─────────────────────────, 『内閣法制局百年史』, 大蔵省印刷局, 1985.
内閣法制局史編集委員会編, 『内閣法制局史』, 大蔵省印刷局, 1974.
拓務省大臣官房文書課編, 『(拓務省)拓務統計. 1-4』, 東京 : クレス出版, 2000.
日本近代史料研究會編, 『日本陸海軍の制度・組織・人事』, 東京大出版會, 1971.
宮田節子 編, 解說, 『朝鮮軍概要史』, 不二出版, 1989.

용어 찾아보기

ㄱ ─────────────

가봉(加俸) 121, 122, 128, 395, 396
가정부(假政府) 370
각성대신 100, 106
간도 300, 301, 304, 327, 372, 401, 405
감봉(減俸) 121, 122, 194
감옥 77, 191, 209
감옥사무 75, 77, 82, 191
갑오개혁 26, 57, 59, 116, 132, 230, 233
개인소득세 126, 253
거류지 82
건국 24, 336~352, 354, 365, 389, 390
건국강령 365, 373
건국동맹 374
건국절 24, 347~352
검사 76~78, 102, 195~201, 222, 398
검사국 77, 78, 193, 196, 199, 200, 222, 269,
  270, 398
검찰관 76
검찰사무 30, 193, 199
검찰사법 199~201, 398
검찰제도 199, 201
결7호작전 323
결손국가(a broken nation、state) 353
경무부 64, 165, 205, 214
경무부령 165
경무부장 211, 215
경무서 68
경무청 59
경무총감부 114, 115, 165, 186, 205, 206, 213,
  237
경무총감부령 165
경무확장계획 68, 69

경부선 66
경부철도회사 56
경비국가 119
경상남도 도회 228, 251
경성전수학교 198
경시청 59, 69
경시총감 69
경의선 39, 56, 66, 83
경인선 66
경제경찰 220, 221
경제성장 4, 121, 132~134
경찰국가 222
경찰권 59, 67, 68, 165, 204, 231, 237
경찰사무 위탁(각서) 70, 205
경찰사법 200, 201, 398
경찰의 민중화 218, 219, 399
경찰의 사법화 208, 399
경찰정치 204, 217
계엄령 3, 182, 298, 299
계엄법 182
고등경찰 206, 207, 218, 219, 399
고등관 103, 123, 169
고등군사경찰 69
고등문관시험 123, 198, 241
고등법원 143, 144, 172, 185, 192~194, 199
고문 52, 53, 58, 59, 61, 64, 67~69, 79, 175,
  176, 199, 273
고문경찰 59, 62, 64, 68~70
고문정치 52
고원 117~120, 169
고유주권 365
고정원편제(高定員編制) 300, 301
공가 259, 271, 276, 278, 279
공간관 234, 235
공동체 20, 48, 129, 130, 173, 369, 375, 380,
  384, 392
공리 120

공병대대 56

공족 259, 270, 274, 277~279

공채 98, 126~129, 331, 336, 364, 396

과달카날전투 306

과대성장국가 26, 377

과도정부(interim government) 359

과료 208, 209

관공리 116, 117, 120, 121

관동군 111, 285, 299, 303, 304, 306, 310, 312,
 318, 320, 321, 323, 324, 326, 390

관동주 103, 165, 292, 332

관동청 104, 105

관료왕국(官僚王國) 122

관료적 권위주의 377

관료행정 30, 116, 230, 232~234, 236, 399

관리 26, 48, 62~65, 74, 106, 108, 113, 116~122,
 128, 169, 192, 209, 213, 217, 218, 232, 236,
 268, 274, 275, 390, 395, 396

관리통화제 336

관방(官房) 101, 113, 114, 229, 291

관보 76, 146, 147

관선의원 249

관세 81, 82

관세자주권 81, 85

관습(법) 146, 168

관습조사 169~172, 174, 380

관업기관(官業機關) 115

관업수입 127, 128, 396

관제 61, 64, 66, 73, 76, 99, 104~106, 114, 149,
 162, 171, 175, 176, 178, 205, 214, 244, 273,
 274, 281, 290, 292, 364

관특연(官特演) 306

광복군 346, 361, 365

광복군 행동준승 361

광복절 347, 348

교대파견제 71, 296

교육총감 71, 291

교전단체(belligerent) 360

교통 52, 66, 72, 156, 157, 320, 324

교통망 55

구관조사사업(舊慣調査事業) 170

구미위원부 365

구성적 산물(social construct) 20, 358

국가간체제(inter-state system) 20, 357, 358,
 406, 407

국가능력 27, 135, 356, 376, 377, 383, 393, 402,
 403

국가론 6, 23~26, 44, 47, 48, 347, 349~354,
 368, 393

국가성(stateness) 355

국가시간 234

국가의 자율성 27, 355, 356, 376, 383, 393, 402,
 403

국가주의 348, 364, 368

국가평화유지위원회 3

국가효과 27, 390, 393, 403

국경수비 242, 294, 296, 300~302

국고금 329~332, 335

국고보조금 239~241

국공내전 4

국내적 주권(Domestic sovereignty) 358

국내진공작전 300

국무대신 102, 273

국민국가(nation-state, 민족국가) 5, 28, 131,
 156, 338, 347, 353~356, 363, 368, 369,
 375~377, 379, 384, 385, 393, 402, 404, 406,
 407

국민국가의 역설 368, 369

국민군대 31, 338

국민병역 315

국민의용대 326

국민의용전투대 326

국민정부 303, 336

국민주권 19, 363, 367

국민주권설 371, 372

국민화과정(nation-building) 28, 29, 378, 381, 382, 404~406

국세부가세 236, 240

국제법 47, 48, 54, 98, 302, 360, 374, 375

국제법적 주권(international law sovereignty) 358, 370

국체 131, 167

국체호지(國體護持) 325

국호 97, 147, 273

군경 미분리 57

군관구 109, 315, 321, 322, 395

군국주의 4

군대사용권 63

군대해산 50, 67, 69, 72, 83

군령권 57, 63, 71, 100, 291, 328

군부대신 37, 58, 100, 288, 289

군사경찰 59, 60, 68, 69, 83, 203, 204, 206

군사점령 50, 55, 57, 83

군속(軍屬) 203, 291, 313, 318, 319, 325, 327, 328, 401

군수 59, 68, 76, 229, 230, 231, 234~236

군율(軍律) 56, 57, 60, 83

군정 60, 71, 83, 100, 101, 164, 205, 291, 299, 322, 373

군정권 57, 291

군제개편 67

군제의정소 58

군통수권 57, 58

군행정 229, 235

군현제 30, 208, 229~231, 236, 399

궁금령(宮禁令) 62, 280

궁내부 271, 275

궁내성 268, 274, 275, 281

귀족원 259, 269, 281, 314

규칙제정권 232

근대국가 7, 20, 22, 23, 26, 28, 48, 115, 351,
354~358, 367, 368, 374~379, 381~384, 393, 399, 402, 403, 406, 407

근대성(modernity) 21, 134, 227

근대전 56

근무대 315, 324, 325, 401

근위기병대 67, 282

근위보병대 67, 282

금환본위제(gold exchange standard) 332

기업열 130

기채권(起債權) 232, 238

긴급칙령 147, 148, 152, 158, 162

ㄴ ────────────────

낙하산 인사(아마쿠다리, 天降組) 124, 125

남방전선 306, 307, 327

남선 연안경비 222

남순행(南巡幸) 44

남양청 104, 105

남한대토벌 206

내각 37, 52, 61, 67, 75, 81, 92, 99, 100, 103, 104, 107~109, 111, 112, 114, 121, 126, 153, 163, 219, 295, 297, 300, 305, 313, 333, 364, 395

내각총리대신 37, 44, 61, 99~101, 104, 106, 147, 157

내국(內局) 104, 113~115

내란죄 143, 144

내무대신 104~107

내무아문 59

내부식민지 25, 406

내선일체(內鮮一體) 106, 153, 314

내외지관섭법(內外地關涉法) 161~163

내외지행정일원화(內外地行政一元化) 24, 105, 108, 115, 153, 164, 181, 394

내전 303

내지 19, 106~108, 113, 321, 407

내지연장주의(內地延長主義) 106, 124, 381, 404

내지화 106, 107, 394
냉전 4, 23
네팔 4
노무동원 313, 317, 319
노무부대 324, 325, 328, 401
농공병진정책 115
농상공부 37, 64, 65, 114, 115
농촌진흥운동 26, 115, 177, 220
농회 235
뉴기니전선 313
뉴라이트 348, 349
뉴질랜드 308
능력 7, 27, 30, 84, 135, 149, 154, 200, 202,
213~215, 237, 292, 304, 334, 355, 376, 381,
394, 396, 403

ㄷ ─────────────────

다나카외교(田中外交) 303
다산다사(多産多死) 132
다산소사(多産少死) 132
다이쇼 데모크라시(大正デモクラシ) 109, 295
단독월경 299, 303, 304, 309
단치루이(段祺瑞) 333
대권 153, 162, 273
대권명령(大權命令) 162~164, 181, 397
대내주권 19, 379
대동단결선언 343, 367, 371
대동아성 103, 105, 135
대동아전쟁 106
대량용빙 62, 64, 74
대만 81, 101, 103~106, 109, 121, 122, 128, 129,
151, 153, 154, 159~161, 204, 205, 217, 292,
320, 406
대만사무국(對滿事務局) 105
대만총독 100, 101, 106, 109, 110, 153
대본영 109, 306, 319~323, 326, 364
대외적 주권(Westphalia sovereignty, 베스트
팔렌 주권) 358, 360, 379
대외주권 19
대외파병 287, 292
대위법 382, 384, 385, 407
대장성 31, 128, 268, 328~330, 334, 336, 338,
396, 401
대정익찬회 326
대칭국가(저항국가) 7, 31, 351, 356, 357, 366,
369, 370, 382~384, 393, 402, 407, 408
대한국민의회 372
『대한매일신보』 44, 45, 78
대한민국 24, 344, 345, 347, 349, 350, 352, 353,
359, 363, 364
대한민국임시정부 7, 15, 18, 24, 31, 344, 346,
347, 350~352, 356, 357, 359~362,
366~370, 372~374, 382, 383, 393, 402
대한민국임시헌장 345, 360, 362
대한민국중심주의 350
대한시설강령 52
대한인국민회 중앙총회 370, 371
대한제국 7, 15, 26, 29, 35, 45, 46, 48, 50, 53,
55, 57, 59, 66, 67, 70, 83, 97, 98, 113, 116,
120, 132, 144, 146, 149, 150, 164~167, 170,
172, 178~181, 205, 207, 259, 268,
270~275, 277, 281, 282, 284, 285, 290, 307,
327, 347, 367, 368, 374, 377, 380, 393, 394,
397, 403, 407
대한통의부(大韓統義府) 373
대한해협 55
덕수궁 15, 43, 185, 258, 276~278, 280, 282,
283
도·면 이급제 231, 232, 234, 236, 399
도세 237~241, 245, 252, 253
도의원 247
도장관 214, 235, 237, 241
도제(道制) 230, 231, 237, 239, 243, 244, 248,
399

도지방비령 236~238, 243
도지방비법 236, 237
도지사 124, 157, 169, 176, 236, 238, 241~245,
    251, 253, 276
도평의회 236, 237, 243, 244, 246, 247, 249,
    250, 251, 253, 399
도회(道會) 30, 228, 237, 238, 242~253, 399
독립공채 364
독립국가 25, 382, 406, 407
독립명령 163, 164, 181
동리유재산 173
동물원 257, 274, 277
동상(東上) 97, 98
동아시아 371, 404, 406, 407
동양주의 271, 272
동원국가 119, 120
동의 62, 146, 148, 167, 175, 177, 179, 181, 246,
    253, 375~377, 380, 383, 400, 402
동일화 이데올로기 272
동화정책 24, 106, 123, 124, 272, 279, 381, 404

ㄹ —————————————
러시아 4, 50, 51, 289, 293~297
러시아군 50, 60, 294
러일전쟁 48~51, 54, 55, 57, 59, 60, 66, 71, 83,
    159, 218, 272, 273, 285, 288, 290, 298, 327,
    393

ㅁ —————————————
마다가스칼 84
마산선 56, 66
만국평화회의 61
만보산사건 263
만주 17, 50, 51, 105, 263, 264, 285, 289, 295,
    297, 299~305, 324, 326, 327, 331, 332,
    334~336, 373, 401
만주국 263, 303, 304, 313, 335~337, 389, 390,

392, 407
만주사변 299, 309, 313
만주중앙은행 335, 336, 337
만한문제 50
망명정부(government in exile) 359, 360, 362,
    371
맬더스적 함정(덫) 132, 135
메이지유신 36, 111, 204
면장 231, 232
면제(面制) 231~234, 399, 405
면협의회 232, 243, 244, 248
명령제정권 180
모리야정치(守屋政治) 123
몽강은행 335
무관총독 109
무관학교 58, 284, 285
무단통치 38, 117, 202, 212, 299
무형국가(無形國家) 367, 371
문관경찰 57, 59, 68, 203
문관총독 109, 112
문명 21, 45, 54, 75, 78, 79, 227, 272
문명화과정 26
문서 104, 114, 146, 156, 233
문서주의 233, 234
문서행정 233
문중 173, 174
문화 5, 25, 244, 365, 377
문화정치 91, 117, 218, 219
물권 149, 173, 174
미국 4, 19, 21, 26, 41, 80, 82, 84, 193, 289, 295,
    304, 320, 329, 360, 361, 366
미드웨이 해전 306
미쓰야협정(三矢協定) 302
민법 79, 149, 166, 173, 174, 397
민사관습 146, 150, 171~174, 177~179, 380,
    397
민사소송법 79

민사쟁송조정 208~210, 220, 398
민선의원 247, 250, 251, 253, 400
민정당 108
민족자결주의 369
민족주의 5, 6, 53, 176, 308, 310, 348, 353, 354, 365, 368, 369, 382, 383, 404
민족차별 122, 128, 251, 252, 395, 398, 400
민중의 경찰화 218, 219

ㅂ ─────────

바르도조약 54
박물관 90, 228, 258, 274, 277
반국가(半國家) 18, 370, 383, 402
반주권(半主權) 7, 362, 366, 370, 383, 402
발권은행 31, 267, 268, 329, 330, 332, 337, 338, 401
발명 80, 384
발안권 245
발전국가 25
방면군(方面軍) 285, 288, 307, 319~323, 325~328, 401
번벌 36, 38, 81, 91, 111, 277
번벌정치 111, 112
범죄즉결례 208, 220
법권 74, 78, 81, 82, 84, 97
법령 30, 56, 58, 60, 62~64, 79, 80, 101, 107, 143~153, 156~159, 161~168, 170, 178~182, 214, 221, 236, 238, 248, 280, 314, 380, 397
법례(法例) 156, 168
법무국장 193
법무보좌관 시기 76, 78
법무장관 76
법부 37, 65, 77, 191
법원(法源) 144, 146, 149~151, 172, 179
법의 지배(rule of law) 144, 145
법인세 126

법제국 101, 103, 107, 143, 364
법치(governing according to the law, 법에 의한 지배) 28~30, 144~147, 180, 181, 372, 378, 397
법폐(法幣) 336
베스트팔렌 강박 361
베스트팔렌 체제 20
베스트팔렌체제 358
베트남 53
변호사 167, 196, 197
병권(兵權) 61
병력사용권(兵力使用權) 71, 290
병력청구권 291, 394
병력통솔권 99, 290, 291, 298
병역법 314, 326
병적동원(兵的 動員) 319
병합 24, 29, 36, 38, 47~49, 54, 67, 75, 81~85, 89, 94, 96~98, 103, 147, 152, 153, 165, 166, 175, 191, 192, 205~207, 230~233, 259, 268~272, 280~282, 284, 285, 291, 293, 294, 327, 330, 331, 367, 370, 374, 375, 394, 395, 400, 403
병합조서 158, 277
보도부 310
보수우파 348
보안규칙 166
보안법 143, 144, 151, 166, 167, 200
보직 197, 218
보충대 315
보충병 315~317, 324, 325
보통경찰 30, 69, 70, 114, 117, 118, 202, 208, 210~216, 218, 220, 300, 398, 399
보통문관시험 217
보호국 논쟁 54
보호국(protectorate) 45~50, 52~55, 78, 79, 82, 84, 97, 273, 375, 394, 406, 407
보호국기 49, 83

보호국론 54
보호국시대 47, 48
보호령 53, 308
보호정치 45, 75
복국 365, 367
복본위제 331
복심법원 185, 192
본국형 관료 122~125
본토결전 109, 288, 292, 319~322, 328, 401
봉천(奉天) 302, 303
봉칙명령(奉勅命令) 305
부독립국(不獨立國) 54
부왕(副王) 207
부작위적 동의 167, 179
부제(府制) 82, 232
부찬의 175, 176, 178
부총독 207
북선지방 326
북지방면군(北支方面軍) 285
북한 5, 23, 348~350
분단 6, 348, 351, 353
분단국가 353, 406
불평등조약 49, 52, 78, 84, 361, 394
비공식제국 308
비도형벌령(匪徒刑罰令) 151
비송사건(非訟事件) 78, 166, 192
뿌리뽑기 동원(根こそぎ動員) 324, 325, 328, 401

ㅅ ─────────────────
사법경찰 188, 190, 202, 204, 206, 220, 222
사법권 30, 59, 60, 62, 74~76, 81, 99, 102, 165, 190, 193~195, 198, 210, 222, 298, 299, 398
사법기관 75, 190, 191, 195, 197, 198, 220, 222, 393, 398
사법사무 30, 62, 74, 76, 77, 80, 162, 198, 222
사법성 198, 398

사법통일(운동) 195, 198, 199, 222, 398
사법행정 193
사법협회 172
사상경찰 202, 218~220, 222, 399
사상범 보호관찰제 220
사상범죄 200, 220
사유중지 23
사할린 103
사회적인 것 243, 244
산동출병(山東出兵) 303
삼림조합 235
상비군 288, 302, 355
상속 149, 168, 173, 174, 179, 397
상표 80, 158, 161
생활개선 244, 251, 252, 400
서순행(西巡幸) 44
선만일체(鮮滿一體) 332
선진국 5, 6
성문법 143, 145, 168
세권(稅權) 61, 81, 82, 85, 97
세무서 65
소독일주의 46
소련군 322, 326
소비세 126, 127, 396
소요죄 143
소유권 129, 130, 174
소작 130, 133
소작권 130
속령(dependency) 308
수권명령(授權命令) 154
수단 48, 53, 56, 57, 71, 102, 200, 281, 302, 312, 330, 336, 355, 366, 368
수도경찰 59
수령(守令) 208, 229~231
수비대체제 71
수탈 56, 83, 126, 134, 135, 233, 395
순사 59, 205, 211~215, 217, 269

순행(巡幸) 42, 44, 45
승진 122, 124, 179, 198, 218, 394
시간관 234
시공간관 234
시데하라외교(幣原外交) 303
시위대(侍衛隊) 57, 58, 282
시정개선 61, 62, 83
시정개선협의회 61
시정기념일 113, 149
시찰정치 45
식물원 257, 274, 277
식민국가(colonial state) 7, 22, 23, 25~29, 31,
    32, 119, 135, 222, 244, 338, 351, 356, 369,
    374, 379, 381~384, 396, 402~408
식민권력 7, 22, 25, 28, 29, 406
식민독재(colonial dictatorship) 25, 382
식민성(coloniality) 21
식민지경찰 118, 202, 399
식민지공공성 22, 242~244, 253, 399, 400
식민지근대 21, 24, 131, 244, 408
식민지배 4, 6, 102, 123, 124, 132, 147, 155,
    283, 365, 370, 374, 377, 400, 404, 407
식민지적 사유중지 23, 24
식민지전쟁 73
신문반 310
신문지법 167
신민부 373
신분보장 194, 195, 198, 199, 398
신작로 72
『신한민보』 370, 371
신한혁명당(新韓革命黨) 371

아프가니스탄 4
애국금 345, 364
애국론 368
애국부 309, 310

에티오피아 4
엔블록 332, 335, 338, 402
영국 53, 54, 78, 79, 81, 82, 123, 200, 275, 308,
    335, 347, 359, 360, 366, 376, 377, 380
영국주의 79
영사관경찰 59
영사재판권 41, 62, 75, 78~82, 192
영소작권 173, 174
영일동맹 48, 52
예방구금제 200, 220
예비 보호국기 49, 82, 83, 393
예심(제도) 143, 199~201, 398
예심판사 198, 200, 201, 398
예외주의 6
오스만 터키 53
오스트리아 46
오스트리아 · 헝가리 제국 45, 46, 48
왕가 278, 283
『왕공가궤범안(王公家軌範案)』 279, 280
왕공족 270, 275, 277~280
왕조국가 24, 367, 406
왕족 270, 274, 277~279
외교권 46, 49, 51, 53, 83
외국(外局) 80, 103, 104, 114
외무성 52, 54, 59, 61, 165
외지 105, 106, 108, 113, 153, 394, 403, 407
외지법령법(外地法令法) 147
요동반도 50, 51
요코하마쇼긴은행(橫濱正金銀行) 329, 330,
    332, 333
우편 55, 94, 100, 106, 128, 396
원수부 57~59
「원수부관제(元帥府官制)」 57
위대한 (대)탈출 132, 134, 135, 396
위임명령 101, 153, 157, 180, 380, 381
육군대신 71, 92, 110, 111, 125, 205, 206, 291,
    310

육군대장 91, 110
육군사관학교 111, 284, 285
육군성 73, 213, 300, 302, 303, 311, 314
육군유년학교 284
육군특별지원병 314
육해군성령(陸海軍省令) 164
율령 153, 154, 160, 161
은법(隱法) 179~181, 397, 398
은본위제 336
의무교육 251, 311, 314
의병 63, 69, 71~74, 84, 85, 97, 203, 206, 207,
    213, 268, 290, 293, 294, 327
의병전쟁 72, 73, 84, 202, 207, 293, 294
의용(依用) 149, 151, 154, 155, 158, 159, 163,
    166, 180, 201, 397
의장 80, 161, 282, 283
의정부 61, 275
이법지역(異法地域) 105, 153
이분법 25, 382, 406
이사관 70, 71
이사청 52, 64, 76, 78, 192
이사청경찰 59, 68, 69
이사청령 165
이신일체(二身一體) 109
이씨 왕조 4
이왕 97, 274~276, 281, 283
이왕가 31, 257, 260, 271, 275~278, 284, 338,
    400
이왕직 31, 43, 101, 258, 268~271, 273~277,
    279, 338, 393, 400, 403
이중국가(Dual State) 7, 29, 35, 45~49, 63,
    82~84, 97, 390, 393, 394, 403, 407
이중왕국 46
이중제국(Dual Monarchy) 45, 48, 327
이집트 53, 54, 79, 366, 377, 379, 380
이태왕 274, 278, 283
인도 308, 309, 382, 392

인도군 308, 309
인민주권 19, 28, 156, 345, 358, 362, 363, 365,
    366, 373, 375, 376, 378, 379, 381
인사 71, 102, 103, 112, 114, 123, 124, 139, 177,
    215, 222, 231, 241, 275, 291
일반행정 45, 60, 100, 114
일본 육군 50, 51, 66, 73, 97, 204, 265, 284, 290,
    291, 295, 296, 306, 308
일본법주의 80
일본은행 329, 331, 333~337
일본흥업은행(日本興業銀行) 329, 330, 333
일상 속의 경찰 202, 218, 220, 221
일억옥쇄 320
임시군용철도감부 56
임시대통령 364, 365
임시은사금(臨時恩賜金) 239, 281, 282, 331
임시의정원 359, 363, 364
임시정부 7, 15, 18, 24, 31, 343~347, 350~352,
    356, 357, 359~374, 382, 383, 392, 393, 402
임정법통론 349
입법권 3, 30, 99, 101, 144, 146, 151~154, 190,
    193, 245, 379, 380, 381, 383
입법체계 145, 146, 163, 179~182, 393, 396,
    397
입헌군주제 3, 4

ㅈ ─────────────────

자문기관 139, 169, 175, 232, 236, 237, 243,
    244, 246, 380, 399
자본주의국가 25, 129, 132, 135, 396, 403
자치권 123
자치령(dominion) 308
자치정부 371, 373
재무감독국 64, 65
재무국장 97, 98
재정 46, 52, 64, 98, 113, 121, 125~129, 232,
    234~241, 245, 268, 276, 302, 332, 364, 372,

395, 396

재정독립 126, 127, 396

재판권(裁判權) 61, 231

재판소 30, 43, 65, 76~81, 102, 115, 171,
190~194, 197~200, 210, 222, 273, 398

재판소구성법 76, 77, 78, 191, 192, 195, 197,
198, 199

저작권 80, 158

저항 7, 21, 22, 51, 62, 71, 73~75, 85, 246, 249,
252, 268, 303, 368, 376, 382, 394, 405

저항폭력 63, 71, 72, 74, 84, 97, 394, 403

전단정부(傳單政府) 363, 372

전보 55

전신 51, 55~57, 83, 94, 100, 128, 396

전신시설 55

전화 55

전후공황 333

절대국방권 319, 320

정무총감 93, 97, 98, 113, 123, 172, 175, 214,
215, 221

정복국가 23

정우회 111, 219

정의부 373

정치경찰 219

정치적인 것 22, 243, 244, 253

정화(正貨) 331

제17방면군 288, 319, 321, 322, 326~328

제19사단 262, 296, 300~302, 307, 312, 313,
321, 323, 401

제20사단 262, 296, 297, 300~303, 305, 306,
310, 312, 313, 323, 401

제2차 세계대전 288, 359, 360

제30사단 307, 313, 321, 323, 401

제49사단 307, 321, 401

제국 5, 7, 46, 84, 123, 143, 148, 150, 152, 154,
156, 158, 163, 193, 268, 271~273,
277~280, 282, 284, 285, 288, 309, 320, 321,

328, 338~380, 382~384, 400, 402,
404~407

제국국방방침 289, 295, 296, 304

제국의회 98, 102, 152, 154, 273, 314, 329, 394

제국주의 4, 18, 29, 49, 53, 55, 62, 84, 96, 97,
134, 214, 271, 272, 283, 288, 289, 292, 308,
330, 352, 354, 369, 374, 375, 377~380, 382,
392, 400, 404~407

제국헌법 105, 108, 190

제도조사 171, 174, 230

제령 제7호 143, 144, 151, 167

제령제정권 30, 152~154, 156, 396, 403

제령중심주의 30, 154, 181, 182

제사상속 174

제주도 222, 321~324

조선군 18, 31, 100, 101, 112, 114, 129, 202,
213, 261, 262, 264, 265, 268, 282, 284~289,
291, 292, 293, 296~307, 309~314, 318~322,
324, 327, 328, 338, 393, 399~401, 403

조선군사령부 262, 287, 296, 309, 310, 322

조선귀족(조선귀족령) 270, 281, 282

조선기병대 282, 283

조선독립동맹 373

조선민사령 149, 166, 168, 170, 178

조선박람회 187, 227

『조선반도사』 171

조선법령법(朝鮮法令法) 147, 152, 164

조선보병대 260, 281~283

조선은행 31, 101, 128, 161, 266~268, 328~338,
393, 400~403

조선의회 139, 176, 380

조선주차군 207, 261, 285~287, 291, 293, 294,
327, 400, 403

조선총독 91, 93, 99~103, 105~110, 112, 144,
146~148, 150, 152, 157, 169, 175, 180, 190,
192, 193, 199, 206, 213, 268, 275, 292, 298,
299, 310, 313, 330, 381, 394~396, 398, 400

조선총독부 경찰 190
조선총독부 시보 123
조선총독부 재판소 30, 191, 222, 398
조선총독부령(朝鮮總督府令) 157, 165
조선특수사정 107, 124, 125
조선행정 103, 107
조선헌병대 214, 216, 268
조선형사령 166, 201
조장행정(助長行政) 208
조폐 101, 331
조합주의 국가 26
조회(照會) 168, 171, 172
종관철도 56, 66
종합행정권 99, 102, 114, 135, 394, 396, 403
죠슈(長州) 111, 112, 125, 332
주권(sovereignty) 19, 20, 22, 23, 25, 28, 29,
    47, 53, 54, 62~64, 66, 70, 71, 81, 84, 85,
    156, 345, 355~383, 385, 393, 394, 402, 403
주권국가 18, 20, 346, 358
주권성 370, 374
주권의 역설 28, 378, 379, 383
주임관 120, 169, 193
주차군전신대 55
중국 4, 80, 230, 263, 265, 272, 287, 291, 297,
    299, 300, 302, 303, 305, 308, 310, 312, 313,
    323, 324, 331~333, 335~337, 357, 360~362,
    371, 373, 374, 389, 407
중국연합준비은행 335, 336
중국주둔군 312
중앙군 57, 58, 67
중앙은행 329, 330, 332, 335, 401
중앙저비은행(中央儲備銀行) 335
중일전쟁 93, 106, 113, 128, 160, 169, 218, 221,
    299, 305, 306, 310, 311, 313, 327, 332, 336,
    401
중추원 115, 139, 146, 167~172, 174~180,
    379~381, 383

중화민국 346, 382
즉결사건 208, 209
지방관 60, 76
지방군 57, 58, 67
지방법원 185, 192, 198, 199, 209, 210, 269
지방자치 30, 365
지방참의 176, 380
지방행정 30, 64, 120, 210, 229~232, 235, 242,
    377, 393, 399, 405
지상정부(紙上政府) 363, 372
지세 126, 396
지역적 통합성 235
지원병제도 287, 292, 311, 313, 315, 316, 401
지적재산권 41, 80
지정면 232
지정학 4
지휘감독권 103
직예(直隷) 46, 51, 63, 71, 99, 100, 290
진보좌파 348
진위대(鎭衛隊) 57, 58, 60, 67
집단기억 25
징병 218, 288, 292, 307~309, 314~319, 324,
    325, 327, 401
징병제도 107, 311~314
징세권 230, 231

ㅊ ─────────────────

차관정치 62, 64
찬의 175, 176
참모총장 58, 71, 110~112, 291
참사관실(參事官室) 170~172
참여적 저항 228, 252, 253, 400
참의 139, 168~170, 175~179
참의부 373
참정권 107, 123, 248, 314
참정대신 61
창덕궁 278, 280, 282, 283

창씨개명 177, 178
채권 173, 174, 334, 336, 337
척무대신 104, 105
척무성 101, 103~108, 135
척식국 103, 104
척식사무국 104
천황 17, 43, 44, 46, 51, 63, 71, 99~102, 112,
     147, 153, 158, 162, 271, 272, 274, 278~290,
     305, 328, 380, 389, 394
천황제 17, 29, 273, 378
천황제 국가 273, 378
철도 39, 51, 55~57, 66, 67, 72, 83, 106, 115,
     125, 128, 158, 159, 297, 310, 331, 396
철도대대 56
초토화작전 72, 73
촉탁 171, 178, 269
촛불집회 19, 20
총독 30, 31, 38, 53, 63, 91, 92, 97~105, 107~114,
     123, 126, 135, 144, 148~156, 169, 174, 175,
     180, 181, 190, 192~195, 197, 198, 207, 214,
     220, 222, 238, 245, 275, 290, 291, 301, 311,
     328, 338, 377, 379, 380, 383, 393~396, 398,
     399, 403
총독부 6, 24, 30, 97, 98, 100, 101, 103, 112~114,
     116, 120, 122, 125, 127, 143, 144, 149, 152,
     155, 156, 163, 176, 178, 179, 181, 193, 199,
     213~215, 219, 221, 236, 238~241, 245,
     246, 268, 269, 282, 292, 331, 332, 394~397,
     399, 402
총독부 재정 125, 332, 395
총독부 행정 113
총동원정책 119, 120, 177, 382, 405
총리대신 43, 63, 106, 273
추밀원 75, 107, 314
출판규칙 166
출판법 143, 144, 166, 167
충군애국 45

취조국(取調局) 170~172, 178, 179
치도국(治道局) 72
치안경찰 51, 69, 222
치안국가 119, 120, 222
치안유지 58, 119, 204, 206, 211, 213, 214, 286,
     287, 291~293, 299, 400
치안유지법 131, 167, 182, 200, 219, 220
치외법권 74, 75, 79~81, 84, 192, 193, 394, 403
칙령 56, 100, 101, 106, 147, 148, 150, 152, 154,
     157~165, 168, 181, 182, 203, 273, 284, 289,
     311, 314, 397
칙임관 120, 169, 175
친위대 57, 58
친임관(親任官) 63, 169, 175
친족 149, 173, 174, 179, 397

ㅋ ─────────────
카운터히스토리(counter-history) 4, 5
캐나다 308
『코리아 데일리 뉴스(Korea Daily News)』 78
쿠데타 3, 4
쿠데타 민주주의 3

ㅌ ─────────────
타이 4
탁지부 64, 65, 113
탈주술화 26
태평양전쟁 292, 300, 304~306, 313, 319, 321,
     327, 361, 401
태형 200, 201, 209, 222
토지조사사업 126, 129, 130, 235
토착왜구 22, 23
통감 36, 38, 42~44, 46~48, 61~64, 68, 69, 71,
     74, 75, 78, 97, 100, 112, 125, 147, 149, 192,
     202, 203, 205, 271, 273, 283, 290, 291, 328
통감부 7, 29, 40, 41, 45~49, 52, 54, 59, 63,
     64, 66~68, 70~80, 82, 83, 89, 95, 100, 113,

114, 123, 146, 147, 149, 158, 159, 164~166, 170, 179~181, 192, 203~205, 207, 230, 268, 270, 330, 368, 393, 397, 403, 407

통감부경찰 205

통감부령 63, 66, 147, 149, 158, 159, 165

통감부법무원 76, 78

통감부재판소 시기 76, 78

통감정치 46

통수권 57~59, 83, 288~290, 292, 328

통신 55, 66, 72, 106, 161

통신검열 55

통신기관 52, 55, 159, 235

통신망 55

튀니지 54, 79

특별회계 98, 102, 125, 126, 164, 245, 276, 336, 395

특설근무대 315, 325

특허 41, 80, 158, 161

ㅍ ─────────────────

파리강화회의 360

판사 77, 78, 102, 191, 194~201, 222, 398

평양사단 307, 313, 321

평정관 76

폐제(廢帝) 84

폭력기구 46, 49, 55, 60, 61, 63, 64, 66, 71, 73, 74, 83, 84, 97, 207, 214, 394, 403

폭력독점 31, 268, 338

프랑스 53, 54, 79, 80, 84, 123, 201, 204, 206, 289, 335, 359, 360

프랑스주의 79, 80

프로이센 46, 114

피보호국 53, 54, 79

필리핀전선 313

ㅎ ─────────────────

하와이왕국 84

학도지원병 314, 316

학병 288, 292, 309, 315, 317, 319, 401

한국경찰 59, 65, 68, 69, 70, 203

한국은행 330

한국재판소 시기 76, 78

한국주차군(韓國駐箚軍) 49, 51, 59, 60, 71~74, 202, 205, 282, 285, 286, 290, 291, 293, 294, 327, 400

한국주차군사령부 56, 290, 293

한국주차헌병대 51, 59, 60, 68~70, 72~74, 203

한국통 91, 112

한성부민회 45

한일신협약 48

한일의정서 48, 50~52, 60, 272

한일합병조약(병합조약) 81, 97, 98, 146, 147, 207, 273, 278, 361

함경도 60, 83, 294, 296~298, 300

함녕전(咸寧殿) 43, 283

합병전쟁 73

해군대신 110, 111, 206

해군대장 109, 110, 395

해군특별지원병 316

해저통신망 55

행정권 76, 99, 135, 190, 193, 194, 298, 299, 394

헌법 19, 45, 81, 102, 103, 105, 108, 152, 153, 157, 182, 190, 273, 280, 362~366, 371, 375, 427

헌병 60, 69, 70, 202~207, 210~216, 297, 300, 399

헌병경찰 30, 70, 114, 115, 117, 118, 186, 188, 202, 205~208, 210, 212~216, 218, 237, 293, 294, 398, 399, 403

헌병대 51, 59, 60, 68~70, 72~74, 186, 188, 203, 205, 207, 208, 210, 212, 214, 216, 217, 268, 300

헌병대장 205

헌병보조원 69, 70, 203, 204, 211~213, 215
헝가리 45, 46, 48
헤게모니 25
헤이그 61, 270
현법(顯法) 179, 180, 397
현역병 316
현지형 관료 122~125
협력 21, 22, 51, 139, 169, 175, 212, 219, 220, 269, 281, 309, 310, 381, 407
형법 79, 143, 144, 161, 166, 208
형법대전(刑法大典) 166
형사소송법 79, 199, 200
호남대토벌작전 73
호주 308
화족(華族) 274, 279, 281
화태(樺太) 105, 106
화태청(樺太廳) 104, 105
『황성신문』 191

황실전범(皇室典範) 279, 280
황제 15, 35, 42~47, 53, 57~59, 61, 62, 83, 84, 97, 98, 270~273, 278, 283, 389, 390, 400
황태자 43~45, 57, 278
황토(皇土) 320, 322, 326, 328
회계 103, 114, 125, 126, 162, 164, 245, 273, 274, 276, 336, 364, 395
회답 168, 172~174, 178, 311
회색지대 21, 22

기타

30-50클럽 5
3·1운동 31, 91, 98, 99, 109, 114, 117, 118, 125, 127, 143, 144, 151, 166, 202, 213, 214, 217~220, 222, 268, 287, 291~293, 296, 297~302, 327, 338, 350, 367, 368, 372, 373, 399, 400
4·3사건 182

인명 찾아보기

ㄱ

가쓰라 다로(桂太郎) 103
고이소 구니아키(小磯國昭) 107, 108, 111, 310, 311, 313
고종 15, 35, 43, 50, 51, 57, 58, 61~63, 83, 259, 268, 269, 271~273, 276
고토 신페이(後藤新平) 205
구라토미 유사부로(倉富勇三郎) 79
권승렬(權承烈) 167
김대중 348
김돈희(金敦熙) 171
김병규(金秉圭) 242, 243, 250, 251
김사량 229
김일성 350
김한목(金漢睦) 171, 178, 179

ㄴ

네오 베버리안(Neo-Weberian) 27, 393
노즈 시즈다케(野津鎮武) 58, 59, 67
니시하라 카메조(西原龜三) 333

ㄷ

다치 사쿠타로(立作太郎) 52, 54
데라우치 마사타케(寺內正毅) 38, 91, 111, 123, 125, 126, 149, 205, 207, 273, 332, 333
마루야마 시게토시(丸山重俊) 59, 62, 69
마쓰오카 슈타로(松岡修太郎) 48, 167
마쓰이 시게루(松井茂) 69, 204, 205
막스 베버(Max Weber) 26, 48, 375
메가다 타네타로(目賀田種太郎) 52
모리 오쿠루(森大來) 43, 283
모리야 에이오(守屋榮夫) 122, 123
문재인 347, 348
미나미 지로(南次郎) 93, 310, 311

미즈노 렌타로
미즈노 렌타로(水野鍊太郎) 97, 98, 123, 214, 215, 221
민병석(閔丙奭) 275
민영기(閔泳琦) 275

ㅂ

박명규 24, 25
박용만 367, 371
박은식 371
박이양(朴彝陽) 171
박종렬(朴宗烈) 171
베델(Ernest Bethell) 78
브루스 커밍스(Bruce Cumings) 26
비스마르크 46

ㅅ

사이온지 긴모치(西園寺公望) 295
사이토 마코토(齋藤實) 91, 92, 97, 109, 110, 123, 175, 214, 395
세키야 데이자부로(關屋貞三郎) 213
소네 아라스케(曾禰荒助) 38, 43, 283
손병희 143
송영대(宋榮大) 171
순종 35, 42~45, 62, 67, 260, 276, 278, 280, 282, 283
스티븐스(D. W. Stevens) 52
시노다 지사쿠(篠田治策) 275
신규식 343, 371
신기욱 26
신채호 371

ㅇ

아베 노부유키(阿部信行) 109, 112, 113, 395
아카시 모토지로(明石元二郎) 69, 205, 207
안창호 344
앵거스 디턴(Angus Deaton) 134
야마가타 아리토모(山縣有朋) 81

야마나시 한조(山梨半造) 92
야마모토 곤베에(山本權兵衛) 295
여운형 374
영친왕 45, 256, 276, 278, 279
오츠카 츠네사부로(大塚常三郎) 97, 122, 123
오쿠마 시게노부(大隈重臣) 295
요시다 슌와이(吉田俊隈) 324, 325
우가키 카즈시게(宇垣一成) 92, 112, 220
우메 겐지로(梅謙次郎) 79
월터 미뇰로(Walter D. Mignolo) 21
윤덕영(尹德榮) 259, 269, 270
윤택영(尹澤榮) 259, 269
의친왕 이강 259, 279
이동휘 344, 372
이명박 19
이승만 349, 365, 372
이완용 16, 37, 43, 44, 61, 62, 97, 273, 283
이응준(李應俊) 285
이재극(李載克) 275
이청천(李青天) 285
이타가키 세이시로(板垣征四郎) 313, 314
이토 히로부미(伊藤博文) 36, 42~44, 61~63,
        68, 69, 75, 83, 125, 202, 203, 271, 280, 283
이항구(李恒九) 275

ㅈ ─────────────
장작림(張作霖) 303
조동걸 368
조소앙 343, 371
조철호(趙喆鎬) 285
지그문트 바우만(Zygmunt Bauman) 347

ㅊ ─────────────
최재형 345

ㅋ ─────────────
크로머(Evelyn B. Cromer) 377, 379, 380

ㅍ ─────────────
푸이(傅儀) 389, 390

ㅎ ─────────────
하라 다카시(原敬) 109, 111, 215, 219
하마구치 오사치(濱口雄幸) 108, 121
하세가와 요시미치(長谷川好道) 91, 111, 213
한나 아렌트(Hannah Arendt) 368, 369, 376
한도현 26
한용운 143, 366, 367
한창수(韓昌洙) 275
현은(玄檃) 171
호시노 키요지(星野喜代治) 329
홍사익(洪思翊) 284, 285, 307
황경문 26
흥친왕 이희 279
히구치 유이치(樋口雄一) 316, 317